初期
道祖神塔事典

道祖神塔の誕生とその経緯

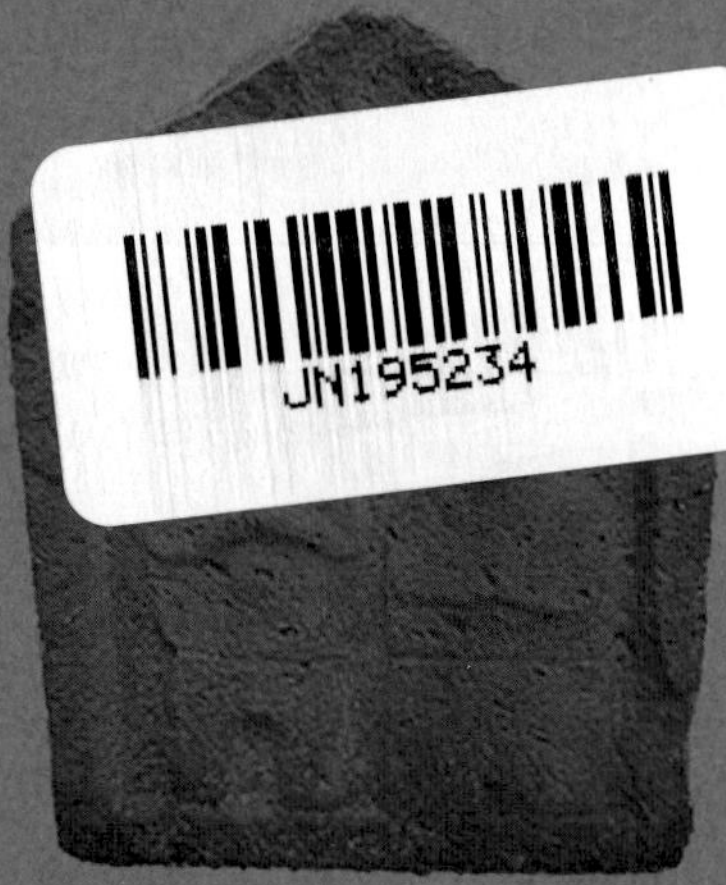

初期道祖神塔事典―道祖神塔の誕生とその経緯―・目次

凡例

◆初期道祖神塔の悉皆調査・集成とその銘文を可視化して後世に残す、という点に主眼をおいた本書の性格上、観察一覧表の指標は、当該道祖神塔の年代（和暦・西暦）、所在地、種類、丈量（高さ・像高・横幅・厚さ）、銘文、参照文献、備考などの項目に限定し、ほかのデータはすべて省略した。当該道祖神塔の細かな特徴、たとえば碑形（光背形・駒形・板碑形・角柱形・自然石など）、神像の種類（地蔵・双僧・男女・性別など）、神像の姿態（抱肩・合掌・拱手・握手・祝言型・冠・着衣など）などの情報は、目視で確認するか参照文献等により取得されたい。

◆和暦・西暦の項で、アスタリスク（＊）付きの年銘は当該時代に刻まれたものではなく、再建時などに、新しい石仏本体により古い年代（創建時もしくは家の草分け時などか？）を刻むなど後世の所産である可能性を示す（「後刻」と呼ぶ）。ただし、摩滅の進んだ碑面を修復し、年銘を新たに刻みなおした場合は、後世の所産ではあるが、石仏本体および年代は不変なので「再刻」と呼ぶ。さらに「改刻」と呼ぶ事例は、古い石仏本体に後世の新しい年銘を刻む事例を指す。「改刻」の事例には、稀に古い年銘が残されている例や新しい年銘と同時に古い年銘を再刻する場合も含まれる。「後刻」「再刻」「改刻」はいずれも（＊）で示し、その区分は本文で述べた。

◆カッコ付きの年代は過去の報告や記録にみえる年代で、その下に特に別年代の表記がない場合は、今回その可否が確認できなかったことを示す。原因としては判読不可、所在不明、調査不能などがあげられる。詳細は本文中に示した。対応する図版のキャプションでは（?）を使用した。

◆同様にカッコ付きの年代の下に別な年代表記がある場合は、その別年代が正確な年代であることを示す。訂正の理由は従来報告の誤読などであるが、詳細は本文中に示した。

◆(?) 付きの年代は、その可能性はあるものの、確定に至らなかったことを示す。対応する図版のキャプションも（?）で示した。

◆所在地名は、過去の報告や記録にみえる旧地名はなるべく現在のそれに改めたものの表記には精粗がある。詳細な情報は参照文献などから取得されたい。なお、対応する図版のキャプションは最低限の表記にとどめた。

◆種類の項では、道祖神塔の呼称をカッコ内のように略した。浮彫り双体立像の道祖神塔（双体）、浮彫り単体立像の道祖神塔（単体）、浮彫り双体座像の道祖神塔（双体座像）、浮彫り単体座像の道祖神塔（単体座像）、丸彫り単体座像の道祖神塔（丸彫り）、長野・山梨県などのいわゆる石祠型の道祖神塔（石祠）、丸石型の道祖神塔（丸石）、千葉・茨城県などの縦長形石祠型の道祖神塔（縦長石祠）、文字道祖神塔（文字）など。それ以外はその都度記した。

◆双・単体像型道祖神塔の多くの計測値は、台石を除いた石仏本体の高さ・像高・横幅・厚さを示す。別石からなる台石は、本来のものか否か確認が取れない事例が多いため、基本的に計測値を報告対象から除外した。静岡県にみられる丸彫り座像の台石も同様である（例外は備考欄に示した）。ただし、台石が本体と一石からなる場合は、それぞれの最大値は台石部分となるが、本体部分の数値はカッコ内に示した。

◆丸石型や石祠型で、向拝部分に柱をもつものなど別石でも確実に本体にともなうと判断した台石の場合は、やはり別石からなる屋根部との合計を高さの数値とした（台石が複数段の場合は最上位段のみ）。丸石型の横幅および厚さの最大値は台石の数値を用い、石祠型の横幅および厚さの最大値は、台石部よりも屋根部を重視してその数値を用いた。最大値に続くカッコ内の数値が球体部および室部本体の計測値である。

◆縦長形石祠型道祖神塔の場合は、本体にともなうと判断される台石もあるが、これを欠く場合や埋もれている事例が多いため、一律に台石部分の数値を報告対象から除外した（例外は備考欄に示した）。この場合の高さの数値は屋根部と室部の合計で、横幅および厚さの最大値は屋根部の数値を用いた。最大値に続くカッコ内の数値が室部本体の数値である。なお、屋根部と室部が一石からなっているものを一石型と呼ぶことがある。

◆各計測値の単位はいずれもcmであるが、従来報告の数値と若干の差異が生じている可能性がある。なお、アスタリスク（＊）付きの数値は欠損部分を除いた残存値を示す。

◆銘文覧の略字の意味は次に示すカッコ内のとおりである。この表記は図版でも使用し、場合によっては本文でも使用する。なお、この場合の左右とは観察者側からみて（面と向かって）の左右で、石仏本体の左右とは逆になる。なお、右目、左目あるいは右手、左手などの表記は神像本体のそれである。正（正面）、正右（正面右側）、正左（正面左側）、正中（正面中央）、正上（正面上部）、正下（正面下部）、枠右（枠をもつ石仏および石祠型の祠口の周囲の右側）、枠左（枠をもつ石仏および石祠型の祠口の周囲の左側）、枠上（枠をもつ石仏および石祠型の祠口の周囲の上側）、枠下（枠をもつ石仏および石祠型の祠口の周囲の下側）、右（向かって右側面）、左（向かって左側面）、裏（裏面）、正台（基本的に本体と同一石からなる台座の正面）、台正（基本的に別石からなる台石の正面、稀に台石も本体と同一石からなる場合がある）、台裏（台石の裏面）、屋根正（屋根部の正面）、屋根右（屋根部の右側面）、屋根左（屋根部の左側面）。なお（／）は表中の銘文の改行を示す。また、本文の説明箇所では（／／）を（正右／／正左）もしくは（右／／左）のように使い、（正面右側と正面左側）もしくは（右側面と左側面）の銘文を表すようにした。さらにこの（／／）は引用した銘文にも使用することがある。

◆主な参照文献覧内の数字は、章末もしくは節末の参照文献一覧の数字に対応する。これは本文中でも同様である。

◆備考欄の「存在不明」は、過去の記録に誤りがある可能性があり、かつ探索にもかかわらず探し出せなかった点も加えると、石塔の存在そのものが疑わしいものを指す。「所在不明」は、過去の記録に所在位置など重要な情報があるものの、最新の報告書にはすでに記載のないもの、あるいは移動もしくは湮滅のため、数度（三回以上）の探索にもかかわらずその所在が確認できなかったことを示す。ただし、筆者の探索が不十分（二回以下）な場合は「探索中」とした。「筆者未調査」は、諸般の事情により現時点で筆者が探索に出かけていないことを指す。
◆本文中では道祖神塔の呼称をカッコ内のように略す場合がある。浮彫り双体立像の道祖神塔（双体道祖神塔）、浮彫り単体立像の道祖神塔（単体道祖神塔）、浮彫り双体座像の道祖神塔（双体座像道祖神塔）、浮彫り単体座像の道祖神塔（単体座像道祖神塔）、丸彫り単体座像の道祖神塔（丸彫り道祖神塔）、長野・山梨県などのいわゆる石祠型の道祖神塔（石祠型道祖神塔）、丸石型の道祖神塔（丸石型道祖神塔）、千葉・茨城県などの縦長形石祠型の道祖神塔（縦長石祠型道祖神塔）など。これら以外の道祖神塔はその都度表記した。本文中では道祖神塔を道祖神、石仏、石塔などと略す場合がある。逆に双体道祖神塔、単体道祖神塔、丸石型道祖神塔、縦長石祠型道祖神塔などに対して、一般名として道祖神塔という語句を使用する場合がある。また双体地蔵を双体地蔵尊、二尊仏、二尊碑、単体地蔵を一尊碑という場合がある。
◆本文中では石造物全般を指して石塔もしくは石仏（仏像・神像・その他の像を含む）という語句を使用する場合がある。
◆本文の記述は、基本的に銘文の内容に関するものであるため、「銘文」や「銘」などの語句を省略する場合がある。
◆本文中における年銘表記は、たとえば、引用年銘（寛文11年）、原文年銘（寛文十一年）、一般表記年銘（寛文一一年）のように区別する場合がある。
◆本文中の銘文（特に年銘）に関する記述は、筆者の肉眼観察および写真からの読み取りの場合を除き、基本的に採拓による拓影からの読み取りをその根拠としている。なお、参照文献内の記述内容（特にその研究者の銘文の読み）の根拠（肉眼観察、写真、拓本、孫引きなど）については、筆者の知る範囲を超えている。

はじめに

　本書は古い石製の道祖神塔に関して大方の集成を試みるとともに、その成立について若干の考察を加えようとするものである。双体や単体の像塔、丸石や石祠、「道祖神」、「道陸神」、「道六神」などと表現された文字塔などの石製道祖神塔（以下たんに道祖神塔と呼ぶ）は、一般に我が国の道祖神信仰（サイノカミ信仰）の所産であると理解されている。道祖神と呼ばれるカミを具象化したものにはほかにも自然の岩石や樹木、紙の神札や木で作成した造形物、あるいは人形道祖神と呼ばれる藁などで作られた神像なども知られている（文献⑦）。しかし、何といっても石製のそれはほかの素材の道祖神と比べて耐久性に優れており、また造塔費用の面からみても、当時の道祖神信仰の深度や様相を物語る研究対象としてきわめて重要である。一七世紀の中頃、当時の庶民が道祖神というカミを石塔として具現化しはじめたのはなぜなのか。

　もちろん急いで付け加えなければならないが、周知のとおり道祖神塔は全国に普遍的に存在するわけではない（文献⑧）。加えて、道祖神塔が多数存在する県や地域であっても詳細に検討すれば、その分布に粗密が認められる場合もある。そして造塔年代に着目すれば、一七世紀代の古い道祖神塔は関東・中部地方の限られた地域でしか確認することができないのである（年銘を有するものに限定しての話である。以下、年代に関してふれる場合も同様）。初期の道祖神塔がこれらの地域に姿をあらわした理由は何なのか。

　その一方で問題を複雑にしている点は、道祖神塔空白地帯や分布が稀な地域においても、道祖神と呼ばれるカミは道祖神塔分布地域内ほど密ではないものの、存在しているという事実である。すなわち具体的にいえば、それはドウソジン、ドウロクジン、ドウラクジン、サイノカミ、サエノカミ、セイノカミ、キンカサマ、フナト、サヤ、サヨなどと呼ばれるカミである。そして漢字表記はさまざまながら、これらのカミを意味する地名が、北海道を例外として、道祖神塔分布地帯はもとより空白もしくは稀な地域においても全国各地に残されており、祭祀をともなったかどうかは別として、道祖神の痕跡を確認することが可能となっている（文献④⑪）。加えて、関東・中部地方の一部における道祖神祭り（ドンド焼き、サイトバライ、サンクロウなど）は火祭りとして実施されており、その際これらの地域にあって道祖神塔は重要な役目を担っている。火祭りは、実施される季節はさまざまであるけれども、西日本も含めて全国各地で行われているのに、なぜ、関東・中部地方の一部の道祖神塔だけが道祖神祭りという形で火祭りと親和的となったのか。

周知のように道祖神信仰（サイノカミ信仰）は、『和妙類聚集』や『今昔物語』などの古典にみられるように、古代や中世にまでさかのぼる可能性のある古い信仰である。現時点において、道祖神塔に象徴される道祖神と呼ばれるカミは、悪いものの侵入を防ぐ、旅の安全を守る、夫婦和合、子供の健康安全を守る、五穀豊穣をもたらすなど、きわめて多様な性格をもっており、かつその信仰内容も各地域によって異なっている。道祖神塔にみられるこの多様な要素は、庶民たちによる数百年に及ぶ長い信仰過程のなかで醸成されてきたものであるが、しからば、一七世紀中頃、最初に石製の道祖神塔を建てはじめた庶民たちは、この道祖神塔に何を願ったのであろうか。いや、庶民たちは何を祈念していわゆる道祖神というカミを、石製のそれとして顕在化させたのであろうか。

当初、本書は以上述べたいくつかの疑問に答えを出すべく構想されたのであるが、実際に各地域の初期の道祖神塔を検討するにあたって、大きな障害に逢着することとなった。筆者は、それまでも先学の記録や行政体が刊行した報告書などに基づいて各地の道祖神塔を訪れて写真や記録を作成しており、その際、いくつかの既存の記録に誤りがある点に気づいてはいた（文献⑬）。しかし今回、初期の道祖神塔について本格的に調べようとしたところ、少なからざる数の道祖神塔の銘文に重大な誤読があることを発見し愕然とした。

もちろん、すべての年代の膨大な数の道祖神塔に関して銘文を再検討することは、筆者の能力からして無理であり物理的にも到底不可能である。したがって、一七世紀代もしくは一八世紀初頭のものに限定しての話であるが、由々しきは、銘文の誤報告や誤読が、特に造立年銘に関するそれが少なからず存在しているという事実である。加えて、当該の道祖神塔について研究者や報告者の間で年銘の読みに相異がある点も、研究を進める上で障害となる。そして、仮にその報告や記録が正確なものであったとしても、研究者や報告者のその解読は、いってみれば「私はこう読みました」というだけで、その解読の根拠となるはずの写真や拓本などは提示されていない場合がほとんどである。

しかし、現場での肉眼観察のみによる解読が、往々にして誤読をもたらすという点は、筆者自身痛いほど感じている。加えて、初期の道祖神塔の状態の悪さ（摩滅や欠損）は、肉眼観察による年銘の誤読や研究者・報告者間に読みの相異をもたらす要因ともなっている。以上の状況を少しでも改善させる手段として、本書では初期道祖神塔の銘文に関して再検討することとした。本書での解読内容の信頼性を担保するのは、複数の写真もしくは拓本で、併せて、これは二〇二〇年前後時点における当該道祖神塔の状態を報告することにもなるだろう。もちろん銘文に関しては筆者も誤読している可能性があり、その点については読者諸兄のご叱正を賜りたく思う。

それはともかく、各地の初期道祖神塔を訪れて気づいたことは、予想していたとはいえ、前述したようにその状態の悪さである。石塔本体の欠損や倒壊はもとより、銘文部分の摩滅や剝落には目を覆うばかりの惨状が各地において認められる。加えて昨今の人口減少にともなう農山村の過疎化は、少なからざる地域において共同体の維持を困難なものとしており、それは当然のことながら道祖神塔にまつわる祭祀や信仰の衰退・崩壊をもたらしている。

このような状況は維持可能な農山村においても同様で、世代交代や価値観の変化などによって道祖神塔などの石仏は忘れさられ、なんの手入れも施されることなく草むらに佇んでいる。以前は、民俗調査にしろ石仏調査にしろ、集落に足を踏み入れれば、必ず野良仕事の人と話ができたけれども、現在は廃屋ばかりが目立ち、そもそも人の姿が野外ではみられない場合が多い。集落は閑散としており、大きな家を探して呼び鈴を押しても留守であることがほとんどである。

もちろん、以上は地域にとってよそ者に過ぎない筆者の無責任な吐露であるけれども、しかし祭祀が行われなくなれば、その記憶は急速に失われていく。そしてその状況下で世代が替われば、道祖神塔に関する認識そのものが消滅する。もう何年も誰も通っていないと思われる山中の小神社入口に佇む道祖神塔（行方市塚原山）、倒壊し山中の祭祀場で落葉に埋もれていた道祖神塔（佐久穂町下川原）、二日間山中を歩いたものの見つからず、偶然出会った老婦人の「もう何十年も行ってないが」といいつつ憶えていた助言により、なんとか探し出せた道祖神塔（山北町嵐）など、存在を記憶している人がいなくなる近い将来、調査したくてももはや誰もたどり着けないのではないか、と懸念される道祖神塔がいくつもある。特に山北町嵐のそれは、集落を見下ろす山中の、現在は獣害駆除のため金網によって立ち入り禁止となっている区域内を通る山道の脇に建っており、案内がなければ探し出すことは不可能に近い。

そうでなくとも露座の石仏たちは終始風雨や日光にさらされており、それほど遠くない将来、銘文がまったく読めない石仏たちが頻出することは間違いない。遅きに失した感は否めないけれども、いく百年にもわたって地域の人たちが大切に守り続けてきた石造物の、せめて初期の道祖神塔に関してその銘文だけでも記録として残しておきたい、という思いのもと本書は刊行される。願わくは、写真や拓本で示された銘文が研究者諸兄共通の客観的なデータとして活用され、今後の初期道祖神塔研究発展の一助とならんことを。

本書の構成は以下のとおりである。

まず第一章として、いわゆる双体や単体像をともなった道祖神塔が卓越する地域を取り上げた。地域区分は現在の行政区分に従わざるを得ないが、もちろんこれは便宜的なものである。当初、対象は一七世紀代のものとして元禄期までを考えていたものの、享保期以降に道祖神塔の造立が増大しはじめる本地域の特徴を考慮に入れ、宝永・正徳期までのもの（一部例外あり）の悉皆調査・記録を目指すことにした。資料の検索は過去の研究者の記録や調査報告書により万全を期し、関東や長野県に関しては、一部例外はあるものの、当該期のほぼすべての対象を記録し得たと思っている。しかし、もちろん筆者の管見のものでもあり、あるいは遺漏はまぬかれないかもしれない。なお、対象の所在地の詳細については参照文献に拠られたい（第二、三章も同様）。

対象地域は、正徳期までの道祖神塔の存在が認められる静岡県、神奈川県、山梨県、群馬県、長野県、福島県、新潟県、東京都、福井県、愛知県で、岐阜県は最古のものを取り上げた。なお、群馬県の西部や北部、東部の一部は双体道祖神塔の卓越地域であるが、東部東半部や南東部では双体道祖神塔はほとんど認められず、その代わりに次にふれる縦長形石祠型道祖神塔が散見される。群馬県の双・単体像型地帯を群馬県（Ⅰ）、縦長形石祠型地帯を群馬県（Ⅱ）と区別して報告するゆえんである。

第二章には、従来あまり注目されることのなかった千葉県や茨城県などの道祖神塔を取り上げた。この地域においては、像をともなった双体や単体の道祖神塔は例外的なものであり、まして初期の道祖神塔となると像塔のものは皆無である。これらの地域に卓越するのはいわゆる「常総型道祖神祠」（文献⑨）と呼ばれる道祖神塔であるが、形状に視点をおいて筆者はこれを縦長形石祠型道祖神塔と呼ぶことにした。縦長形石祠型は、山梨県や長野県などに特徴的な石祠型の道祖神塔が、切妻流れ造りながらときに流麗な唐破風や懸魚、あるいは向拝部分に柱が付き、室部がほぼ立方形あるのに対して、質素な破風が付いた流れ造りの屋根と縦長の室部から構成される道祖神塔である。

この縦長の石祠は当該地方においては普遍的に存在しており、祠内には疱瘡神、稲荷明神、八幡神、水神、雷神、弁財天、子権現、愛宕、三峰、鹿島など多様なカミが祀られている。石祠は本来入れ物であり、石祠そのものが道祖神ということはないので（文献⑫）、厳密にいえば、縦長形石祠型道祖神塔ではなく、道祖神縦長形石祠型なのであるが、ここでは「縦に長い石祠の形をした道祖神塔」という意味で縦長形石祠型道祖神塔という呼称を使うことにする（凡例でも示したように、以下略して縦長石祠型道祖神塔と呼ぶことがある）。

縦長石祠型道祖神塔は簡素な造りの文字塔（もしくは無銘塔）であり、しかもこの道祖神塔は、双・単体道祖神塔が往々にして火祭りに象徴される小正月と密接な関係をもっているのとは異なって、これらの行事とは非親和的である。たとえば茨城県利根町においては、ドンド焼きに相当する小正月（一月一四日）の行事は「あわんとり」と呼ばれ、かつては子供たちが小屋を建てて七草すぎ頃から共同生活をし、一四日になるとこの小屋に門松を集めて燃やしたという（文献⑥）。利根町内には筆者が確認したものだけでも五〇基以上の道祖神塔があるが、しかしこの行事に道祖神塔はまったく登場しない。道祖神が関係する行事には「獅子入れ（さいの神祭り）」（一月一四日（立木地区））、や「道陸神さま」（一月二六日（立木地区）・一一月六日（福木地区））などがあるとされるものの、実際は道の辻々にお札を立てて歩くというもので、特に道祖神塔への言及はない（文献⑥）。これらもその一因であろうか、この地域の道祖神塔は、従来学界ではほとんど注目されることがなかった。武田久吉、伊藤堅吉、大護八郎などに代表される著名な研究者の著作や包括的な研究書である文献⑧、あるいは文献③などの事典類にも、この縦長石祠型道祖神塔はまったく姿をあらわさない。管見の限り、唯一の例外は文献②で、著者である川口謙二は千葉県市原市武士の縦長石祠型道祖神を一基のみではあるが紹介している。

しかし、この地域の道祖神塔は調べてみればみるほど興味深い。その分布はかつて下総国と呼ばれた千葉県北半部や茨城県南西部に集中的で、その余波は千葉県中央部（旧上総国）の北東端、埼玉県北東部、群馬県南東端部、栃木県南端部などに及んでいる。この道祖神塔は利根川をはさんだ常総（旧常陸国南部および旧下総国の略）両岸域にみられる広大な水田地帯とその周辺を囲む丘陵地の村々にかなり濃密に残されており、その数は管見の記録や報告を集約しただけでも優に一二〇〇基を超える。主神塔の周囲に高さ二〇cm前後の小形の一石道祖神塔が多数奉納されている場合もあり（第四章第二節で紹介）、これらを含めてカウントすれば、その数はさらに増えることになる。

本書ではこの地域の初期の道祖神塔として一八世紀半ば、寛延期まで（例外あり）を検討対象とした。その理由は、正徳期までとした双・単体像の道祖神塔と異なって、正徳期までの造立数がかなり少数であること、加えて逆にこの道祖神塔は宝暦期以降（千葉県内は享保期以降）になると、その造立が急激に増える傾向がうかがえる点などがあげられる。対象の検索は例によって既存の記録ならびに行政体が刊行した報告書類が主なものであるが、地域によっては行政体による調査が行われておらず（未刊行?）、その実態がつかめない場合がある。

特にその分布が疎であると考えられる千葉県南半部（旧上総国の大半、旧安房国）や茨城県北半部のいくつかの地域、逆に相応の存在が予想される茨城県稲敷市、阿見町、つくば市、坂東市、常総市、古河市などは空白地域となっている。空白地帯においても、筆者自身単発調査を繰り返し多くの道祖神塔に遭遇したとはいえ調査は闇雲的なものであり、双・単体像卓越地域のそれと異なって、お世辞にも万全を期したとは言い難い。文献も、できうる限りの渉猟をしたものの不十分との誹りはまぬかれまい。実際に現地調査を経て記録できた当該地の寛延期までの道祖神塔は、全体の約九割といったところであろうか。

第三章は無年銘ながら、その様相から初期（一七世紀代）のものである可能性を秘めた道祖神塔群を取り上げた。その大半が神奈川県の西端部、足柄山地を囲む足柄平野西端および山北町から静岡県の小山町や御殿場市にかけて分布するが、群馬県、山梨県、東京都においてもきわめて少数ながら、これと類似した道祖神塔を見出すことができる。いくつかの類型に分類することが可能であり、これらを初期のものと予測した根拠も含めて、大方の検討および御批判に供する次第である。なお、これらの道祖神塔のいくつかは戦前すでに武田久吉がふれている（文献①）。しかしその際、武田はこれらに関して古いものとも新しいものともいい、その年代上の位置付けに苦慮しているのである。

第四章では前章までの事実報告を踏まえ、これを整理するとともに、道祖神塔出現の様相に関して一定程度の見通しを立てたいと思う。結論に至るまでにはいくつかの作業が必要であるが、この手の結論によくありがちな抽象論に陥らず、あくまで諸事実に即した分析を試みたいと考えている。文献などによる確証がない限り予測（仮説）にとどめざるを得ないけれども、今後の課題が明確になれば、あるいは道祖神塔研究の前進に寄与することができるかもしれない。

さて、最後にひとつ付け加えなければならない重要なことがらがある。ここまで来てちゃぶ台返しのようでまことに恐縮であるが、それは、そもそもどのような石造物を指して「道祖神塔」と呼ぶのか、との定義が、従来の道祖神研究において実はすこぶる曖昧だという点である。この点は、対象となる石造物の形態上の面からも、そして性格の面からも指摘可能であって、たとえば、自然石（奇石）や陽石などを道祖神として祀る場合がある、庚申塔や地神塔を道祖神と見做す集落がある、五輪塔や宝篋印塔の一部をあたかも道祖神の分身であるかのごとく扱う場合がある、常総地域では無銘石祠の道祖神塔が多数存在する、墓地でみかける双体地蔵が路傍に置かれていたら、あるいは山梨県の甲府盆地周辺地域（甲府市や甲斐市を中心として、韮崎市・北杜市・中央市・南アルプス市などの一部を含む　以下同）にみられるいわゆる地蔵菩薩陽刻板碑（文献⑤　陽刻地蔵菩薩板碑、陽刻地蔵板碑、地蔵陽刻板碑ともいう）の後継とされる板碑系石塔（文献⑩）が道祖神場におかれていたら道祖神塔との区別は可能なのか、逆に現在道祖神塔としているもののなかに異質なものが含まれてやしないか、などなど。

道祖神塔を集成もしくは研究するに際しては、当然のことながら何が道祖神塔なのかといった外縁を明確にしておかねばならないが、実は筆者にとってもこの点はトートロジーに陥りかねない厄介な難問なのである。本稿ではとりあえず、先学を尊重して道祖神塔として記録・報告されたものを道祖神塔として集成作業を実施したものの、疑問点に関してはその都度本文でふれることにしたい。特に板碑系石塔や双体地蔵塔については第三章や第四章で取り上げることとなろう。道祖神塔とは何かという本質論をひとまず棚上げする形となるが、読者諸兄にはご容赦をお願いいたしたく思う。

参照文献

①武田久吉『道祖神』（アルス文化叢書・12）アルス　一九四一年
②川口謙二『路傍の神様』（東京美術選書13）東京美術　一九七五年（旧版は一九六八年）
③日本石仏協会編『日本石仏図典』国書刊行会　一九八六年
④森　納『補訂塞神考〈因伯のサイノカミと各地の道祖神〉』一九九〇年
⑤持田友宏『甲斐国の板碑2』（国仲地方の基礎調査）クオリ　一九九二年
⑥利根町教育委員会『利根町史　第四巻』（通史　民俗編）一九九二年
⑦神野善治『人形道祖神　境界神の原像』白水社　一九九六年
⑧石田哲弥編『道祖神信仰史の研究』名著出版　二〇〇一年
⑨塚本忠太郎「道祖神は石祠―茨城県竜ケ崎市の道祖神信仰―」（『日本の石仏』一〇三号　二〇〇二年）

⑩龍王町史編さん委員会『龍王町史　文化歴史編』二〇〇四年
⑪倉石忠彦『道祖神信仰の形成と展開』大和書房　二〇〇五年
⑫倉石忠彦「道祖神信仰と石造物」(『日本の石仏』一三七号　二〇一一年)
⑬福田敏一『東京の道祖神塔事典―その全記録と考察―』雄山閣　二〇二二年

第一章　双・単体像型道祖神塔卓越地帯

一　静岡県

　静岡県内において、従来、正徳期以前の年銘を有すると報告された道祖神塔の数は四六基である。県内の道祖神塔の総数は一八六五基とされており（文献㉓）、初期のもの四六基との比率は二・五％弱となる。もちろん、初期の道祖神塔で無銘のものもあると想定されるから、一概にこの比率を普遍化するわけにはいかないが、それでも、いかに初期の道祖神塔の数が少ないかが分かる。以下、主に造立年代に関する銘文を中心に説明を加えることにする。過去の報告者の読解との相違についても言及することになろう。

　1は寛文七年とされる小山町吉久保の日吉神社境内にある単体座像道祖神塔である（文献㉘）。採拓の結果、「文」部分がやや右に片寄っていて「政」の旁部分である可能性がないでもない。そうすると寛政七年ということになるが、しかしここでは「寛文七年／／三月廿四日」と読んでおこうと思う。神社の境内に存在し道祖神とされるものの、ここに設置された経緯およびその性格などは不明である。2は文献⑳により年銘が「九巳」と読まれた富士宮市下柚野の双体道祖神塔である。著者である戸川浩はこれを「九己□」と誤解し、九年で干支が「己□」なのは寛文九年か宝暦九年のみであると解釈した。しかし採拓の結果「□政九巳□／／十一月吉日」が得られ、寛政九（一七九七）年であることが判明した。「巳」の次は「年」であろうか。文献㉖でも寛政九年と読んでいる。

　3は従来から県内最古とされる小山町湯船の双体道祖神塔である（文献⑫）。銘文は「寛文十二年／／子九月日」で、年銘と干支の間に矛盾はない。中央に「□□妙法蓮華経」とある。4は文献⑫で右肩に「丑十一月十四日」、左肩に「長久保」との銘があるとされた長泉町上長窪山下の丸彫り道祖神塔である。しかし採拓の結果、右肩（向かって左）に「癸丑十一月十四日」、左肩（向かって右）に「延寳元年　長久保村」とあることが判明した。「癸丑十一月

1　小山町吉久保・寛文 7（1667）

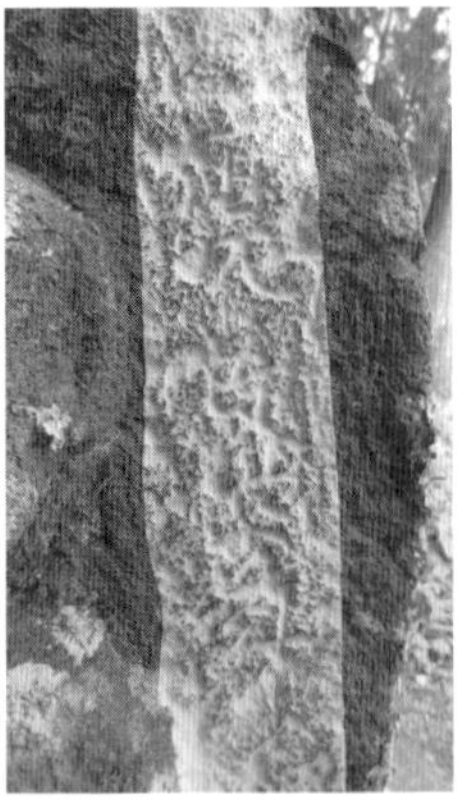

1a　正右

1b　正左

1c　拓本

2　富士宮市下柚野・宝暦 9（実は寛政 9）

2a　正右

2b　拓本

3　小山町湯船・寛文 12（1672）

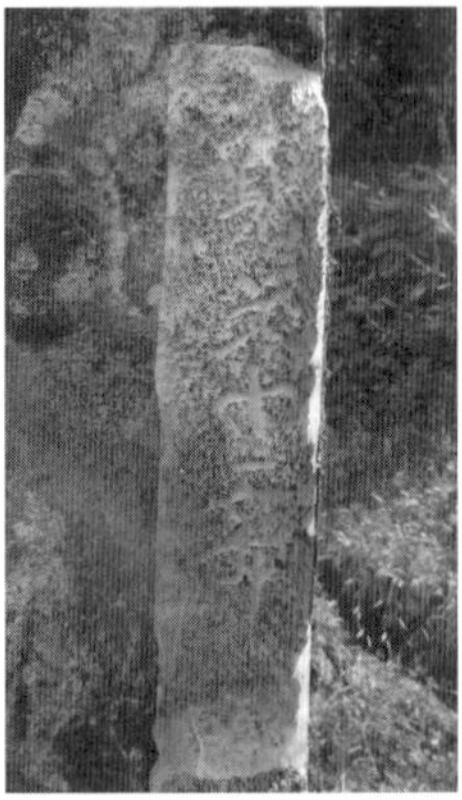

3a　正右

3b　正左

3c　正中

3d　拓本

写真Ａ　静岡県（1）

6a　右

5b　正左

4c　拓本

4　長泉町上長窪山下
延宝元（1673）

6b　拓本

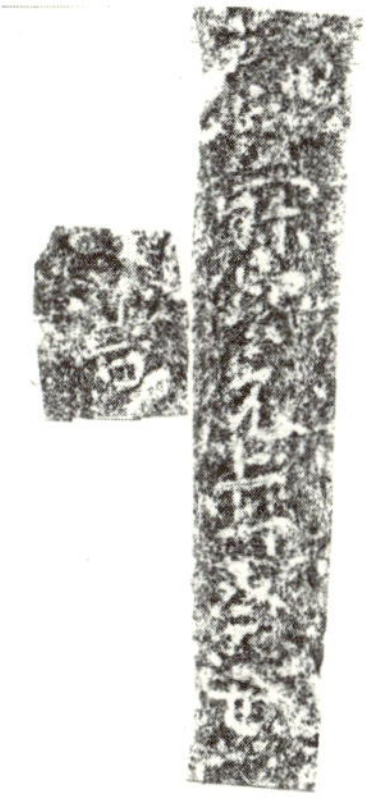
5c　拓本

5　長泉町上長窪向田・
延宝元（1673）

4a　正右

7　裾野市茶畑・
延宝 2（1674）

6　裾野市二ッ屋・
延宝元（実は延享元）

5a　正右

4b　正左

写真Ａ　静岡県（2）

十四日」の右上に文字らしきものがみえるが、不明である。

5は小字が異なるものの同じ長窪地区にある丸彫り道祖神塔で、やはり文献⑫によって「□禄七□」と読まれ、元禄期のものとされた石仏である。しかし、実際には左肩(向かって右)に「□寶元年癸丑」と読める銘文が確認された。右肩(向かって左)は摩滅のためかろうじて「吉」の字が確認されたのみであった。今回の調査によって、延宝元(一六七三)年に同じ上長久保村内に同時に二基の丸彫り単体座像の道祖神塔が建立されたことが判明した。6は文献⑬で延宝元年とされた裾野市二ッ屋の丸彫り道祖神塔であるが、採拓の結果は「延享元年/甲子七月廿二日/二ッ家新田」であった。文献㉑の読みも「ッ」を除けば同じである。銘文はかろうじて肉眼でも読める。

7は延宝二年とされる裾野市茶畑の双体道祖神塔である。文献⑱の読みは「延宝二年　寅十一月」であるが、正確には「延寶二年//寅ノ十一月吉日」である。8はこれにふれた文献⑨⑪⑮でことごとく延宝四年のものとされた函南町日守中里の丸彫り道祖神塔である。しかし採拓によって、銘文は「延享□五辰年/日守村中里/四月穀旦」であることが判明した。□は「第」であろうか。

9は沼津市下香貫塩満の単体座像道祖神塔で、銘文は文献㉒の読みのとおり、「貞享元年子九月吉日//塩満道祖神」であった。10は碑面の中央に銘文がみられる裾野市深良和田の双体道祖神塔で、文献⑱の読みは「貞享二乙丑年和田村各々等」であるが、拓本では「貞享□乙丑年和田村各□等」で、欠損のため「二」部分が得られなかった。しかし「乙丑」から貞享二年であることは確実である。「各□」は「各々」であろうか。

11は御殿場市高根の石祠型道祖神塔で、屋根部の右に「貞享二年/丑五月吉日」、同左に「村中」とある。文献④の読みは「貞享二年亥月吉日」となっているが、明らかに誤読である。12はかつて武田久吉によって最古の単体道祖神といわれた沼津市東熊堂の単体道祖神塔である(文献③⑦)。正左の「貞享二歳十二月」は武田の読みのとおりで、正右には「駿州東熊野堂村」とある。

13は三島市壱町田にある貞享四(一六八七)年の単体道祖神塔である。この道祖神塔を最初に紹介した武田久吉は

7a　正右

8　函南町日守・延宝 4
（実は延享 5）

9　沼津市下香貫塩満・
貞享元（1684）

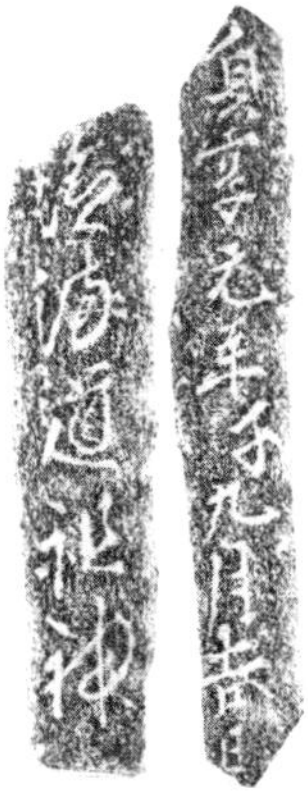

9c　拓本

7b　正左

8a　裏

9a　正右

10　裾野市深良・
貞享 2（1685）

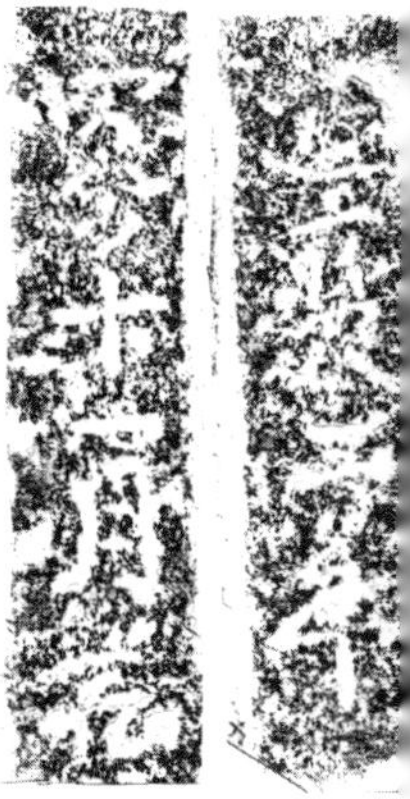

7c　拓本

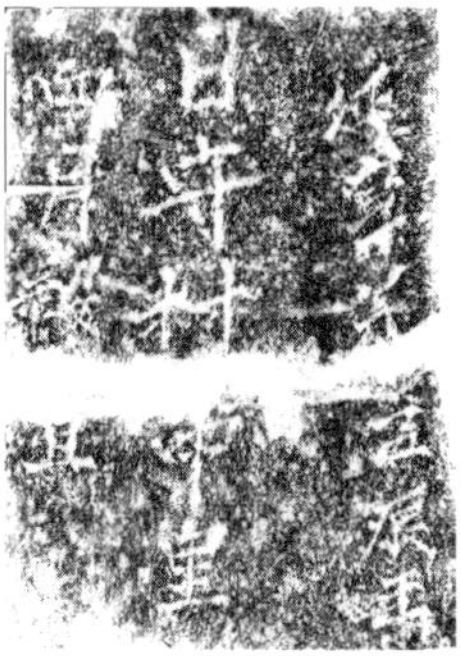

8b　拓本

9b　正左

10a　正中上

写真Ａ　静岡県（3）

12　沼津市東熊堂・
貞享２年（1685）

11b　右

10e　拓本

10b　同拓本

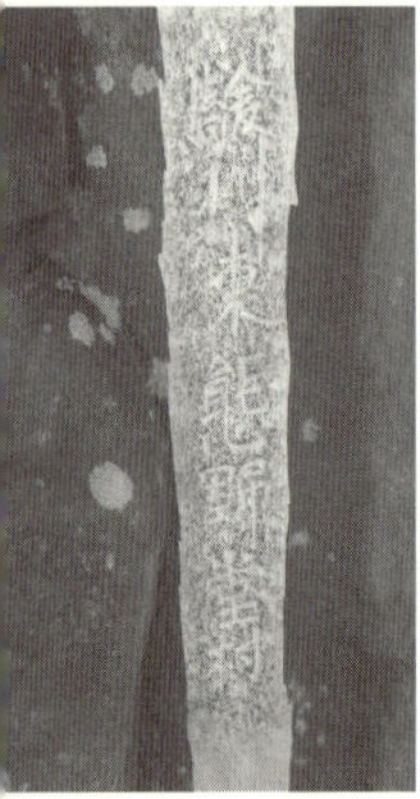

12a　正右

11c　左

11　御殿場市高根・
貞享２（1685）

10c　正中下

12b　正左

11d　拓本

11a　祠内双体像

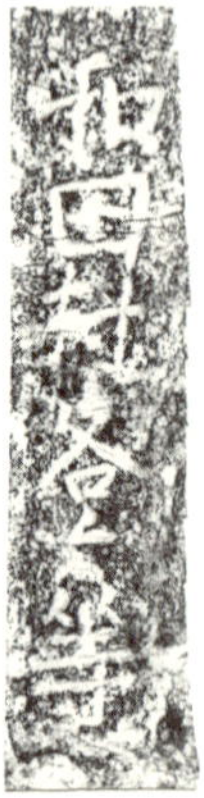

10d　同拓本

写真Ａ　静岡県（4）

12c　拓本

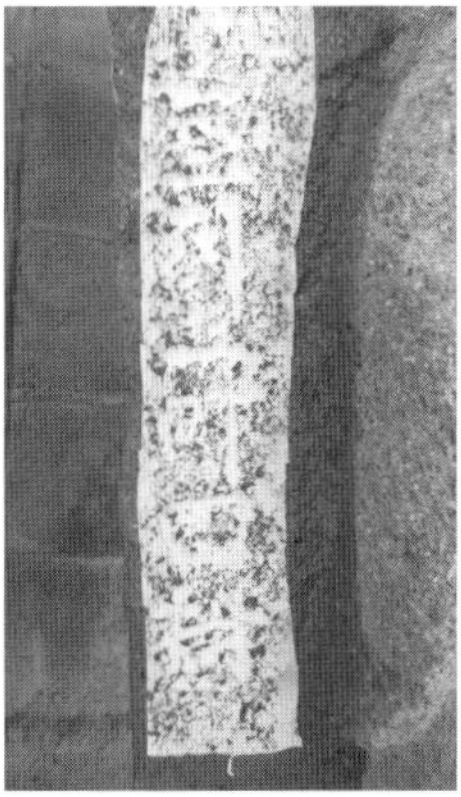
13b　正左

14　沼津市岡宮・
貞享３（1686）

14c　拓本

13　三島市一丁田・
貞享３（実は貞享４）

13c　台正

14a　正右

15　沼津市我入道・
貞享３（1686）

13a　正右

13d　拓本

14b　正左

15a　正右

写真Ａ　静岡県（5）

「貞享四丁午年十二月？　一町田村」と読み（文献②）、のちに吉川静雄は「貞享三丙寅年一丁田村」と読んだが（文献⑪）、これらはいずれも誤読もしくは類推で、正確には拓本のとおり「貞享四丁卯年／／豆州一町田村」が正しい。さらに台石には「豆䒭壱丁田／願主／村中」と彫られており、村名には「一町田村」「壱丁田」などの表記が用いられている。14は沼津市岡宮にある単体道祖神塔で、最初の報告は吉川静雄の文献⑫である。吉川は「貞享三丙寅年岡宮村東」と読んでいるが、旧岡宮村に「東」という小字はないようなので、「岡宮村の東」では漠然とし過ぎている。字体から、吉川が「村」と読んだ文字は「棟」であろう。そうすると「岡宮棟東」となるが、この道祖神塔が浅間宮（現在の岡宮浅間神社のことで岡野の宮とも呼ばれた）のすぐ東に建っている点を考慮に入れれば、岡野の宮（岡宮という地名の起源でもある）の建物（棟）の東側と考えることが可能となる。本塔はまさしくその場所に建っているのである。銘文は「貞享三丙寅年／／岡宮棟東」と読むのが妥当であろう。

15は沼津市我入道の単体座像道祖神塔で、拓本から「貞享三寅年／／六月十五日我入道村」と読んだ。文献㉒でも同様である。16は沼津市下香貫楊原にある単体座像道祖神塔で、村名を除けば、15とほぼ同じ内容の銘文が刻まれている。銘文は「貞享三丙刁／／六月十五日　六反村」で、これは文献㉒の読みと同じである。「刁」は「寅」の異字である。

沼津市下香貫にある17も15、16と類似した銘文「貞享三丙刁／／六月吉日　山根村」を有する単体座像道祖神塔で、これも文献㉒の読みどおりである。三ヵ所の村落は近接しており、一七世紀後半、三ヵ所同時に浮彫り単体座像の道祖神塔を建立したことが分かる。18は三島市沢地にある単体座像道祖神塔である。本体の銘文は「貞享四丁卯／／三月吉辰」で、台石にも「豆州下沢地村」の銘文が認められる。この道祖神塔を最初に報告した吉川静雄は、貞享四年のものとしただけで銘文の内容に関しては特にふれていない（文献⑨⑪）。

19は清水町八幡にあるもので、吉川静雄によって銘文が「貞享四年／／正月十四日　八幡村」と読まれた単体道祖神塔である（文献⑫）。採拓の結果も吉川の読みのとおりであった。20は沼津市下香貫塩満にある石仏で、本体と一

17b　正左

16d　拓本

16a　正右

15b　正左

17c　拓本

17　沼津市下香貫・
貞享 3（1686）

16b　正左上半

15c　拓本

18　三島市下沢地・
貞享 4（1687）

17a　正右

16c　正左下半

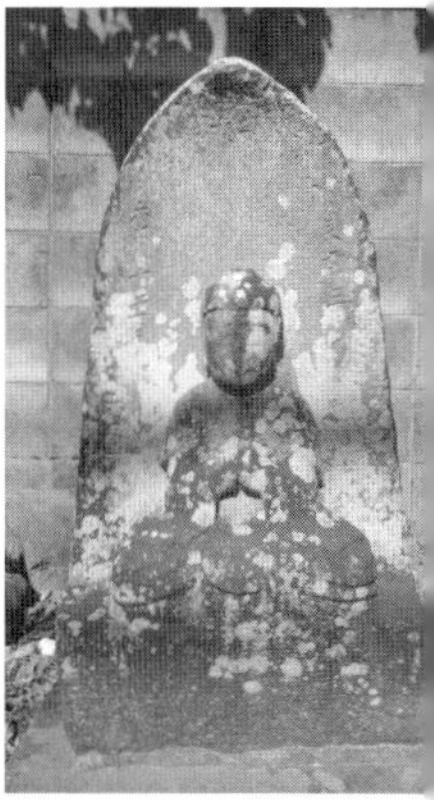

16　沼津市下香貫・
貞享 3（1686）

写真A　静岡県（6）

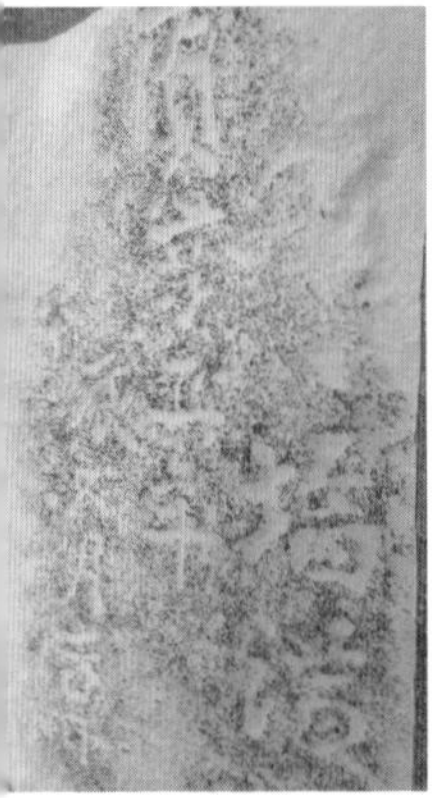
20a　正台

19b　正左

18d　拓本

18a　正右

20b　拓本

19c　拓本

19　清水町八幡・
貞享 4（1687）

18b　正左

21　沼津市岡宮・
元禄元（1688）

20　沼津市下香貫・
貞享 5（1688）

19a　正右

18c　正台

写真Ａ　静岡県（7）

体である台石正面に「塩満村／貞享五年／辰五月吉日」とある。この読みは文献㉒のそれと同じである。ちなみにこの単体座像道祖神塔は9の道祖神塔の右隣に鎮座している。

21は過去の報告にはないもので、沼津市岡宮の根方街道沿いでたまたま筆者の目に留まった単体座像道祖神塔である。やや欠損が認められるものの、銘文はかろうじて「□禄元年／／戊□十二月十四日」と読めた。「戊□」の□は「辰」であろうか。22は富士宮市山宮にあるもので、従来富士宮市内最古（元禄二年）とされてきた双体道祖神塔である（文献⑭）。文献⑭には詳しい銘文内容の記載はないが、最新の文献㉖には「元禄二年　十月□□」とある。採拓の結果は「元禄□年□□十月日／／・□敷村主・・」であったが、欠損・摩滅が激しくこれ以上は望めない。文献⑭の著者である遠藤秀男は「現在も火にくべてドンドン焼きを行う」と書いており、この行為が欠損・摩滅の原因であろう。さらに遠藤は設立者として「新屋敷組氏子中」なる文字を記録しているが、これは同地に隣接して建っている「明治四十三年正月吉辰／／新屋敷組氏子中」銘の文字道祖神塔の銘文からの類推ではあるまいか。

23は裾野市富沢にある単体道祖神塔である。銘文は、文献㉑同様「元禄三庚午年三月日／／富沢邑」であった。上部中央に「〇」の刻印が認められる。24は沼津市住吉町にある丸彫り道祖神塔である。銘文は蓮華状の台石に「元禄三庚午／奉造立念佛講／結衆一連宅生／霜月吉日」とあるとされる（文献㉒）が、採択の結果は「元禄三・・／□造立念佛□／□衆一蓮宅□／霜月吉□」にとどまった。拓本によれば、文献㉒の「一連」は「一蓮」が正しい。

25は沼津市本江町の通称「辻のジゾウサン」と呼ばれる丸彫り道祖神塔である。文献㉒は銘文の記載なしに「元禄七年」のものとしている。現状では欠損・摩滅が激しく銘文はほぼ消滅している。かろうじて台石の正面左に「□七□・・」と読めそうな文字が認められた。「□七」の□は「禄」であろうか。26は沼津市下香貫の宮脇共同墓地にある丸彫り道祖神塔である。一石からなる台石に「元禄七年／／八重原」とある。文献㉒は「元禄七年／／八重□」としている。

27は沼津市大岡黄瀬川にある単体道祖神塔である。報告者である吉川静雄は文献⑫で、「碑石に元号を刻んでいる。

23b　正左

22c　拓本

22　富士宮市山宮・
元禄 2（1689）

21a　正右

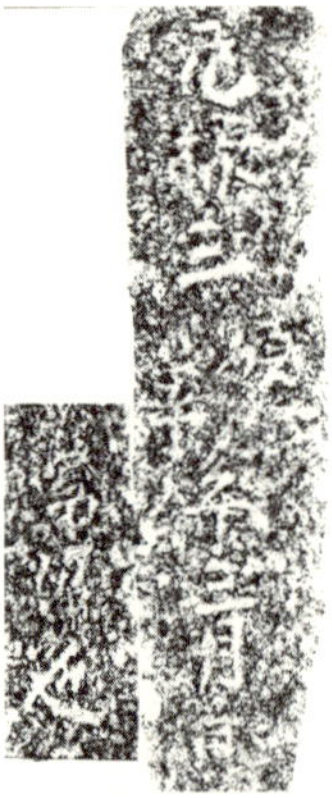

23c　拓本

23　裾野市富沢南・
元禄 3（1690）

22a　正右

21b　正左

24　沼津市住吉町・
元禄 3（1690）

23a　正右

22b　正左

21c　拓本

写真Ａ　静岡県（8）

26b　正台左

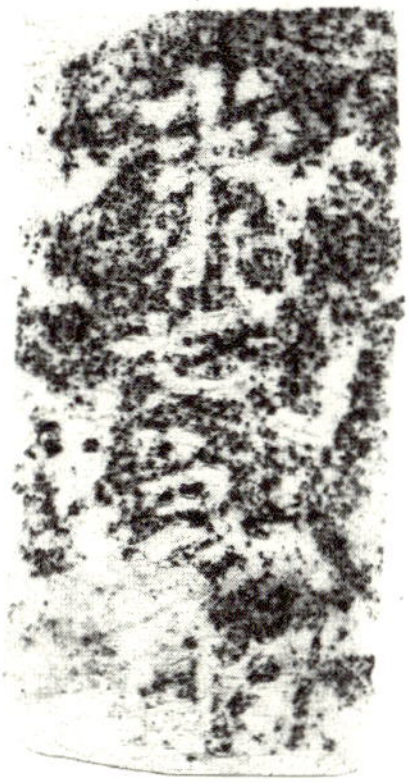

25b　拓本

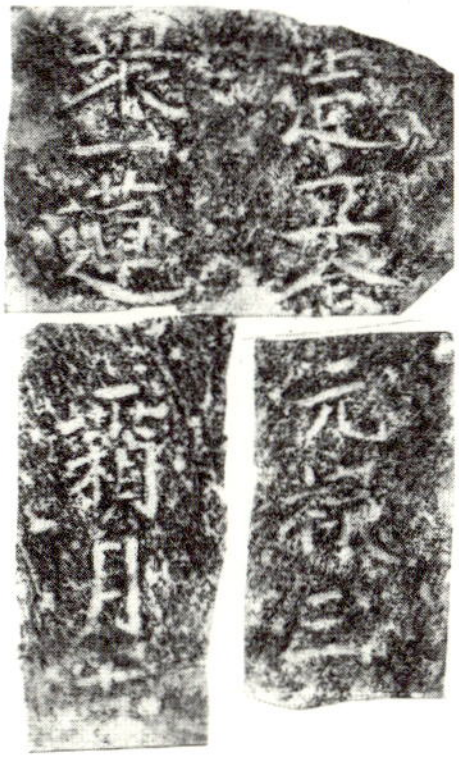

24d　拓本

24a　台右

26c　拓本

26　沼津市下香貫・元禄 7（1694）

25　沼津市本江町・元禄 7（1694）？

24b　台正

27　沼津市大岡・元禄 7or9（実は元禄 6?）

26a　正台右

25a　正台左

24c　台左

写真Ａ　静岡県（9）

元禄のようである。数字は七か九である。」と記している。当時から摩滅が激しかったのであろう、採拓の結果もかろうじて「元禄六□」を得るにとどまった。どうやら数字は「六」のようである。28は富士宮市精進川にある双体道祖神塔である。銘文は「□禄八年／／六月日」で、文献㉖では「元禄八年／／六月日」としている。

29は富士宮市小泉の双体道祖神塔である。文献㉖によれば、「（元）禄八年」の銘を有するとのことであるが、採拓の結果は、摩滅が激しくかろうじて正右に「□禄□□」を得たのみであった。文献⑭には「火でこわされた石神」として写真が掲載されており、「（略）顔がつぶれて平面的に見える道祖神塔があり、その横にかすかに禄と見える文字がある。目をこらして調べてみたが、それ以外には特に判読できる文字もなく（略）」との説明がある。30は清水町長沢にある単体道祖神塔である。採拓による銘文は「元禄九□子歳正月／／長沢東村」であったが、これは文献⑫のそれとほぼ一致した。

31は富士宮市西小泉町にある双体道祖神塔で、位置的に29に近接している。文献⑭の「双神像の二神は顔の部分が大きく欠損している。火であぶったためか、わざと傷つけたのか（略）年号も「元禄十」までは読めるが、それ以上はどうしてもわからない。」という記述からも分かるように摩滅が激しく、採拓によってかろうじて「元禄十二／／己卯年」を得た。「十二」の「二」は拓影でも微妙であるが、「己卯」は確実であるから元禄一二年は動かないだろう。32は沼津市岡宮の中尾バス停前にある単体道祖神塔で、銘文は正右に「元禄十二己卯年十月日」とある。文献⑫は「元禄十二己卯年」までしか読んでいない。

33は沼津市岡宮の新幹線ガード下にある単体道祖神塔である。銘文は「元禄十二年□□月」と読んだが、少々心もとない。「年」の次に二文字入り、最後が「月」なら「十一」か「十二」に限定されるが、はたして最後は「月」でよいのか。34は富士市厚原の玉渡神社にある双体道祖神塔である。正面の上部に「正月／元禄十四年／拾四日」と銘文が彫られている。文献⑥では「元禄４」となっているが、誤植かケアレスミスであろう。文献⑯も「元禄十四年四月」と誤って記録している。

27a　正右

28a　正左

29　富士宮市小泉・元禄 8（1695）

30　清水町長沢・元禄 9（1696）

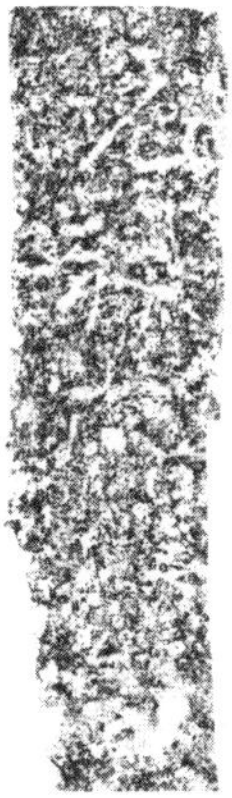
27b　拓本

28b　正中

29a　正右

30a　正右

28　富士宮市精進川 元禄 8（1695）

28c　拓本

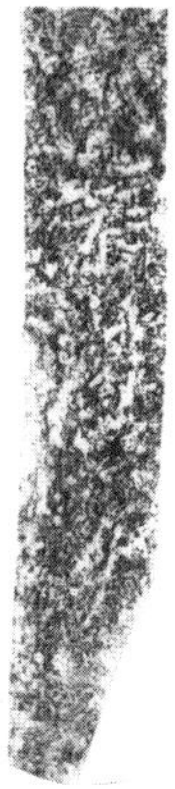
29b　拓本

30b　正左

写真Ａ　静岡県（10）

33a　正右

32a　正右

31b　正左

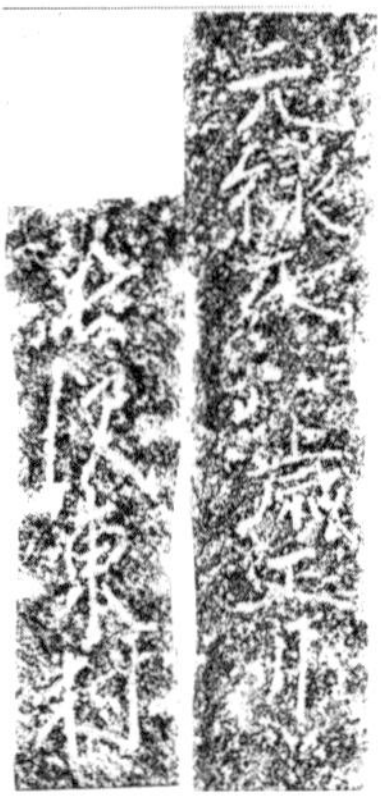
30c　拓本

33b　拓本

32b　拓本

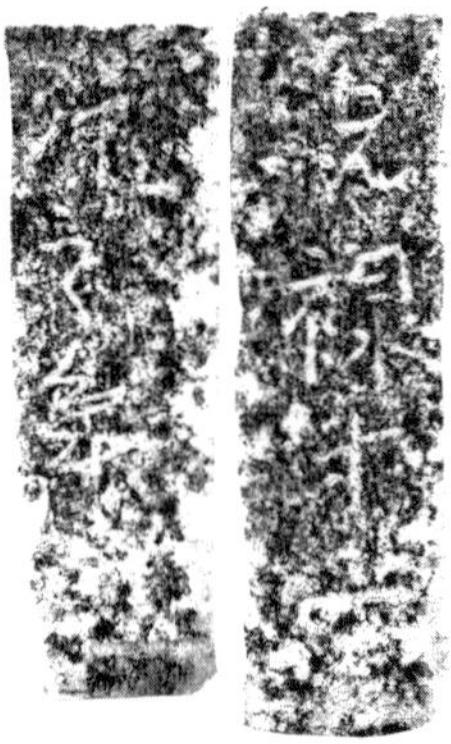
31c　拓本

31　富士宮市西小泉・元禄 10（実は元禄 12）

34　富士市厚原・元禄 14（1701）

33　沼津市岡宮・元禄 12（1699）

32　沼津市岡宮・元禄 12（1699）

31a　正右

写真Ａ　静岡県（11）

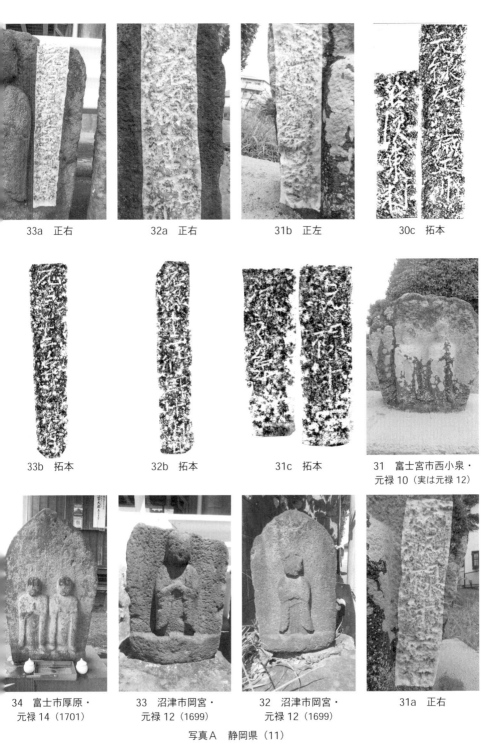

35は長泉町元長窪にある単体道祖神塔である。正右の一部を削磨して「元禄十四年建之」と彫ってある。右隣には「昭和四十六年十月改装」の碑が建っており、昭和四六年一〇月に道祖神塔を祀っている祭壇を改装したことが分かる。元禄期の銘文は明らかに後世の所産であるが、文献⑫によれば、「消えかかって読みにくくなったものを、今のうちにわかるようにしておこうと、碑石の一部を削磨して、記年したものとおもわれる。」ということらしい。したがって後刻というよりは再刻といってよいだろう。正左には「駿州元長久□」の文字が正右とは異なる書体で刻まれており、これが本来の銘文の一部であろう。36は伊豆の国市奈古谷にある双体道祖神塔で、双体道祖神塔が稀な伊豆半島における最古の双体道祖神塔といわれている。昔から有名な石仏で、文献①⑦⑧⑨といく人かの研究者が報告している。銘文は、碑面の摩滅が激しく、採拓によってかろうじて「元禄拾六年癸未年／／北奈古谷村」を得たものの、正上にあるとされる（文献①⑦）「歳神」の文字は、「歳」の一部が確認できたのみですでに欠けていた。これらの読みは文献①のそれと同じである。

37は清水町長沢の八幡神社前にある単体道祖神塔で、「□□寶永二乙酉年建之／／長澤邑」とある。冠書の□□は読めそうで読めない。38は富士宮市狩宿にある双体道祖神塔である。富士宮市内の道祖神塔に特徴的な摩滅の激しい石仏であるが、採拓によりかろうじて「寶永□年／／戊子八月日狩宿」の銘文を得た。年銘の数字部分を欠損しているものの、「戊子」から宝永五年のものであることが分かる。

39は沼津市岡宮の新幹線ガード下で、先にふれた33の右に建っている単体道祖神塔である。文献⑨で著者である吉川静雄は「宝永五年」としたが、その後吉川は文献⑫では銘文を「和五」および「戊子九月吉辰」と読み、「和五戊子」から「享和五（一七六八）年」のものとした。しかし享和期は三年しかなく、かつ一七六八年は明和五年に相当する（誤植もしくは吉川の勘違いであろうか）。銘文はかろうじて二文字目の禾（のぎ）偏を残しており、本石塔は銘文「明和五年／／戊子九月吉辰」を有する明和五年のものとするのが妥当であろう。40は富士宮市外神にある双体道祖神塔である。例によって摩滅が激しく、銘文は正右のみ拓本によって「宝永六己丑年」が読み取れた。この石仏を最

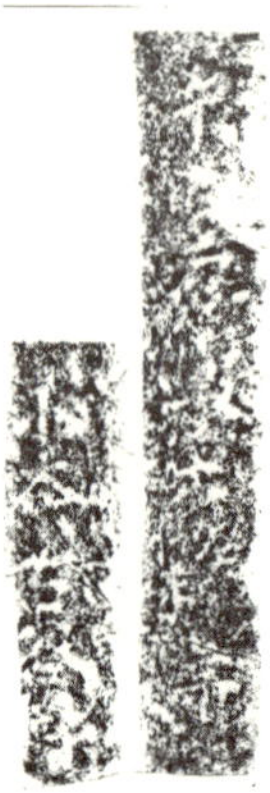

36c　拓本

36　伊豆の国市奈古谷・元禄 16（1703）

35a　正右

34a　正中

37　清水町長沢・宝永 2（1705）

36a　正右

35b　正左

34b　拓本

37a　正右

36b　正左

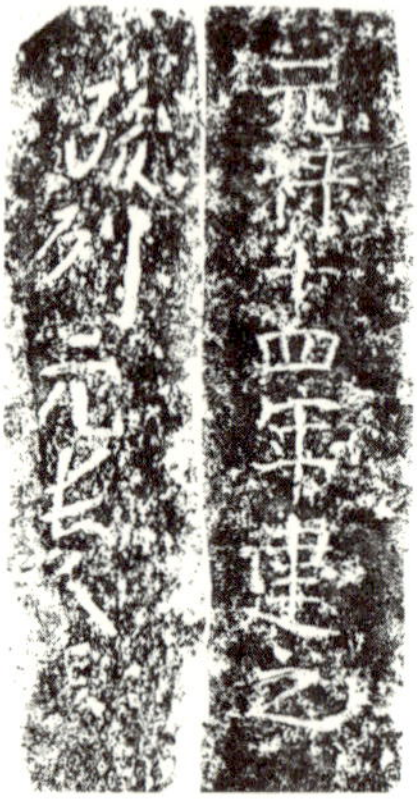

35c　拓本

35　長泉町元長窪・元禄 14（再刻）

写真Ａ　静岡県（12）

40　富士宮市外神・
宝永 6（1709）

39　沼津市岡宮・
宝永 5（実は明和 5）

38a　正右

37b　正左

40a　正右

39a　正右

38b　正左

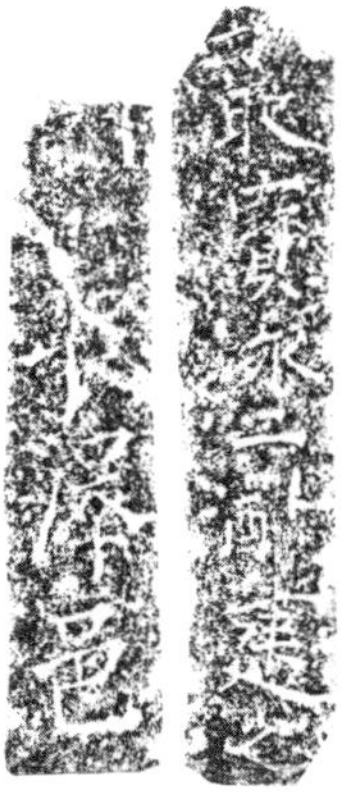
37c　拓本

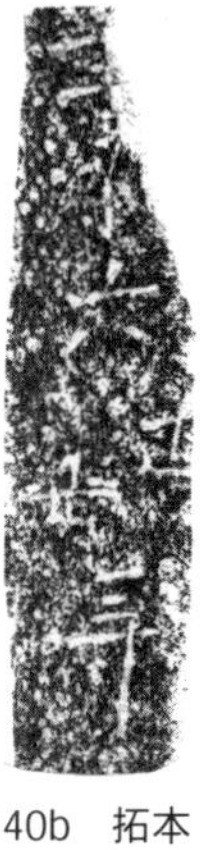
40b　拓本

39b　正左

38c　拓本

38　富士宮市狩宿・
宝永 5（1708）

写真Ａ　静岡県（13）

41　裾野市御宿・正徳元（1711）

42　富士市荻の原・正徳 4（1714）

42c　正台

43a　左

41a　正左

42a　正右

42d　拓本

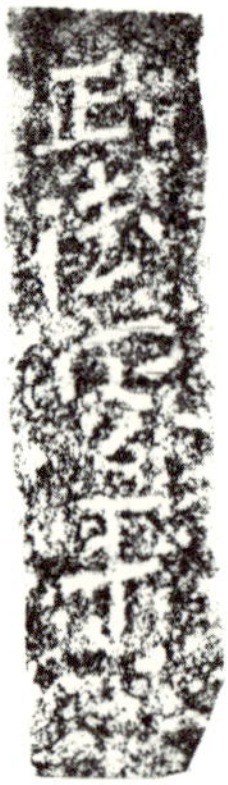

43b　同拓本

41b　拓本

42b　正左

43　裾野市茶畑・正徳 4（1714）

43c　裏

写真Ａ　静岡県（14）

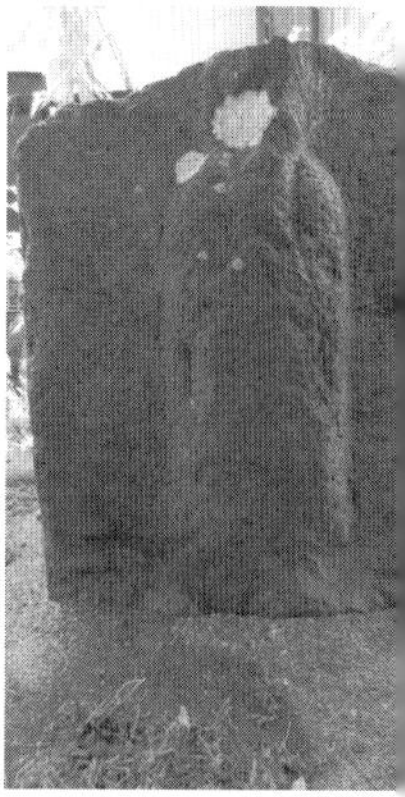

44　長泉町本宿・正徳 4（1714）

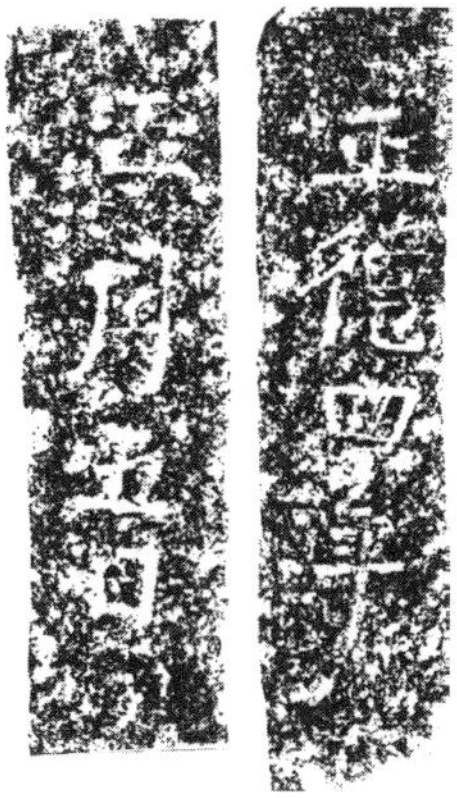

44c　拓本

45b　正左

46a　正右

44a　正右

45　富士宮市羽鮒・正徳 4（1714）

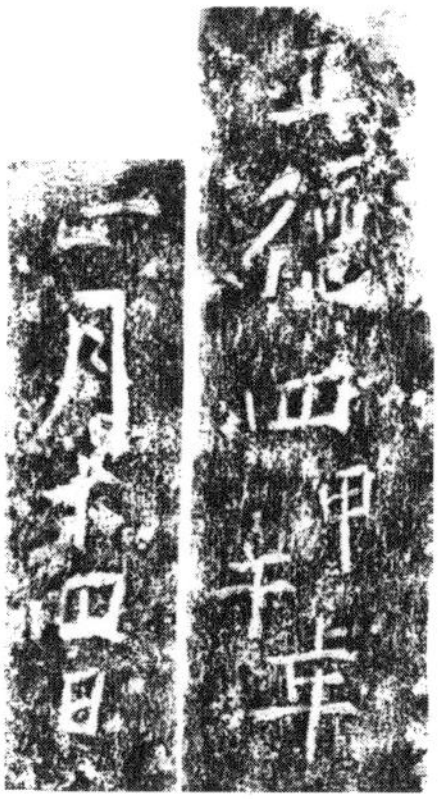

45c　拓本

46b　正左

44b　正左

45a　正右

46　三島市徳倉・正徳 5（1715）

46c　拓本

写真Ａ　静岡県（15）

初に報告した文献⑭には「火に焼かれ無惨な双体像（下外神）」とのキャプションをともなった本道祖神塔の写真が掲載されている。文献㉖では「□永己丑年」と読んでおり「六」が抜けている。

41は裾野市御宿の双体道祖神塔である。銘文は正左にかろうじて「正徳□卯天七月吉祥日」と読める。文献⑲の読みは「正徳元卯天七月吉祥日」である。42は富士市一色にある浮彫り双体立像の道祖神塔である。銘文は「正徳四甲午年／／五月七日」で、台石に「荻の原村」と刻まれている。文献⑰では台石の銘文が報告されていない。

43は裾野市茶畑にある丸彫り道祖神塔である。左に「正徳四午年」との銘が認められ、裏（背中）には「中尾／道上」と刻まれている。左の銘文は文献⑱では「正徳四年」となっており、「午」が抜けている。44は長泉町本宿、高田家文書で有名な高田家の門前にある単体道祖神塔である。銘文は「正徳四年／／正月五日」で、この道祖神塔を報告した文献⑫でも同様である。

45は富士宮市羽鮒にある双体道祖神塔で、銘文は「正徳四甲午年／／正月十四日」である。これは文献㉖の読みと同じである。46は三島市徳倉大久保の単体道祖神塔で、銘文は「正徳五年／／未三月・・」が読み取れた。この石仏を最初に報告した文献⑪には「正徳五（一七一五）年造立したものである。月日は欠けて不明であるが「未」の一字だけは残っている。」と書かれている。

表1　静岡県

番号	和暦	西暦	所在地	種類	高さ	像高	横幅	厚さ	銘文（現状）	参照文献	備考
1	寛文7	1667	小山町吉久保・日吉神社	単体座像	47	37	33	22	正右：寛文七年 正左：三月廿四日	㉘	蓮台状の台石：高さ20、経35
2	（寛文9） （宝暦9） 寛政9	（1669） （1759） 1797	富士宮市下柚野大畑	双体	59	38	45	37	正右：□政九巳□ 正左：十一月吉日	⑳ ㉖	
3	寛文12	1672	小山町湯船・旧公民館跡地	双体	44	26	30	12	正右：寛文十二年 正中：□□妙法蓮華経 正左：子九月日	⑫ ㉗	
[illegible]	[illegible]	[illegible]73	[illegible]	[illegible]	[illegible]	[illegible]	[illegible]	[illegible]	正右：延寶元年　長久保村	[illegible]	

5	延宝元	1673	長泉町上長久保向田	丸彫り	56	56	46	23	正右：□寶元年癸丑 正左：・・吉・	⑫	
6	（延宝元） 延享元	（1673） 1744	裾野市二ッ屋・菅沼家墓地脇	丸彫り	63	63	46	35	右：延享元年／甲子七月廿二日／二ッ 家新田	⑬ ㉑	
7	延宝2	1674	裾野市茶畑本茶937－1	双体	42	25	30	17	枠右：延寶二年 枠左：寅ノ十一月吉日	⑱	
8	（延宝4） 延享5	（1676） 1748	函南町日守中里	丸彫り	58	47	55	39	裏：延享□五辰年／日守村中里／四月 穀旦	⑨ ⑪ ⑮	
9	貞享元	1684	沼津市下香貫塩満・塩満公会堂	単体座像	66	32	41	33	正右：貞享元年子九月吉日 正左：塩満道祖神	㉒	
10	貞享2	1685	裾野市深良和田2020・慈眼庵	双体	58	35	37	25	正中：貞享□乙丑年　和田村各□等	⑬ ⑱	
11	貞享2	1685	御殿場市高根柴怒田・公民館前	石祠	(37) 97		(30) 54	(27) 66	屋根右：貞享二年／丑五月吉日 屋根左：村中	④ ⑤ ㉔	
12	貞享2	1685	沼津市東熊堂	単体	＊ 67	48	43	37	正右：駿州東熊野堂村 正左：貞享二歳十二月	③ ⑦ ⑨ ⑫	
13	（貞享3） 貞享4	（1686） 1687	三島市壱丁田	単体	59	45	34	25	正右：貞享四丁卯年 正左：豆州一町田村 台正：豆劦壱丁田／願主／村中	② ⑨ ⑪	
14	貞享3	1686	沼津市岡宮・浅間神社東	単体	71	44	45	42	正右：貞享三丙寅年 正左：岡宮棟東	⑫	
15	貞享3	1686	沼津市我入道・津島神社	単体座像	71	33	42	37	正右：貞享三寅年 正左：六月十五日我入道村	⑫ ㉒	
16	貞享3	1686	沼津市下香貫楊原・天王社	単体座像	79	39	43	23	正右：貞享三丙刁 正左：六月十五日　六反村	㉒	
17	貞享3	1686	沼津市下香貫・宮脇共同墓地横	単体座像	79	41	46	30	正右：貞享三丙刁 正左：六月吉日　山根村	㉒	
18	貞享4	1687	三島市下沢地	単体	59	41	31	25	正右：貞享四丁卯 台正：豆州下沢地村 正左：三月吉辰	⑨ ⑪	
19	貞享4	1687	清水町八幡	単体	71	50	36	25	正右：貞享四年 正左：正月十四日　八幡村	⑨ ⑫	
20	貞享5	1688	沼津市下香貫塩満・塩満公会堂	単体座像	＊67 （＊27）	＊ 27	(28) 48	(35) 40	台正：塩満村／貞享五年／辰五月吉日	㉒	台石と一石
21	元禄元	1688	沼津市岡宮・根方街道塔の辻	単体座像?	42	27	33	22	正右：□禄元年 正左：戊□十二月十四日	初報告	下半部欠損

22	元禄2	1689	富士宮市山宮宮内・新屋敷778	双体	46	31	33	15	正右：元禄□年□□十月日 正左：□敷村主・・	⑭ ㉖	
23	元禄3	1690	裾野市富沢南	単体	59	37	33	30	正右：元禄三庚午年三月日 正左：富沢邑	⑬ ㉑	
24	元禄3	1690	沼津市住吉町・住吉町集会所	丸彫り	64	64	49	29	台右：元禄三・・ 台正：□造立念佛□／□衆一蓮宅□ 台左：霜月吉□	㉒	蓮台状の台石：高さ18、径55
25	（元禄7）	1694	沼津市本江町・辻のジゾウサン	丸彫り	79	38	40	31	台正左：・・□七□・・	㉒	台石と一石
26	元禄7	1694	沼津市下香貫・宮脇共同墓地横	丸彫り	(39)69	39	(37)43	(26)30	台正右：元禄七年 台正左：八重原	㉒	台石と一石
27	（元禄7 or 9）元禄6？	1693？	沼津市大岡黄瀬川西町	単体	49	38	35	24	正右：元禄六□	⑫	
28	元禄8	1695	富士宮市精進川・小山	双体	47	36	39	29	正中：□禄八年 正左：六月日	㉖	
29	（元禄8）	（1695）	富士宮市小泉・大門先	双体	52	31	38	24	正右：□禄□□	⑭ ㉖	
30	元禄9	1696	清水町長沢	単体	58	37	31	41	正右：元禄九□子歳正月 正左：長沢東村	⑫	
31	（元禄10）元禄12	（1697）1699	富士宮市西小泉町45・清水公園	双体	47	33	49	27	正右：元禄十二 正左：己卯年	⑭ ㉖	
32	元禄12	1699	沼津市岡の宮　中尾バス停前	単体	61	34	39	29	正右：元禄十二己卯年十月日	⑫	
33	元禄12	1699	沼津市宮下734　ガード下	単体	＊48	37	37	33	正右：元禄十二年□□月	⑫	
34	元禄14	1701	富士市厚原溝上736玉渡神社	双体	76	37	50	25	正中：正月／元禄十四年／拾四日	⑥ ⑯	
35	元禄14 昭和46再刻	1701 1971	長泉町元長窪	単体	54	42	33	29	正右：元禄十四年建之 正左：駿州元長久□	⑪ ⑫	
36	元禄16	1703	韮山町北奈古屋小野沢（現・伊豆の国市奈古谷）	双体	60	37	31	27	正上：歳□ 正右：元禄拾六癸未年 正左：北奈古谷村	① ⑦ ⑧ ⑨	
37	宝永2	1705	清水町長沢・八幡神社前	単体	54	35	53	46	正右：□□寶永二乙酉年建之 正左：長澤邑	⑫	
38	宝永5	1708	富士宮市狩宿	双体	49	36	40	28	正右：寶永□年 正左：戊子八月日狩宿	⑭ ㉕ ㉖	

39	（宝永5） 明和5	(1708 1768	沼津市宮下734 ガード下	単体	68	43	40	39	正右：□和五年 正左：戊子九月吉辰	⑨⑫	
40	宝永6	1709	富士宮市外神上谷・八幡神社横	双体	*40	32	*33	23	正右：宝永六己丑年	⑭㉖	
41	正徳元	1711	裾野市御宿307（平山西）	双体	58	38	38	39	正左：正徳□卯天七月吉祥日	⑲	
42	正徳4	1714	富士市一色204-1	双体	68	33	34	29	正右：正徳四甲午年 台正：荻の原村 正左：五月七日	⑰	
43	正徳4	1714	裾野市茶畑伊豆佐野口	丸彫り	43	43	31	21	左：正徳四午年 裏：中道／道上	⑱	
44	正徳4	1714	長泉町本宿　高田家前	単体	*39	*37	33	26	正右：正徳四年 正左：正月五日	⑫	
45	正徳4	1714	富士宮市羽鮒平井	双体	49	29	40	25	正右：正徳四甲午年 正左：正月十四日	⑥㉖	
46	正徳5	1715	三島市徳倉大久保	単体	*47	36	33	24	正右：正徳五年 正左：未三月・・	⑪	

参照文献

①武田久吉『道祖神』（アルス文化叢書・12）アルス　一九四一年
②武田久吉「豆州道神禄―中央部一―」（『民俗学研究』第八巻第三号　一九四三年）
③武田久吉「形態的に見た道祖神」（柳田国男先生古希記念文集『日本民俗学のために』第十輯（完結編）一九五一年）
④御殿場市文化財調査委員会『御殿場の道祖神』（文化財のしおり　第三集）一九六〇年
⑤伊藤堅吉『性の石神 双体道祖神考』（山渓文庫34）山と渓谷社　一九六五年
⑥富士宮北高等学校郷土研究部『富士山麓石造物資料集』一九六九年
⑦武田久吉『路傍の石仏』第一法規　一九七一年
⑧林　久統『伊豆の道祖神と滅び行く性神と秘仏を訪ねて』長倉書店一九七二年
⑨吉川静雄『私の中の道祖神』（第一部）文盛堂　一九七四年
⑩川口謙二『路傍の神様』（東京美術選書13）東京美術　一九七五年（旧版は一九六八年）
⑪吉川静雄『伊豆のサイの神』前編（私の中の道祖神　第二部）幸原書店　一九七六年
⑫吉川静雄『富士山麓の道祖神』駿東編（私の中の道祖神　第四部）幸原書店　一九七八年

⑬裾野市鈴木育英図書館『裾野の道祖神』一九七八年
⑭遠藤秀男『富士宮の道祖神』緑星社出版部　一九八一年
⑮小山益次「駿豆道祖神考」（『日本の石仏』第二六号　一九八三年）
⑯富士市教育委員会『富士市の石造文化財（第1集）〜鷹岡・田子浦・岩松・加島地区調査概要〜』一九八五年
⑰富士市教育委員会『富士市の石造文化財（第3集）〜今泉・原田・岩松・吉永地区調査概要〜』一九八七年
⑱裾野市史専門委員会『裾野市の石造物（上）岩波・深良・久根・公文名・稲荷・茶畑・平松・麦塚』（裾野市史調査報告書第六集）一九九五年
⑲裾野市史専門委員会『裾野市の石造物（中）須山・下和田・今里・金沢・御宿・上ヶ田・葛山・千福』（裾野市史調査報告書第七集）一九九六年
⑳細谷幸雄・戸川浩『富士山　双体道祖神マップ』緑星社　一九九六年
㉑裾野市史専門委員会『裾野市の石造物（下）石脇・佐野・大畑・桃園・富沢・二ッ屋・水窪・伊豆島田』（裾野市史調査報告書　第八集）一九九七年
㉒沼津市教育委員会『香貫・我入道の石仏・石神』石仏・石神調査報告書四（沼津市史編さん調査報告書　第十一集）一九九八年
㉓石田哲弥編『道祖神信仰史の研究』名著出版　二〇〇一年
㉔御殿場市教育委員会『御殿場の石仏（中）』（文化財のしおり第31集）二〇〇五年
㉕椎橋幸夫『双体道祖神調査資料集成』名著出版　二〇〇七年
㉖富士宮市教育委員会『富士宮市の道祖神　改訂版』（市制施行七〇周年記念　富士宮市石造物調査報告書（三））二〇一三年
㉗小山町教育委員会『史跡いろいろみちしるべ』その2（成美地区編）出版年不記載
㉘小山町教育委員会『史跡いろいろみちしるべ』その5（北郷地区編）出版年不記載

二　神奈川県

神奈川県内において、従来、正徳期以前の年銘を有すると報告された道祖神塔の数は六〇基である。県内の道祖神塔の総計は二八四一基とされる（文献⑳）。したがって、六〇基の比率は全体の二％強に過ぎない。もちろん、初期の道祖神塔で無銘のものもあると想定されるから、一概にこの比率を普遍化するわけにはいかないが、それでも、いかに初期の道祖神塔の数が少ないかが分かる。以下、主に造立年代に関する銘文を中心に説明を加えることにする。過去の報告者の読解との相違についても言及することになろう。

1は清川村煤ヶ谷にある双体道祖神塔である。文献⑬は銘文を「元和四己未年三月吉日　臼居□」と読んでいる。元和四年は一六一八年にあたり、あまりにも古いので、採拓を試みた。結果はかろうじて正左に「□文四己未□／正月吉日　臼居氏」の銘文を得た。「□文四己未□」は、干支から考えても、元文四（一七三九）年とするのが妥当であろう。文献⑳にも「元文四年」の記述がある。2は秦野市栃窪にある双体道祖神塔である。文献⑨において著者である山田宗睦は、文献②の武田久吉の記述「寛保元年のは二基あって、その一には「酉ノ六月廿四日」と刻まれ、足柄上郡上中村の栃窪に見られ（以下略）」の「寛保元」を「寛文元」と誤って引用し、この石仏の年代を「寛文１」とする「双体道祖神編年表」を掲載した。しかし現地を訪れれば「寛文１」が間違いであることは明瞭で、ほかの研究者もこれを「寛保元年」と読んでいる（文献⑩⑪㉚）。正確な銘文は武田の記述どおり「寛保元天／／酉ノ六月廿四日」である。

3は松田町松田惣領にある双体道祖神塔である。文献㉒において著者である松村雄介はこの石仏を「寛文三年十月六日」とする一覧表を掲載した。その後文献㉕においてこの石仏を詳細に検討した松村は、これを道祖神塔出現期のものと断定している。その一方、広く県内の道祖神塔を集成し、「古い道祖神ベストテン」を記した文献㉞には、この石仏はベストテンにはカウントされておらず、但し書きとして「上記の他、（略）松田惣領の寛文３年双体像（略）東大竹の寛文４年双体像が記録されているが、現状では判読できない。」と書かれている。確かに肉眼観察

1　清川村上煤ケ谷・元和 4（実は元文 4）

2　秦野市栃窪・寛文元（実は寛保元）

2c　拓本

3b　左

1a　正左

2a　正右

3　松田町松田惣領・寛文 3（1663）

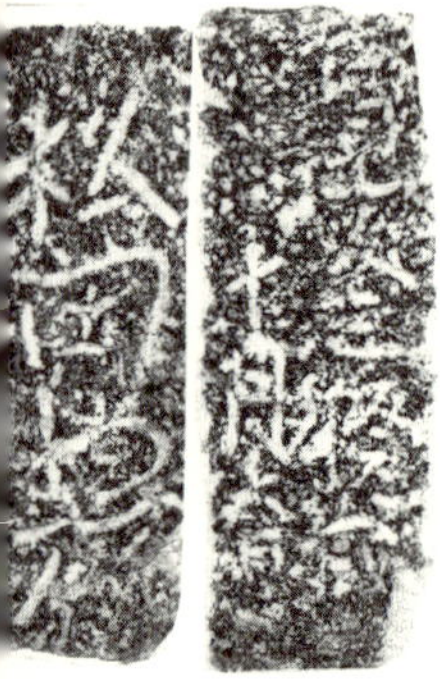

3c　拓本

1b　拓本

2b　正左

3a　右

4　伊勢原市東大竹・寛文 4（実は寛延 4）

写真Ｂ　神奈川県（1）

には厳しいものがあるが、採拓の結果は「寛文三癸卯歳／十月六日／／松田惣□」という銘文を得ることができた。「惣□」の□には「領」の字の一部が認められる。この石仏は文献④⑪⑫⑳㉑などにも引用されており、広く知られていたことが分かる。しかし年銘に関しては特にふれられておらず、不詳もしくは「江戸中期と推定」などとされていた。4は先に文献㉞を引用したことでも分かるが、文献⑰⑱によって「寛文四／／四月吉日」と読まれた伊勢原市大竹の八幡神社境内の双体道祖神塔である。文献㉞はこの石仏をベストテンから外した理由のひとつに「神像なので疑問視されている。」をあげており、烏帽子を被った両神の姿もさることながら（神奈川県内における烏帽子の出現は一八世紀以降である）、なにより銘文が「寛延四□未年／／・・日」と読める点が、この石仏を寛文期のものとすることを否定している。摩滅が進んでおり拓影は微妙であるが、一〇年ほど以前はじめて訪れた際には、肉眼でも「寛延四辛未年」を読むことができた。意外にも、文献⑳㉒は「寛文四年」を踏襲している。現地を訪れていないのであろう。

5は川崎市川崎区殿町の水天宮内にある丸彫りの母子立像である。文献⑳によれば、「サイノカミ」とされ、像の後背には「武州橘樹郡稲荷新田村　願主吉本与三左衛門尉盛秀　寛文六年丙午仲冬」の銘があるとされる。しかし、現状では近づくことができず調査は困難である。子安観音像であろうか。6は秦野市戸川にある双体道祖神塔である。文献②で武田久吉が年銘を「寛文九年八月廿六日」と読んで以来、我が国最古の道祖神塔として多くの文献（③④⑤⑳㉒㉕㉚㉞）に登場する。現在は厳重に保管されているため、詳細な調査は不可能である（許可を得れば可能かもしれないが）。ここでは文献⑧に武田が掲載した写真から銘文を読んでおきたい。「寛文九年／／酉八月廿六日」である。

7は中井町松本五一六番地にある双体道祖神塔で、文献④に写真が掲載されたのが最初である。文献㉒㉕において著者である松村雄介は年銘を「寛文九年十月」と読んだが、詳細は明らかにされなかった。採拓の結果かろうじて「松本村／／寛文九年十一月□日」を得たものの、銘文は細く浅い線で描かれており、摩滅も重なって残存状態はき

8　中井町雑色下ノ庭・寛文 9（1669）

7a　正右

6　秦野市戸川・寛文 9（1669）

4a　正右

8a　正左

7b　正左

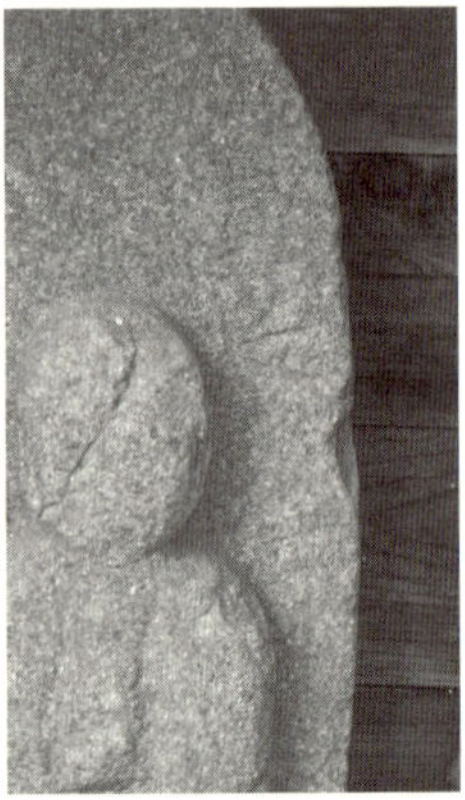

6a　正右

4b　拓本

8b　拓本

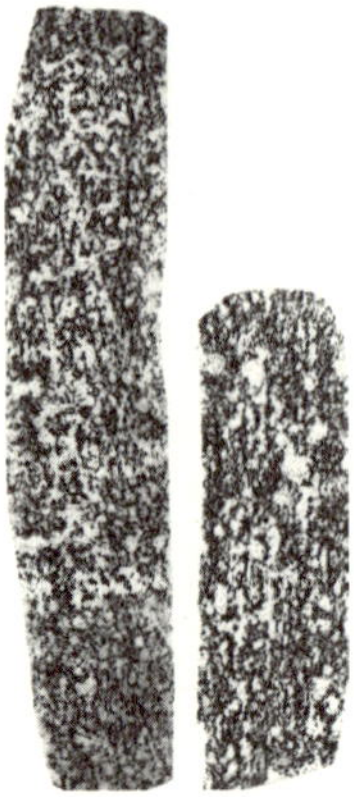

7c　拓本

7　中井町松本中ノ窪・寛文 9（1669）

5　川崎市川崎区殿町・寛文 6（1666）

写真B　神奈川県（2）

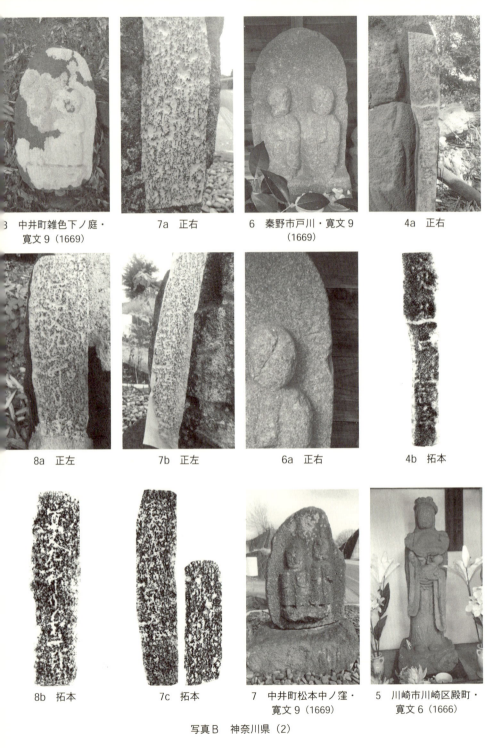

わめて悪い。文献㉔の著者である金井晃は「左右に銘あり。摩滅多く判読不能」と書いており、文献⑯では無年銘とされている。8は中井町雑色一五九番地にある双体道祖神塔で、文献⑧によってはじめて銘文「寛文九年十二月」が発表された。以降、文献⑯⑳㉒㉔㉕㉞に掲載されることになる。現状は碑面全体にわたって修復が施されており、銘文は拓影によりかろうじて正左の「寛文九年乃十二月」を得たのみであった。修復前の姿は文献⑧でみることができる。

9は小田原市沼代の双体道祖神塔である。文献⑧で紹介されて以来、多くの文献に登場する（文献⑳㉒㉔㉕㉗㉞）。武田は文献⑧で銘文を「奉造立土祖神　寛文十年今月吉日」と読んだが、正確には採拓により「□□□庚戌年／／奉□立土祖神／／今日吉日　明澤村」であることが判明した。「庚戌年」は寛文一〇年にあたるので、間違いはないだろう。ちなみに、文献㉔の著者である金井晃は「寛文十庚戌年／／奉造立土祖神／／今月吉日　明澤村」と読んでいる。10は小田原市高田にある双体道祖神塔である。最初にふれたのは文献④の「造立編年表」で、その後文献⑧に写真が掲載された。武田は銘文を「寛文十庚戌歳　高田村」とし、多くの文献（⑳㉒㉔㉕㉗㉞）で扱われている。しかし正確な銘文は「干時寛文十庚戌歳／／高田村」である。

11は中井町松本寺脇三二三番地にある双体道祖神塔である。文献㉒によって「正徳四年七月」と読まれたものの、採拓では「豈寛文十天／／庚戌七月吉日」の銘文を得ることができた。さらに正上には「松本村」と書かれている。文献㉒の著者である松村雄介は「豈寛」部分を「正徳」と読み、「文」部分を「四」、その下を「年」と読んだものと推察される。確かに正右部分は摩滅が著しく判別が難しいが、正左の「庚戌」から寛文一〇（一六七〇）年の可能性は高いと思われる。読者諸兄はどのように読むであろうか。12は中井町境別所の八幡神社裏にある双体道祖神塔である。文献㉕において著者である松村雄介は「寛文十・・・」の銘文ありと報告している。しかし中井町や県の報告書あるいはほかの研究者においては「無年銘」とされている（文献⑯⑳㉔）。そこで採拓を試みたものの、結果は写真の如くであり、ここから「寛文十・・・」の文字を探し出すことはできそうにない。摩滅が進んだ結果であろうか。

1　中井町松本寺脇・
寛文 10（1670）

10a　正右

9c　正中

9　小田原市沼代・
寛文 10（1670）

11a　正右

10b　正左

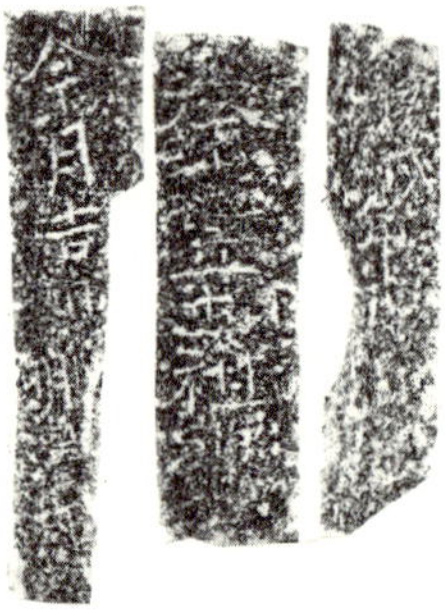

9d　拓本

9a　正右

11b　正左

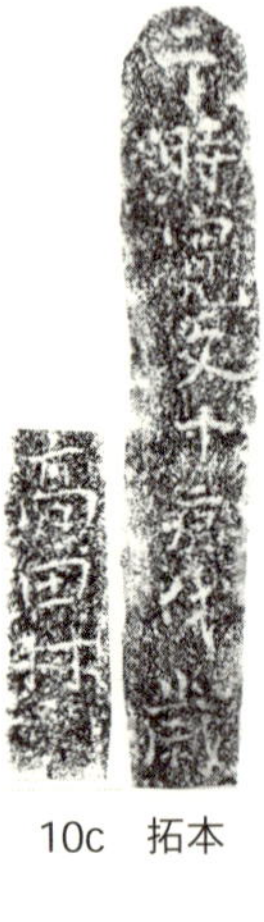

10c　拓本

10　小田原市高田・
寛文 10（1670）

9b　正左

写真Ｂ　神奈川県（3）

13c　左

13　大井町篠窪・
寛文 11（1671）

12a　正右

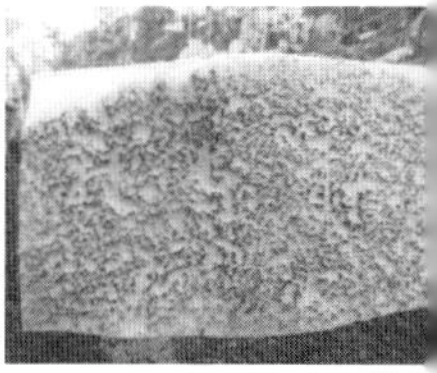
11c　正上

13d　同採拓

13a　右

12b　正左

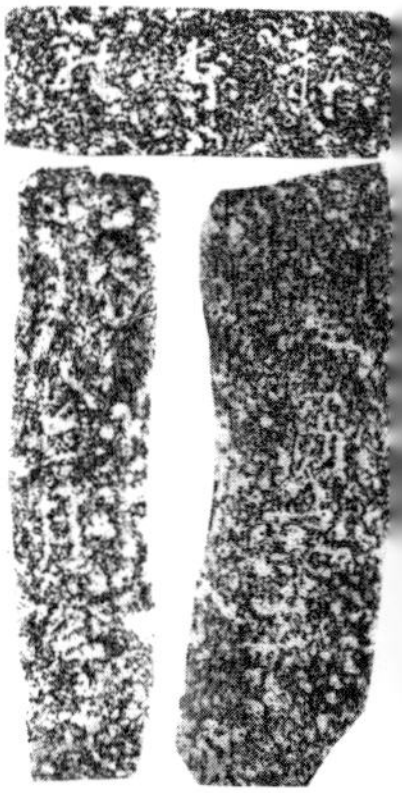
11d　拓本

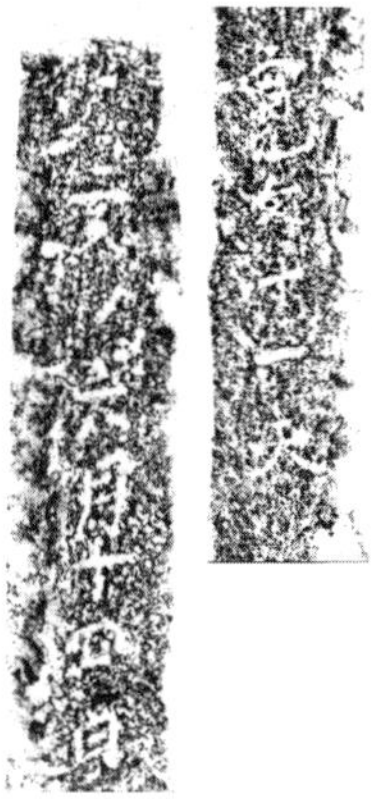
13e　拓本

13b　同採拓

12c　拓本

12　中井町境別所宮ノ前
寛文 10（1670）？

写真Ｂ　神奈川県（4）

13は大井町篠窪にある双体道祖神塔である。古くは武田久吉によって紹介され（文献①）、その後も多くの書物に掲載されてきた（文献⑧⑮⑳㉒㉔㉞）。銘文は文献①で「寛文十一天／／亥ノ六月十四日」とされるものの、拓本では「寛文十一天／／□亥ノ六月十四日」と左の「亥」の上に文字らしきものを見出すことができる。これが「辛」なら申し分ないのだが、如何であろうか。14は中井町半分形五七七番地谷戸庭にある双体道祖神塔である。銘文は文献㉔によって「□□方村屋戸入庭祭神／／干時寛文十一辛亥天」と読まれたが、採拓の結果は「□□方村屋□入祭神／／干時寛文十一辛亥天」で、「庭」という文字は確認できなかった。ないものと思われる。

15はやはり中井町半分形二五〇番地沖庭にある双体道祖神塔である。銘文は文献㉔によって「□□□村沖庭／／寛文拾一辛亥年／／正月吉日」と読まれたが、採拓による結果は「半分□村沖ノ庭／寛文拾一辛亥年／／五月吉日」であった。「五月」が正しいと思われる。16は小田原市曽我原二五三番地にある双体道祖神塔である。銘文は文献㉔で「・・十一年・・／／そが原横内□」と読まれ、文献㉕では「寛文十一年・・／／そが原横内」とされている（地番が曽我原四八〇となっているが、誤記であろう。曽我原四七九に存在する道祖神塔は無年銘であった）。採拓によれば、銘文は「寛文十一年一月吉日／／そが原横内村」であるが、「年一月」の部分がいまひとつ自信がない。摩滅が激しく非常に読み辛いものの、寛文一一年のものであることは確かであろう。

17は小田原市曽我原一一二番地にある双体道祖神塔である。文献㉔の銘文の読みは「□文十一年／／・・・月」であり、文献㉕の読みは「□文十一年□月／／・・・」とされている。採拓の結果は「寛文十一年／／曽我□原村」であった。曽我原村には城南、横内、堀ノ内、神戸、下原の字があったとされるから、あるいは「曽我下原村」との表記であろうか。摩滅が激しく読み取り難いものの、寛文一一年であることは確かめられた。18は中井町田中三五六番地にある双体道祖神塔である。文献㉔の読みは「干時寛文・・年」であり、文献㉕の読みは「干時寛文十二年・・田中村・・」である。採拓によれば、正面中央に「干時寛文拾一年・・・」と書かれているようだ。「拾二」は「拾一」の可能性がないではないが、ここは「拾一」と読んでおく。

16　小田原市曽我原・
寛文 11（1671）

15b　正左

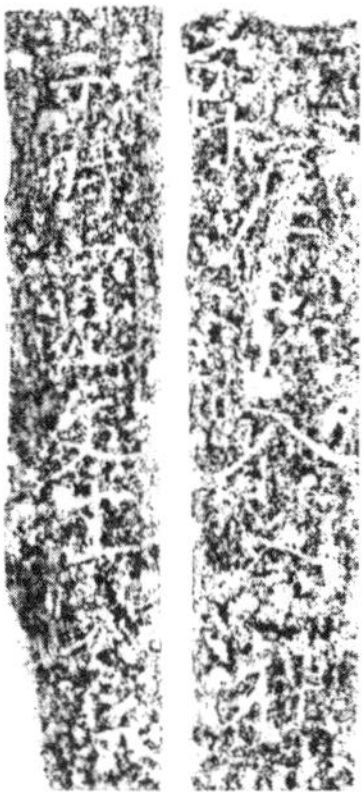

14c　拓本

14　中井町半分形谷戸
庭・寛文 11（1671）

16a　正右

15c　正中

15　中井町半分形・
沖ノ庭・寛文 11（1671）

14a　正右

16b　正左

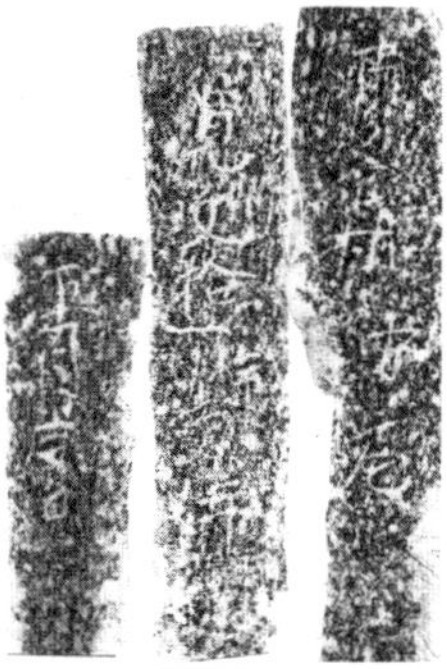

15d　拓本

15a　正右

14b　正左

写真Ｂ　神奈川県（5）

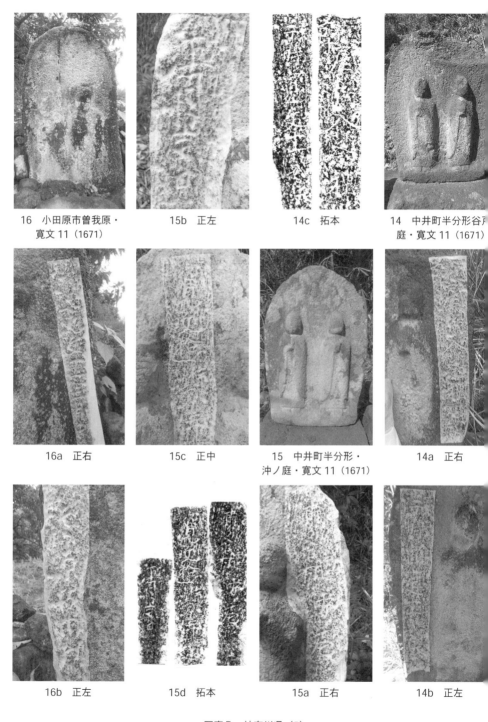

19a　正右

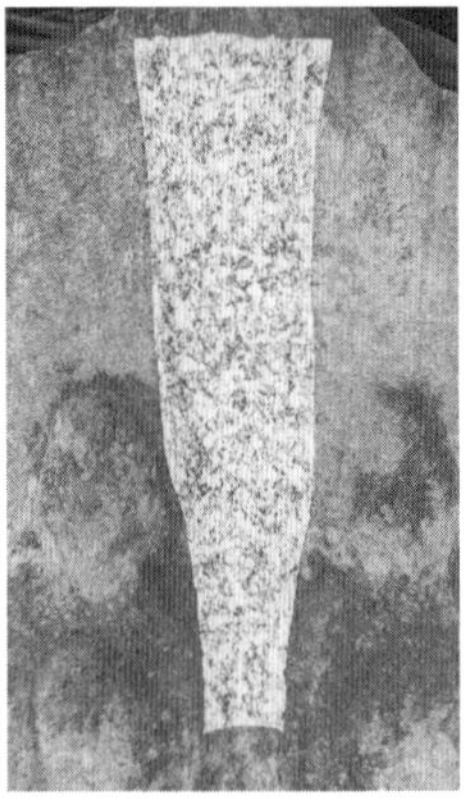
18a　正中

17b　正左

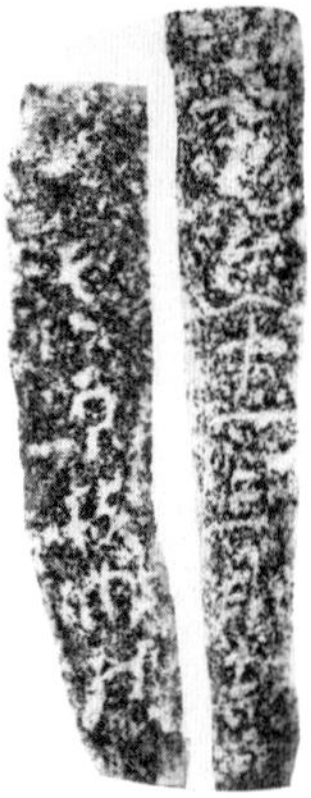
16c　拓本

19b　正左

18b　拓本

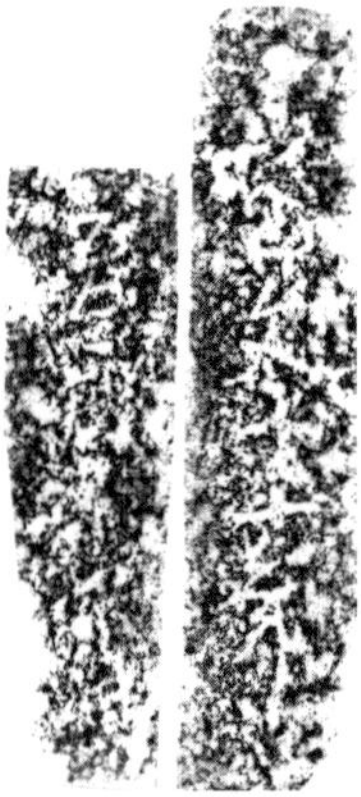
17c　拓本

17　小田原市曽我原・寛文 11（1671）

19c　拓本

19　中井町鴨沢中庭・寛文 12（1672）

18　中井町田中入ノ庭・寛文 11（1671）

17a　正右

写真Ｂ　神奈川県（6）

19は中井町鴨沢四八番地にある双体道祖神塔である。最初に紹介したのは文献⑤であり、著者である清水長明は銘文を「寛文十二壬子年／／七月十四日　鴨沢村」と読み、加えて「右側の「年」の下に四、五字あるようだが、読めない。」と書いている。一方、文献⑧の武田久吉は「寛文十二壬子年　七月六日」と読んでいる。さらに文献㉔で金井晃は「寛文十二壬子年／／七月六日　鴨沢村」と完全に近く読んでいる。採拓の結果は「寛文十二壬子年／／七月十八日　鴨沢村」であった。「十八日」か「六日」か迷ったが、ここは「十八日」としておく。細く浅い線書きのため、今後摩滅により判読が困難となることが懸念される。この懸念は先に紹介した7、8、11、14、15、16、17、18など中井町や大井町から小田原市北東部にかけての丘陵地帯に残されている古い道祖神塔全般に指摘できる。20は19から少し離れた鴨沢六〇七番地にある双体道祖神塔である。「中島道祖神」と呼ばれた古い道祖神塔には「寛文・・壬子年　七月十□　鴨沢村」との銘文があったとされるが（文献㉕）、平成五（一九九三）年に新しい石仏に建て替えられた。裏面に「中島組道祖神／平成五年一月吉日講中」との銘がある。

21は中井町雑色五一六番地にあったとされる双体道祖神塔である。文献㉒㉕によれば「延宝四年」の年銘があったとされるものの現地には残っておらず、現在行方不明となっている。県や村の報告にもあり（文献⑯⑳）、文献⑪や⑯には写真も掲載されているが、詳細は不明とせざるを得ない。22は文献⑥で服部清道が報告した「藤沢市鵠沼大東三一八四番地ノ辻」の双体道祖神塔である。延宝六（一六七八）年のものとされる。服部は文献⑭においても「藤沢市鵠沼大東三一八四番地先の辻」のものとして「延宝六年　□□□供養」銘の道祖神塔を報告している。さらに、服部は文献⑳において「鵠沼海岸七丁目（大東）」のものとして「延宝六年　□□□供養　正月吉日」の銘文を記している。地番が変更されている現在、かつての鵠沼大東三一八四番地に対応する地番を確認するのは難しいものの、文献⑥および⑭には写真が掲載されており、これを確認することができる。しかし実は文献⑥には「鵠沼大東の辻」の道祖神塔として異なった石仏の写真が二葉あり、もし巻頭の写真が「鵠沼大東の辻」のものだとすれば、この写真は文献⑭の「鵠沼大東（旧）道祖神塔のゆかけ奉納（昭和37年）」および「鵠沼大東（現）道祖神のゆかけ奉納（昭和

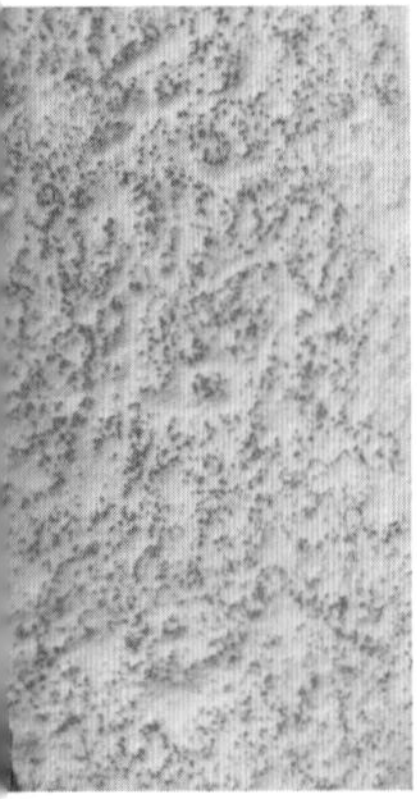
25a　正右

24　藤沢市西俣野・延宝 8（天明 4 修理）

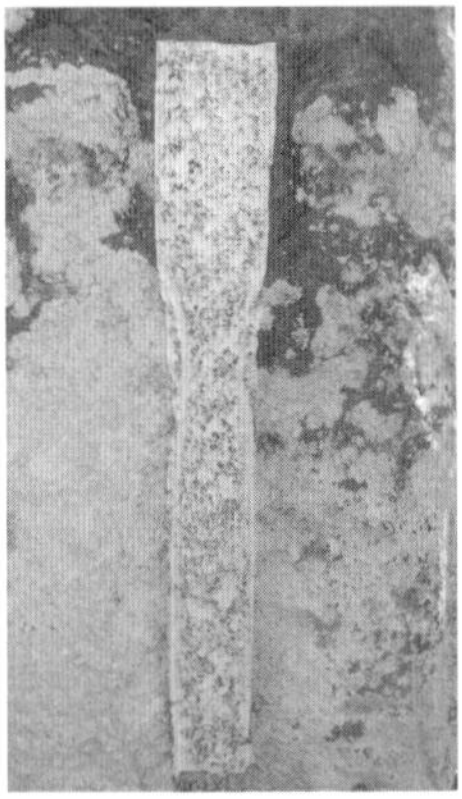
22a　採拓

20　中井町鴨沢中島・寛文 12（平成 5 再建）

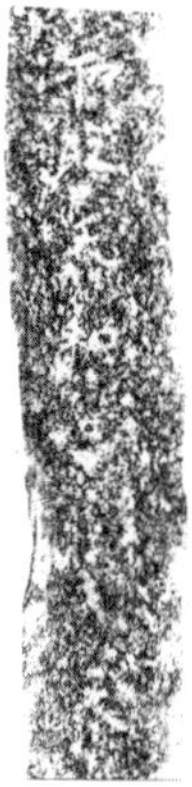
25b　拓本

24a　石祠

22b　拓本

20a　裏

秦野市菩提・貞享元（1684）

25　秦野市平沢・天和 3（1683）

23　川崎市川崎区川中島・延宝 7（1679）

22　藤沢市本鵠沼五丁目・延宝 6（1678）？

写真 B　神奈川県（7）

五〇年写)」とする写真と一致する。これら三葉の写真に写っている道祖神塔は現在の「鵠沼本鵠沼五丁目一一の三番地」に建っている通称「刈田の辻の道祖神」に相当することになる(文献㊳)。この石仏は欠損および摩滅が著しく、採拓をもってしても銘文を得ることは叶わなかった。以上が「延宝六年」の道祖神塔のあらましであるが、もしこの石仏が文献⑥に掲載された別なもう一枚の写真(同書第一〇図)に写っている道祖神塔だとしたら、その行方は杳として知られていない、ということになる。

23は川崎市川崎区の川中島神明宮にある浮彫り母子立像の石仏である。文献⑳には「「せき神様」の伝承あり」とされ、像の左右に「為自他法界平等利益願主釈工塔　延宝七年己未七月七日」の銘文があるらしい。木製の祠内にあるため詳細は不明であるが、サイノカミとして信仰されている。24は藤沢市西俣野の御嶽神社内にある石祠型の猿田彦大神祠である。文献⑥によれば「延宝八年卯月吉日」の年銘を有するらしい。石祠の屋根には桃をもつ猿と手足を伸ばした腹這いの猿の二匹が浮彫りされている。天明四年に修復されたとされる。小屋内に厳重に保護されているので詳細な調査はできない。庚申信仰の所産と思われるものの、文献⑥では道祖神として扱われている。

25は秦野市平沢にある双体道祖神塔である。文献㉚によれば、銘文は「干旼天和□□亥天」とのことであるが、採拓の結果もかろうじてそれとほぼ同じ「干□天和三□□天」を得ることができた。摩滅が激しく正右のみの採拓となったが、天和期の道祖神塔は、疑義のあるものを除けば、山梨県韮崎市当麻戸神社境内にある天和二年銘塔(山梨県の5)以外知られておらず、きわめて貴重な道祖神塔である。26は秦野市菩提にある双体道祖神塔である。昔から有名な道祖神塔で、文献①にはじまって多くの書物に引用されている。銘文は採拓により「菩提村杉崎永勧　施主／／干時貞享元年子三月吉日」を得たが、これは文献⑳のそれと完全に一致した。ちなみに文献⑧の武田久吉の読みは「干時貞享元年十二月吉日　路永神」、文献⑪の川口謙二の読みは正左を「元禄□□年三月吉日」と読んでいるが、川口は「干時」を「元禄」と読んでしまったためその次を「□□」とせざるを得なかったものと推察される。

27は小田原市千代の三島神社にある双体道祖神塔である。下半部を欠損するものの、銘文は「貞享三丙寅天／

28c　拓本

28　小田原市別堀・
貞享 3（1686）

27　小田原市千代・
貞享 3（1686）

26a　正右

29　小田原市国府津・
貞享 3（1686）

28a　正右

27a　正右

26b　正左

29a　正右

28b　正左

27b　拓本

26c　拓本

写真Ｂ　神奈川県（8）

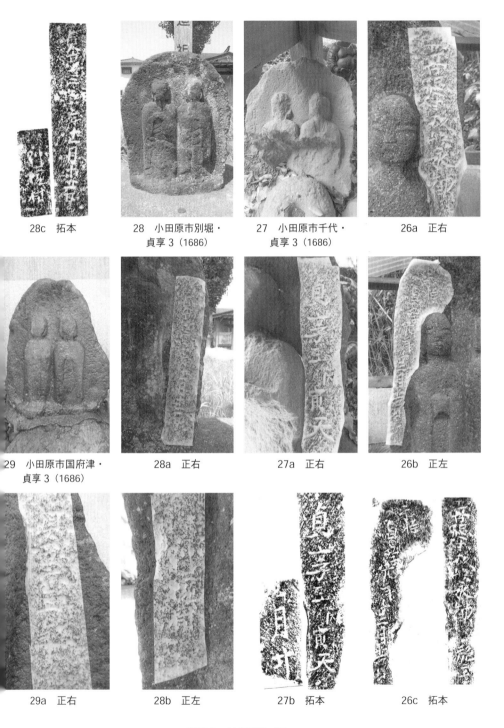

／・・月廿・・」と肉眼でも読むことができる。市の報告書（文献㉗）では「貞享三」のみ掲載されている。28は小田原市別堀にある双体道祖神塔で、摩滅の激しい碑面からかろうじて「貞享三丙□年十一月十二日／／別堀村」の銘文を得た。「十二日」は「十一日」の可能性もあるが、ここは「十二日」と読んでおく。ちなみに、文献㉔の金井晃は「貞享三□十一月十五日／／別堀村」と読んでいるが、ここはやはり「十二日」であろう。

29は小田原市国府津鳴沢にある双体道祖神塔である。これも摩滅が著しくかろうじて正右に「貞享三年」の文字を見出したのみであった。文献㉔では正左に「・・月・・」の文字を記録している。30は藤沢市獺郷中村の文字道祖神塔である。銘文は正面に「道祖神」、右側面に「元禄元年一月十四日建立」、左側面に「大正七年一月十四日再建」とある。すなわち、元禄元（一六八八）年造立の道祖神塔を、新たに大正七（一九一八）年に再建した石塔ということになる。台正には「講中」、左右側面には多くの人名がみられる（一覧表参照のこと）。

31は藤沢市鵠沼神明町の皇大神宮入口にある文字道祖神塔である。正面に「道陸神」、右側面に「天保十二丑年九月吉日」、左側面に「元禄二巳年正月吉日」とある。すなわち、元禄二（一六八九）年造立の道祖神塔を、新たに天保一二（一八四二）年に再建した石塔ということになる。32は藤沢市獺郷の子聖神社境内にある双体道祖神塔である。欠けてしまった上半部を修復している。そのため銘文が分断されやや分かり難くなっている。銘文は正右を「元禄三年正月十四日」と読んだものの、「元禄十三」の可能性も捨て切れないし「三」の次の文字を「年」と読んでよいのかなど、問題が残る。これが干支の「庚」にあたるなら、「庚午」（元禄三年）か「庚辰」（元禄一三年）の可能性があるが、干支の十干部分のみ書くという例は多くはなく、あったとしても「元禄三」か「元禄一三」の区別にはつながらない。さらに正左は文字が欠損しており、ほとんど読むことができない。最後は「・・兵衛」でよいのだろうか。

33は」秦野市堀西黒木の双体道祖神塔である。文献㉒の注13「近世前期相模の在銘道祖神塔」に「秦野市堀川・黒木」に「元禄六年十一月」の道祖神塔あり、との記載があったので確認したところ、秦野市堀西の黒木地区に「天

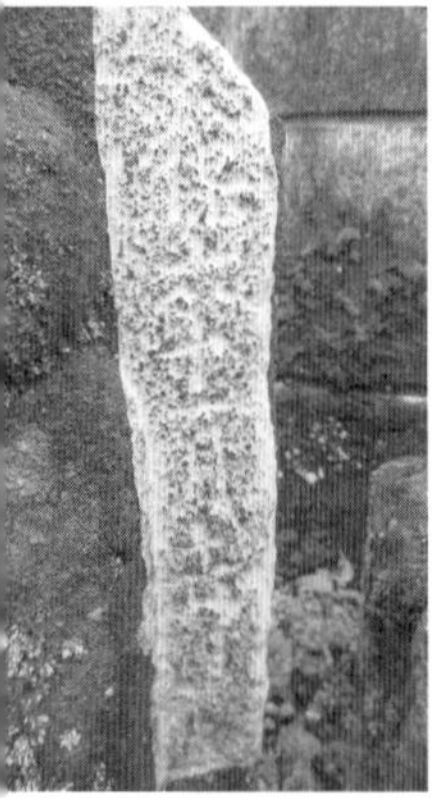
33b　同採拓

32c　拓本

32　藤沢市獺郷・元禄 3（1690）

29b　拓本

33c　拓本

33　秦野市堀西・元禄 6（実は天保 6）

32a　正右

30　藤沢市獺郷中村・元禄元（大正 7 再建）

4　秦野市三屋・元禄 8（1695）

33a　正右

32b　正左

31　藤沢市鵠沼南・元禄 2（天保 12 再建）

写真 B　神奈川県（9）

保六十一月吉日」銘の石仏があることが判明した。拓影をみるに、文献㉒の著者である松村雄介は「天保」の「保」を「禄」と読んだ可能性が高い。市の報告書である文献㉚にも同所に同銘文の道祖神塔が登録されており、松村は「堀西・黒木」を「堀川・黒木」と誤認したのであろう。ちなみに、銘文は「天保六」に「年」なしに続けて「十一月」と刻まれており、あたかも「六十一月」のようにみえてしまう。34は秦野市三屋の双体道祖神塔である。古くは武田久吉の『道祖神』（文献①）にも掲載されている。武田は「元禄八年乙亥十二月吉日、戸川三屋村中の刻銘あり」と書いており、実際の銘文もやや不明ながら「元禄八年乙亥十□月吉日／／戸川　三屋村」を得ることができた。

35は中井町古怒田にある双体道祖神塔である。武田久吉の著書（文献⑧）にも取り上げられており、有名な道祖神塔である。銘文は「元禄八乙亥年／／九月吉日　古怒田村」とあり、さらに正中に「道祖神」と刻まれている。文献㉔の読みと同じである。36は平塚市高根にある双体道祖神塔である。銘文は文献㉜に「奉□□祖神　高根村／／元禄八乙亥天十二月吉日　施主」とあるが、実際には「奉□立祭神　高根村／／元禄八乙亥天十二月吉日　施主」であり、主神が「□祖神」ではなく「祭神」であることが分かる。「サイノカミ」の意であろう。なお、正上には種字がみられ、台座には「小野／□四／衛／門」と人名が彫られている。

37は秦野市曽屋の山谷にある双体道祖神塔である。武田久吉の『道祖神』（文献①）にも紹介されている。武田は銘文を「元禄十三年辰天　一月吉日」と読んでおり、市の報告書である文献㉚では「元禄十三□辰天／／七月吉日」と読んでいる。実際にも「元禄十三□辰天／／七月吉日」と文献㉚のとおりで、正上には「卍」が刻まれている。38は秦野市渋沢にある双体道祖神塔で、文献㉚には銘文を「相列・・渋沢村／／元禄十四年・・」としている。実際の銘文は「相州□□郡　・・渋沢村／／元禄十四辛□・・」であった。文献㉚の「相列」は「相州」の意であろうか。

39は二宮町中里の軒吉にある双体道祖神塔である。報告者である金井晃（文献㉔）の銘文の読みは「相州陶綾郡中里村□□施主／／□禄十四天辛巳十二月十五日　□氏子」であるが、実際にも「相刕淘綾郡中里村軒□　施主／／□禄十四天辛□十二月十五日　各氏子」で、ほぼ同じである。40は小田原市鴨宮にある箱状内に浮彫りされた単体道

34a　正右

35　中井町古怒田・元禄 8（1695）

35c　正中

36a　正右

34b　正左

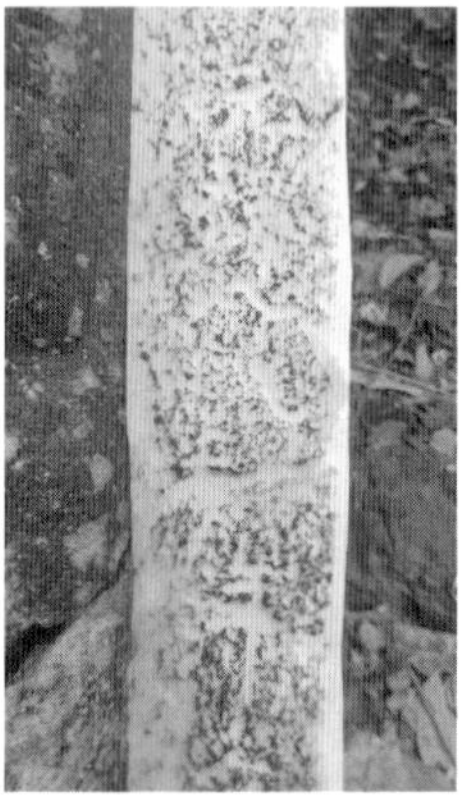

35a　正右

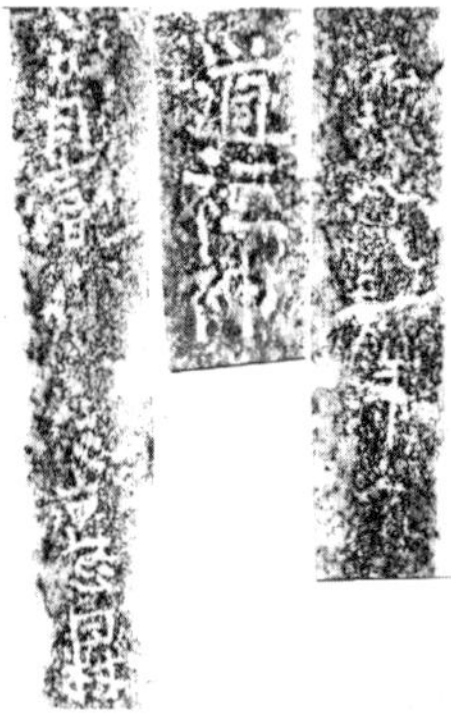

35d　拓本

36b　正左

34c　拓本

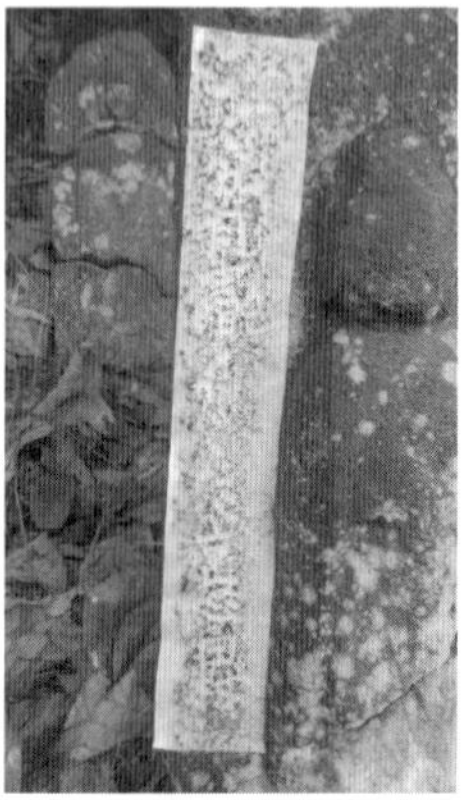

35b　正左

36　平塚市高根・元禄 8（1695）

36c　上部

写真Ｂ　神奈川県（10）

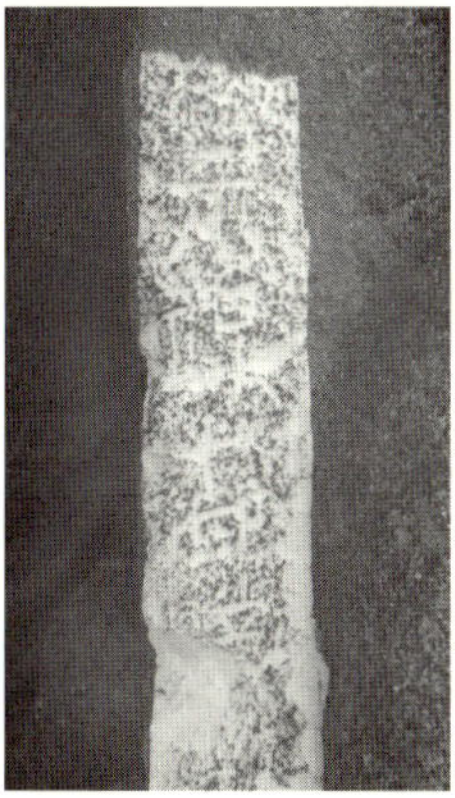

38b　正左

37d　拓本

37a　正右

36d　正台

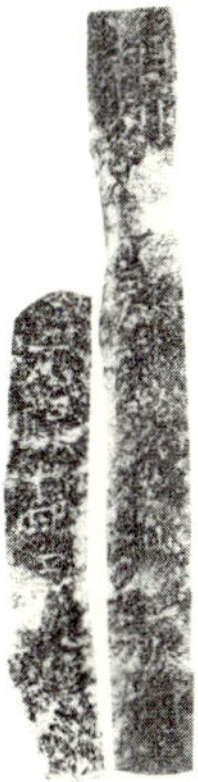

38c　拓本

38　秦野市渋沢・元禄 14（1701）

37b　正左

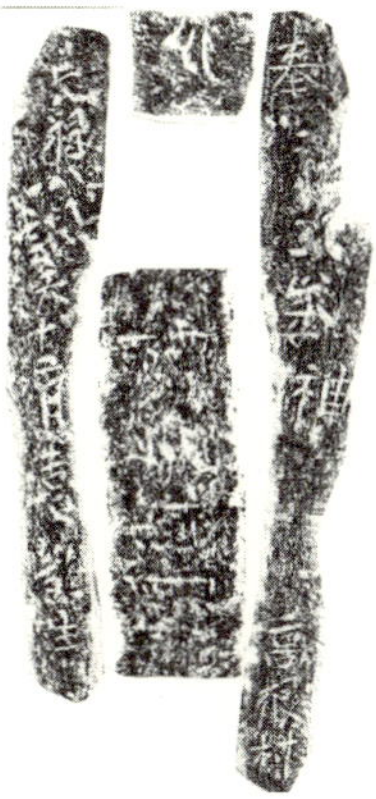

36e　拓本

39　二宮町中里軒吉・元禄 14（1701）

38a　正右

37c　正上

37　秦野市曽屋・元禄 13（1700）

写真Ｂ　神奈川県（11）

祖神塔である。左側面に「□禄十五年／午四月十三日」と銘文が刻まれている。市の報告書である文献㉗は最後を「正月十三日」と読んでいるが誤読であろう。

41は綾瀬市早川にある単体道祖神塔である。銘文は文献㉘に「元禄十五年／／正月吉日」とあるものの、しかし実際には「元禄十五午天／／正月吉日」である。42は茅ヶ崎市芹沢の茅ヶ崎里山公園内にある浮彫り単体立像の石仏である。公園内の東尾根山中からの新発見事例で、銘文は「元禄十六癸未天柳谷村　重郎／／十月大吉祥日　敬白　次郎左衛門」とある。道祖神塔とされ、周囲にあった五輪塔や宝篋印塔の一部も同所に置かれている。

43は綾瀬市寺尾西一丁目にある単体道祖神塔である。市の報告書である文献㉘には「宝永五戊子天／／五月吉日」とあり、拓本でも同様であったものの、正左は「三月吉日」の可能性も捨て切れない。なお、台座部分には不明瞭ながら「□□／次郎左衛門／同□□／同□□□／同松吉／次郎□□□」と六名の名前が刻まれている。44は平塚市岡崎の西海地にある双体道祖神塔である。文献㉒の著者である松村雄介はその銘文を「宝永六年正月吉日」と読み、市の報告書である文献㉜は「□永六丑正月吉日／／氏子中」と読んで「嘉永六年」としているが、実際には文献㉜のとおりであった。□永六年が丑年となる近世の和暦には宝永期と嘉永期があり、かつ神奈川県の場合は幕末まで掌中拱手の双体像が継続するので、像容で年代を断定するのは難しい。この場合は両期の可能性を考えておきたい。ちなみに、文献㉜も「宝永六己丑（一七〇九）もありうる」と追記している。

45は小田原市扇町二丁目の井細田にある双体道祖神塔である。銘文は摩滅が激しくやや手間取ったとはいえ、拓本のとおり「宝永七庚寅年／／三月吉日」であった。46は相模原市南区上鶴間本町四丁目にある双体道祖神塔である。文献㊲は銘文を「・座郡上・・郷矢口村／／宝永七庚寅歳七月（吉カ）日」と読んでいるが、実際には「□座郡上□間郷矢口村／／宝永□庚寅年七月廿日」である。宝永期の「庚寅」は宝永七年に相当する。

47は海老名市上郷一丁目の三王三柱神社境内にある双体道祖神塔である。欠損が著しく、現在では正右の銘文「・・卯六月吉日」しか確認することができない。文献㉒において著者である村松雄介はこの石仏を「宝永八年六月

39a　正右

40　小田原市鴨宮・
元禄 15（1702）

41　綾瀬市早川・
元禄 15（1702）

41c　拓本

39b　正左

40a　右

41a　枠右

42　茅ヶ崎市芹沢・
元禄 16（1703）

39c　拓本

40b　拓本

41b　枠左

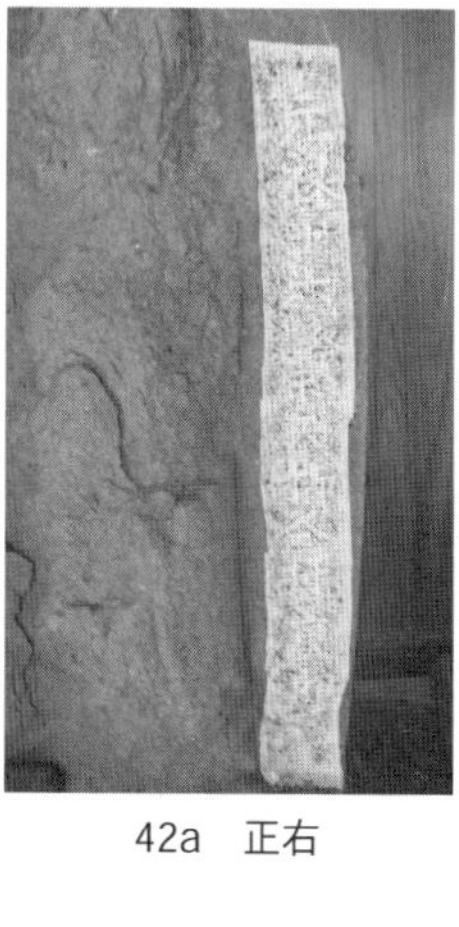
42a　正右

写真Ｂ　神奈川県（12）

42b　正左

43a　正右

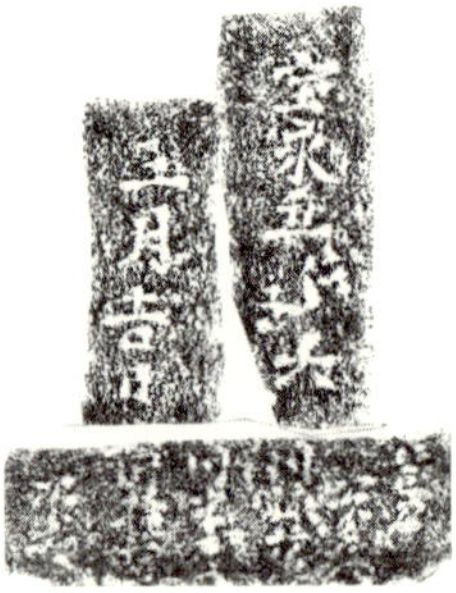

43d　拓本

44b　拓本

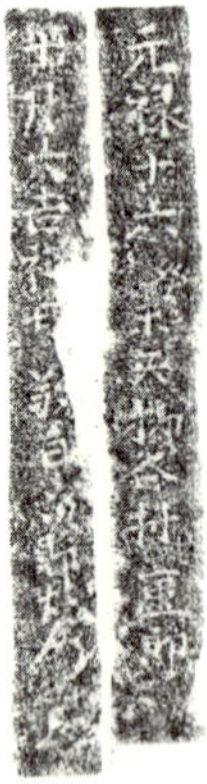

42c　拓本

43b　正左

44　平塚市岡崎王御住・
宝永 6（嘉永 6）

45　小田原市扇町・
宝永 7（1710）

43　綾瀬市寺尾西・
宝永 5（1708）

43c　正台

44a　正右

45a　正右

写真Ｂ　神奈川県（13）

吉日」としているが、それは約四〇年前の一九八一年当時、まだこの石仏の残存状況が現在よりやや良好で、銘文も「□八辛卯六月吉日／／施主・・」と読めたためであろう。市の報告書である文献㉙には約五〇年前（昭和四八年）の本塔の写真が掲載されており、これを詳細にみると、「□八」の「□」部分にかろうじて禾偏（のぎへん）を確認することができる。松村はこの偏部分を「永」と読んだのであろう。「八年」で、かつ干支が「辛卯」なのは、近世では「宝永八年（正徳元年）」か「明和八年」だけで、加えて二文字目に禾偏を有する年号は「明和八年」ということになる。文献㉙も本塔を明和八年六月の所産として報告している。48は秦野市今泉にある男根状の陽物である。清水長明は文献⑲の「道祖神」の項において、「自然あるいは人工の陽石を御神体としたもの、陽石に「道祖神」の文字を刻むものもある。人工陽石としては神奈川県秦野市今泉のもの（高さ百二十五cmに及ぶ宝永八年＝一七一一のもの）、同県相模原市田名のもの（高さ一m、銘文を刻む明治二十七年＝一八九四）などが有名である。」と書いている。しかし秦野市今泉の陽物に関して、市の報告書である文献㉚には特に年銘は記されていない。陽物は小さな小屋に収められており、裏側を確認することはできないが、少なくとも正面や側面には年銘は刻まれていない。文献㉚には備考として「昭和49年1月吉日　奉納　関野宏」とある。文献④㊴にも写真が掲載されている。

49は文献⑳に記載されている二宮町中里軒吉の新幹線南崖上にあるとされる「宝永八年卯十二月十五日」銘の「双神像」の道祖神塔である。文献⑳にはほかに二宮町中里軒吉の道祖神塔の記載はないので、この石仏が先に39としてふれた「□禄十四天辛巳十二月十五日　□氏子」銘（正面左部分）の道祖神塔と同一のものである可能性は非常に大きい（軒吉には道祖神塔は一基しかない）。特に「十二月十五日」が一致している点がさらにその可能性を示唆している。確かに39の銘文「□禄十四天辛巳」中の「禄」は「ネ偏」部分が欠損しており、一見「永」にみえてしまう。その下の「十四天辛巳」をどのように誤読したら「八年卯」となるのか疑問であるが（「卯」は宝永八年からの類推だろう）、新幹線南崖上にあった39がその後、現在ある線路ガード脇に移設されたと考えるのが妥当であろう。50は平塚市下島にあった笠付きの単体道祖神塔で、現在は失われて行方不明となっている。銘文は「建立道禄神／正徳二年辰九月

1　大井町赤田・正徳 2（1712）

47　海老名市上郷一丁目・三王三柱神社・宝永 8(実は明和 8)

46a　正右

45b　正左

51a　正右

47a　正右

46b　正左

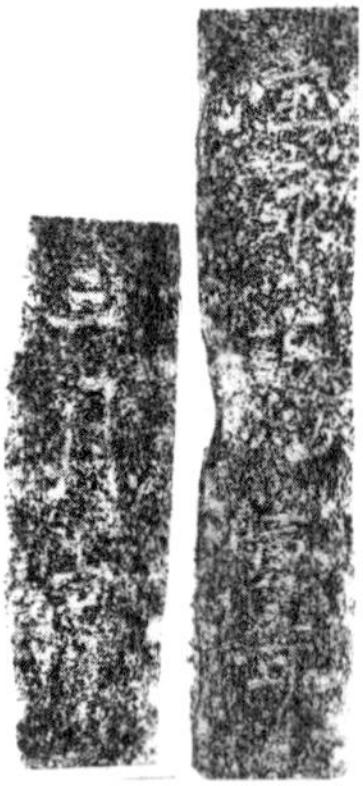

45c　拓本

51b　正左

48　秦野市今泉・宝永 8（1711）？

46c　拓本

46　相模原市南区上鶴間本町・宝永 7（1710）

写真Ｂ　神奈川県（14）

吉日」と刻まれていたらしい（文献㉜）。

51は大井町赤田北ノ開戸にある双体道祖神塔で、古くは武田久吉の『道祖神』（文献①）に「正徳二年辰霜月　氏子敬白」という銘文のみが紹介された（写真の掲載はなし）。町の報告書である文献⑮には「正徳二年辰霜月吉日」とあるが、実際には「正徳貳年　氏子／／辰霜月吉祥日　敬白」と刻まれている。52は横浜市港北区新吉田町中里にあった庚申塔で（文献⑳）、現在は同町の杉山神社境内の庚申堂に移設されている。「奉供養庚申吉田村／講中十人／／正徳三天癸巳二月十二日」の銘を有する庚申塔であるが、堂内に「ドンドン焼／当番」の木札が下げられていることからも分かるように、この庚申塔のもとで正月十四日に「セイトの行事（火祭り）」が実施されている。

53は大井町赤田北ノ開戸にある双体道祖神塔で、先にふれた51の道祖神塔の左隣りに建っている。銘文は「正徳四午年　氏子／／霜月朔日　敬白」である。54は中井町比奈窪三王山の双体道祖神塔で、武田久吉の文献⑧にも掲載されている。銘文は「十一月吉日／／正徳四天」で、通常の多くのものとは異なり、正右に月日、正左に年号が刻まれている。

55は54と同じ場所で54の右隣りに建っている双体道祖神塔である。銘は特に正右の摩滅が著しく読み辛いが、「比奈窪村　□□／／正徳四天午ノ十一月吉日」である。56は中井町松本の中地にある双体道祖神塔である。銘文は摩滅および細く浅い線書きのため非常に読み取り難いものの、なんとか「正徳四歳　相州・・・／／□月□□　松本□」と読むことができた。ちなみに、文献㉔の金井晃は、約五〇年前に「正徳四甲午天相州足柄上郡／／十月吉日　松本村」と読んでいる。当時は碑面の状態がいく分かよかったのであろう。しかし、「四歳」は確実であるから、「四甲午天」は如何なものであろうか。町の報告書である文献⑯では「松本」のみの判読となっており、文献㉒の松村雄介はこの石仏を「正徳五年十月」の所産としている。

57は大井町山田東大中にある双体道祖神塔である。武田久吉の文献⑧にも取り上げられている。銘文は独特なくずし方で判読に苦労したものの、「正徳五年未之年／／十一月吉日　東山田村」と読めた。58は二宮町山西の小沢観音

54b　正左

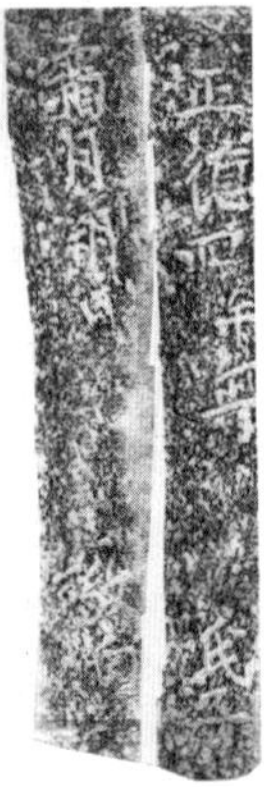

53c　拓本

53　大井町赤田・正徳 4（1714）

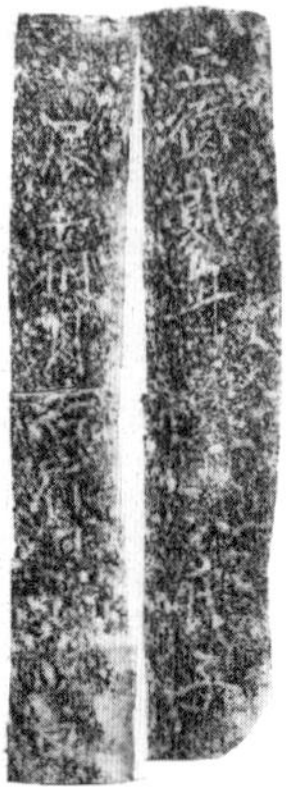

51c　拓本

54c　拓本

54　中井町比奈窪・正徳 4（1714）

53a　正右

52　横浜市港北区吉田町・正徳 3（1713）

55　中井町比奈窪・正徳 4（1714）

54a　正右

53b　正左

52a　当番札

写真Ｂ　神奈川県（15）

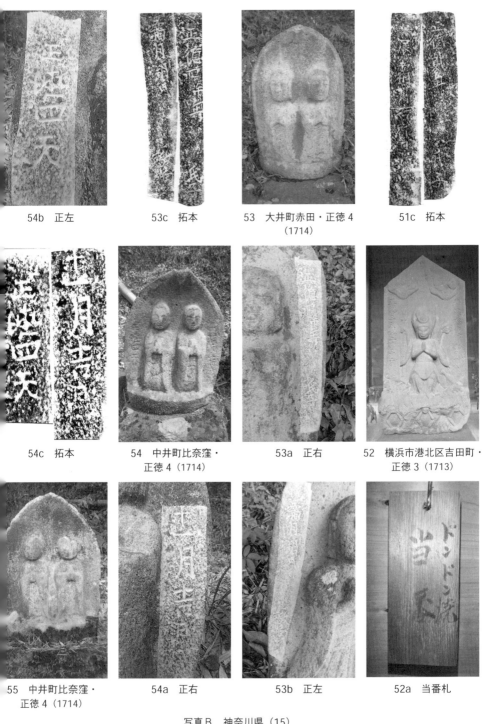

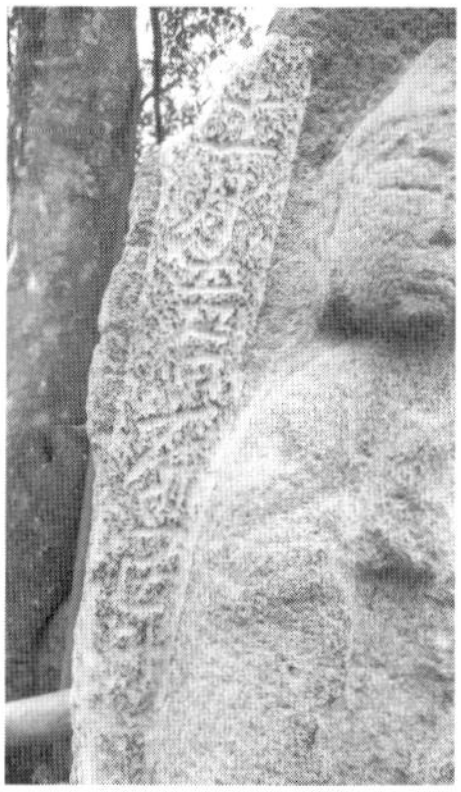

57b　正左

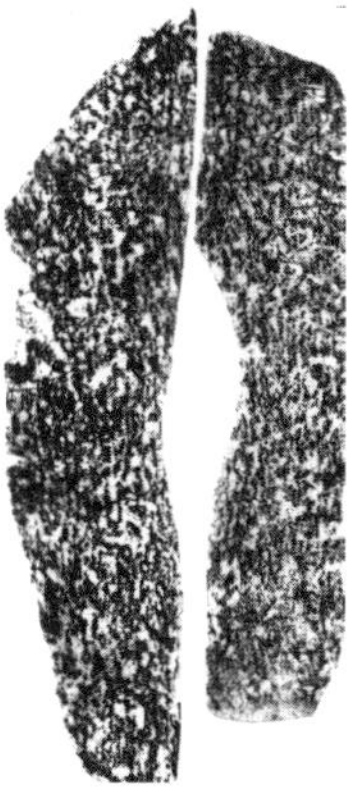

56c　拓本

56　中井町松本中地・正徳 4（1714）

55a　正右

57c　拓本

57　大井町山田東山田・正徳 5（1715）

56a　正右

55b　正左

58　二宮町小沢・正徳 5（1715）

57a　正右

56b　正左

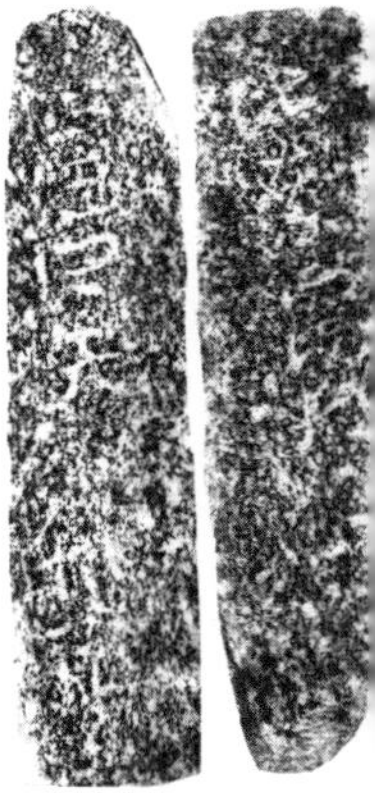

55c　拓本

写真B　神奈川県（16）

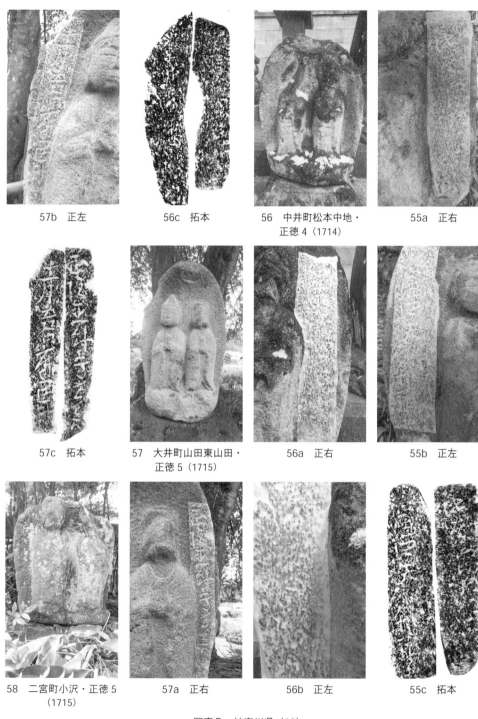

60B　小田原市千代・
享保 9?

60A　秦野市千村・
□徳？

59　相模原市緑区寸沢嵐
関口・正徳 6（1716）

58a　正右

60Ba　正右

60Aa　正右

59a　正右

58b　正左

60Bb　拓本

60Ab　拓本

59b　拓本

58c　拓本

写真 B　神奈川県（17）

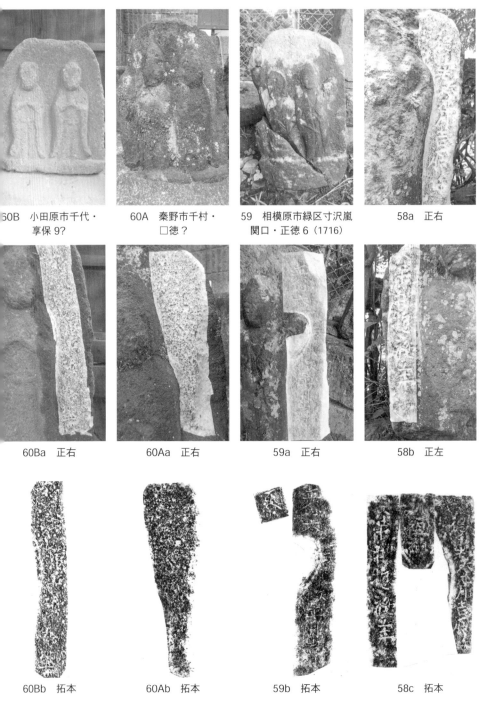

堂にある双体道祖神塔である。上端部を欠損しているとはいえ、銘を「□徳五未天九月吉辰／／□□村中摠施主」と読むことができた。「摠」は「惣」の可能性も捨て切れない。正中には「□祖神」と刻まれている。

59は相模原市緑区寸沢嵐関口の双体道祖神塔である。武田久吉の『道祖神』（文献①）や芦田英一などの著作（文献③）にも取り上げられており、有名な石仏である。当時のそれに比して現在はかなり悪い状態であり、正右のみ銘を「正徳六丙申天正月吉日」と読むことができる。正左は欠損しており判読不可能であるが、武田によれば「奉造立道祖神成就所」とあったらしい。武田は「成就所」の文字から庚申塔の影響を指摘している。なお、正上にはウーンらしき種字が刻まれている。60は松村雄介の著作（文献㉒）の注13「近世前期相模の在銘道祖神塔」に記載された「秦野市千代」の「正徳銘」の道祖神塔のことである。しかしこのような地名はなく、「秦野市千村」（A）もしくは「小田原市千代」（B）の誤植あるいは松村の勘違いかと思われる。両市刊行の報告書（文献㉗㉚）にも「正徳銘の道祖神塔」は特に記載されておらず、秦野市千村内にある一〇基、小田原市千代内にある三基の道祖神塔すべてにあたってはみたものの、可能性があるのは秦野市千村二八六番地の双体道祖神塔（60A）および小田原市千代五〇四番

表2　神奈川県

番号	和暦	西暦	所在地	種類	高さ	像高	横幅	厚さ	銘文（現状）	参照文献	備考
1	（元和4）元文4	（1618）1739	清川村煤ケ谷寺家の谷	双体	＊44	30	30	17	正左：□文四己未□／正月吉日　臼居氏	⑬⑳	
2	（寛文元）寛保元	（1661）1741	秦野市栃窪	双体	61	40	32	15	正右：寛保元天　正左：酉ノ六月廿四日	②⑨⑩⑪㉚	
3	寛文3	1663	松田町松田惣領1210	双体	50	34	41	15	正右：寛文三癸卯歳／十月六日　正左：松田惣□	④⑪⑫⑳㉑㉒㉕㉞	
4	（寛文4）寛延4	（1664）1751	伊勢原市東大竹・八幡神社	双体	45	35	27	12	正右：寛延四□未年　正左：・・・日	⑰⑱⑳㉒㉞	
5	寛文6	1666	川崎市川崎区殿町水神宮	丸彫単体					武州橘樹郡稲荷新田村　願主吉本与三左衛門尉盛秀　寛文六年丙午仲冬	⑳	計測不可。銘文は⑳による。

6	寛文9	1669	秦野市戸川	双体	49.5		31	18	正右：寛文九年 正左：酉八月廿六日	②③④⑤⑧⑳㉒㉕㉚㉞	計測不可。丈量は㉚、銘文は⑧による。
7	寛文9	1669	中井町松本516	双体	43	29	37	20	正右：松本村 正左：寛文九年十一月□日	④⑯㉒㉔㉕	
8	寛文9	1669	中井町雑色159	双体	41	31	34	20	正左：寛文九年乃十二月	⑧⑯⑳㉒㉔㉕㉞	
9	寛文10	1670	小田原市沼代1268	双体	59	33	42	17	正右：□□□庚戌年 正中：奉□立土祖神 正左：今月吉日　明澤村	⑧⑳㉒㉔㉕㉗㉞	
10	寛文10	1670	小田原市高田208	双体	75	38	43	24	正右：干時寛文十庚戌歳 正左：高田村	④⑧⑳㉒㉔㉕㉗㉞	
11	寛文10	1670	中井町松本寺脇323	双体	＊48	28	38	23	正右：豈寛文十天 正上：松本村 正左：庚戌七月吉日	⑯㉒㉔	
12	（寛文10）	（1670）	中井町境別所1166	双体	48	30	36	17		⑯⑳㉔㉕	
13	寛文11	1671	大井町篠窪640	双体	42	32	34	22	正右：寛文十一天 正左：□亥ノ六月十四日	①⑥⑧⑮⑳㉒㉕㉞	
14	寛文11	1671	中井町半分形577谷戸庭	双体	51	31	39	20	正右：□□方村屋□入祭神 正左：干時寛文十一辛亥天	⑯⑳㉒㉔㉕㉞	
15	寛文11	1671	中井町半分形250沖庭	双体	51	32	35	21	正右：半分□村沖ノ庭 正中：寛文拾一辛亥年 正左：五月吉日	⑯⑳㉒㉔㉕㉞	
16	寛文11	1671	小田原市曽我原253	双体	55	34	38	20	正右：寛文十一年一月吉日 正左：そが原横内村	㉔㉕㉗	
17	寛文11	1671	小田原市曽我原112	双体	55	30	39	24	正右：寛文十一年 正左：曽我□原村	㉔㉕㉗	
18	寛文11	1671	中井町田中356	双体	50	30	33	20	正中：干時寛文拾一年・・	⑳㉒㉔㉕	
19	寛文12	1672	中井町鴨沢48中庭	双体	43	29	36	19	正右：寛文十二壬子年 正左：七月十八日　鴨沢村	⑤⑧⑳㉒㉔㉕㉞	
20	＊寛文12（平成5再建）	（1672）1993	中井町鴨沢607	双体	41	31	34		裏：中島組道祖神／平成五年一月吉日 講中	⑳㉔㉕	旧塔の丈量は⑯による。
21	（延宝4）	（1676）	中井町雑色516	双体						⑪⑯⑳㉒㉔㉕	所在不明

22	（延宝6）	（1678	藤沢市本鵠沼5-11-3	双体	*45	32	25*	19		⑥⑭⑳㉒㉕㉞㊳	
23	（延宝7）	（1679）	川崎市川崎区川中島神明宮	丸彫り単体立像					為自他法界平等利益願主釈工塔 延宝七年己未七月七日	⑳	計測不可。銘文は⑳による。
24	*延宝8（天明4修復）	（1680） 1784	藤沢市西俣野大塚下御嶽社	石祠					延宝八年卯月吉日	⑥㊳	計測不可。銘文は⑥による。
25	天和3	1683	秦野市平沢1574	双体	50	30	31	20	正右：干□天和三□□天	⑳㉚㉞	
26	貞享元	1684	秦野市菩提1760	双体	59	36	29	22	正右：菩提村杉崎永勧　施主 正左：干時貞享元年子三月吉日	①④⑧⑪⑫⑳㉒㉚	
27	貞享3	1686	小田原市千代278	双体	*50	18*	41	20	正右：貞享三丙寅天 正左：・・月廿・・	⑳㉒㉔㉗	
28	貞享3	1686	小田原市別堀90	双体	48	35	39	26	正右：貞享三丙□年十一月十二日 正左：別堀村	④⑳㉔㉗	
29	貞享3	1686	小田原市国府津岡鳴沢	双体	53	36	44	32	正右：貞享三年	㉔㉗	
30	*元禄元（大正7再建）	（1688） 1918	藤沢市獺郷中村	文字	52		22	17	正：道祖神 右：元禄元年一月十四日建立 左：大正七年一月十四日再建 台正：講中 台右：□口入順／常盤由造／同留吉／加藤竹次郎／同幾太郎／同伊助 台左：加藤佐七／中野善二郎／同為吉／太田伸吉／霜田金作	⑭㉓㊳	
31	*元禄2（天保12再建）	（1689） 1841	藤沢市鵠沼南宮越ノ辻（鵠沼神明町2-10-2）皇大神宮入口	文字	*57		27	16	正：道陸神 右：天保十二丑年九月吉日 左：元禄二巳年正月吉日	⑥㊳	
32	元禄3	1690	藤沢市獺郷・子聖神社	双体	*37	28	26	17	正右：元禄三年正月十四日 正左：・・兵衛	⑳㉒㉟㊱㊳	
33	（元禄6） 天保6	（1693） 1835	秦野市堀西黒木	双体	35	26	22	13	正右：天保六十一月十四日	⑳㉒㉚	
34	元禄8	1695	秦野市三屋55	双体	54	31	30	26	正右：元禄八年乙亥十□月吉日 正左：戸川　三屋村	①⑳㉒㉚	
35	元禄8	1695	中井町古怒田出口467	双体	67	34	33	22	正右：元禄八乙亥年 正中：道祖神 正左：九月吉日　古怒田村	⑧⑯⑳㉒㉔㉕㉞	

36	元禄8	1695	平塚市高根130近傍	双体	50	37	28	19	正右：奉□立祭神　高根村／正上：種字（？）／正左：元禄八乙亥天十二月吉日　施主／台正：小野／□四・・／衛／門	㉔㉜㉞	
37	元禄13	1700	秦野市曽屋4233（山谷）	双体	48	29	34	15	正右：元禄十三□辰天／正上：卍／正左：七月吉日	①⑧⑳㉚	
38	元禄14	1701	秦野市渋沢1909	双体	*50	37	32	17	正右：相州□□郡・・渋沢村／正左：元禄十四辛□・・	⑳㉚	
39	元禄14	1701	二宮町中里軒吉	双体	54	37	34	20	正右：相刕淘綾郡中里村軒□　施主／正左：□禄十四天辛□十二月十五日	㉔	
40	元禄15	1702	小田原市鴨宮680地先	単体	*44	33	37	29	左：□禄十五年／午四月十三日	⑳㉒㉔㉗	
41	元禄15	1702	綾瀬市早川2609付近	単体	*37	16	22	12	枠右：元禄十五午天／枠左：正月吉日	⑳㉘	
42	元禄16	1703	茅ヶ崎市芹沢1738	単体	76	52	33	19	正右：元禄十六癸未天柳谷村　重郎／正左：十月大吉祥日　敬白　次郎左衛門	初報告	
43	宝永5	1708	綾瀬市寺尾西1-216-3	単体	56	39	26	14	正右：宝永五戊子天／正左：五月吉日／台正：□□／次郎左衛門／同□□／同□□□／同松吉／次郎□□□	⑳㉘	
44	宝永6 or 嘉永6	1709 or 1853	平塚市岡崎・西海地	双体	*32	28	29	13	正右：□永六丑正月吉日／正左：氏子中	㉒㉜	
45	宝永7	1710	小田原市井細田上（扇町2-373）	双体	49	28	30	24	正右：宝永七庚寅年／正左：三月吉日	⑳㉒㉔㉗	
46	宝永7	1710	相模原市南区上鶴間本町四丁目	双体	*39	32	31	15	正右：□座郡上□間郷谷口村／正左：宝永□庚寅年七月廿日	㉒㊲	
47	（宝永8）明和8	（1711）1771	海老名市上郷一丁目三王三柱神社	双体	*40	30*	27*	13	正右：・・卯六月吉日	㉒㉙	
48	（宝永8）	（1711）	秦野市今泉中里	陽物	128		(28)37			④⑲㉚㊴	
49	（宝永8）	（1711）	二宮町中里軒吉	双体						⑳	39と同一物
50	（正徳2）	（1712）	平塚市下島	単体	84		42		建立道禄神／正徳二年辰九月吉日	㉜	所在不明。丈量、銘文は

51	正徳2	1712	大井町赤田北ノ開戸743	双体	52	32	35	19	正右：正徳貢年 氏子 正左：辰霜月吉祥日 敬白	①⑮⑳㉒	
52	正徳3	1713	横浜市港北区新吉田町中里3989（移設先・同町杉山神社）	青面金剛	92	48	45	29	正右：奉供養庚申吉田村／講中十人 正左：正徳三天癸巳二月十二日	⑳	木札あり
53	正徳4	1714	大井町赤田北ノ開戸743	双体	52	34	38	25	正右：正徳四午年 氏子 正左：霜月朔日 敬白	⑮⑳㉒	
54	正徳4	1714	中井町比奈窪三王山504（左）	双体	44	28	33	26	正右：十一月吉日 正左：正徳四天	⑧⑯⑳㉒㉔㉕	
55	正徳4	1714	中井町比奈窪三王山504（右）	双体	46	28	36	26	正右：比奈窪村 □□ 正左：正徳四天午ノ十一月吉日	⑯⑳㉒㉔㉕	
56	正徳4	1714	中井町松本中地168	双体	＊48	29＊	35	22	正右：正徳四歳 相州・・・ 正左：□月□□ 松本□	⑯㉒㉔㊱	
57	正徳5	1715	大井町山田東大中1236	双体	52	33	32	22	正右：正徳五年未之年 正左：十一月吉日 東山田村	⑧⑮⑳㉒	
58	正徳5	1715	二宮町山西梅沢・小沢観音堂	双体	＊34	29＊	31	19	正右：□徳五未天九月吉辰 正中：□祖神 正左：□□村中摠施主	㉔㉛	
59	正徳6	1716	相模原市緑区寸沢嵐関口	双体	53	36	34	18	正右：正徳六丙申天正月吉日 正上：種字（ウーン）	①③⑦⑧⑳㉒㉖	
60	（正徳□）		秦野市千村（Ａ） 小田原市千代（Ｂ）	双体	＊33	26	25	14		㉒㉗㉚	

地の双体道祖神塔（60Ｂ）の二体に限定された。ともに拓本を採取したものの、二基ともに明確ではない。

参照文献

①武田久吉『道祖神』（アルス文化叢書・12）アルス　一九四一年
②武田久吉「形態的に見た道祖神」（柳田国男先生古希記念文集『日本民俗学のために』第十輯（完結編）一九五一年）
③芦田英一『写真集　道祖の神々』池田書店　一九六三年
④伊藤堅吉『性の石神　双体道祖神考』（山渓文庫34）山と渓谷社　一九六五年
⑤清水長明『相模道神図誌』波多野書店　一九六五年
⑥服部清道『藤沢市域の道祖神塔』一九六八年

⑦相模湖町教育委員会『郷土さがみこ』（相模湖町文化財調査報告書　第二集）一九六九年
⑧武田久吉『路傍の石仏』第一法規　一九七一年
⑨山田宗睦・井上青龍『道の神』淡交社　一九七二年
⑩伊藤堅吉・遠藤秀男『道祖神のふるさと　性の石神と民間習俗』大和書房　一九七二年
⑪川口謙二『路傍の神様』（東京美術選書13）東京美術　一九七五年（旧版は一九六八年）
⑫降旗勝次編・榑沼光長撮影『道祖神』鹿島出版会　一九七五年
⑬清川村教育委員会『昭和五十一年度　清川村の野立ちの石像群』一九七六年
⑭服部清道「藤沢市域の道祖神信仰」（『藤沢市文化財調査報告書』第十二集　一九七七年）
⑮大井町教育委員会『大井町の道祖神』一九七九年
⑯中井町教育委員会『なかい町の道祖神』（郷土の文化財　第一集）一九七九年
⑰伊勢原市教育委員会『道祖神調査報告書』上巻（伊勢原市文化財調査報告書第一集）一九八〇年
⑱伊勢原市教育委員会『道祖神調査報告書』下巻（伊勢原市文化財調査報告書第二集）一九八〇年
⑲清水長明「道祖神」（庚申懇話会編『日本石仏事典〈第二版〉』雄山閣一九八〇年）
⑳神奈川県教育庁文化財保護課『神奈川県の道祖神調査報告書』一九八一年
㉑松田町教育委員会『松田町の道祖神』一九八一年
㉒松村雄介『相模の石仏　近世庶民信仰の幻想』木耳社　一九八一年
㉓大和市役所管理部庶務課『大和市の石造物』（大和市史資料叢書1）一九八二年
㉔金井　晃『神奈川県道祖神調査資料集1（小田原　平塚　中井　二宮　大磯）』一九八二年
㉕松村雄介「造塔を伴う道祖神信仰―発生と展開Ⅰ―」（『日本の石仏』第二六号　一九八三年）
㉖相模湖町教育委員会『郷土さがみこ―千木良地区―　―内郷・小原・与瀬地区―』（相模湖町文化財調査報告書　第一集　第二集）一九八三年
㉗小田原市教育委員会『小田原の道祖神』（小田原市文化財調査報告書第十八集）一九八五年
㉘綾瀬市教育委員会『綾瀬の石造物（一）―道祖神・庚申塔―』（文化財調査報告書　第九集）一九八六年
㉙海老名市教育委員会『海老名の道祖神』一九八八年
㉚秦野市教育委員会『秦野の道祖神・庚申塔・地神塔』（秦野の文化財　第二五集）一九八九年
㉛二宮町教育委員会『二宮の文化財』一九九六年
㉜平塚市博物館『平塚の道祖神』（平塚市博物館飼料　No.45）一九九六年

㉝藤野町教育委員会『ふじ乃町の野立石像群』一九九七年
㉞平塚市博物館『相模の道祖神（さいのかみ）』（秋期特別展図録）一九九九年
㉟藤沢市教育委員会『藤沢の文化財―石仏を訪ねて―』（出版年無記載）
㊱椎橋幸夫『双体道祖神調査資料集成』名著出版　二〇〇七年
㊲相模原市史編さん室『相模原市　民俗編』二〇一〇年
㊳山下　健『藤沢の道祖神を訪ね歩く～藤沢の全地域別「道祖神」の祭祀風景と「碑型」・「像姿」のいろいろ～』二〇一五年
㊴伊藤堅吉『綜集　日本全土性愛の石神　双体道祖神』緑星社（出版年無記載）

三　山梨県

山梨県内において、従来、正徳期以前の年銘を有すると報告された道祖神塔の数は三八基である。県内の道祖神塔の総数は二二二四基とされており（文献㉕）、これと初期のもの三八基を比べるとその比率は約一・七％となる。もちろん、初期の道祖神塔で無銘のものもあると想定されるから、一概にこの比率を普遍化するわけにはいかないが、それでも、いかに初期の道祖神塔の数が少ないかが分かる。以下、主に造立年代に関する銘文を中心に説明を加えることにする。過去の報告者の読解との相違についても言及することになろう。

1は北杜市高根町長沢にある石祠型道祖神塔である。文献⑬で「寛永四年卯十二月吉日」の銘をもつとの記載があり、訪ねたところ、実際の銘文は右側面に「安永四年未／十二月吉日」とあった。これは肉眼でも観察可能で、確かに「安」の字はやや不明瞭であるが、「未」は確実であるから誤読のしようがない。「卯」は「寛永四年」からの類推もしくは思い込み以外の何物でもない。ちなみに、文献㉔は的確にこの誤読を指摘している。なお、この石祠に関して、採拓が非常にやり難かったことを指摘しておきたい。それは掲載した拓本をみれば分かるように、濡らした画仙紙が、保湿性の高い石質ゆえになかなか乾かず、碑面に墨を打っても画仙紙に文字が浮かび上がってこないという難点である。この特徴的な石質をもつ石祠面の採拓は、北杜市内のいくつかの石祠型道祖神塔、たとえば13、20、25、26、28、33などでも経験した。2は山梨市堀内にある石祠型道祖神塔である。道祖神研究者の間ではもっとも有名な石祠型道祖神塔のひとつで、文献⑦には写真とともに発見の際のエピソードも記されている。銘は枠右に「萬治三」、枠左に「庚子二月日」、枠上に「奉建立」とある。祠内に丸石が収められている。

3は韮崎市穂坂町三ツ沢にある双体座像道祖神塔で、「寛文六年／／九月十九日」の銘文と、上部には「丙午□」とある。□は「稔」であろうか。文献⑯には「寛文六年丙午」とだけある。なお、この石仏が道祖神であるか否かに関しては、文献㉔の山寺勉が「県内最古の双神と云われる韮崎市穂坂町御堂跡の寛文六年（一六六六年）の双仏は双体座像である。この様に二仏を祀るのは法華経見宝塔品に云う、二仏座像のみで、多宝如来と釈迦如来か（が？　筆

1　北杜市高根町長沢
寛永 4（実は安永 4）

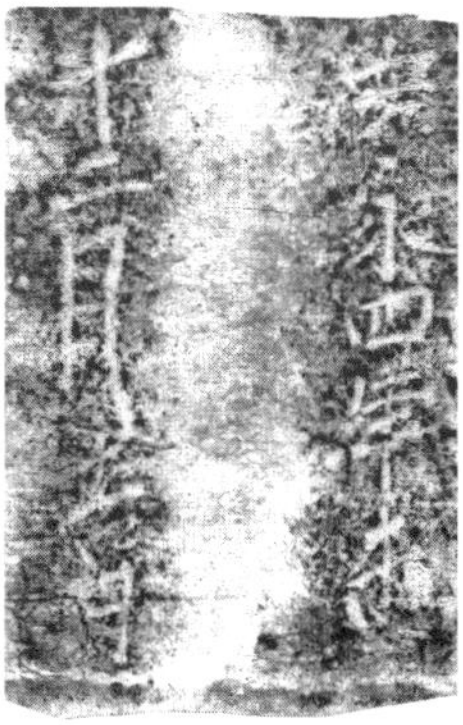

1c　同拓本

2b　枠左

3　韮崎市穂坂町三ツ沢・
寛文 6（1666）

1a　右

2　山梨市堀内・万治 3
（1660）

2c　枠上

3a　枠右

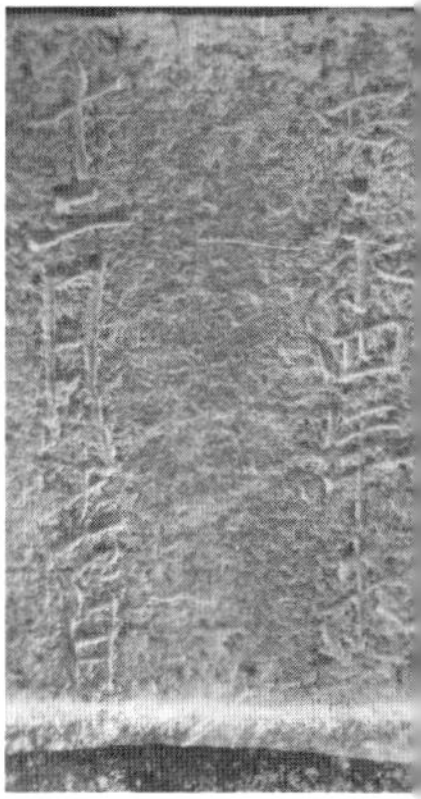

1b　同採拓

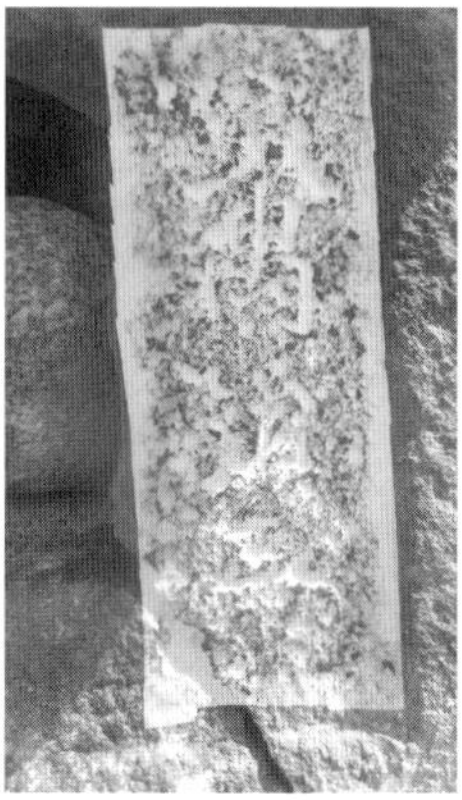

2a　枠右

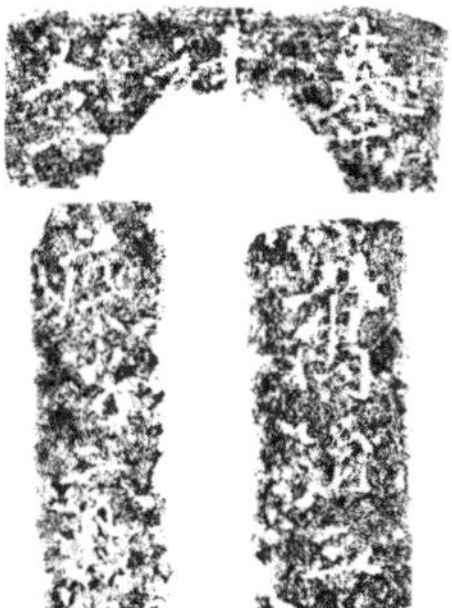

2d　拓本

3b　枠左

写真C　山梨県（1）

6a　正右

5a　採拓

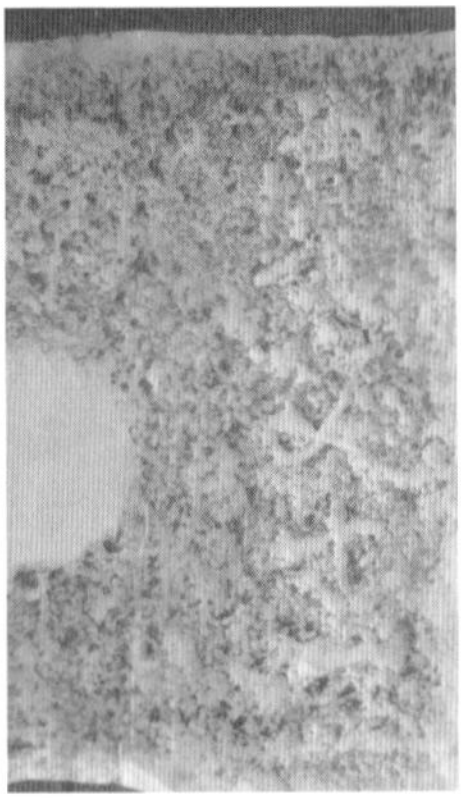

4a　左

3c　枠上

北杜市長坂町中丸下
中丸・貞享 2（1685）

5b　拓本

4b　拓本

3d　拓本

7a　室部

6　韮崎市藤井町駒井・
天和 4（1684）？

5　韮崎市藤井町駒井・
天和 2（1682）

4　笛吹市御坂町竹居・
寛文 11（1671）

写真Ｃ　山梨県（2）

者注）中空で並座した姿である。造立者がこの二仏を意図したのか、石工の技法のためであるか不明であるが、これが二仏並座像であれば明らかに仏であり、双体道祖神の先駆としての双仏石ではなく、今日道祖神として祀られているのは、借祀である。」と述べている。4は笛吹市御坂町竹居にある石祠型道祖神塔である。石祠表面の摩滅が著しく不明瞭ではあるが、左側面に「寛文十一□／□月□日」との銘文を得た。文献⑦にも「寛文十一年（一六七一）の刻銘が判読できた。」とある。祠内には宝篋印塔の九輪部が収められている。

5は韮崎市藤井町駒井の当麻戸神社境内にある双体道祖神塔である。銘文は「天和二年／／・・十・・」と、かろうじて判読できる程度であった。最初の報告は文献⑦で、著者の中沢厚は「当麻戸神社に集合する双神の道祖神像は北巨摩郡下では造立年が最も古いものであるが、惜しいことに五基のうち最古と思われる像の銘は摩滅がひどくて判読は困難である。それにつぐ像には「天和二年□□月吉日」とみえる。この像では二神の性別が判然としない。」と書いている。6は5と同じ当麻戸神社境内にある双体道祖神塔である。文献㉗は、正右の銘が「・・子ノ十二月吉日上野村」と読める点の「子」および正上の種字（キャ）の存在から、「天和四年」造立の可能性を記している。しかし、双像の姿態はより新しい年代を想起させ、「子」だけで「天和四年」とするには躊躇を感じる。この道祖神塔については文献⑦で中沢も「（五基のうちの）最後の一基にただ「□□十二月吉日上野村」と読めるのみ、互いに腕を組み合わせた仲むつまじげな双神像である。」と書いているが、「子」と種字を見逃している。

7は北杜市長坂町中丸の藤武神社境内にある石祠型道祖神塔である。「貞享二年乙丑／／三月十五日」の銘を有している。文献⑱に「町内で最も古い石祠は、下中丸藤武神社内の貞享二年（一六八五）銘の道祖神で、（略）」と書かれている。8は韮崎市藤井町駒井にあるとされる（文献⑯）「元禄二年」銘をもつ石祠型道祖神塔である。しかしいく度となく町内を探索したものの、筆者はまだこの石祠型道祖神塔に出会っていない。文献㉔の著者である山寺勉は、同書でこの石祠型道祖神塔に関して「所在不明」と書いている。

9は北杜市小淵沢町上久保の北野天神社内にあるとされる「元禄三年」銘の双体道祖神塔である。出典は文献⑦

7b　採拓

9a　正右

10a　右

11a　同・隠居塔・
元禄 4（実は寛延 4）

7c　拓本

9b　正左

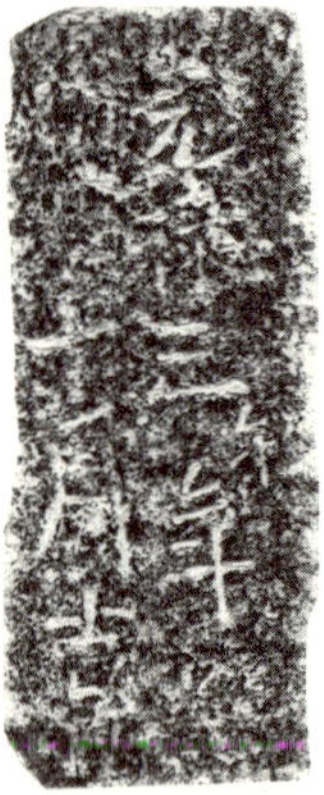

10b　拓本

11b　同右

9　北杜市小淵沢町
上久保・元禄 3（1690）？

10　山梨市牧丘町
西保下・元禄 3（1690）

11　忍野村内野中町・
道祖神場

11c　同左

写真C　山梨県（3）

で、著者である中沢厚は次のように書いている。「神社に集まった双神像で姿態のおもしろいものは、小淵沢町の北野神社に見られる。ここにある三個の露像はみな男女を彫り分けていて、そのうち衣装などが改まって衣冠束帯のものがある。また他の一個は幼稚な彫刻ながら年号がかすかに読めて「元禄三年」がまちがいないところならばこれまた県内外を問わず古い造像の代表である。」と。同神社裏には五基の石祠型道祖神塔と六基の双体道祖神塔が並んでいるものの、中沢が「元禄三年」銘のものとして掲載した写真の道祖神塔（9）に年銘はない。ほかには無銘のものが三基、享保壬寅年銘のもの、元禄一七年銘のものの五基が建っているが、中沢は、存在すれば当然目に入ったはずの元禄一七年銘の道祖神塔について何らふれていない。

したがって可能性としては、当時元禄一七年銘のものは存在しなかったか、写真の道祖神塔の銘文が摩滅で読めなくなったか、あるいは、年銘表記が変則的な元禄一七年銘の道祖神塔の年銘を中沢が「元禄三年」と誤読し、かつ異なった写真を掲載したか、ということになる。中沢は「ここにある三個の露像はみな男女を彫り分けていて」と書いているから、双僧像の元禄一七年銘のものは当時なかった可能性が高いものの、元禄三年銘の道祖神塔は、現時点では存在不明とせざるを得ない。なお、元禄一七銘の道祖神塔については、のちほど27でふれる。10は山梨市牧丘町西保下笠原にある双体道祖神塔である。銘は右側面に「元禄三午年／十月吉日」とある。武田久吉の文献⑤にも写真が掲載されているものの、銘が「元禄三年二月吉日」となっている。武田にしては珍しいケアレスミスである。文献⑦にも引用されているが、銘は「元禄三年吉日」となっている。

11は文献④に「忍野村内野には元禄四年（一六九一）九月建立の一基があって、僧衣僧形、合掌とおぼしい姿は地蔵に似る普遍的な像であるが、（略）」と書かれている道祖神塔である。忍野村では忍草地区、内野地区ともに道祖神場に新旧複数の道祖神塔が建てられていることが多い。内野地区には古屋、上町、中町、下町、窪町に計五ヵ所の道祖神場があり、そのうち上町、中町の道祖神場には新しい石祠型道祖神塔と「隠居さん」と呼ばれる古い角柱型の双体道祖神塔、それに新道祖神祠（文献㉚による。文献⑰では「天王祠」とされる）と呼ばれる木製の祠の三基がセット

15　北杜市長坂町
柿平・元禄 10（1697）

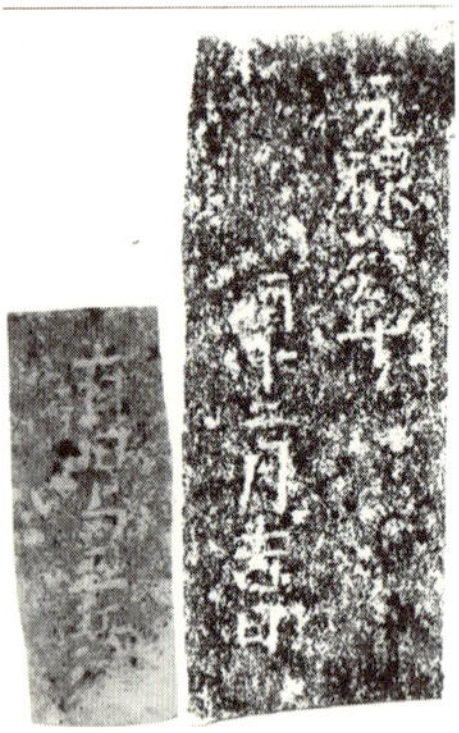

13e　拓本

13b　同採拓

11d　拓本

15a　正右

14　都留市夏狩・元禄 8（1695）

13c　左

13　北杜市明野町上手・元禄 6（1693）

15b　拓本

14a　参考（無年銘）

13d　同採拓

13a　右

写真C　山梨県（4）

で祀られている。銘を有する双体道祖神塔は、上町の隠居塔で宝暦九年銘のもの、中町の隠居塔で寛延四年銘のものの二基に限定される。古い道祖神塔も「隠居さん」という形で保存されるという忍野村全体の風習に照らしても、「元禄四年」の石塔が廃棄されたとは考え難い。現状、文献④にいう「元禄四年九月建立」の石塔は見当たらないし、村の報告書である文献⑰㉚にも掲載がないのであるが、あるいは中町の隠居塔の「寛延四年」（⑰では「宝暦四年」と誤読している）中の「寛延」を「元禄」と誤読した可能性が考えられる。なぜなら、元禄四年および寛延四年の干支はともに「辛未」なのである。ただし問題なのは、中町の隠居塔の銘文が右側面の「寛延四辛未□」のみで、左側面に文献④にいう「九月」という文字を見出すのが困難な点である（採拓写真参照）。もちろん裏面や台石四面なども無銘である。12は文献②の「造立編年表」に記載された北杜市小淵沢町久保にあるとされる「元禄五年」銘の双体道祖神塔である。文献㉘によれば、同町久保地区には一一基の道祖神塔があり、これらはすべて上久保の北野天神社裏に並んで建っている。先に9の項でもふれたとおり、これらのなかで年銘を有する双体道祖神塔は享保壬寅年銘のものと元禄一七年銘のものの二基だけである。文献②にいう「元禄五年」銘の道祖神塔は存在不明とせざるを得ない。

13は北杜市明野町上手大久保にある石祠型道祖神塔である。銘文は「元禄六年／酉十二月吉日／／有田与五兵衛」で、文献㉓には「大久保地区の石祠道祖神は元禄六年（一六九三）の造立で、紀年銘のある石祠としては峡北最古のものである。」と書かれている。14は都留市夏狩にある浮彫り双体立像の笠付きの石塔で、年銘は「元禄八年」である。現在は小屋内に保管されており、接近して観察することはできない。まず、『性の石神　双体道祖神考』（文献②）でこの笠付き石塔の写真を掲載した著者である伊藤堅吉は、石塔正面に浮き彫りされた双体像を勢至菩薩・観音菩薩とし、これを道祖神との習合像とした。一方、文献⑦において著者である中沢厚は「前記夏狩の抱合い像の隣に、未数蓮華を手にする聖観音と如意輪観音の並び立つ姿を彫った石塔がある。『性の石神』の著者、伊藤堅吉氏はこれを仏教との習合を示す道祖神の性愛像だと報告しているが、これはまちがいである。かつて昭和十七年にこの地を調査したとき塔石の右側に「元禄八年云々」とあり、左側には「念仏供養夏狩村」の文字を判読した。供養塔であることは近年の調査でも確認してあるもので、ひとこと注意しておきたい。」と書いた。

したがって、この双体像を有する笠付きの石塔が道祖神塔ではなく供養塔であることは明確なのであるが、その後この石塔に関連して混乱が生じることになる。まず都留市の報告書である文献⑫で、市はこの笠付きの石塔を「双体道祖神」とし、銘文を「元禄八年八月十五日／／念佛□□□□」とした。混乱はさらに続く。文献㉗で山寺勉は、あろうことかこの元禄八年銘の笠付き石塔に隣接して建っているいわゆる夏狩型と呼ばれる男女交接の双体道祖神塔（最初の引用文で中沢が「前記夏狩の抱合い像」といっていた双体道祖神塔〔参考写真〕）を指して「元禄八年念佛供養碑として造立されたとの説もある。（略）この像は以前は三猿の台に乗っていたと云う。中沢厚氏は庚申供養碑との説である。道祖神建立の資金源を示すものであろう。」と書いたのである。異った写真を載せたのであろうか。

一方、山寺はそれ以前に出版した文献㉔では「都留市夏狩の道祖神場の保存小屋には、他の古い石仏と一緒に元禄八年の銘のある双神と無銘の裸体双神が祀られている。この元禄八年の双神については、中沢厚氏は供養の銘が入っているので、供養塔であって、道祖神ではないと注意している。」と書いており、元禄八年銘の笠付き供養塔と夏狩型の裸体交接双体道祖神塔（無年銘）をきちんと区別している。何らかの行き違いがあったのだろうか。しかし、これらの混乱はほかにも影響を与えたらしく、全国の双体道祖神を集成した文献㉙で、著者である椎橋幸夫は、「元禄八年八月十五日」銘の笠付き双体供養塔を隣接する夏狩型の裸体双神塔と混同して、碑型が「笠付」、姿態を「交接」の「双体道祖神」として集成している。いくつかの錯誤が重なった可能性はあるものの、現物を正確に把握することなく文章を書くことの悲惨さには留意したいと思う。

15は北杜市長坂町柿平の諏訪神社前にある双体道祖神塔である。銘は正右に「元禄十年」とあるものの、正左は無銘である。文献⑲では銘は「元禄十」のみとなっている。16は北杜市長坂町白井沢東村の道祖神場にある双体道祖神塔である。銘は「元禄十／／丁丑歳」で、正上に「卍」印、台座に蓮華が陰刻されている。なお文献㉗の著者である山寺勉は本塔の所在地を「長坂町中村」としているが、のちほど23でもふれるように、長坂町白井沢中村にあるのは

18a　裏

17b　枠左

16c　拓本

16　北杜市長坂町白井沢東村・元禄 10（1697）

18b　拓本

17c　拓本

17　北杜市須玉町若神子下和田・元禄 10（1697）

16a　正右

19　北杜市高根町清里東原・元禄 12（1699）

18　甲州市勝沼町中原・元禄 11（実は元禄 13）

17a　枠右

16b　正左

写真C　山梨県（5）

19a　正右

19b　正左

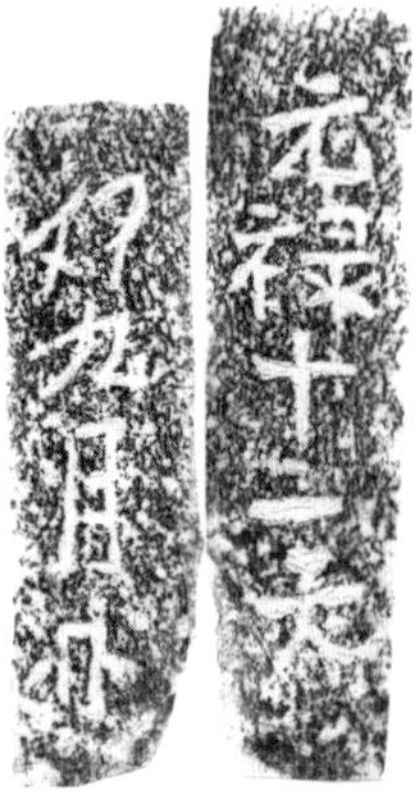

19c　拓本

20　北杜市高根町小池・元禄 12（1699）

20a　右

20b　同採拓

20c　左

20d　同採拓

20e　拓本

21　忍野村忍草向村・道祖神場

21a　同・新塔・宝暦 13・享和元

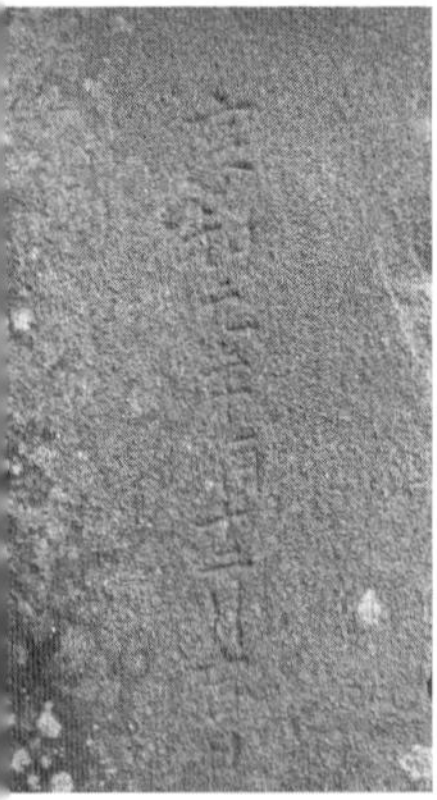

21b　同右

写真C　山梨県（6）

元禄一三銘の道祖神塔である。「東村」が中村地区に含まれるという意味であろうか。

17は北杜市須玉町若神子下和田の石祠型道祖神塔である。銘は「元禄十年／／丁丑十月村中」と室部正面に刻まれている。文献㉖の銘文も同様である。18は甲州市勝沼町中原にある石祠型道祖神塔で、古くは文献⑦で中沢厚が報告している石祠である。室部裏側に年銘が刻まれているものの、石質ゆえか肉眼ではまったく読めない。採拓の結果「元禄拾三年／辰十一月吉日」を得た。中沢はこの石祠の銘を「元禄拾一年戊十一月吉日」としている。確かに「拾三」は、「拾二」もしくは「拾一」と誤読しやすいが、「辰」は明らかなので、「元禄拾三年」は間違いない。中沢はよく観察すれば分かるはずの「辰」を、先に年銘を「元禄拾一年」と読んでしまったのでこれに引きずられて、これに対応する干支である「戊寅」のうち基本的に単独では使われないであろう「戊」を「辰」に似ているがゆえに使ってしまったのかもしれない。

19は北杜市高根町清里東原にある双体道祖神塔である。「元禄十二天／／卯九月日」との銘文を得た。文献⑬㉗に報告がある。20は北杜市高根町小池にある石祠型道祖神塔で、保湿性の高い碑面からの採拓ではあったものの、かろうじて以下の銘文を得た。「元禄十二己卯／六月廿六日／／施主　當村／山本興兵衛」。室部前には石棒の一部、祠内には二個の丸石が収められていた。

21は忍野村忍草向村にあるとされる双体道祖神塔である。文献㉙によれば、同所には「元禄十二天正月吉日」銘の双体道祖神があるという。忍草地区には上村、下村、向村、横川、阿原の五ヵ所に道祖神場があり、そのうち新しい道祖神塔と、いわゆる「隠居さん」の二基がセットとなって祀られているのは上村、下村、向村の三ヵ所である。向村の道祖神場には「宝暦十三未正月吉日／／享和元年酉十二月吉日」と書かれた新しい双体道祖神塔と無年銘（ただし造立年月日は、新しい道祖神塔に刻まれた、より古いほうの年銘「宝暦十三年未正月吉日」である可能性は考えられる）の文字道祖神塔（隠居さん）の二基が祀られている。向村にはこの場所以外に道祖神塔はなく、地元の方からの聞き取りでもその存在は不明であった。文献㉙にいう「元禄十二天正月吉日」銘の道祖神塔は　破風型で合掌像、碑高六七

21c　同左

22　北杜市長坂町白井沢
横針・元禄 13（1700）

22a　右

22b　左

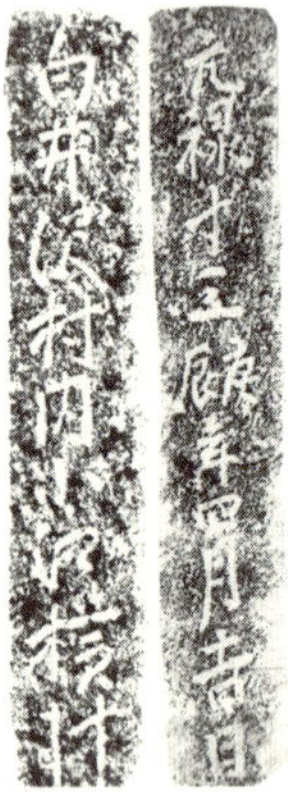

22c　拓本

23　北杜市長坂町白井沢
中村・元禄 13（1700）

23a　右

23b　左

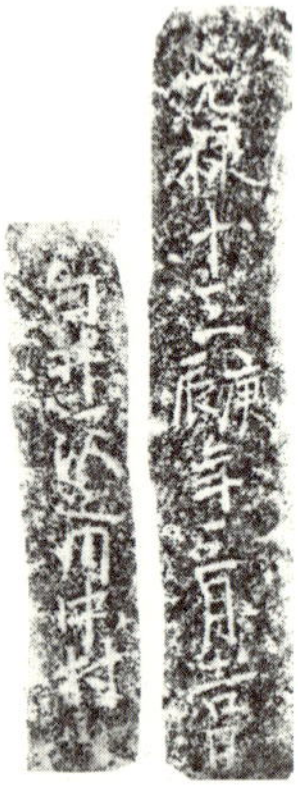

23c　拓本

北杜市長坂町大八田
建岡・元禄 14（1701）

24a　正右

24b　正左

写真C　山梨県（7）

cm、碑幅三五cm、像高四一cmとされ、この碑体、規模は先に紹介した「宝暦十三年未正月吉日／／享和元辛酉十二月吉日」銘の道祖神塔とほぼ一致する。「宝暦十三年未正月吉日」を「元禄十二天正月吉日」と誤読することは考えられないし、加えてこの双体像は合掌像ではなく、いわゆる祝言型のそれに近い。したがって現在のところ、「元禄十二天正月吉日」銘の道祖神塔は所在（存在）不明とせざるを得ない。

なお、文献㉙の著者である椎橋幸夫は「宝暦十三年」銘のものを「忍草下村」所在としており、かつ「忍草下村」のものを「寛延四年」としている。しかし実見した限り、忍草地区下村のものも同上村のものもともに無年銘であり、先にもふれたように、「宝暦十三年」銘のものは忍草地区向村所在の道祖神塔である。以上の点は村の報告書である文献⑰㉚でも同様である。11でもふれたとおり、寛延四年銘のものは忍野村内でも内野地区の中町（文献㉚では「仲町」）のものであり、椎橋の記述の混乱は甚だしい。22は北杜市長坂町白井沢横針にある双体道祖神塔である。銘は「元禄十三庚辰年四月吉日／／白井沢村内小郷横針」とある。天井部に星芒文が浮彫りされ、さらにその中央には星形が陽刻されている。また、台座には陰刻された蓮華文が認められる。

23は北杜市長坂町白井沢中村にある双体道祖神塔である。銘文には「元禄十三庚辰年三月吉日／／白井沢之内中村」とある。中村は先に22でみた横針の隣の集落であり、造立時期も横針のものより一ヵ月早いだけである。天井が星芒文状に浮彫りされ、その中央には星形が陽刻されている点、さらに、台座部分に蓮華が陰刻されている点も横針のものと同型である。24は北杜市長坂町大八田の建岡神社にある双体道祖神塔である。銘は「元禄十四年／／巳ノ六月日」である。不思議なことに文献⑦には「長坂町の建岡神社境内入口にも、石祠五個と双神七個が祀られている。元文五年の造立年の読めるものが一基あり、惜しいことに他には造立年を彫ったものがない。像形の多くは合掌像で、七個のうち何か持ち物を手にするらしきもの一個、肩を擁する双神像一個が見られる。」と書かれており、この元禄一四年銘の道祖神塔は出てこない。著者である中沢厚は見逃したのであろうか。筆者が訪れた際には、左から元文五年銘、無年銘、元禄一四年銘、寛延元年銘、無年銘、無年銘の計六基の双体道祖神塔が並んでいた。

25は北杜市長坂町中島の大宮神社にある石祠型道祖神塔である。室部左側面に「元禄十五壬午年／四月吉日」の銘を有する。保湿性の高い碑面ゆえに、拓本の文字が上手く浮かび上がってこなかった。祠内には長さ一三㎝ほどの男根状の陽物が収められている。文献⑲でも銘文は「元禄十五壬午年／四月吉日」と記載されている。26は北杜市白洲町白須上白須にある石祠型道祖神塔である。室部裏面に「元禄十五年／午二月八日」の銘が刻まれている。この石祠も保湿性の高い石質の石材を使用しているため、拓本の文字が上手く浮かび上がってこない。文献⑭でも銘文は「元禄十五年／午二月八日」と記載されている。

27は北杜市小淵沢町上久保の北野天神社境内にある双体道祖神塔である。銘は正右にやや変則的な書き方ではあるが、「元禄拾／七／申三月吉日」とあり、正上には「奉納」と刻まれている。9の項でもふれたが、文献⑦の著者である中沢厚は、北野天神社を訪れたにもかかわらず、この元禄一七年銘の道祖神塔に関する記述は残していない。先にも述べたように、中沢は「ここにある三個の露像はみな男女を彫り分けていて」と書いているから、双僧像と思われる本塔はその時点では境内になかったのかもしれない。28は北杜市高根町下黒沢前田にある石祠型道祖神塔である。文献⑬には銘は「宝永元申年／十二月日／前田氏子中」とあるが、実際には室部左右側面に「嘉永元申年／十二月日／／前田／氏子中」と彫られていることを確認した。この石祠も保湿性の高い石材を使っているため、拓本の文字の出が芳しくない。

29は韮崎市大草町下条中割丸林のある丸石型道祖神塔である。従来、筆者は丸石型の道祖神塔は幕末から明治以降の比較的新しいものしか遭遇したことがなかった。しかし文献⑯によれば、韮崎に「宝永三丙戌正月」銘のものがあるという。期待は高まったが、実際の年銘は台石の左側面に「嘉永／三年／戌正月／吉日」とあった。この誤読に関しては文献㉔の注でも指摘されている。なお、台石正面には「道祖神」と彫られている。脱線するが、文献㉔によれば、県内最古の丸石型道祖神塔は甲府市和戸町の延享四（一七四七）年銘のものだということなので、さっそく訪れてはみたものの、平成三〇（二〇一八）年に再建されており（参考写真）、まあそれは仕方ないとして、どこを探して

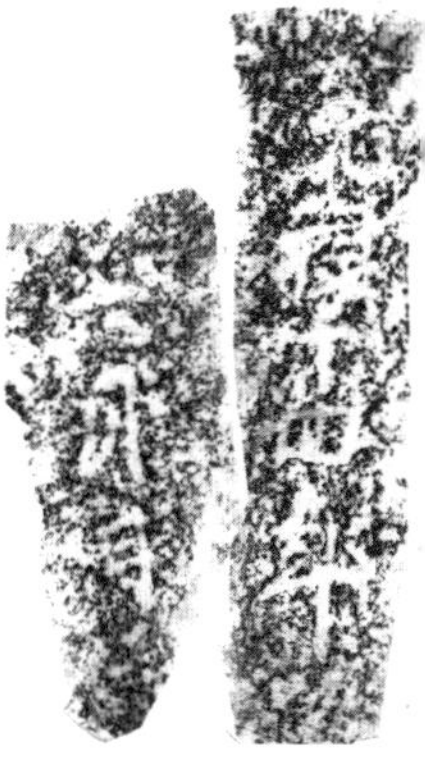
24c　拓本

25b　同採拓

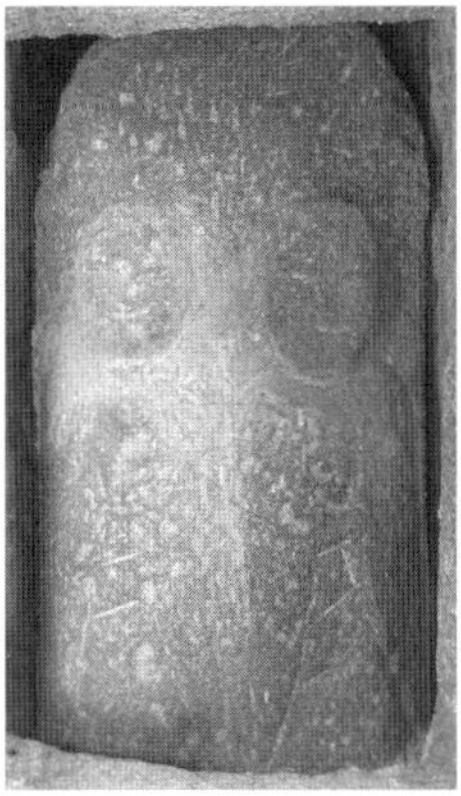
26a　祠内

26d　拓本

25　北杜市長坂町中島
元禄 15（1702）

25c　拓本

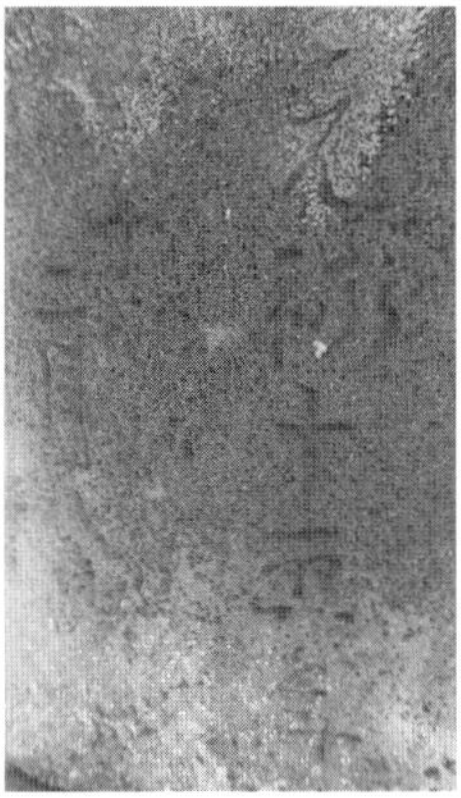
26b　裏

27　北杜市小淵沢町上
久保・元禄 17（1704）

25a　左

26　北杜市白州町白須
白須上・元禄 15（1702）

26c　同採拓

27a　正右

写真C　山梨県（8）

27b　正上

28a　右

28d　同採拓

29a　台左

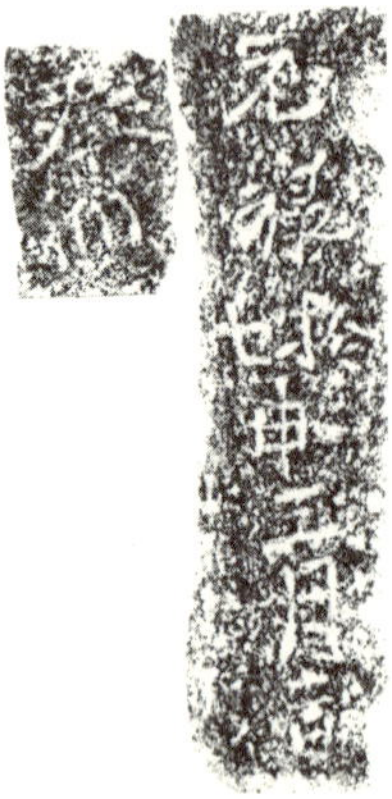
27c　拓本

28b　同採拓

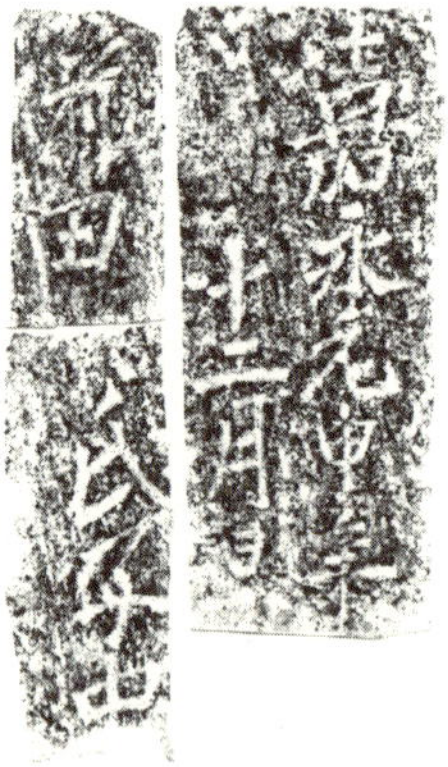
28e　拓本

29b　参考

28　北杜市高根下黒沢前田・宝永元（実は嘉永元）

28c　左

29　韮崎市大草町下條中割丸林・宝永 3（実は嘉永 3）

30　身延町下山杉山・宝永 3（実は安永 5）

写真C　山梨県（9）

32a　裏

31c　　左

31　富士川町最勝寺下東・寛永６（実は宝永６）

30a　正右

32b　同採拓

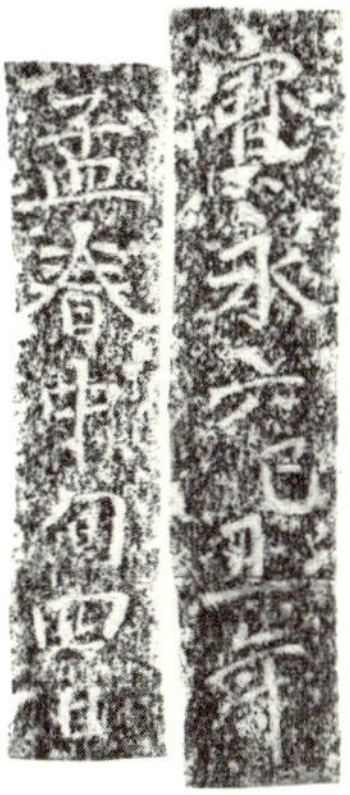

31d　拓本

31a　正面

30b　正左

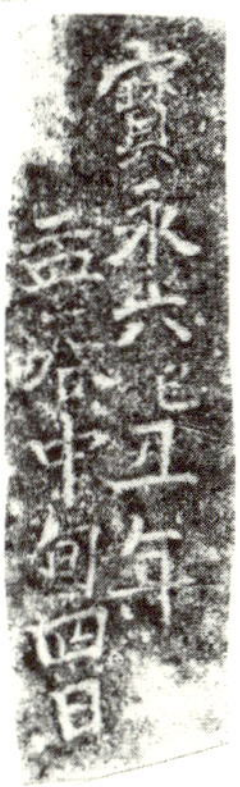

32c　拓本

32　富士川町最勝寺下東・宝永６（1709）

31b　　右

30c　拓本

写真Ｃ　山梨県（10）

も旧塔の年銘が刻まれて（記録されて）いなかった。残念である。30は身延町下山杉山の双体道祖神塔である。文献㉙には建立年月日が「宝永三年十月吉日」とある。しかし実際には「安永五丙申歳／／十一月吉日」であった。「十二月吉日」の可能性も捨て切れないが、ここは「十一月吉日」としておきたい。

31は富士川町最勝寺下東にある笠付きの文字道祖神塔である。文献⑩に「笠付塔南無道祖神と刻む」とあり、建立年月日が「寛永6年春中旬4日」との記載がある。仏教が絡む道祖神塔には、稀に古いものが散見されるので期待したのだが・・。正面に「南無道祖神」とあるのは文献⑩のとおりであったが、左右両側面の実際の年銘は「寶永六己丑年／／孟春中旬四日」であった。「寶」を「寛」と誤読したのであろう。「宝」の旧字体は「寛」と誤読しやすい。32は31と同じ道祖神場内、31のすぐ前面に設置されている自然石の文字道祖神塔である。正面に「道祖神」の文字、裏面には「寶永六己丑年／孟春中旬四日」と31とまったく同じ年銘が刻まれている。この文字道祖神塔に関しては、筆者の管見の限り記録や報告がなく、今回がはじめての報告となる。

33は南アルプス市江原にある丸石型道祖神塔である。文献㉒に「江原　自然丸石　道祖神　宝永六」との記載がある。しかし、実際の年銘は「嘉永六癸丑年」である。「宝（寶）永」と「嘉永」は誤読しやすく、かつ宝永六年と嘉永六年はともに「丑」年であるので間違えたのであろうか。この道祖神塔も保湿性の高い石材を使用しているためか、拓本の文字が上手く浮かび上がらない。34は南アルプス市芦安町芦倉小曽利にある木製の道祖神祠である。文献㉒に「芦倉　小曽利　石祠　宝永年間　祭、一月十四日」との記載がある。しかし、地元の方に案内して頂いたトタン屋根付き木製の道祖神祠が小曽利地区唯一の道祖神だということであり、しかもここ小曽利の道祖神は地域ではかなり有名な道祖神であった。文献⑳には「小曽利道祖神は最近まで木祠を毎年の「どんど焼き」で焼いて新調するという道祖神祭り本来の姿を残していた。」とある。この点は道祖神場の隣家のご主人の証言とも一致する。つまり、小曽利では毎年正月一四日に木祠（の道祖神）を焼くのであって、これが昔からの道祖神祭りなのである。そこに石祠型道祖神塔が姿をあらわす余地はない。一方、文献㉑には次の記載がある。「小曽利の道祖神　集落の中央にあって

33　南アルプス市江原
小路・宝永６（実は嘉永

33a　裏

33b　同採拓

33c　拓本

34　南アルプス市芦安
芦倉小曽利・宝永？

34a　祠内

34b　同拡大

34c　常夜灯

35　山梨市牧丘町千野々
宮大室・正徳元（1711）

35a　正右

35b　正左

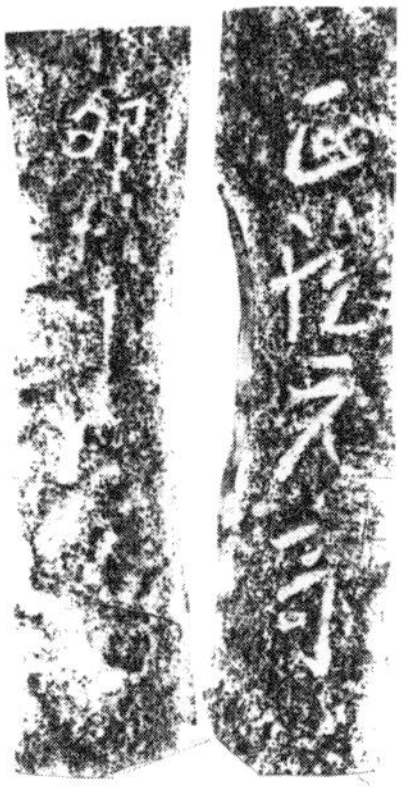

35c　拓本

写真Ｃ　山梨県（11）

38a　正右

37b　裏右

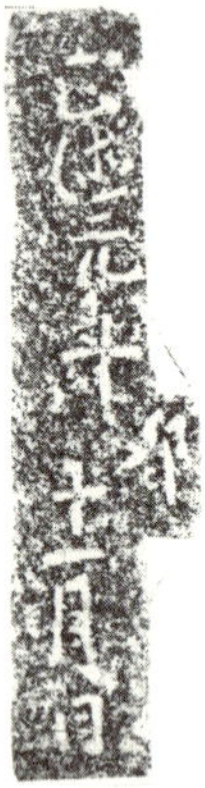

36c　拓本

36　北杜市高根町箕輪新田・正徳元（1711）

38b　正左

37c　拓本

37　桃園東小路・正徳元（大正 7 改築）

36a　右

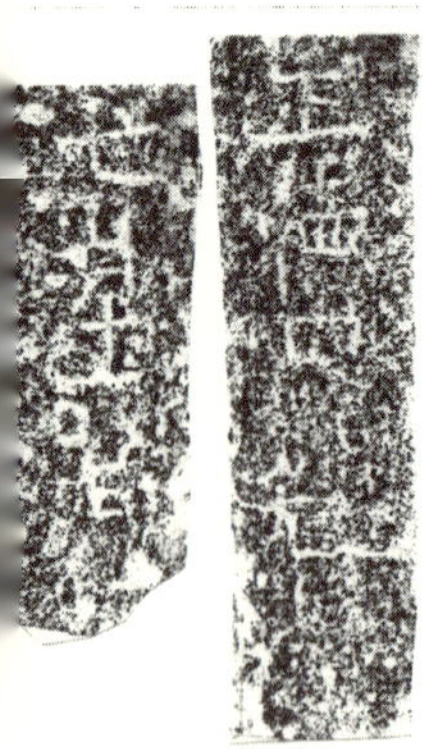

38c　拓本

38　河口湖町船津・上町公民館・正徳 4（1714）

37a　裏

36b　同採拓

写真Ｃ　山梨県（12）

形はこの村で唯一の祠道祖神である。道祖神の前には秋葉信仰の常夜灯もある。建立の時期は今から二百数十年前の宝永年間（一七〇四～一一）に建てられたものといえるのは、このころ村内の光明寺にいた京敬和尚が、常夜灯の文字を書いているという記録があるので、そのころ道祖神も建てられたのであろう。はじめは石棒道祖神で祠はなかったようであるが、現在はご神体の石棒をしっかりした祠で覆って、形は祠道祖神である。」と。思うに文献㉒の著者は、この常夜灯にまつわる宝永年間の話を道祖神塔そのものの建立と結びつけ、かつ年銘を有するものなら、それは石製の祠に違いない、と誤解したのであろう。

35は山梨市牧丘町千野々宮の双体道祖神塔である。銘文は「正徳元年／／卯□月□□」である。「□月」は「八月」であろうか。文献⑦には「同町（牧丘町　筆者注）杣口には正徳元年の握手像があり、これは握手像としては本県最古のものと考えてよい。」と書かれている。36は北杜市高根町箕輪新田の石祠型道祖神塔である。銘文は右側面に「正徳元年卯十一月日」と刻まれている。文献⑬に記載された年銘も同様である。

37は南アルプス市桃園東小路にある丸石型道祖神塔である。台石正面に「道祖神」とあり、台石裏には「正徳元年二月／大正七年六月改築」と刻まれている。38は富士河口湖町船津にある双体道祖神塔である。正面左右に「正徳四甲午□／七月十六日」と刻まれている。伊藤堅吉の文献②の「造立編年表」に記載があり、文献㉛には写真が掲載されている。

表3　山梨県

番号	和暦	西暦	所在地	種類	高さ	像高	横幅	厚さ	銘文（現状）	参照文献	備考
1	（寛永4）安永4	（1627）1775	北杜市高根町長沢・原長沢	石祠	（37）94		（27）59	（25）73	右：安永四年未／十二月吉日	⑬㉔	中に木札（金櫻神社祈○○）
2	万治3	1660	山梨市堀内	石祠	（40）97		（37）65	（37）55	枠右：萬治三 枠上：奉建立 枠左：庚子二月日	①⑦⑧⑮㉔	中に丸石
3	寛文6	1666	韮崎市穂坂町三ツ沢　お堂跡	双体	63		51	43	枠右：寛文六年 枠上：丙午□ 枠左：九月十九日	⑯㉔㉙	道祖神か？如意輪？と地蔵の双像

4	寛文11	1671	笛吹市御坂町竹居室部	石祠	(30) 72		(30) 56	(30) 78	左：寛文十一□／□月□	⑦⑮	中に宝篋印塔の九輪部
5	天和2	1682	韮崎市藤井町駒井鳥井・当麻戸神社	双体	43	＊16	34	17	枠右：天和二年 枠左：・・十・・	⑦⑮㉔	
6	天和4？	1684？	韮崎市藤井町駒井・当麻戸神社	双体	43	25	39	21	正上：種字（キャ） 正右：・・子ノ十二月吉日　上野村	⑦⑮⑯㉔㉗	
7	貞享2	1685	北杜市長坂町中丸下中丸・藤武神社	石祠	(29) 75		(30) 43	(28) 57	枠右：貞享二年乙丑 枠左：三月十五日	⑱	中に五輪塔の宝珠
8	（元禄2）	（1689）	韮崎市藤井町駒井	石祠						⑯㉔	探索中
9	（元禄3）	（1690）	北杜市小淵沢町・北野天神社	双体						⑦⑮	存在不明
10	元禄3	1690	山梨市牧丘町西保下笠原	双体	(34) 49	24	(28) 38	(25) 36	右：元禄三午年／十月吉日	⑤⑦⑮㉙	
11	（元禄4） 寛延4？	（1691） 1751	忍野村内野	双体	56	36	49	19	右：寛延四辛未□	④⑰㉚	
12	（元禄5）	（1692）	北杜市小淵沢町久保	双体						②㉘	存在不明
13	元禄6	1693	北杜市明野町上手大久保	石祠	(25) 75		(24) 44	(22) 55	右：元禄六年／酉十二月吉日 左：有田与五兵衛	㉓㉔	
14	（元禄8）	（1695）	都留市夏狩	双体	104	37	31	20	右：元禄八年八月十五日 左：念佛□□□□	②⑦⑧⑫⑮㉔㉗㉙	調査不可。銘文、丈量は⑫による。
15	元禄10	1697	北杜市長坂町柿平　諏訪神社	双体	58	39	41	26	正右：元禄十年	⑲	
16	元禄10	1697	北杜市長坂町東村　道祖神場	双体	80	34	41	36	正右：元禄十 正上：卍 正左：丁丑歳	②⑧⑲㉔㉗	
17	元禄10	1697	北杜市須玉町若神子下和田	石祠	(36) 78		(35) 45	(33) 58	枠右：元禄十年 枠左：丁丑十月村中	⑪㉖	
18	（元禄11） 元禄13	（1698） 1700	甲州市勝沼町中原	石祠	(39) 100		(36) 65	(36) 88	裏：元禄拾三年／辰十一月吉日	⑦⑮	中に丸石。
19	元禄12	699	北杜市高根町清里東原	双体	60	36	32	22	正右：元禄十二天	⑬㉗	

20	元禄1	169	北杜市高根町小池	石祠	(29)		(28)	(27)	左：施主　當村／山本與兵衛	⑬	中に丸石二個
21	(元禄12)宝暦13？享和元	(1699)1801	忍野村忍草向村	双体	(50)67	42	(36)50	(19)24	右：宝暦十三未正月吉日 左：享和元年酉十二月吉日	⑰㉙㉚	所在（存在）不明？
22	元禄13	1700	北杜市長坂町横針　道祖神場	双体	64	30	33	17	右：元禄十三庚辰年四月吉日 左：白井沢村内小郷横針	⑦⑧⑮⑲	
23	元禄13	1700	北杜市長坂町中村・道祖神場	双体	56	28	31	18	右：元禄十三庚辰年三月吉日 左：白井沢之内中村	⑦⑮⑲㉛	
24	元禄14	1701	北杜市長坂町大八田・建岡神社	双体	53	43	34	18	正右：元禄十四年 正左：巳ノ六月日	㉙⑦⑧⑮⑲	
25	元禄15	1702	北杜市長坂町中島　大宮神社	石祠	(35)94		(32)52	(30)78	左：元禄十五壬午年／四月吉日	⑲	
26	元禄15	1702	北杜市白洲町白須・上白須	石祠	(32)90		(30)45	(23)62	裏：元禄十五年／午二月八日	⑭㉔	中に双体像
27	元禄17	1704	北杜市小淵沢町・北野天神社	双体	46	33	38	20	正右：元禄拾／七／申三月吉日 正上：奉納	⑦⑮㉔㉘	
28	(宝永元)嘉永元	(1704)1848	北杜市高根町下黒沢・前田	石祠	(27)73		(25)39	(24)55	右：嘉永元申年十二月日 左：前田／氏子中	⑬㉔	中に木札「天満天神□□」
29	(宝永3)嘉永3	(1706)1850	韮崎市大草町下条中割丸林	丸石	(22)42		(19)42	(20)42	台正：道祖神 台左：嘉永／三年／戊正月／吉旦	⑯㉔	
30	(宝永3)安永5	(1706)1776	身延町下山・杉山（宮沢橋の脇）	双体	50	32	33	24	正右：安永五丙申歳 正左：十一月吉日	㉙	
31	(寛永6)宝永6	(1629)1709	富士川町最勝寺下東	文字	(53)65		(21)35	(19)24	正：南無道祖神 右：寶永六己丑年 左：孟春中旬四日	⑩㉔	
32	宝永6	1709	富士川町最勝寺下東	文字	62		60	27	正：道祖神 裏：寶永六己丑年／孟春中旬四日	初報告	
33	(宝永6)嘉永6	(1709)1853	南アルプス市江原・西小路のやや東	丸石	50		47	32	裏：嘉永六癸丑年	㉒㉔	計測値は丸石部分のみ
34	(宝永)		南アルプス市芦安芦倉小曽利	木祠	(55)120		(77)120	(90)140		⑳㉑㉒	
35	正徳元	1711	山梨市牧丘町柚口（千野々宮大室）	双体	39	27	27	15	正右：正徳元年 正左：卯□月□□	⑦⑮㉙	

36	正徳元	1711	北杜市高根町箕輪・新田	石祠	(39)88		(38)59	(36)63	右：正徳元年卯十一月日	⑬	
37	正徳元（大正7改築）	(1711) 1918	南アルプス市桃園・東小路	丸石	(43)71		(40)54	(26)54	台正：道祖神 台裏：正徳元年二月／大正七年六月改築	㉒	
38	正徳4	1714	富士河口湖町船津・揚村（上町公民館前）	双体	＊59	43 41	37	19	正右：正徳四甲午□ 正左：七月十六日	② ㉛	

参照文献

①武田久吉「形態的に見た道祖神」（柳田国男先生古希記念文集『日本民俗学のために』第十輯（完結編）一九五一年）
②伊藤堅吉『性の石神　双体道祖神考』（山渓文庫34）山と渓谷社　一九六五年
③大護八郎『道祖神―路傍の石仏Ⅱ―』真珠書院一九六六年
④中島正行「道中でみた道祖神」（山梨日日新聞社『甲州夏草道中記　下』）一九七〇年
⑤武田久吉『路傍の石仏』第一法規　一九七一年
⑥山田宗睦・井上青龍『道の神』淡交社　一九七二年
⑦中沢　厚『山梨県の道祖神』有峰書店　一九七三年
⑧川口謙二『路傍の神様』（東京美術選書13）東京美術　一九七五年（旧版は一九六八年）
⑨大護八郎『道祖神―路傍の石仏Ⅱ―』真珠書院一九六六年
⑩増穂町誌編集委員会『増穂町誌』（下巻）一九七六年
⑪植松森一「山梨県の道祖神」（『野仏』第一〇集　一九七八年）
⑫都留市教育委員会『都留市の石造物』（都留市文化財調査資料）一九八三年
⑬高根町『高根町誌　民間信仰と石造物編』一九八四年
⑭白州町誌編纂委員会『白州町誌』一九八六年
⑮中沢　厚『石にやどるもの　甲斐の石神と石仏』平凡社　一九八八年
⑯韮崎市教育委員会『韮崎の石造物』一九八八年
⑰忍野村『忍野村誌』（第二巻）一九八九年
⑱長坂町誌編纂委員会『長坂町誌』（下巻）一九九〇年
⑲長坂町役場企画課『風土のぬくもりを伝える長坂の石造物』一九九一年
⑳芦安村教育委員会『芦安村の石造文化財』一九九四年
㉑芦安村『芦安村誌』一九九四年

㉒中巨摩郡文化協会連合会郷土研究部『中巨摩の石造文化財』一九九五年
㉓明野村誌編纂委員会『新装　明野村誌　石造物編』一九九五年
㉔山寺　勉『甲斐の道祖神考』一九九八年
㉕石田哲弥編『道祖神信仰史の研究』名著出版　二〇〇一年
㉖須玉町史編さん委員会『須玉町史　社寺・石造物編』二〇〇一年
㉗山寺　勉『甲斐の石造物探訪』二〇〇一年
㉘小淵沢町誌編さん委員会『小淵沢町誌―閉町記念―』二〇〇六年
㉙椎橋幸夫『双体道祖神調査資料集成』名著出版　二〇〇七年
㉚忍野村『忍野村誌　増補版』（第二巻）二〇二二年
㉛伊藤堅吉『綜集　日本全土性愛の石神　双体道祖神』緑星社（出版年無記載）

四　群馬県（Ⅰ）

群馬県内において、従来、正徳期以前の年銘を有すると報告された道祖神塔の数は七四基である。県内の道祖神塔の総数は三五三六基である（文献㉔）。この総数は基本的に近世のものの数とされるが、無年銘のもののなかには近代のそれが含まれている可能性がある。しかし逆に、これらに近代の年銘を有するものを加えれば、その数がさらに増えることはいうまでもない。

それはともかく、これらの総数と初期のもの七四基を比べると、その比率は約二％となる。もちろん、初期の道祖神塔で無銘のものもあると想定されるから、一概にこの比率を普遍化するわけにはいかないが、それでも、いかに初期の道祖神塔の数が少ないかが分かる。以下、主に造立年代に関する銘文を中心に説明を加えることにする。過去の報告者の読解との相違についても言及することになるだろう。

1は高崎市倉渕町権田熊久保にある双体道祖神塔である（文献㊱㊷）。研究者の間では、日本最古の道祖神塔とされることもある（文献⑰など）。銘文は「寛永二年乙／／丑十一月吉日」と肉眼でも明瞭に確認できる。しかし文献㊸の著者である椎橋幸夫は、県内で次にあらわれる道祖神塔が寛文六（一六六六年）年である点（実はこれも誤りであるのだが）を念頭に「41年の空白を考えると寛永2年の像は二尊仏として建立された後に道祖神にされたか、後日、建立年月日を彫ったと考えられる。」と述べている。筆者は「寛」が「寶」で、「丑」が「酉」ではないかと考え、「寶永二年乙／／酉十一月吉日」の可能性を検証してみたものの、少々無理があり、現在のところ、刻まれた「寛永二年乙丑」という年銘に間違いは認められない。ただし、干支の「乙酉」を双像をはさんで左右に離して刻んでいる点はいささか気になる。2は吉岡町上野田にある双体道祖神塔である。文献⑥の著者である山田宗睦は「双体道祖神編年表」に文献⑧の旧版を引用してこの石仏の年代を「寛永2」とした。著者である川口謙二は文献⑧の増補改訂版においても、この道祖神塔の写真を「寛永二年銘」としてそのまま掲載しているが、正確な銘文は「上𠮟群馬郡／上野田村／／安永二年巳／六月吉日」で、川口の誤読が信じられないほどに一目瞭然である。

2b　正左下

1f　　周辺

1c　正左

1　高崎市倉渕町権田
熊久保・寛永２（1625

2c　拓本

2　吉岡町上野田・
寛永２（実は安永２）

1d　同採拓

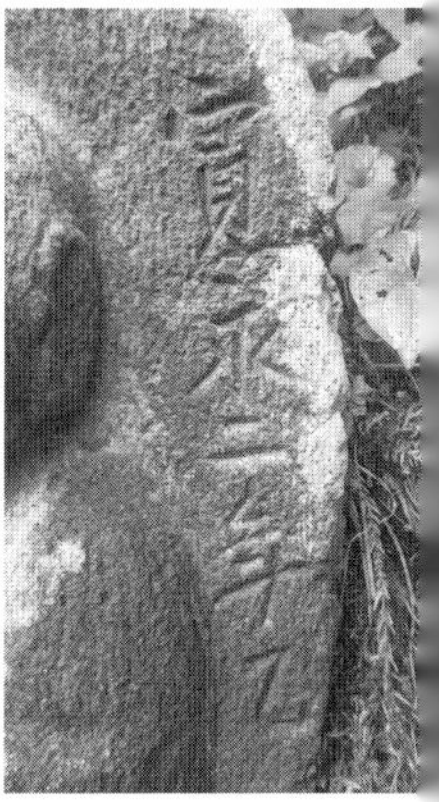

1a　正右

3　高崎市倉渕町川浦堀ノ
沢・寛永４（実は安永２?）

2a　正右下

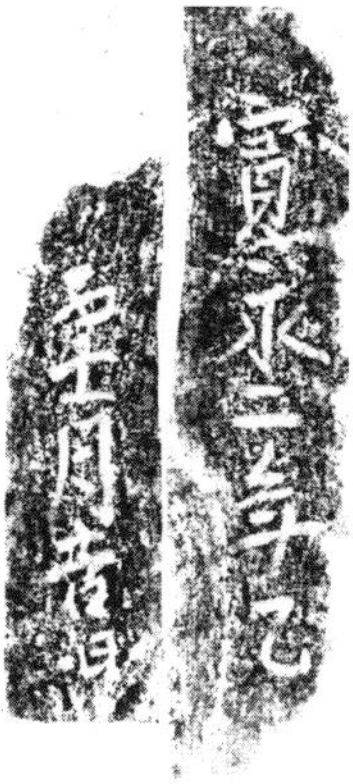

1e　拓本

1b　同採拓

写真Ｄ　群馬県（1）

5a　正右

4b　左

3d　正左

3a　正

5b　正左

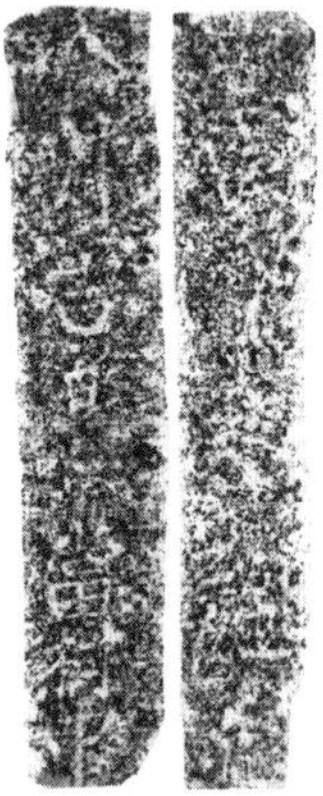

4c　拓本

4　みなかみ町明川・
寛永８（実は安永８）

3b　同採拓

5c　拓本

5　安中市中宿在家・
元和年中・寛永年中

4a　右

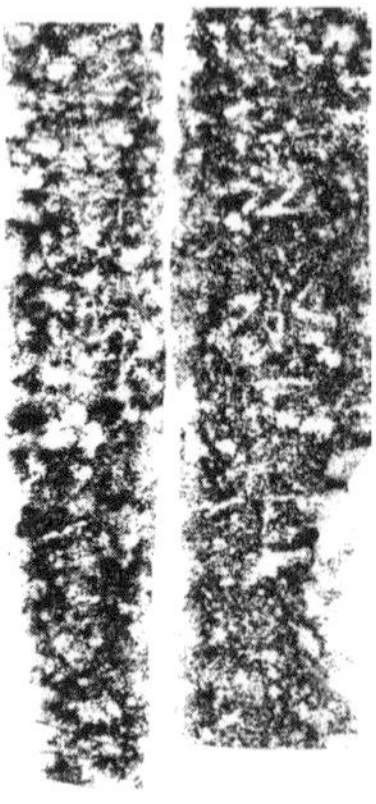

3c　拓本

写真D　群馬県（2）

３は高崎市倉渕町川浦堀ノ沢にある双体道祖神塔である。文献⑰の金井晃は、この石仏について「「寛永二」あるいは「寛永四」と読める。「寛」の字がかなり摩滅していてよみずらいが、足の部分が「ル」となっており「宝」の足の部分「ハ」とは違っている。」と書いている。一方、文献㉑の若林栄一は、「地元の人は「寛永」の道祖神であるというが摩滅が激しく私には「安永二」としか読めない。」と書いており、年銘の読みに相異が生じている。村（町）の報告書である文献㊱㊷では「寛永四年（か）」とされている。筆者が実施した採拓の結果は、写真に示したとおりとなった。摩滅が著しく判読には困難をともなうものの、かろうじて正右のみ「安永二年・・」と読んでおこうと思う。読者諸兄の読みは如何であろうか。４はみなかみ町藤原字明川にある双体道祖神塔である。文献㉖には銘文を「寛永八亥年施主　八月吉日当村中」としているが、実際には「安永八亥天　施主／／八月吉日　當村中」である。文献㉘は年銘を正確に「安永八亥年八月吉日」と読んでいる。

５は安中市仲宿在家にある文字道祖神塔である。正中に「〇」印、その下に「道祖神」とあり、左右に「當所鈴木殿御在居／元和年中／／寛永年中／施主藤原□忠」とある。「藤原□忠」の□が読めそうで読めない。「菊」であろうか。文献㉔に道祖神として記載されているが、寛永期の文字道祖神塔は例がないのでその性格はよく分からない。再建塔の可能性が高い。６は藤岡市森にある双体道祖神塔である。文献㉔では銘を「寛文六年　村中」としており、県内で二番目に古い道祖神塔とされることもある（文献㊸）。しかし、文献⑮では「宝暦□天三月吉日」と読んでおり、文献⑲でも「宝暦（七）天三月吉日」としている。摩滅が著しくかつ欠損部分もあるので、採拓は容易でなかったものの、かろうじて「寶暦□天／／・・月吉・・」を得た。

７は高崎市箕郷町柏木沢本田下にある双体道祖神塔である。文献⑥の「双体道祖神編年表」は文献②を引用してこの石仏を「寛文７」としている。ただし文献②の著者である鈴木繁は、「稍疑問」としており、必ずしもこの石仏の年銘を確定しているわけではない。採拓の結果はかろうじて「□□四亥□／／□月・・」を得たに過ぎないが、「四年」が「亥」で、想定可能なのは、宝永期、享保期、明和期、嘉永期などに限定される。「四」の上の字は、一見

6　藤岡市森・寛文 6
（実は宝暦？）

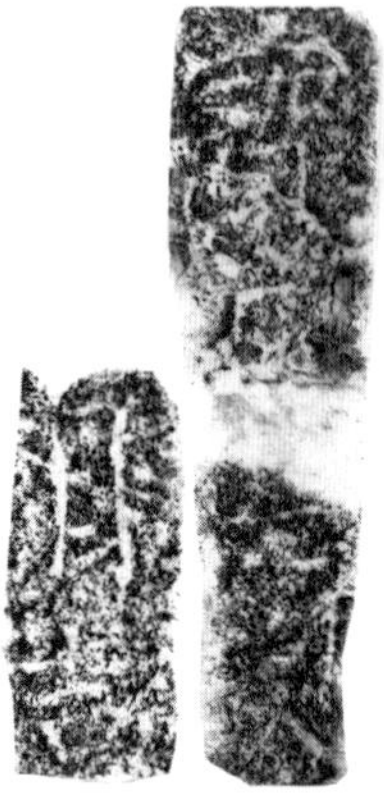

6c　拓本

7b　正左

8a　裏

6a　正右

7　高崎市箕郷町本田下三差路・寛文 7（実は宝永 4?）

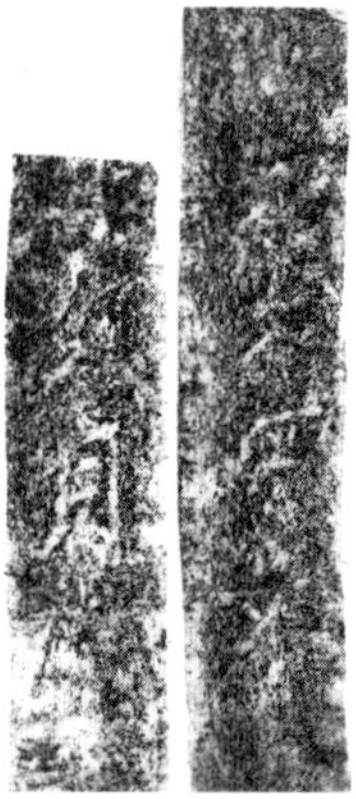

7c　拓本

8b　拓本

6b　正左

7a　正右

8　安中市中在家・
寛文 9（実は宝暦 9）

9　南牧村小沢日向・
寛文 11（1671）

写真D　群馬県（3）

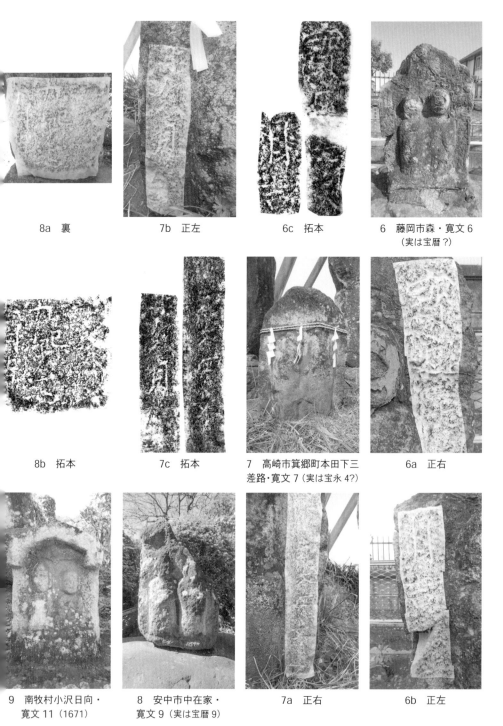

11b　正左

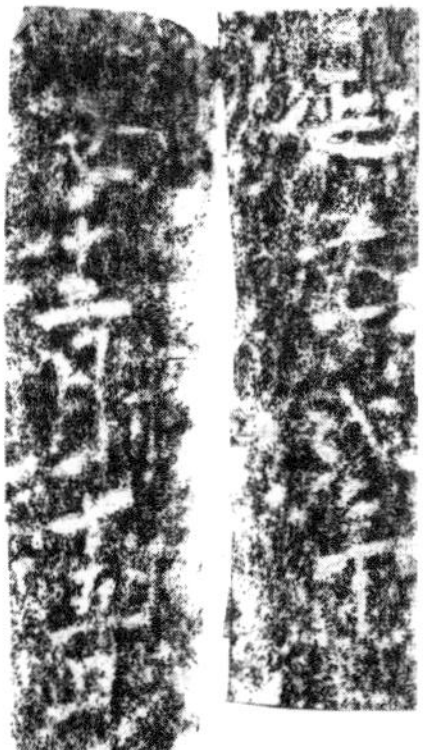

10c　拓本

10　富岡市上高瀬・延宝 8（実は延享 2）

9a　正右

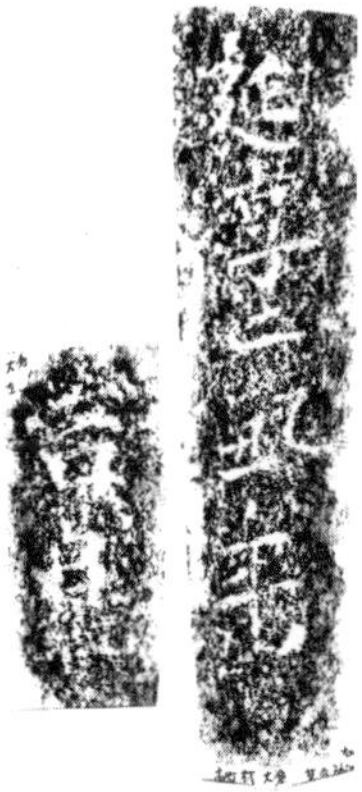

11c　拓本

11　南牧村大倉・芸宮(大倉)神社・延宝 2（実は延享 2）

10a　正右

9b　正左

12　高崎市上里見田中・延宝 4（実は延享 4?）

11a　正右

10b　正左

9c　拓本

写真Ｄ　群馬県（4）

「文」にみえなくもないが、下に「文」が付くのは寛文期のみである。しかし寛文四年は「辰」で「亥」ではない。「四」の上の字でもうひとつ可能性があるのは「永」で、そうすると「宝永四年」か「嘉永四年」ということになる。像は双僧の合掌像と思われるから、ここでは本道祖神塔の造立年として、「宝永四年」の可能性を考えておきたい。

8は安中市仲宿在家にある双体道祖神塔である。文献㉔は銘文を「□□九己酉年／一月吉日」と読み、これを「寛文九年」の所産としている。確かに干支が「己酉」で年号が「九年」なのは寛文期しかないが、唯一寛政元年（己酉）が一月二五日までは天明九年にあたるので、その可能性も考えられるところである。しかし採拓の結果、写真のようにかろうじて「□□九己卯年／八月吉□」を得ることができた。干支が「己卯」で年号が「九年」なのは宝暦期に限定される。本塔の造立は宝暦九（一七五九）年であろう。

9は南牧村小沢日向にある双体道祖神塔である。最初の報告は文献⑪で、銘文を「寛文十一年正月吉日」としている。以後、確実な寛文期の道祖神塔として多くの文献に姿をあらわすことになる（文献⑱㉒㉔㉞㊸）。銘文は採拓によれば、「寛文十一年／／六月廿八日今井□」と読めそうであるが、「寛文」の「文」がいまひとつ明瞭でない。読みは、先に示した文献⑪のほかにも「寛文十一年六月十八日　今井氏」（文献⑱）、「寛□十□年／六月廿八日□□」（文献㉔）、「寛文十一年六月二十八日」（文献㊸）などがある。10は富岡市高瀬上高瀬にある双体道祖神塔である。文献⑱に銘文が「延宝八年十二月十五日」とあり、文献㉔には「延宝／／丑十二月十五日」とある。しかし実際の銘文は、拓本のとおり「延享弐年／／丑十二月十五日」である。文献㊴では「延享（二年）／／乙丑正月十五日」と読んでいるものの、「乙」が余分で、「正月」は誤読である。なお、文献㊴には台座の銘文として「上高セ／岩井氏」を記録しているが、現在はコンクリートで固められており、これを確認することができない。

11は南牧村桧沢大倉神社にある双体道祖神塔である。文献㉔に「延宝二乙巳年／□□吉日」とあるが、実際の銘文は「延享二乙丑年／・・吉日」である。干支の「乙巳」は、「乙丑」の誤読であろう。12は高崎市榛名町上里見田中の双体道祖神塔である。銘文に関しては、まず文献⑲に「延宝四年丙辰十一月」とあり、文献㉔には「延宝四丙辰年

14a　正右

13b　正左

12d　拓本

12a　正右

14b　拓本

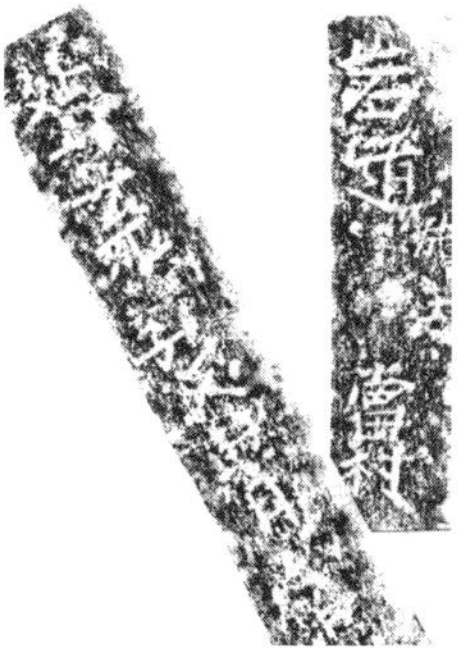
13c　拓本

13　高崎市上並榎町・延宝 6（実は延享元）

12b　正右拡大

15　渋川市半田新堀・貞享 2（実は延享 2）

14　甘楽町小幡下町・延宝 8（実は延享 5）

13a　正右

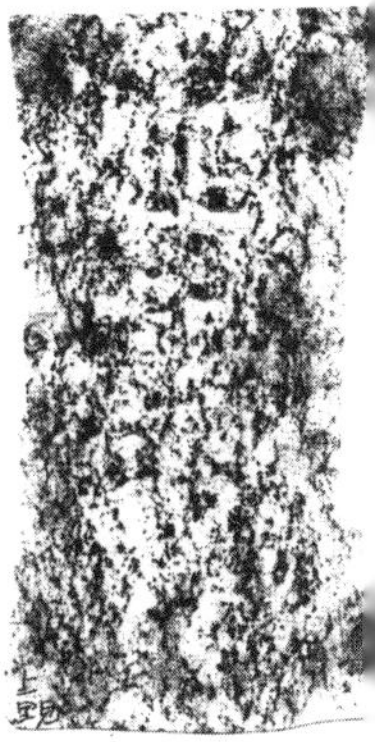
12c　同拡大

写真Ｄ　群馬県（5）

／十一月吉日」とある。町の資料では文献㉕に「延宝4年11月」、文献㊳に「延宝四年丙辰十一月吉日」と文献㉔を引いたと思われる年銘を記している。しかしその一方、文献㉑には年銘に関する記載はなく、もっとも古い文献①においても、該当すると思われる石仏は無年銘である。摩滅が激しく、採拓の結果はかろうじて正右のみ「延享（?）四・・・」を得ただけである。両像の姿態も不明瞭であるが、男女神が向き合い、握手で肩を抱くタイプの道祖神塔が延宝期からあったのか否か、検討の余地はあろう。ここでは延享期の可能性を考えておきたい。

13は高崎市上並榎町の日枝神社にある双体道祖神塔である。文献㉔に銘が「岩道施主当初／延宝六戊午天四月□日」とある。しかし、実際は拓本でも分かるとおり「岩道　施主當村／／延享元甲子天四月□日」である。なぜこのような誤読が生じるのか、筆者には皆目見当がつかない。文献㉔の報告者は、比較的容易に読める干支の「甲子」を、わざわざ「延宝六年」に合わせて「戊午」としており、これはもはや捏造といっても過言ではあるまい。ちなみに文献㊲ではきちんと「岩道　施主當村／／延享元甲子天四月」と読んでいる。14は甘楽町小幡新堀にある双体道祖神塔である。銘文は一目瞭然で「延享五戊・・／／正月・・」であるが、文献⑧はなぜかこの石仏について「延宝八年の銘がある」として掲載しており、文献㉔も銘を「延享戊辰□二月」としている。「戊辰」は「戊辰」の誤植であろう。一方、町の報告書である文献⑯では年銘を正しく「延享五年」としている。

15は渋川市半田新堀にある双体道祖神塔である。比較的多くの文献に取り上げられている。文献③巻末の「造立編年表」に年銘が「貞享2」とある。しかし拓本をみれば分かるとおり、銘文は「延享二乙丑天八月吉日／／堂開戸新堀中」であり、「貞享」は「延享」の誤読である。文献③の影響なのか、文献⑦や文献⑬も「貞享二年」と間違って引用している。一方、文献②⑪㉔㉗は「延享二年」としており、特に文献⑪は年銘を正しく「延享二乙丑天八月吉日」と読んでいる。16は渋川市鯉沢にある双体道祖神塔である。一九六二年発行の古典的名著である文献②には、「本県最古の道祖神とみられる元禄期のもの」として写真が掲載されている。これを受けてか、一九九〇年発行の文献㉝には「数年前までは群馬県で一番古いといわれた元禄期の道祖神」という表現が出てくる。欠損がみられ、枠右

18　中之条町名久田樋塚・元禄 4（1691）

17　下仁田町風口大北野・元禄巳？

16　渋川市鯉沢・元禄□

15a　正右

18a　正右

17a　正右

16a　正右

15b　正左

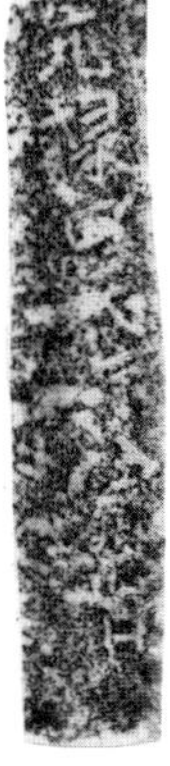
18b　拓本

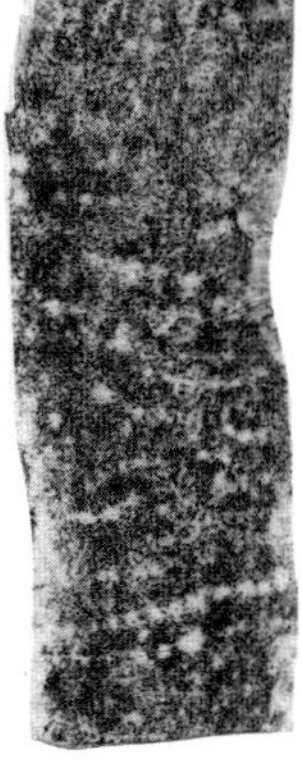
17b　拓本

16b　拓本

15c　拓本

写真D　群馬県（6）

19　高崎市高浜駒形・元禄5（1692）

19c　拓本

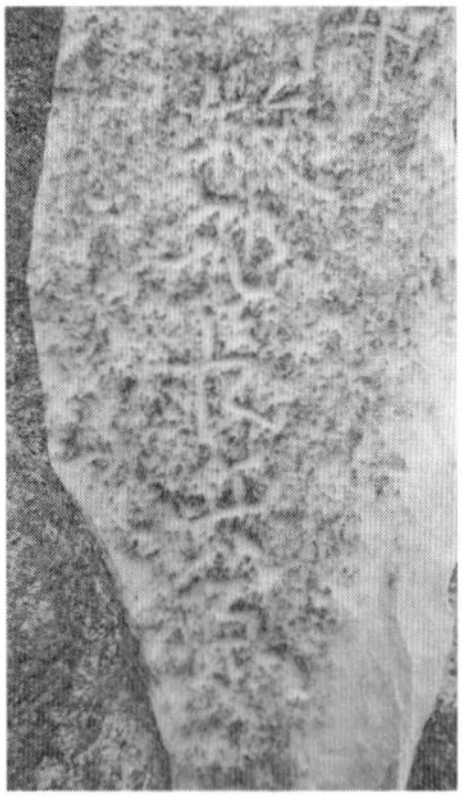

20b　正中下半

21a　正中

19a　正右

20　高崎市倉渕町権田長井・元禄5（1692）

20c　拓本

21b　拓本

19b　正左

20a　正中上半

21　高崎市倉渕町権田塚越上・元禄6（1693）

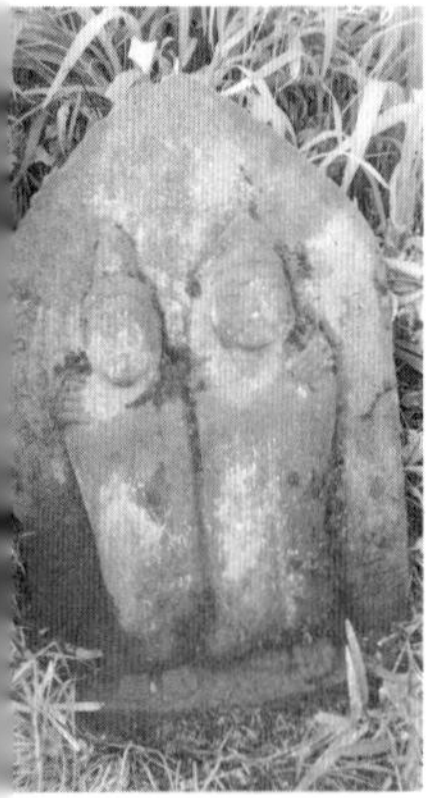

22　高崎市倉渕町権田花輪上・元禄6（1693）

写真D　群馬県（7）

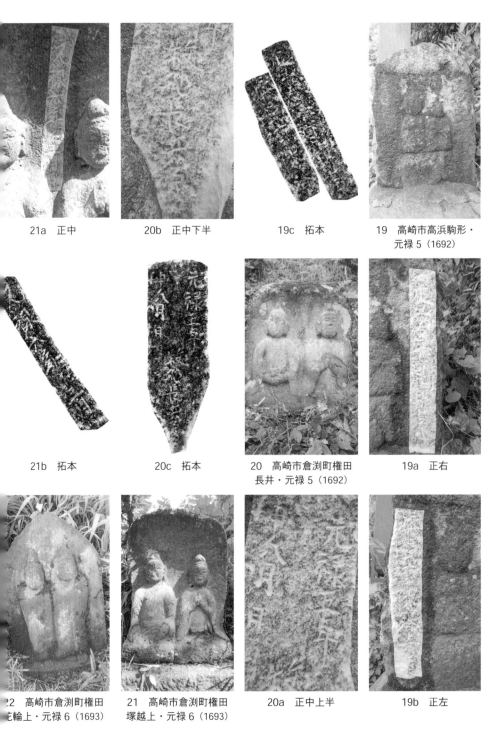

の銘文は「元禄□□十月吉日」と読めるだけである。

17は下仁田町風口大北野にある双体座像道祖神塔である。年銘について文献⑩には「干支まではは っきりしないが、元禄という年号が判読できる。砂岩のざらざらした肌に巳らしい痕跡が見える。元禄期の干支で見ると、二年が己巳、十四年が辛巳となっている。年号と干支との間隔からすると前者のように思える。」とあり、文献⑳に「元禄□」、文献㉒に「元禄巳?」とある。一方、文献㉔や㊸では無年銘となっている。文字がありそうな部分の採拓を試みたものの、結果は写真のとおり、拓影には特に文字は浮かび上がってこなかった。無年銘としておきたい。18は中之条町名久田下平樋塚にある双体道祖神塔である。銘文は右側面に「元禄四天未八月吉日」とある。「吉」は「十一」と読めなくもないが、ここは「吉」と読んでおこうと思う。文献⑨にはほかに「施主　邑〇〇」の銘が記載されているものの、左側面・裏面ともに文字はなく、現状では確認できなかった。

19は高崎市高浜町駒形にある双体道祖神塔である。銘文は文献⑪に「元禄五壬申歳霜月吉日／奉持主　小暮与五右ェ門」とある。摩滅が激しく、かつ文字内に朱が塗られていることもあって、拓影が不明瞭にしか浮かび上がらない。かろうじて「元禄五壬申□□月吉日／奉造立　小暮与・・」を得た。20は高崎市倉渕町権田長井にある双体座像道祖神塔である。文献③をはじめ多くの文献に姿をあらわす。銘文は正面中央に「元禄五年／牧野長兵衛／申ノ八月日」と刻まれている。文献⑪㉑㊱㊷は「九月」としているが、これは「申ノ八月日」中の「ノ」が「八」と重なって「九」にみえるところからくる誤読である。

21は高崎市倉渕町権田塚越上にある双体座像道祖神塔である。正面中央に「元禄六年酉三月日」と彫られている。文献⑰㉑も同じ読みである。22は高崎市倉渕町花輪上にある双体道祖神塔である。銘は「元禄六癸酉歳　花輪　久兵衛／／四月吉日　村中」と明瞭に読める。文献⑰も同様の読みであるが、文献㉑では「元禄6発酉4月吉日」となっている。「発」は「癸」の誤植であろう。

23は片品村山崎にある双体座像道祖神塔である。文献⑫に「花咲道祖神」として出てくる。銘については文献㉘に

22a　正右

22b　正左

22c　拓本

23　片品村山崎・元禄 7（1694）

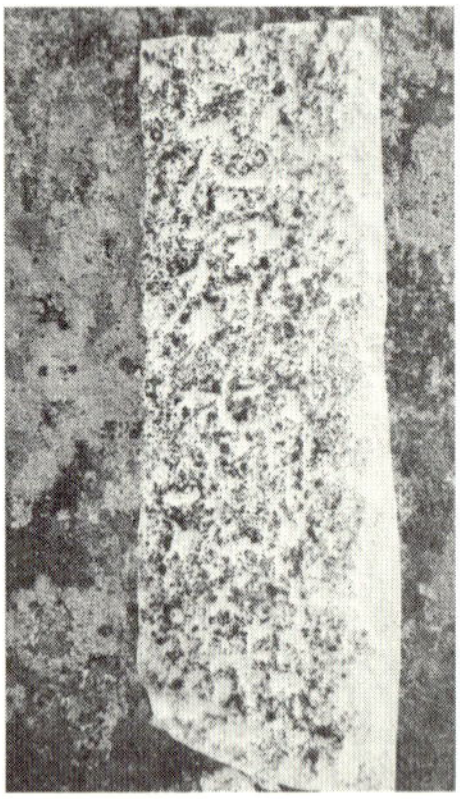

23a　正右上

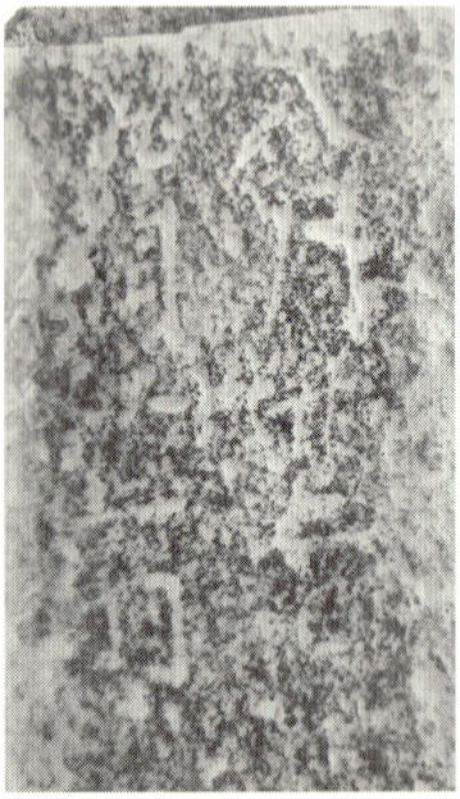

23b　正左上

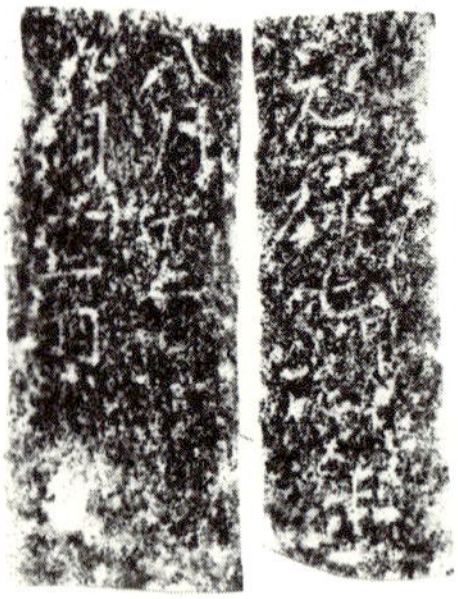

23c　拓本

24　沼田市下沼田町・元禄 7（1694）

24a　右

24b　左

24c　正中

24d　拓本

写真D　群馬県（8）

28a　正右

27b　正左

26c　拓本

26　高崎市上豊岡町
元禄 8（1695）

28b　正左

27c　拓本

27　藤岡市下日野高井
戸・元禄 8（1695）

26a　正右

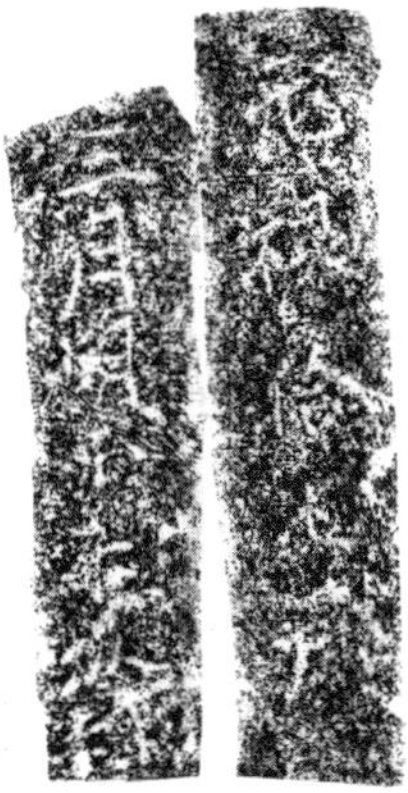
28c　拓本

28　安中市嶺・元禄 8
（実は元禄 17）

27a　正右

26b　正左

写真Ｄ　群馬県（9）

「元禄七年八月吉日」とあるものの誤読で、実際には正面上部左右に「元禄七甲戌年／／八月廿二日／九月廿六日」と刻まれている。月日が併記されている点を考えれば、この石仏は本来夫婦の墓石もしくは供養塔として設置された可能性が高い。24は沼田市下沼田町の長広寺にある文字道祖神塔である。銘文は正面に「干時元禄七甲戌」とあり、左右側面に「奉供養塞大神／／同行十一人」と彫られている。市の報告書である文献㉟では道祖神とされるものの、「塞大神」の性格は不明である。

25は沼田市屋形原町にある石祠型道祖神塔である。この石祠については、唯一の所在情報である「沼田市屋形原町」が広大なため、二度ほど探索を試みたものの、筆者自身いまだに遭遇するに至っていない。文献㉟によれば、銘文は右側面に「干時／元禄八年」、正面に「塞念佛供粮／塞大神／所願成就所」、左側面に「乙亥八月吉日」とあるらしい。24同様道祖神とされるものの、「塞大神」の性格はよく分からない。26は高崎市上豊岡町にある双体道祖神塔である。文献㊶によれば、銘文は「□□□□道□祈　施主／／干時元禄八年□月吉日講中」ということであるが、実際には「・・・・施主／／干時元禄八年亥一月吉日」であった。正右の文字が読めそうで読めない。

27は藤岡市下日野高井戸の観音堂にある双体道祖神塔である。文献㉔に写真が掲載されており、銘文は「元禄八乙亥天五月吉日」とされる。実際も拓本のとおり「元禄八乙亥天／／五月吉日」であった。28は安中市嶺にある双体道祖神塔である。文献㉔には銘が「元禄八年己天／／三月吉日」とあるが、実際の銘文は拓本に示したとおり「元禄拾七歳／／三月朔日　赤坂村」である。誤読の原因は「拾」が「八」にみえたためであろう。

29は中之条町伊参白久保にある双体道祖神塔である。銘文は石塔下部の右側に「豈元禄九丙子年十月十五日」と彫ってある。ちなみに町の報告書である文献㉜でも「元禄九年」となっているものの、別の文献㊹では銘文を、なぜか「元禄五年壬申年十月十五日」としている。思うに「九」を「五」と誤読したために、対象を詳細に観察することなく（もしくはたんに想像で）干支もそれに対応させて「壬申」としたのであろう。30は富岡市一の宮柳沢にある文字道祖神塔である。正面に「道祖神」、右側面に「元禄九子年八月吉日」と刻まれている。文献㊴でも同様である。

29　中之条町伊参白久保・元禄 9（1696）

30　富岡市一の宮・元禄 9（1696）

31a　正右

32　東吾妻町大戸大谷沢・元禄 10（1697）

29a　正右下

30a　右

31b　正左

32a　正右

29b　拓本

31　西上秋間日陰・元禄 10（実は元禄 12）

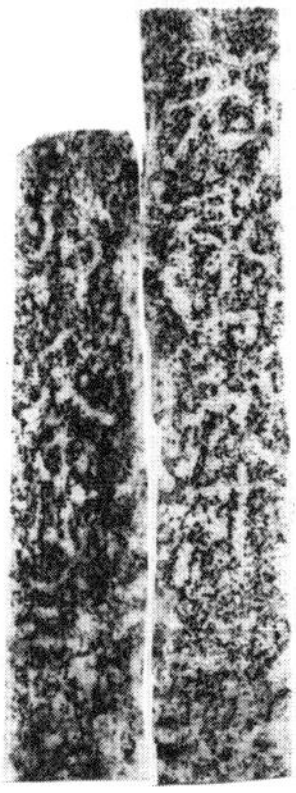

31c　拓本

32b　正左

写真Ｄ　群馬県（10）

35b　正左

34b　正左

33b　正左

32c　拓本

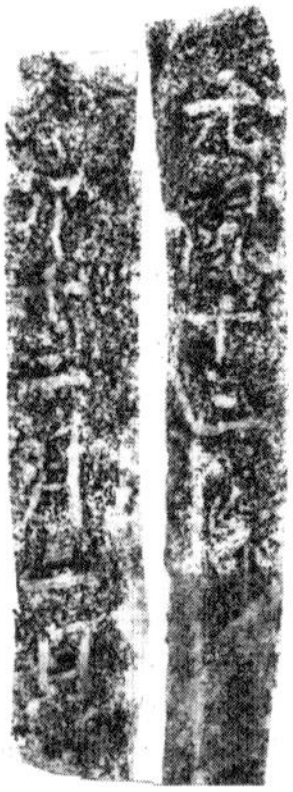
35c　拓本

35　高崎市八幡町・元禄 13（実は元禄 12）

34　同・元禄 10?

33　同・元禄 10?

36　高崎市倉渕町権田陣田・元禄 13（1700）

35a　正右

34a　正右

33a　正右

写真Ｄ　群馬県（11）

元禄期の文字塔は非常に珍しい。

31は安中市西秋間日陰にある双体道祖神塔である。情報が少なく、唯一文献㊸で取り上げられている。年銘は「元禄十年丁丑八月」とされる。摩滅が進んでおり、銘文の判読には苦労が強いられる。実際の銘文は写真のとおり「元禄十□年／／卯八月三日」である。「十」がやや小さく、その下にもう一文字入るものと思われる。元禄期で「卯年」は元禄一二年のみなので、□は「弐」もしくは「二」であろう。32は東吾妻町大戸の大矢沢（諏訪）神社にある双体道祖神塔である。神社境内には三基の道祖神塔が並んで建っているが、本塔は向かってその一番左に位置する。文献⑨には年銘が「元禄10丁丑9月27日」とあり、この点は文献⑳でも「元禄十丁丑九月二十七日」としており、同じである。しかし正確には、写真に示したとおり「元禄十丁ノ丑／／九月廿七日」である。

33は32の右（三基のうちの真ん中）に建っている双体道祖神塔である。文献⑨では無銘とされるが、文献⑳では「□緑（禄？）十年」の銘があるとされる。しかし採拓の結果は写真に示したとおり、何らの文字も浮かび上がらなかった。続いて34は三基並んだうちの一番右に建っている双体道祖神塔であるが、今度は文献⑨に「〇緑10年（元禄？）」との銘文があるとされ、逆に文献⑳では特に取り上げられていない。しかし本塔も採拓の結果は、写真のとおり無銘であった。33と34に関する文献⑨と文献⑳における混乱錯綜は、どちらかがどちらかを十分に検証することなく引用した結果であろうか。

35は高崎市八幡町八幡宮の門前にある双体道祖神塔である。年銘は文献㉘では「元禄11年12月1日」、文献㊶では「元禄十三年辰／／十二月（二）日」とされている。しかし実際には拓本に示したとおり、「元禄十二稔／／卯十二月二日」である。一見「十三」にみえなくもないが、これはやはり「十二」で、この点は「卯」で裏付けられる。「辰」は「元禄十三年」に合わせた結果であろう。36は高崎市倉渕町権田陳田にある双体道祖神塔である。銘文は写真のとおり「元禄十三天／／辰ノ七月日」である。しかし、文献⑪では「元禄十三天辰四月日」、文献⑰では「元禄十三天／／辰七月日」、文献㉑では「元禄13天辰4月」、町の報告書である文献㊱㊷では「元禄十三天辰四月日」となってい

36a　正右

37　高崎市倉渕町権田上の久保中・元禄 13（1700）

37c　拓本

38b　枠右下隅

36b　正左

37a　正右

38　太田市若松・明治 3（元禄 13 の庚申塔の改刻）

38c　斜め

36c　拓本

37b　正左

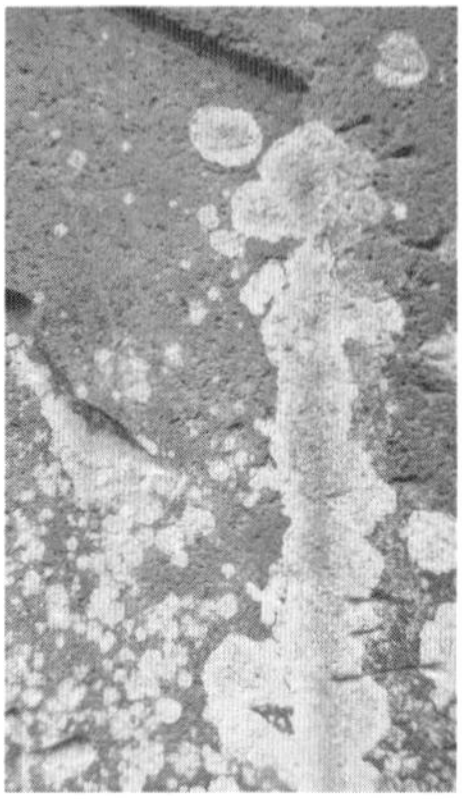
38a　枠右上隅

38d　右

写真Ｄ　群馬県（12）

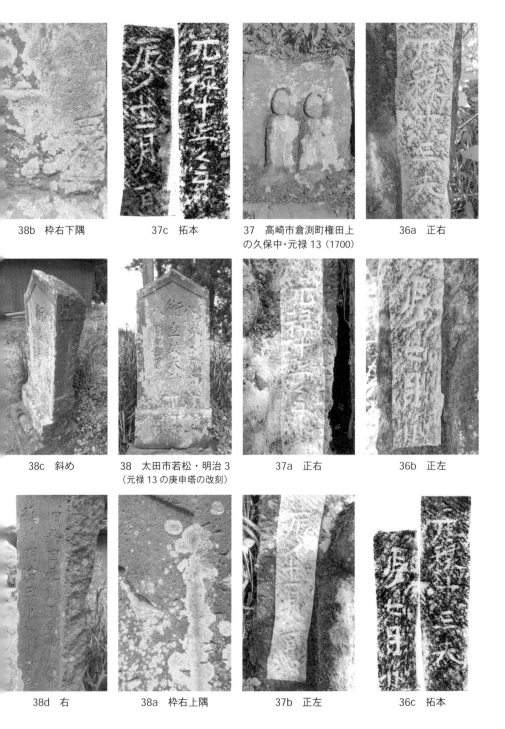

39　高崎市白岩新田・元禄 14（1701）

39c　拓本

40b　正左

42a　正右上半

39a　正右

40　東吾妻町三島大竹・元禄 14（1701）

40c　拓本

42b　正右下半

39b　正左

40a　正右

42　高崎市倉渕町権田上の久保下・元禄 17（1704）

42c　正左

写真Ｄ　群馬県（13）

る。正確に読むことは意外に難しい、ということがよく分かる例である。

37は高崎市倉渕町権田上ノ久保中にある双体道祖神塔である。銘文は写真のとおり「元禄十三年／／辰ノ十一月二日」である。文献⑰や町の報告書である文献㊱㊷の読みと完全に一致した。38は太田市尾島町岩松の岩松八幡宮境内にある文字道祖神塔である。銘文は正面に「八衢比許命／衢立岐大神／八衢比賣命」、右側面に「旧銘曰元禄十三庚辰年／維新明治三庚午年祭之」とある。正面をよく観察すると、写真に示したように枠上の隅に半分が削られた「元□十三・・」の文字、下部の隅にも文字の痕跡が認められる。碑面が抉られるように削られている点、碑形が庚申塔を想起させるものである点などを考慮に入れれば、本塔がいわゆる改刻塔であることは明白である。すなわち本塔は元禄一三年に建立された庚申塔（おそらく下部に三猿を有する青面金剛像の）を、明治三年に当時の神仏分離政策・思想のもと、その碑面を大幅に削って、いわゆる「塞神三柱」をあらわす「八衢比許命／衢立岐大神／八衢比賣命」の文字を刻んだもので、一般に改刻塔と呼ばれるものである。なお、明治初期のいわゆる「改刻塔」については、拙著文献㊺の三〇三～三二四頁を参照していただきたい。

39は高崎市白岩町白岩新田にある双体道祖神塔である。文献⑪には銘が「元禄十四年辛巳八月吉日」とあり、文献㉑には「元禄14年9月吉日」との記載がある。しかし、実際は「元禄十四辛巳／／八月吉日　施主竹鼻与兵衛」である。40は東吾妻町三島大竹にある双体道祖神塔である。文献⑨には年銘が「元禄14年巳五月吉日」とあり、町の報告書である文献㉛には「建立年　元禄14年」とだけある。正確な銘文は「元禄十四年／／巳五月□日」である。「□日」は「吉日」ではなく「朔日」の可能性が高い。

41は文献㊸によれば、下仁田町東町の近戸大明神内にあるとされる双体道祖神塔である。「元禄十五年十一月吉日」の銘をもつとされるものの、現地では見つけることができなかった。移動したのであろうか。ちなみに、町の報告書である文献⑩には記載がなく、町内最古のものはのちほどふれる正徳三年銘のもの（70）である。現時点では所在不明とせざるを得ない。42は高崎市倉渕町権田上ノ久保下にある双体道祖神塔である。銘文は写真のとおり「元禄十七

42d　正中

43a　右

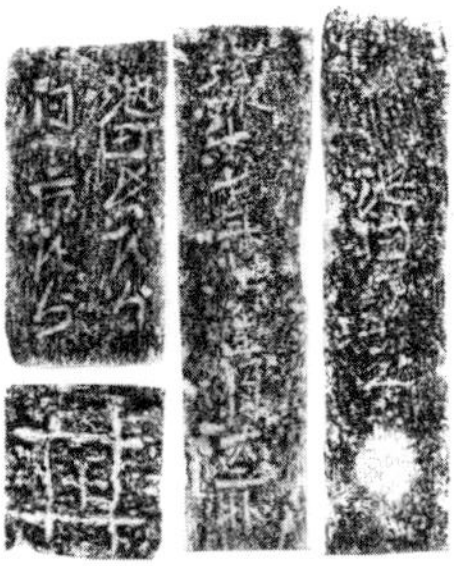
43d　拓本

44b　正左

42e　拓本

43b　左

44　安中市松井田町上増田板ヶ沢・元禄 17（1704）

44c　拓本

43　高崎市倉渕町権田椿名神社・元禄 17（170

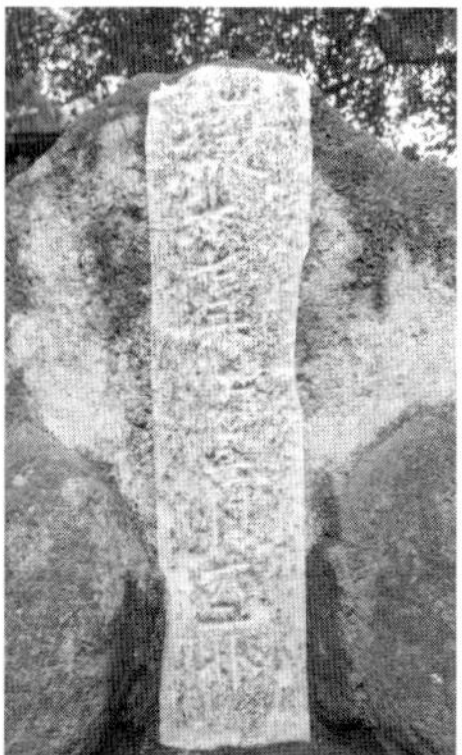
43c　正中

44a　正右

45　高崎市倉渕町三ノ倉七ツ石・□禄□

写真Ｄ　群馬県（14）

48　安中市磯部・神明神社跡・宝永元（実は安永 5）

47a　正右

46a　正中

45a　正右

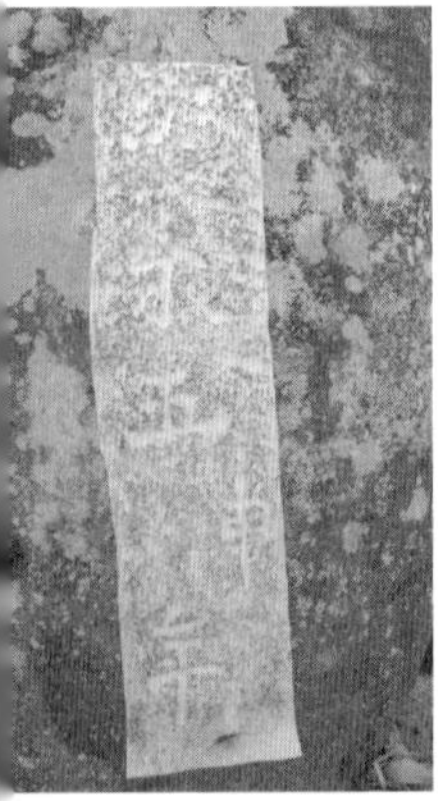

48a　正右

47b　正左

46b　拓本

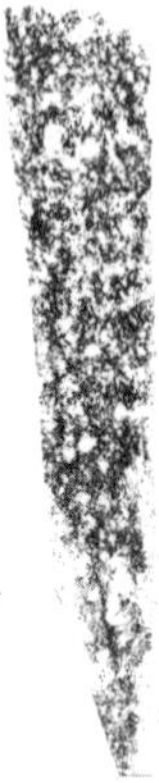

45b　拓本

48b　正左

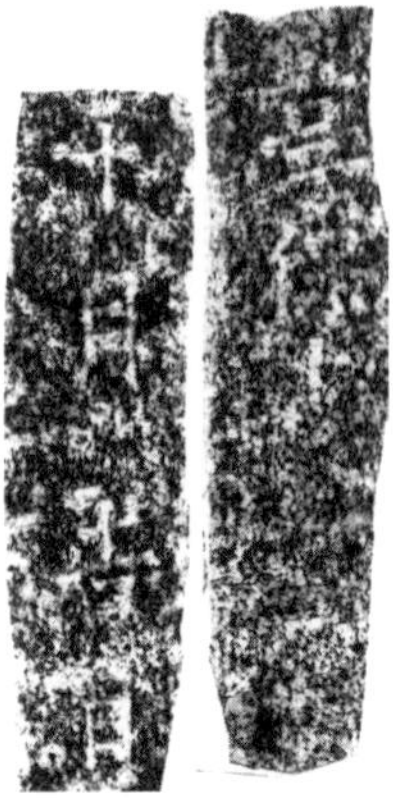

47c　拓本

47　中之条町打越（中之条 133）・宝永元（実は享保 18）

46　高崎市倉渕町権田山田・宝永元（1704）

写真Ｄ　群馬県（15）

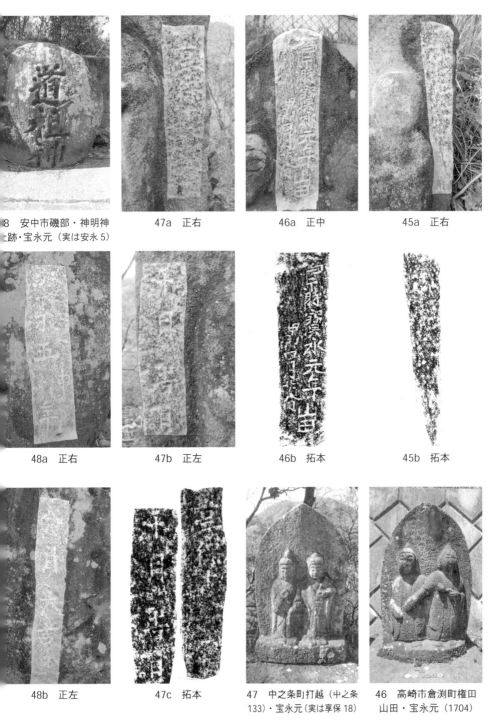

年　池田氏築□／／奉造立道陸善神／／申ノ三月吉日」である。文献⑰の読みもほぼこれを同じである。「池田氏築□」の「築」の読みはやや心もとない。

43は高崎市倉渕町権田の椿名神社境内にある双体道祖神塔である。銘文は正面中央に「元禄十七年申ノ三月廿二日」、右側面に「池田□之□」、左側面に「池田長左衛門／同　市左衛門」とあり、裏面に「井の中に王？」印が刻まれている。「三月」は一見「五月」にみえなくもないが、ここは「三月」と読んでおきたい。文献⑰㉑㊱㊷も元禄一七年のものとしているが、文献㉔は「元禄十二己年／池田長左ヱ門／池田市衛門」と読んでいる。明らかに誤読である。44は松井田町上増田板ケ沢にある双体道祖神塔である。文献⑪や㉒に「元禄十七年六月二十九日」の年銘を有する石仏として報告されている。しかし、実際は「六月二十九日／／元禄十七甲申」で、通常の多くのものと異なり月日が正面右側に刻まれている。文献㊸も同様に読んでいる。「甲申」は一見「申申」にみえるものの、最初の「申」は「甲」のすぐ上に小さな点状の窪みがあり、それが「甲」とつながって「申」の字にみえるのであろう。

45は高崎市倉渕町三ノ倉七ツ石にある双体道祖神塔である。町の報告書である文献㊱や㊷はもとより、銘文を詳細に判読することで定評のある文献⑰の著者である金井晃も特にふれていないものの、採拓の結果、銘文らしきものを発見したので報告しておく。拓影が示すとおり本塔の正面右には不明瞭ながら「□禄□□歳」らしき文字を読み取ることができる。「□□」は「十七」にみえるものの、はっきりしない。初報告となる。46は高崎市倉渕町権田山田にある双体道祖神塔である。銘文は「当于時寳永元年／山田／甲申ノ四月廿八日」である。

47は中之条町久保貝戸打越にある双体道祖神塔である。文献⑨では年銘が「宝永元2月吉日」とされ、町の報告書である文献㉜では、年銘について特にふれていない。しかし採拓の結果は「享保十八年／／十月吉日」と意外なものであった。文献㉜では掲載された写真に明らかに銘文らしき文字が写っているのにもかかわらずふれておらず、さらに肉眼観察でも比較的容易に「享保十八年／／十月吉日」の文字は判読可能なはずなのに、これを「宝永云々」と読むのは奇妙である。何らかの行き違いがあった可能性が高い。48は安中市東磯部の神明神社跡地にある文字道祖神塔

50c　拓本

50　安中市松井田町上増田矢郡・宝永元（1704）

49b　正左上半

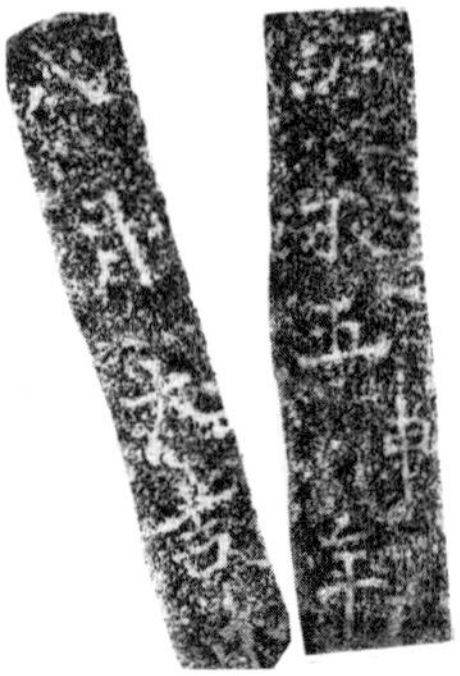
48c　拓本

沼田市恩田町・薬師堂・宝永 2（1705）

50a　正右

49c　左下半部

49　東吾妻町大戸中村・宝永元（1704）

51a　採拓

50b　正左

49d　拓本

49a　正右

写真Ｄ　群馬県（16）

51b　拓本

52b　正左

53　富岡市岡本柳谷戸・宝永3（実は宝永5）

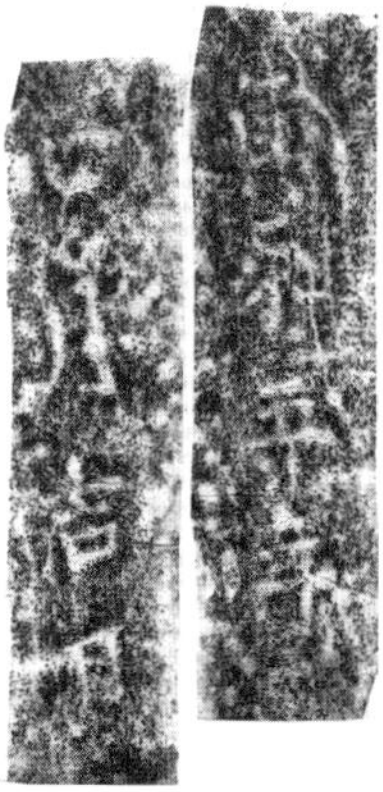

53c　拓本

52　高崎市倉渕町三ノ
上ノ谷戸・宝永2（170

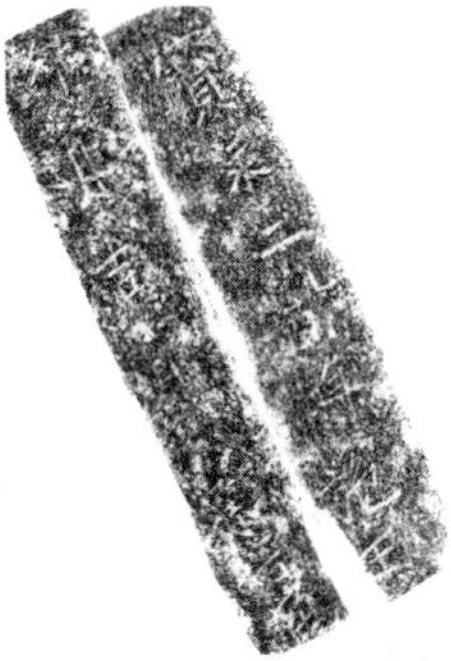

52c　拓本

53a　正右

54　長野原町林・王城山神社・宝永3（1706）

52a　正右

52d　台石

53b　正左

54a　正右

写真D　群馬県（17）

である。文字道祖神塔にもかかわらず、文献㉔に銘が「宝永申年／／八月大吉日」とされていたので訪ねてみた。この跡地には五基の道祖神塔が並んでいるが、本塔は左から二番目にあたる。銘文は拓本に示したように「道祖神」の文字をはさんで左右に「安永五申年／／八月大吉日」と刻まれている。「宝永元」は「安永五」の誤読である。

49は東吾妻町大戸上大戸にある双体道祖神塔である。文献⑨には銘が「宝永元年甲申4月吉日」とあるが、実際には「寶永元年甲　小山藤左衛門／／申四月吉日　小山藤左衛門」である。50は安中市松井田町上増田矢郡にある双体道祖神塔である。唯一、文献㉔に「宝永元年／／申□月日　八郡村」の銘を有する石仏として報告されている。実際の銘は拓本のとおり「宝永元年／／申ノ霜月日八郡村」である。

51は沼田市恩田町の薬師堂にある浮彫り単体立像の石仏である。銘は、聖観音像をはさんで左右に「奉造立佛像一尊／宝永二年／／酉十月日／塞大神供養伸」とあり、台座部分に「施主／人数／上／六人／敬白」と刻まれている。「供養伸」の最後は「伸」で良いのだろうか。少々心もとない。24同様、市の報告書である文献㉟では道祖神とされるものの、「塞大神」の性格は不明である。52は高崎市倉渕町三ノ倉上谷戸にある双体道祖神塔である。文献⑰には銘について「宝永二乙酉□　施主／／□月吉日　□□戸中」とあるが、正確には拓本にあるとおり「寶永二乙酉年施主／／卯月吉日　原谷戸中」である。一方、台石には、下半部が埋まっていて全文は不明だが、「享保四・・」という文字がみえる。異なった石仏の台石を代用したのであろう。

53は富岡市額部岡本柳谷戸にある双体道祖神塔である。唯一、文献㉔に「宝永三年／／四月吉日」の銘をもつ石仏として報告されている。しかし、実際の銘文は「宝永五年／／四月吉日」である。肉眼観察では「五年」を「三年」と誤読するかもしれない。54は長野原町林の王城山神社境内にある双体道祖神塔である。よく知られた石仏で、多くの文献で紹介されている（文献④⑧⑨⑪㉔㉙㉚）。銘は「奉造立道禄神供養／／宝永三丙戌暦　林鉦吉祥日」である。文献⑨では「奉造五道禄神供養／／宝永3丙亥暦〇吉祥日」と読み、文献⑪は正左を「宝永二乙酉　林□吉祥日」と読んでいる。「奉造五」は「奉造立」の誤植、「宝永三」なのに、なぜ「丙亥」なのか、あるいは確かに「三」は「二」

54b　正左

55a　正右

56　高崎市倉渕町川浦後通田・宝永 4（1707）

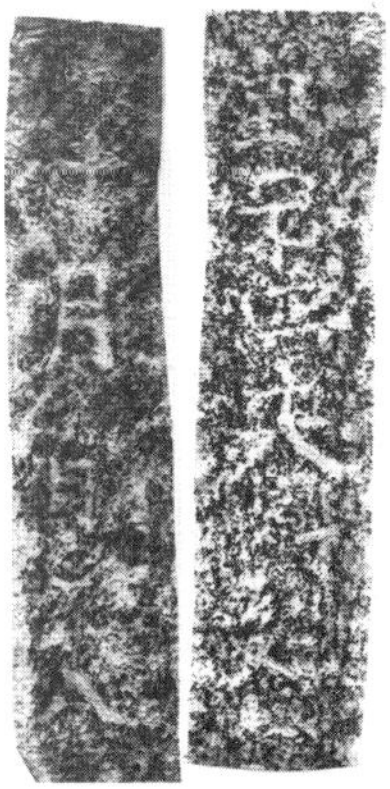

56c　拓本

54c　拓本

55b　正左

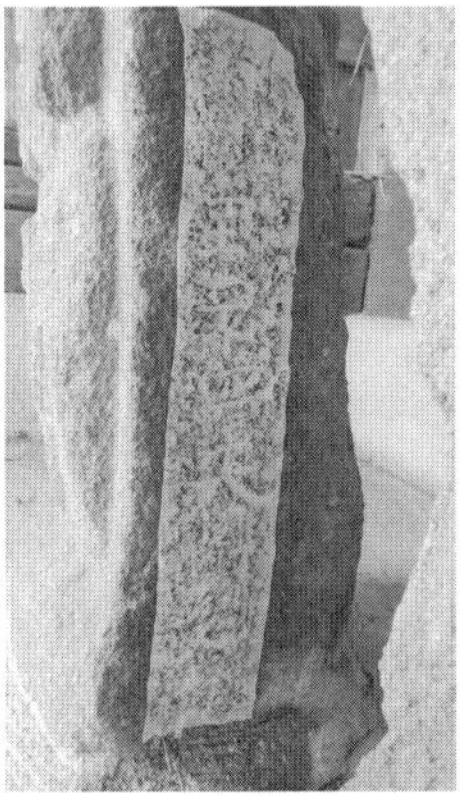

56a　右

57　安中市磯部・神明神社跡・宝永 5（実は安永 5）

55　中之条町赤坂上手　宝永 3（実は宝永 5）

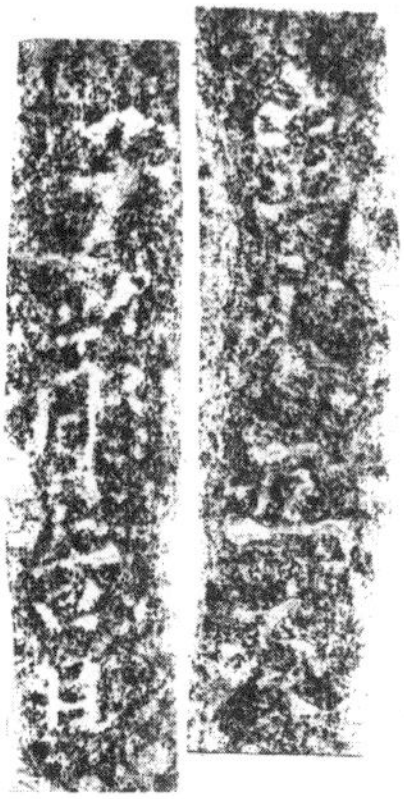

55c　拓本

56b　左

57a　正右

写真D　群馬県（18）

57b　正左

58a　正右

59　南牧村小沢・小沢橋西・宝永 7（1710）

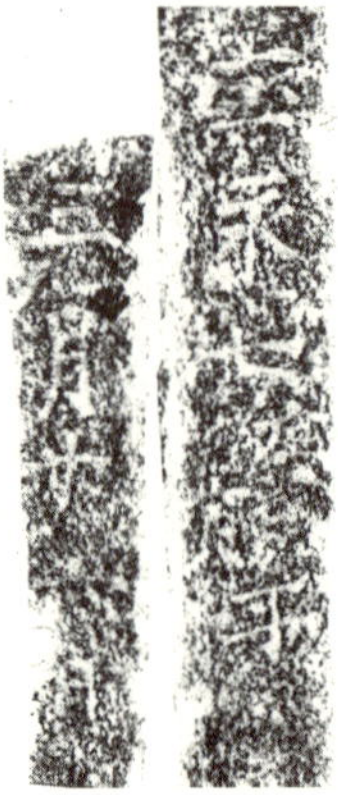

59c　拓本

57c　拓本

58b　正左

59a　正右

60　前橋市富士見町・宝永 7（実は安永 7）

58　高崎市倉渕町川浦後通田・宝永 7（1710）

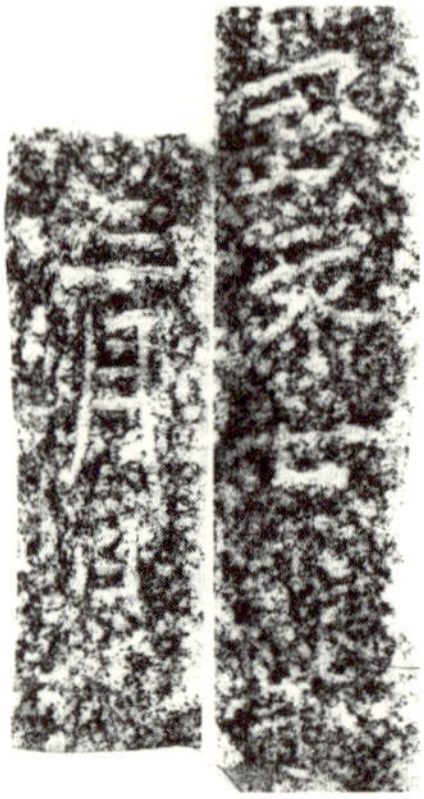

58c　拓本

59b　正左

60a　正右

写真Ｄ　群馬県（19）

と誤読しやすい。しかし「丙戌」は確実であるから、「宝永三」は動かない。それにしても、読めるはずもない「乙酉」は「宝永二」からくる想像であろう。

55は中之条町赤坂上手にある双体道祖神塔である。文献⑨や町の報告書である文献㉜では「宝永三年」としているが、正確には拓本のとおり「宝永五天／／子四月吉日」である。56は高崎市倉渕町川浦後通田にある双体道祖神塔である。文献⑰は「宝永四丁亥／／十月□□」と読んでいるが、正確な銘文は「宝永四天丁亥／／十月日　平八」である。

57は安中市東上磯部神明神社跡地にある文字道祖神塔である。先にみた48の右隣りに建っており、五基並んだ道祖神塔のうちの左から三番目のものである。やはり文字道祖神塔であるにもかかわらず、文献㉔に「宝永五年／／正月吉日」の銘を有するとあったので、確認するために訪れた。採拓の結果は48と同年のもので、銘は「道祖神」をはさんで左右に「安永五年　當村／／申正月吉日　講中」であった。58は高崎市倉渕町川浦後通田にある双体道祖神塔である。先にふれた56の右隣りに建っている。文献⑰では銘は「宝永七□寅／／三月日」となっているが、正確には「宝永七庚寅／／三月日」である。

59は南牧村小沢橋西にある双体道祖神塔である。文献㉒は銘を「宝永7年3月吉日」としているが、正確には拓本のとおり「宝永七庚寅年／／三月廿六日」である。60は文献㉔に記載のある「富士見村横室寄居薬師堂跡」の「宝永七戊戌七月」銘の文字道祖神塔である。しかし現在の同地（前橋市富士見町横室寄居）には、地元の方に尋ねても薬師堂跡は探し出せず、かろうじて同町横室十二山に「安永七戊戌年／／□□吉日」銘の文字道祖神塔を見つけ出すことができた。この十二山の文字道祖神塔は、文献㉔にみえる60とまったく同じ銘文、丈量をもつ道祖神塔で、かつこの道祖神塔も文献㉔に記載がある。よく調べると、文献㉔には「横室寄居薬師堂跡」所在の道祖神塔が三基記載されており、その各々の銘や丈量が、同書「横室十二山」に所在する三基の道祖神塔とほぼ一致することが判明した。すなわち、文献㉔に出てくるこの三基の道祖神塔に関する記載は二重記載であり、「富士見村横室寄居薬師堂跡」の

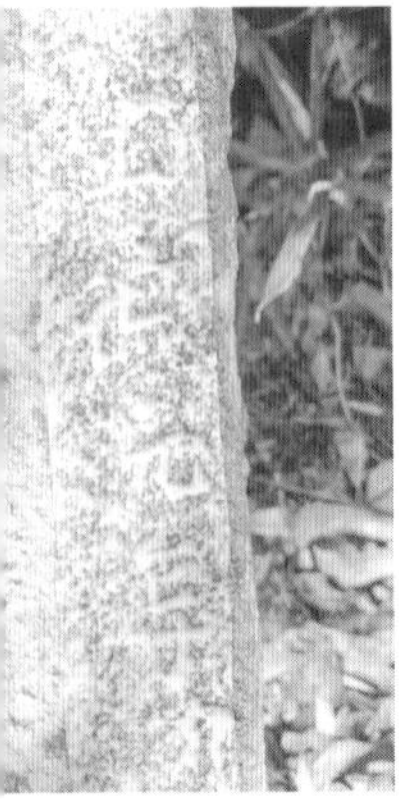

64a　正右

63a　正右

61b　正左

60b　拓本

64b　拓本

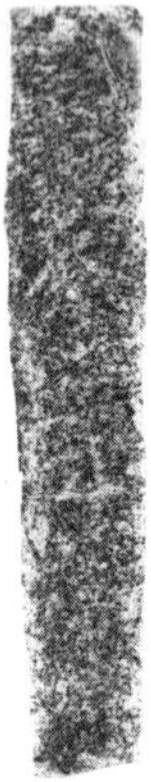

63b　拓本

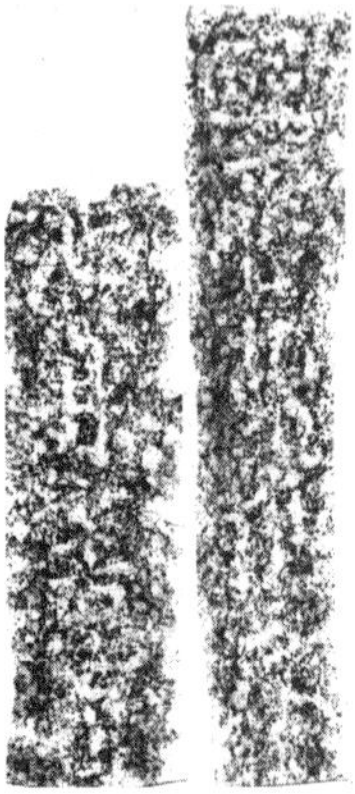

61c　拓本

61　みなかみ町木の根・宝永 7（実は宝暦 9）

高崎市柴崎町・神雄神社・正徳元（1711）

64　中之条町宇原野・正徳元（1711）

63　中之条町上の貝戸（中之条 135）・宝永□

61a　正右

写真Ｄ　群馬県（20）

67b　左

66b　拓本

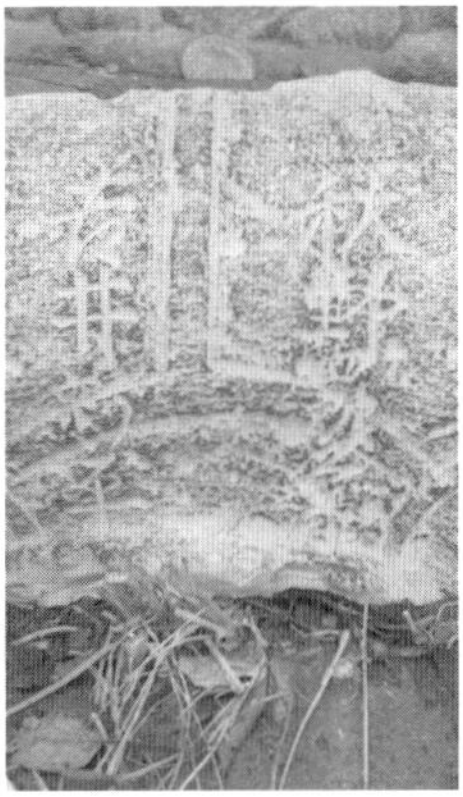
65d　台石

65a　正右

67c　台中

67　東吾妻岩井・山根・正徳 2（1712）

66　みなかみ町月夜野真沢・正徳 2（1712）

65b　正左

67d　拓本

67a　右

66a　右

65c　拓本

写真D　群馬県（21）

「宝永七戊戌七月」銘の文字道祖神塔は、「安永」を「宝永」と誤読した「同町横室十二山」の「安永七戊戌年／／□□吉日」銘の文字道祖神塔のことだったのである。そもそも「安永七年」の干支は「戊戌」であるが、「宝永七年」の干支は「庚寅」であって「戊戌」ではない。

61はみなかみ町上牧字木ノ根にある双体道祖神塔である。文献㉔に銘が「宝永七□年」とある。しかし実際は、摩滅が著しくやや不鮮明ながら、拓本に示したように「寶暦九己卯天／／七月吉日」であった。62は藤岡市鬼石町三波川上妹ヶ谷にある文字道祖神塔である。文献㉔に銘が「宝永八年／／西邑中」とある。細い谷筋の集落ゆえに容易に見つかると思ったのであるが、いまだに遭遇していない。

63は中之条町赤坂上の貝戸にある双体道祖神塔である。文献⑪には銘を「宝永□」としており、町の報告書である文献㉜も「宝永」のみ記録している。摩滅が激しく、拓本にもかろうじて「□永□□年□□」の文字が浮かび上がったのみである。64は中之条町宇原野にある双体道祖神塔である。文献⑨に「正徳元年」との記載があるものの、町の報告書である文献㉜では無年銘となっている。しかし実際には双像の正右に「正徳元年卯十二月日」の銘文を得ることができた。

65は高崎市柴崎町の神雄神社境内にある双体道祖神塔である。文献㊶には「奉納道陸神万人講／／正徳元辛卯年十月吉日」とある。実際にも拓本にあるように、これとまったく同じ銘文を確認することができた。刻まれている文字は非常に鮮明である。さらに台石には、半円状の文様の上に「施主／柳井惣兵衛／秋野四郎兵衛／吉井新平／同　又右衛門」と四人の名前が刻んである。66はみなかみ町月夜野真沢にある笠付きの双体道祖神塔である。銘文は右側面に「正徳二之天真沢／種字（サ）　奉供養二十一夜待塔／善女／十三人／壬辰六月吉日」と明瞭に読み取ることができる。

67は東吾妻町岩井山根にある双体道祖神塔である。文献⑨には「正徳2年辰8月吉日」とあり、町の報告書である文献㉛には無銘とある。しかし実際の銘文は「正徳二年／／辰八月二日」であり、台石には「岩井村」と刻まれていた。68は文献⑪に「利根郡新治村東峰須川　正徳二年」、文献㉑に「谷地泰寧寺　正徳2」と報告されている双体道

71　嬬恋村大前・国道沿い・正徳 4（1714）

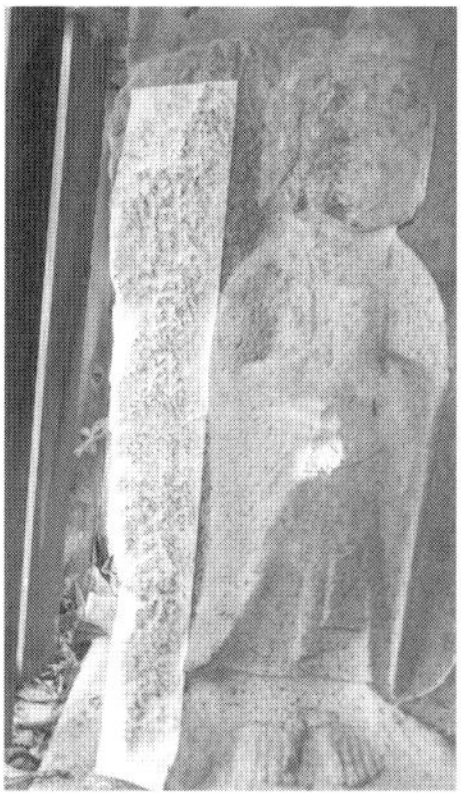

70b　正左

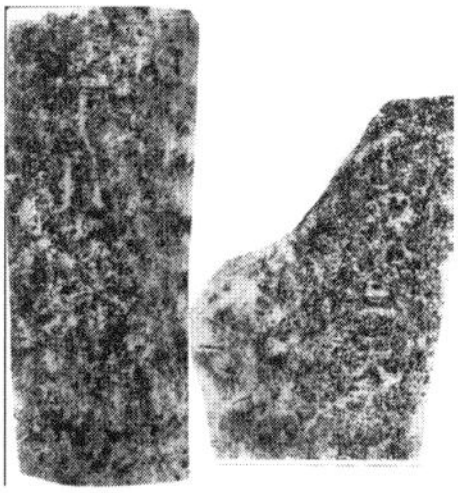

69c　拓本

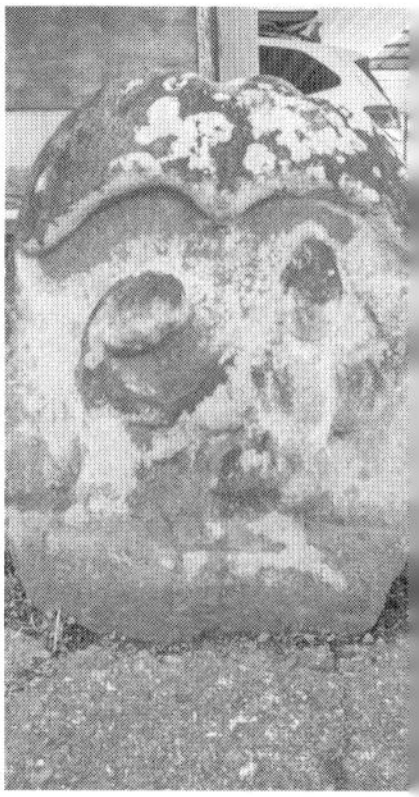

69　安中市松井田町国衙・正徳 2（1712）

71a　正右

70c　正上

70　下仁田町下仁田・常住寺・正徳 3（1713）

69a　正右

71b　正左

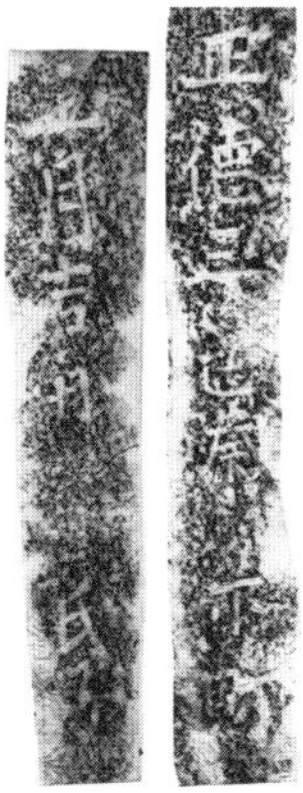

70d　拓本

70a　正右

69b　正左

写真Ｄ　群馬県（22）

74a　正右

73b　正左

72b　拓本

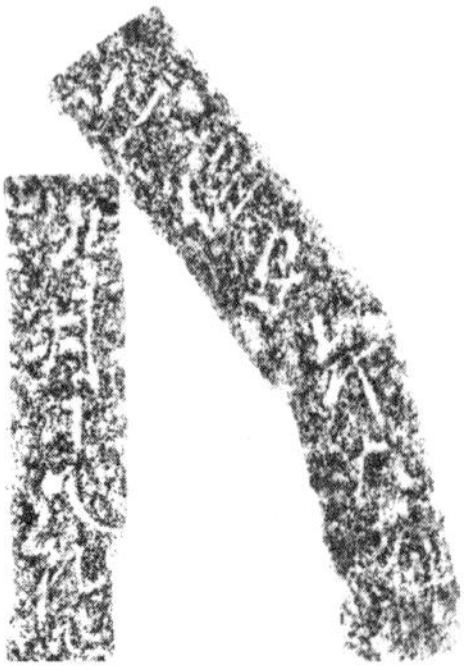
71c　拓本

74b　正左

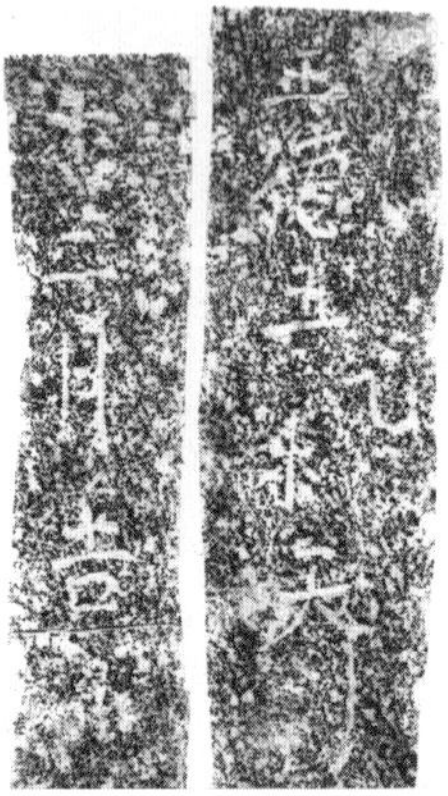
73c　拓本

73　高崎市乗附町・正徳 5（1715）

72　前橋市富士見町市之木場・集合墓地・正徳 4（実は宝暦 14）

74c　拓本

74　高崎市西国分町・正徳 6（1716）

73a　正右

72a　正右

写真Ｄ　群馬県（23）

祖神塔である。文献㉑には位置図が添付されており、その情報に基づいて現地をいく度となく訪れ探索したものの、筆者はいまだにこの道祖神塔に遭遇していない。文献⑪㉑には写真も掲載されている。

69は安中市松井田町国衙にある双体道祖神塔である。文献⑪では銘は「□徳二天十月吉祥日」、しかし文献㉔では無銘とされている。実際にはかすかにではあるが、「正徳二天／／十月□祥□」の銘を得た。70は下仁田町下仁田の常住寺にある双体道祖神塔である。銘文は文献㉒に「正徳癸巳〇月吉日」とあるものの、文献㉔には特に記載はない。実際の銘文は拓本で示したように「正徳三□巳歳　下町／／五月吉日　氏子」である。「五月」は一見「正月」にみえなくもないが、やはりこれは「五月」であろう。中央上部には「全」と刻まれている。

71は嬬恋村大前の国道脇にある双体道祖神塔である。文献⑨には「正徳4」のみ記載されており、文献㉔には「正徳四年九月八日　大前村」の銘が記録されている。採拓の結果はかろうじて「正徳四年大□村／／九月日　八左衛門」の全文を得ることができた。72は前橋市富士見町市之木場笠口の墓地内にある双体道祖神塔である。文献㉔に「（正徳）四甲午八月吉日」の銘ありとあるものの、実際には正右に「宝暦十四申年八月吉日」と刻まれている。字体がやや特徴的であるため、「宝暦」を「正徳」と誤読したのであろう。文献㉔中でも写真図版のキャプションは「宝暦14」となっており、文献㉘では「宝暦十四申年八月吉日」と正確に読まれている。

73は高崎市乗附町大黒にある双体道祖神塔である。文献㉔に「正徳五乙未戍／／十二月吉日」とあり、文献㊶には「正徳五乙未天／／十二月吉日」とある。しかし正確な銘文は「正徳五乙未天／／二月吉日」である。確かに「二月」の上部に「十」らしき影がみえるが、「十二月」と読むにはやや間隔が離れており、しかも字体が小さくかつ異なっている。「二月」でよいのであろう。74は高崎市西国分町西国分西にある双体道祖神塔である。文献㉔の読みは「正徳六甲三月／／上州□□□□」であるが、実際は「正徳六丙申三月□□／／□陸神　上州新□村　高橋左衛門」である。

表4　群馬県

番号	和暦	西暦	所在地	種類	高さ	像高	横幅	厚さ	銘文（現状）	参照文献	備考
1	寛永2	1625	高崎市倉渕町権田熊久保	双体	48	33	33	21	正右：寛永二年乙 正左：丑十一月吉日	⑪⑭⑰⑱㉑㉔㊱㊷㊸	
2	（寛永2） 安永2	(1625) 1773	吉岡町上野田	双体	114	49	107	47	正右：上州群馬郡／上野田村 正左：安永二年巳／六月吉日	⑥⑧㉔	
3	（寛永4？） 安永2？	(1627?) 1773?	高崎市倉渕町川浦堀ノ沢	双体	62	35	39	36	正右：安永二年・・・	⑪⑰㉑㊱㊷	
4	（寛永8） 安永8	(1631) 1779	みなかみ町藤原字明川	双体	57	38	35	16	右：安永八亥天　施主 左：八月吉日　當村中	㉔㉖㉘	
5	＊元和年中 ＊寛永年中		安中市仲宿在家	文字	66		37	27	正右：當所鈴木殿御在居／元和年中 正中：○　道祖神 正左：寛永年中／施主藤原□忠	㉔	
6	（寛文6） 宝暦□	(1666)	藤岡市森県道東	双体	64	36	44	30	正右：寶暦□天 正左：・・月吉・・	⑮⑲㉔	
7	（寛文7） 宝永4？	(1667) 1707?	高崎市箕郷町柏木沢本田下・三差路	双体	50	35	34	30	正右：□□四亥□ 正左：□月・・	②⑥㉔	
8	（寛文9） 宝暦9	(1669) 1759	安中市中宿在家	双体	53	33	37	26	裏：□□九己卯年／八月吉□	㉔	
9	寛文11	1671	南牧村小沢日向	双体	43	(18) 22	30	16	正右：寛文十一年 正左：六月廿八日今井□	⑪⑱㉒㉔㉞㊸	
10	（延宝元） （延宝8） 延享2	(1673) (1680) 1745	富岡市高瀬上高瀬	双体	46	33	35	24	正右：延享弐年 正左：丑十二月十五日	⑱㉔㊴	
11	（延宝2） 延享2	(1674) 1745	南牧村桧沢・大倉神社	双体	54	34	40	26	正右：延享二乙丑年 正左：・・吉日	㉔	
12	（延宝4） 延享4？	(1676) 1747?	高崎市榛名町上里見田中	双体	59	38	43	24	正右：延享（？）四・・・	①⑲㉑㉔㉕㉘㊳	
13	（延宝6） 延享元	(1678) 1744	高崎市上並榎町・日枝神社	双体	＊48	41	37	20	正右：岩道　施主當村 正左：延享元甲子天四月□日	㉔㊲㊵	
14	（延宝8） 延享5	(1680) 1748	甘楽町小幡新堀下町	双体	78	37	72	35	正右：延享五戊・・	⑧⑯㉔㊸	

15	延享2	(168[illegible]) 174[illegible]	渋川市半田新堀	双体	64	45	46	27	正右：延享二乙丑天八月吉日 正左：堂開戸新堀中	⑬㉔㉗	
16	元禄□□		渋川市鯉沢・鯉沢橋先角	双体	59		38	21	枠右：元禄□□十月吉日	②⑤㉔㉘ ㉝	
17	元禄巳?		下仁田町大北野（下）	双体座像	*51	26	34	19		⑩⑳㉒㉔ ㊸	
18	元禄4	1691	中之条町名久田下平（樋塚）	双体	41	24	24	20	右：元禄四天未八月吉日	⑨⑳㉔㉜ ㊹	
19	元禄5	1692	高崎市高浜町駒形	双体	47	30	37	23	正右：元禄五壬申□□月吉日 正左：奉造立 小暮与・・	⑪㉑㉔	
20	元禄5	1692	高崎市倉渕町権田長井	双体座像	*55	41	59	37	正中：元禄五年／牧野長兵衛／申ノ八月日	③⑦⑪⑰ ⑱㉑㉔㊱ ㊷	
21	元禄6	1693	高崎市倉渕町権田塚越上	双体座像	66	38	50	20	正中：元禄六年酉三月日	⑰⑱㉑㉔ ㊱㊷	
22	元禄6	1693	高崎市倉渕町権田花輪上	双体	58	39	41	*25	正右：元禄六癸酉歳 花輪 九兵衛 正左：四月吉日 村中	⑰㉑㉔㊱ ㊷	
23	元禄7	1694	片品村山崎・路傍	双体座像	60	23	32	20	正右：元禄七甲戌年 正左：八月廿二日／九月廿六日	⑫㉘	
24	元禄7	1694	沼田市下沼田町・長広寺	文字	64		25	21	右：干時元禄七甲戌 正：奉供養塞大神 左：同行十一人	㉟	
25	（元禄8）	（1695）	沼田市屋形原町	石祠	81		38	58	正：観念佛供狼／塞大神／諸願成就所 右：干時／元禄八年 左：乙亥八月吉日	㉟	探索中。銘文、丈量は㉟による
26	元禄8	1695	高崎市上豊岡町	双体	57	40	42	24	正右：・・・施主 正左：干時元禄八年亥一月吉日	㊶	
27	元禄8	1695	藤岡市下日野高井戸・観音堂	双体	42	25	35	18	正右：元禄八乙亥天 正左：五月吉日	㉔㉘	
28	（元禄8） 元禄17	(1695) 1704	安中市嶺須藤家南	双体	62	40	48	25	正右：元禄拾七歳 正左：三月朔日 赤坂村	㉔	
29	元禄9	1696	中之条町伊参白久保	双体	132	34	60	35	正下右：豈元禄九丙子年十月十五日	⑨⑳㉔㉜ ㊹	
30	元禄9	1696	富岡市一の宮柳沢	文字	97		39	36	正：道祖神 右：元禄九子年八月吉日	㉔㊴	

31	(元禄10) 元禄12	(1697) 1699	安中市西秋間日陰	双体	54	31	34	25	正右：元禄十□年 正左：卯八月三日	㊸	
32	元禄10	1697	東吾妻町大戸・大矢沢神社（諏訪神社）	双体	67	39	39	24	正右：元禄十丁ノ丑 正左：九月廿七日	⑨⑳㉔㉛	
33	□禄10?	1697?	東吾妻町大戸・大矢沢神社（諏訪神社）	双体	62	41	39	24		⑨⑳㉛	
34	元禄10?	1697?	東吾妻町大戸・大矢沢神社（諏訪神社）	双体	58	41	40	27		⑨⑳㉛	
35	(元禄13) 元禄12	(1700) 1699	高崎市八幡町八幡宮のやや門前	双体	＊43	28	32	23	正右：元禄十二稔 正左：卯十二月二日	㉘㊶	
36	元禄13	1700	高崎市倉渕町権田陳田	双体	＊59	31	32	17	正右：元禄十三天 正左：辰ノ七月日	⑪⑰㉑㉔㊱㊷	
37	元禄13	1700	高崎市倉渕町権田上ノ久保中	双体	＊50	30	40	＊18	正右：元禄十三年 正左：辰ノ十一月二日	⑰㉑㉔㊱㊷	
38	＊元禄13 (明治3に改刻)	(1700) 1870	太田市尾島町岩松・岩松八幡宮	文字	128		56	31	右：旧銘曰元禄十三庚辰年／維新明治三庚午年祭之 正中：八衢比許命／衢立岐大神／八衢比賣命 枠右上隅：元□十三 枠右下隅：□□	⑪㉔㊺	
39	元禄14	1701	高崎市白岩町白岩新田	双体	53	33	34	22	正右：元禄十四辛巳 正左：八月吉日　施主竹鼻与兵衛	⑪㉑	
40	元禄14	1701	東吾妻町三島大竹	双体	57	32	33	20	正右：元禄十四年 正左：巳五月□日	⑨㉛	
41	(元禄15)	(1702)	下仁田町東町　近戸大明神	双体	56	33	24		元禄十五年十一月吉日	⑩㊸	所在不明。銘文、丈量は㊸による。
42	元禄17	1704	高崎市倉渕町権田上ノ久保下	双体	67	44	39	26	正右：元禄十七年　池田氏築□ 正中：奉造立道陸善神 正左：申ノ三月吉日	⑰㉑㊱㊷	
43	元禄17	1704	高崎市倉渕町権田・椿名神社	双体	65	51	32	23	正右：池田□之□ 正中：元禄十七年申ノ三月廿二日 正左：池田長左衛門／同　市左衛門 裏：井桁マーク	⑰㉑㉔㊱㊷	
44	元禄17	1704	安中市松井田町上増田板ケ沢	双体	59	34	45	26	正右：六月二十九日 正左：元禄十七甲申	⑪㉒㊸	

46	宝永元	1704	高崎市倉渕町権田山田	双体	61	40	41	29	正中：当于時寶永元年／山田／甲申ノ四月廿八日	⑰㉔㊱㊷	
47	(宝永元)享保18	(1704)1733	中之条町久保貝戸打越	双体	n	29	32	22	正右：享保十八年 正左：十月吉日	⑨㉜	
48	(宝永元)安永5	(1704)1776	安中市東上磯部神明神社跡	文字	67		69	26	正右：安永五申年 正中：道祖神 正左：八月大吉日	㉔	
49	宝永元	1704	東吾妻町大戸上大戸・塞神	双体	*73	51	48	27	正右：寶永元年甲　小山藤左衛門 正左：申四月吉日　小山藤左衛門	⑨⑳㉔㉛	
50	宝永元	1704	安中市松井田町上増田矢郡	双体	48	30	38	22	正右：宝永元年 正左：申ノ霜月日八郡村	㉔	
51	宝永2	1705	沼田市恩田町薬師堂	単体	64	42	34	21	正右：奉造立佛像一尊／宝永二年 正上：○印 正左：酉十月日／塞大神供養伸 正下：施主／人数／上／六人／敬白	㉟	
52	宝永2	1705	高崎市倉渕町三ノ倉上谷戸・兎橋	双体	58	39	39	32	正右：寶永二乙酉年　施主 正左：卯月吉日　原谷戸中 台正：享保四・・	⑰㉑㉔㊱㊷	
53	(宝永3)宝永5	(1706)1708	富岡市額部岡本　柳谷戸	双体	73	40	44	22	正右：宝永五年 正左：四月吉日	㉔	
54	宝永3	1706	長野原町林　王城山神社	双体	70	45	42	21	正右：奉造立道禄神供養 正左：宝永三丙戌暦　林鉦吉祥日	④⑧⑨⑪㉔㉙㉚	
55	(宝永3)宝永5	(1706)1708	中之条町赤坂上手	双体	42	33	28	17	正右：宝永五天 正左：子四月吉日	⑨㉔㉜	
56	宝永4	1707	高崎市倉渕町川浦後通田・十二様	双体	47	30	24	18	正右：宝永四天丁亥 正左：十月日　平八	⑰㉔㊱㊷	
57	(宝永5)安永5	(1708)1776	安中市東上磯部神明神社跡	文字	64		66	21	正右：安永五年　當村 正中：道祖神 正左：申正月吉日　講中	㉔	
58	宝永7	1710	高崎市倉渕町川浦後通田・十二様	双体	68	36	44	37	正右：宝永七庚寅 正左：三月日	⑰㉑㉔㊱㊷	
59	宝永7	1710	南牧村小沢橋西県道南側	双体	45	32	28	19	正右：宝永七庚寅年 正左：三月廿六日	⑱⑳㉒㉔	
60	(宝永7)安永7	(1710)1778	前橋市富士見町横室寄居・薬師堂跡	文字	71		*50	30	正右：安永七戊戌年 正中：道祖神 正左：□□吉日	㉔	

61	（宝永7） 宝暦9	(1710) 1759	みなかみ町上牧字木ノ根	双体	71	47	47	23	正右：寶暦九己卯天 正左：七月吉日	㉑ ㉔	
62	宝永8	(1711)	藤岡市鬼石町三波川上妹ヶ谷	文字	100		55		正：道祖神 右：宝永八年 左：西邑中	㉔	探索中。銘文、丈量は㉔による。
63	宝永□		中之条町赤坂上の貝戸	双体	52	32	34	23	正右：□永□□年□□	⑪ ㉜	
64	正徳元	1711	中之条町宇原野	双体	*45	31	29	15	正右：正徳元年卯十二月日	⑨ ㉜	
65	正徳元	1711	高崎市柴崎町・進雄神社	双体	62	51	36	19	正右：奉納道陸神　万人講 正左：正徳元辛卯年十月吉日 台正：施主／柳井惣兵衛／秋野四郎兵衛／吉井新平／同　又右衛門	⑱ ㉔ ㊲ ㊶	
66	正徳2	1712	みなかみ町月夜野真沢	双体	(58) 110	31	(27) 46	(25) 46	右：正徳二之天真沢／種字（サ）奉供養二十一夜待塔／善女／十三人／壬辰六月吉日	㉑	
67	正徳2	1712	東吾妻町岩井山根	双体	62	41	33	25	正右：正徳二年 正左：辰八月二日 台正：岩井村	⑨ ㉛	
68	（正徳2）	1712	みなかみ町谷地泰寧寺	双体	46	25	30			⑪ ㉑	所在不明。丈量は㉑による。
69	正徳2	1712	安中市松井田町国衙元	双体	62	34	58	35	正右：正徳二天 正左：十月□祥□	⑪ ㉓ ㉔	
70	正徳3	1713	下仁田町常住寺	双体	48	35	34	19	正右：正徳三□巳歳　下町 正上：全 正左：五月吉日　氏子	⑩ ⑳ ㉒ ㉔ ㊸	
71	正徳4	1714	嬬恋村大前国道脇	双体	62	34	40	26	正右：正徳四年大□村 正左：九月日　八左衛門	⑨ ⑮ ㉔	
72	（正徳4） 宝暦14	(1714) 1764	前橋市富士見町市之木場笠口・墓地内	双体	59	33	43	23	正右：宝暦十四申年八月吉日	㉔ ㉘	
73	正徳5	1715	高崎市乗附町大国	双体	67	42	51	28	正右：正徳五乙未天 正左：二月吉日	㉔ ㊶	
74	正徳6	1716	高崎市西国分町西国分西	双体	53	35	31	20	正右：正徳六丙申三月□□ 正左：□陸神　上州新□村　高橋左衛門	⑳ ㉔	

参照文献

①里見村誌編纂委員会『里見村誌』一九六〇年
②鈴木　繁『道祖神考』上毛古文化協会　一九六二年
③伊藤堅吉『性の石神　双体道祖神考』（山渓文庫34）山と渓谷社　一九六五年
④大護八郎『道祖神―路傍の石仏Ⅱ―』真珠書院一九六六年
⑤近藤義雄『上毛民俗とところどころ』（みやま文庫）一九六九年
⑥山田宗睦・井上青龍『道の神』淡交社　一九七二年
⑦伊藤堅吉・遠藤秀男『道祖神のふるさと　性の石神と民間習俗』大和書房　一九七二年
⑧川口謙二『路傍の神様』（東京美術選書13）東京美術　一九七五年（旧版は一九六八年）
⑨若林栄一『吾妻郡の双体道祖神』上毛新聞社出版局　一九七六年
⑩下仁田町教育委員会『下仁田町の石造文化』一九七六年
⑪大塚省吾『やぶにらみ道祖神考　上州の道祖神塔』一九七六年
⑫金井竹徳『石の心―上州の石仏』株式会社東出版　一九七七年
⑬オギノ芳信『上州路双体道祖神の旅』煥乎堂　一九七七年
⑭小板橋靖正『榛名山麓の性神風土記』あさを社　一九七七年
⑮萩原　進・平山利男『群馬の道祖神』群馬県文化事業振興会　一九七九年
⑯甘楽町文化協会『甘楽町の石造文化財』一九八〇年
⑰金井　晃『倉渕村の道祖神』金井道祖神研究所　一九八〇年
⑱『月刊　上州路』八月号（特集　群馬の双体道祖神）一九八一年
⑲『月刊　上州路　臨時増刊』（群馬の双体道祖　所在地一覧）一九八一年
⑳大塚省吾『又々やぶにらみ道祖神考　上州の道祖神』一九八一年
㉑若林栄一『吾妻郡と境を接する市町村の双体道祖神』上毛新聞社出版局　一九八二年
㉒若林栄一『群馬・長野県境の双体道祖神』上毛新聞社出版局　一九八三年
㉓日本石仏協会群馬県支部『上州路道祖神百選』あさを社　一九八四年
㉔群馬県教育委員会『道祖神と道しるべ　上州の近世石造物（一）』一九八六年
㉕榛名町石造文化財調査委員会『榛名町の道祖神』一九八六年
㉖水上町教育委員会『道の神・境の神　みなかみの野仏』一九八六年

㉗渋川市市史編さん委員会『石造物と文化財』一九八六年
㉘若林栄一『前橋・東毛地区・勢多郡の双体道祖神』上毛新聞社出版局　一九八九年
㉙長野原町『長野原町の石造文化財　八ッ場ダム湖予定地及び関連施設石造文化財調査報告書』一九八九年
㉚長野原町教育委員会『長野原町の文化財』一九八九年
㉛吾妻町教育委員会『吾妻町道祖神録』一九八九年
㉜中之条町教育委員会『中之条町の道祖神』一九九〇年
㉝日本石仏協会編『石仏地図手帖　群馬篇』国書刊行会　一九九〇年
㉞南牧村教育委員会『南牧村の石造文化財』一九九一年
㉟沼田市『沼田の石仏』一九九二年
㊱倉渕村教育委員会『倉渕の道祖神』（一九八三年発行の改訂版）一九九三年
㊲高崎市教育委員会『高崎市東部の石造物　近世編』一九九五年
㊳榛名町役場『榛名町の文化財』一九九五年
㊴富岡市石造物編さん委員会『富岡市の石造物』一九九九年
㊵高崎市教育委員会『高崎市の石造物　旧市街及び近郊地域　近世編』二〇〇〇年
㊶高崎市『新編　高崎市史　資料編13　近世石造物　信仰編』二〇〇三年
㊷高崎市教育委員会『倉渕の道祖神』（倉渕村発行の一九八三年初版および一九九三年改訂版の改訂版）二〇〇七年
㊸椎橋幸夫『双体道祖神調査資料集成』名著出版　二〇〇七年
㊹中之条町教育委員会『中之条町の石造物』二〇〇八年
㊺福田敏一『東京の道祖神塔事典―その全記録と考察―』雄山閣　二〇一二年
㊻吾妻町教育委員会事務局社会教育課『ガイドマップ　吾妻町の道祖神』（出版年無記載）

五　長野県

長野県内において、従来、正徳期以前の年銘を有すると報告された道祖神塔の数は四五基である。県内の道祖神塔の総数は、実に六五四四基にのぼる（文献㊽）。いま、この総数と初期のもの四五基を比べると、その比率は約〇・七％弱となる。もちろん、初期の道祖神塔で無銘のものもあると想定されるから、一概にこの比率を普遍化するわけにはいかないが、それでも、いかに初期の道祖神塔の数が少ないかが分かる。以下、主に造立年代に関する銘文を中心に説明を加えることにするが、過去の報告者の読解との相違についても言及することになるだろう。

1は辰野町沢底入村にある双体道祖神塔である。銘に「永正二年／／入澤底中」とあるため、我が国最古の道祖神塔とされることもある。永正二年は一五〇五年に相当する。しかし、文献⑯に「永正2年の銘は、年号を刻んだ道祖神のうちで最も古いものであるが、造像年号を入れるのは江戸中期以降なので疑問も残る」とされ、文献㊶にも「年号については疑問有り」との記載がみられる。烏帽子姿の男神と長い髪を垂らした女神の姿態を描く道祖神塔は、一八世紀後半から一九世紀にかけて当地方で一般的にみられる流行で、本塔の造立年代もそれをさかのぼるものではない。「永正二年」との年銘もその時点で刻まれた可能性が高い。2は松川村大泉寺にある双体道祖神塔で、文献④巻末の「造立編年表」に「大永2年」（一五二二年）のものとして掲載されている（文献⑥の「双像記念刻銘代表碑表」にもある）。しかし、これは本塔の正面右側に刻まれた「大泉寺中」（大泉寺地区の講中の意？　筆者注）の文字を「大永年間」と誤解（誤読？）した結果で、裏面には「文化十四丑年」と正式な年銘が刻まれている。村の報告書である文献㊱でも「文化14年」（一八一七年）の造立としており、この年代が男女神の姿態とも整合的である。ちなみに、文献⑭の著者である牛越嘉人は「伊藤堅吉氏のいう「大永2年」（一五二二）の道祖神とはこのことだろうか。」と書いている。

3は長野市若穂保科宿にある笠付きの双体道祖神塔である。左側面に「天文三年／甲午十一月」と明瞭に彫られている。文献㉔は「元文3甲午正月」と読んでおり、文献㊶でも「元文3年」の造立とされている。元文三（一七三八）

年のものなら確かに男女の姿態や碑形の年代とも整合するものの、年銘は拓本で示したとおり、確実に「天文三（一五三四）年」と彫られている。そもそも元文三年の干支は「戊午」であるが、本塔の干支は「甲午」である。この年銘も、本塔造立時（一八世紀代？）に刻まれた可能性が高い。4は池田町会染中島にある双体道祖神塔である。裏に「弘治二丙辰年／正月／帯代／八円／二朱□」とある。文献⑫巻末の「双体道祖神編年表」に「弘治2年」（一五五六年）のものとして掲載されている。文献⑭には「弘治2　握手像　「どうろくじん」という屋号の家の近くにある。帯代八円とあり、明治以後の作と思われる。」とあり、文献㊹には「年号に疑問あり」としながらも「弘治二丙辰年正月」の銘が記録されている。なぜこのような古い年号を刻んだのかは不明であるが、「八円」から近代の所産である可能性が高い。

5は辰野町上辰野堀上にある石祠型道祖神塔である。文献㉕には「永禄七甲子年　小林与太良」とある。実際の銘も室部裏面に「永禄七／甲子年／小林与太良」と読める。「与太良」は「与太郎」の意である。道祖神とされる（文献㊻）が、後祭祀の所産であろう。6は松本市五常西宮にある双体道祖神塔である。銘は写真のように正右に「天正五年　久保五左衛門」とある。天正五年は一五七七年に相当する。この石仏については武田久吉が文献⑧に「長野県東筑摩郡四賀村に、天正五年に久保某が造立したものがあるという（略）。（略）旧年号を踏襲した新製品か、それとも大正五年の誤読ででもあろうか、いずれにせよ一覧の価値は十分あると考え、（略）思いもかけず、それは久保氏の邸内に立っており、有髪僧衣の両神が手を引き合うもので、碑石に向かって右に、「天正五年　久保五左衛門」と彫ってはあるが、一見して存外新しいもので、石も少しも古びていない。」と書いている。

7は大町市美麻新行の戴神社にある双体道祖神塔である。銘は「天和元辛酉天五月吉星／／上村氏子中」とある。天和元年は一六八一年に相当する。年銘と男女像との対応の違和感はかなりのもので、文献⑭の著者である牛越嘉人は「実際には天和よりずっと後の作と思われる。」と書いている。江戸時代後期造立の石仏に、なぜ古い年銘を刻むのか、もちろん理由はあるのだろうが……。8も同じ美麻新行の西村にある双体道祖神塔である。銘は「天和元辛年

1　辰野町沢底・
永正 2（1505）

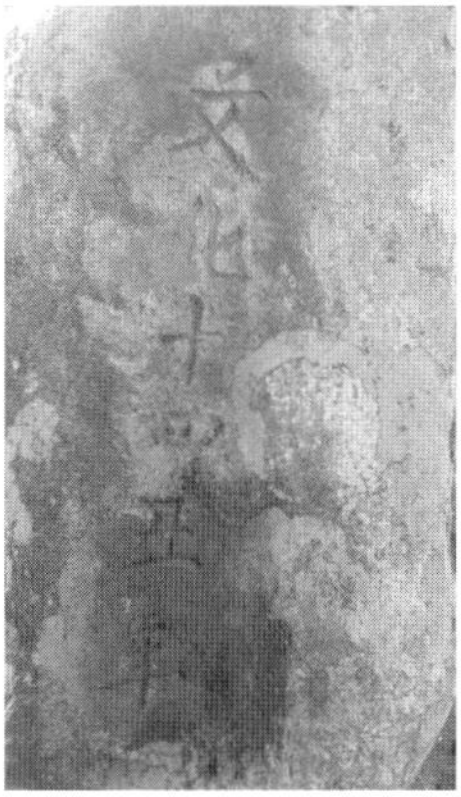

2b　裏

3b　拓本

5　辰野町上辰野堀上
荒井・永禄 7（1564）

2　松川村大泉寺・
大永 2（実は文化 14）

3　長野市若穂保科・
天文 3（1534）

4　池田町会染中島・
弘治 2（1556）

5a　裏

2a　正右

3a　左

4a　裏

6　松本市五条西宮・
天正 5（1577）

写真Ｅ　長野県（1）

6a　右上半

7a　正右

9　富士見町栗生上・天和 2（1682）

10a　祠内

6b　右下半

8　大町市旧美麻村（西村）・天和元（1681）

9a　祠内

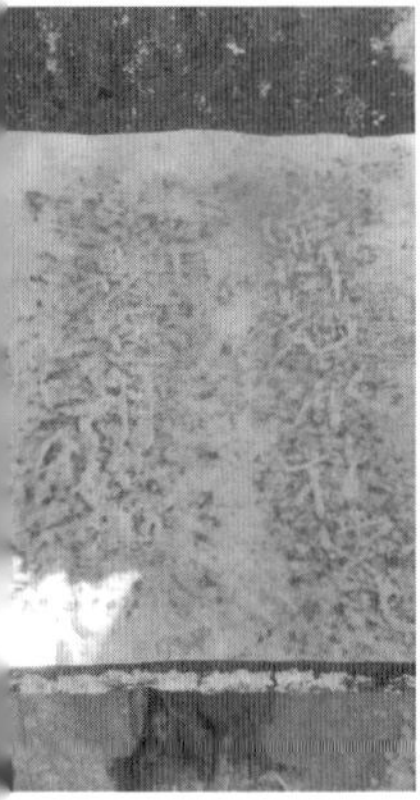

10b　屋根

7　大町市旧美麻村（上村）・戴神社・天和元（1681）

8a　正右

10　富士見町落合机・寛永 14（1637）

10c　拓本

写真E　長野県（2）

六月日／／氏子西村中」である。7同様年銘と像姿態とのギャップは著しい。文献⑭の牛越嘉人も「上村のものと同様に、天和よりずっと後の作と思われる。」と書いている。

9は富士見町栗生にある石祠型道祖神塔で、祠内には男女の双体像が収められている。天和二年のものとされる（文献⑨㊶）が、本石祠のどの部分に「天和二年」の銘が刻まれているのか、いくら詳細に観察しても筆者はいまだにこれを見出せていない。仮に「天和二年」の銘があったとして、しかし、その年代は二重破風付きの流麗な流れ造りの本塔とはギャップが大き過ぎる。10は富士見町落合机にある石祠型道祖神塔である。文献⑨には「諏訪で見る道祖神石祠で、一番古い造立銘が彫られている石祠。屋根の正面に寛永拾四年□□□日（一六三七）と彫られている。祠内像も合掌座像で珍しい。」とある。銘はかろうじて「寛永拾四歳／丁丑□月吉□」と読める。「丁丑」はそういう目でみればそう読めるという程度であり、「□月」は「四月」であろうか。道祖神とされるものの、室部左右裏面には四九本の卒塔婆が描かれ（四九院文様）、内部の双体座像の特徴からも、本石祠が本来石祠型の墓石であったことを示している。

11は松川村東部栿原にある双体道祖神塔である。正面下部に「栿原中」、裏面に「正保元甲申年安置／夫より三代之尊神／奉祭人者□葉氏子中／帯代三十五両」と刻まれている。「正保元年」は一六四四年にあたる。しかし、神祇式の装束と手に盃・徳利をもった男女神の姿態（いわゆる祝言型）は、この年代にはそぐわない。文献⑭の著者である牛越嘉人は「正保元年の道祖神は、銘によれば三代目のようである。慶応から明治初期にかけての作と思われる。」と書いている。12は安曇野市穂高北穂高青木新田にある双体道祖神塔である。付属する石碑に「正保元年甲申天二月廿日建」とあるものの、石塔本体の銘文はまったく読むことができず、無年銘なのではあるまいかと思われるほどである。文献⑦の著者である酒井幸男は、この石塔について「青木新田にお住まいの黒岩英雄氏から明治40年当時の資料をいただいた。その時には正保元年甲申二月二十日建立の文字がかろうじて読めたそうである。」と書いている。

13は中野市豊津硲にある石祠型道祖神塔である。文献㉘には「八王子神社上の道祖神」との記載があり、同神社周

10d　右

11　松川村東部枂原・
正保元（1644）

12a　隣碑

13b　採拓

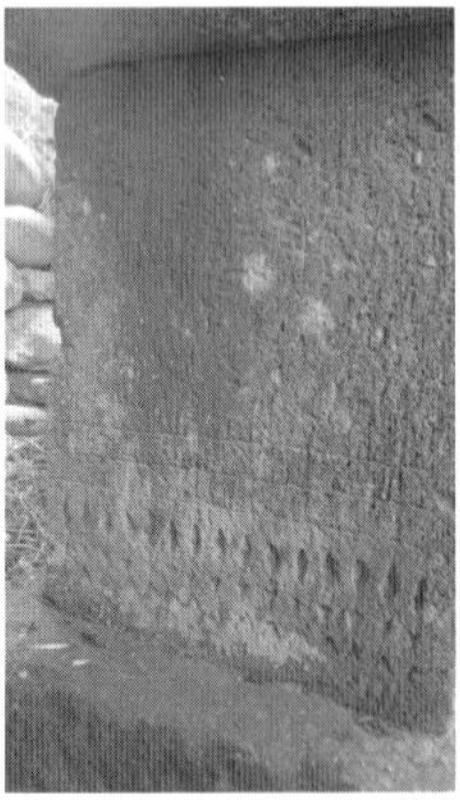

10e　左

11a　裏

13　中野市豊津硲・
正保 2（1645）

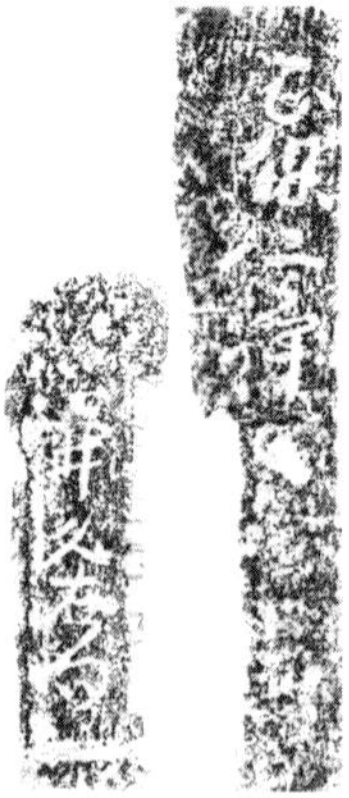

13c　拓本

10f　裏

12　穂高町青木新田・
正保元（1644）

13a　祠内

14　岡谷市新屋敷会・
承応 3（1654）

写真E　長野県（3）

辺をくまなく探索するも見つからず、あきらめかけた途次、集落内でたまたま発見したという経緯がある。いつの頃か集落の中央に移設されたようである。銘は正面に「正保二年／／□井久右衛門」とある。文献㉘に「三井幸年氏が管理しているが、特別の祭りはやっていない。」とあり、図版にも「三井久右エ門」とあるから、現状では欠損している「□井」の「□」部分は「三」なのであろう。14は岡谷市新屋敷にある双体道祖神塔である。文献⑰に「造立年代　承応三年（一六五四）（伝承による）」とある。一方、文献⑨の著者である北原昭は「岡谷市新屋敷の双体露像は承応3年（一六五四）甲午年に造られたといわれているが、風化磨滅してその姿形は判然としない。甲午年という干支がどうにか判読できる位で、承応3年というのは全然わからない。」と書いている。実際には銘文は裏面にあり、「甲午三月林又右衛門」と読める。「午」は一見「刁」（寅）にみえなくもないが、仮に「午」だとすれば、確かに承応三年の干支は「甲午」である。双像を観察するに、摩滅が激しく両神の姿態はつまびらかでないものの、男女神が顔をつけ身体を寄せ合っている様子はみて取ることができる。このような男女神の姿態が、承応期にすでにあらわれていた、と考えることが可能なのか、筆者には自信がもてない。

15は飯島町新屋敷新界塚にある文字道祖神塔である。銘文は正面に「寛文十一亥／皈元　道□神／六月三日」と読める。「皈元」は「帰元」と同義で、迷界を脱して本元に帰るという意味の仏教的な死をあらわす。禅宗で使われる文言である。しかし、「道□神」の□がどうしても読めない。文献㊸には「寛文十一年？／□道□神／六月三日」とある。文献㊸は道祖神として掲載しているものの、筆者は「道□神」の性格について知識をもっていない。16は築北村坂北の町にある双体道祖神塔である。村の報告書である文献㊴に銘が「寛文十三年□□□」と記載されている。しかし、文献㊶には寛文銘について「年号については疑問有り」とある。実際は、写真に示したとおり、文字が刻まれていそうな正右からは、文字らしき影は浮かび上がらなかった。

17は辰野町横川木曽沢にある双体道祖神塔である。文献⑱㉕㊶㊼のすべてで「元禄三年」のものとしており、実際にも裏面に「元禄三庚午歳十二月朔日」の年銘を確認することができる。しかし年銘の文字の刻みが鮮明過ぎる

14a　裏

15　飯島町新屋敷・
寛文 11（1671）

16　坂北町別所・
寛文 13？

17a　右

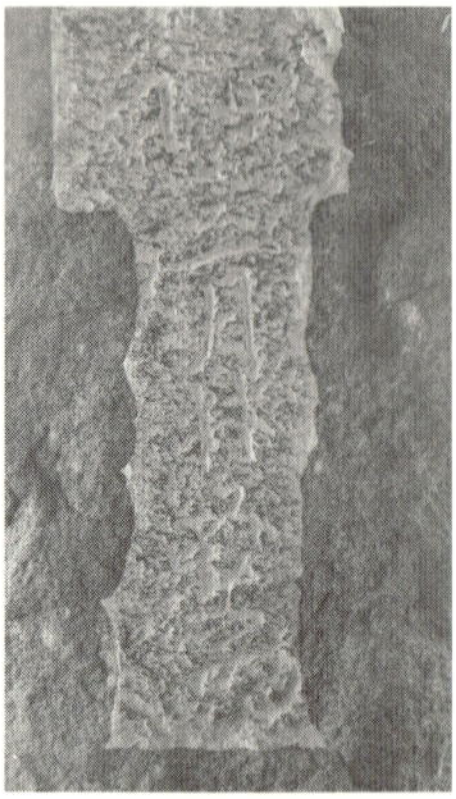

14b　同採拓

15a　採拓

16a　正右

18　塩尻市吉田上手・
元禄 6（1693）

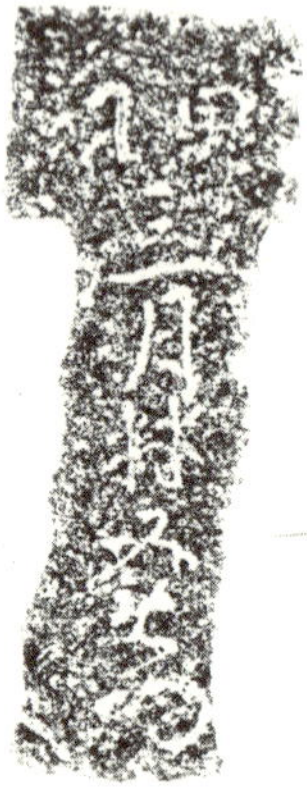

14c　拓本

15b　拓本

17　辰野町川上木曽沢・
元禄 3（1690）

18a　裏

写真Ｅ　長野県（4）

点、両像の姿態が男神が盃、女神が徳利をもついわゆる祝言型である点などを考慮に入れると、本塔が実際に元禄三（一六九〇）年に造立されたものなのか否か、疑問が残ることも事実である。祝言型の道祖神塔が、元禄期に存在するとは思われないからである。年銘は後刻の可能性が高い。18は塩尻市広丘吉田上手にある双体道祖神塔である。銘について文献⑲は「元禄六天　高出村」、文献㉒も「元禄六天高出村」と読んでおり（写真もある）、実際にも裏面に「元禄六天・・」とある。残念ながら現状では下半部が不明瞭であったが、本塔が元禄六（一六九三）年の所産であることは間違いない。

19は伊那市高遠町藤沢松倉の原にある双体道祖神塔である。文献㉕の読みは「元禄癸酉年二月八日」であるが、文献㊶では「元禄8年」、㊹では「元禄八年三月」とされている。摩滅が激しく困難をともなうものの、実際には写真に示したようにかろうじて「元禄癸酉年／／二月八日」の銘を得た。「癸酉」は不明瞭であるが「癸」は確実で、元禄期で十干が「癸酉」なのは元禄六（一六九三）年だけである。20は上田市武石鳥屋にある石祠型の道祖神塔である。唯一、文献⑪に「木祠／元禄6年4月吉日」銘の道祖神として出てくる。実際には単体像の左右に「元禄六季　敬／酉四月吉日　白」と銘文が刻まれている。しかし地元の人の話では、「道祖神とは違う」ということであった。

21は同じ武石鳥屋にある双体道祖神塔である。やはり文献⑪に「元禄8年」の道祖神として出てくる。実際の銘文は正面上部に「元禄八天」とあるのみで、ほかに文字は刻まれていない。22は佐久市協和天神の管公社前にある双体道祖神塔である。古くは武田久吉の文献②に「元禄九丙子天十一月吉日　施主　櫻?井治郎公衛」の銘あり」と写真入りで掲載されている。実際の銘文は裏面に「元禄九丙子天十一月吉日／施主／桜井次郎兵衛」と刻まれている。

23は茅野市ちの横内にある双体道祖神塔である。文献⑨には次のように記載されている。「摩滅していて庚辰年横内村とだけは読めるが年代や姿形ははっきりしない双体像。」と。一方、文献⑳には「元禄拾三年　中区姿見剞形」との説明があり、文献㉖には「合掌像で摩滅しているが、「元禄十三年横内村」（一七〇〇）と造立銘が彫られている。」とある。しかし実際は拓本に示したとおり、右側面に「横内村／元禄拾三年庚辰年　六・・」の銘文を得た。

21a　正上

20b　採拓

19b　正左

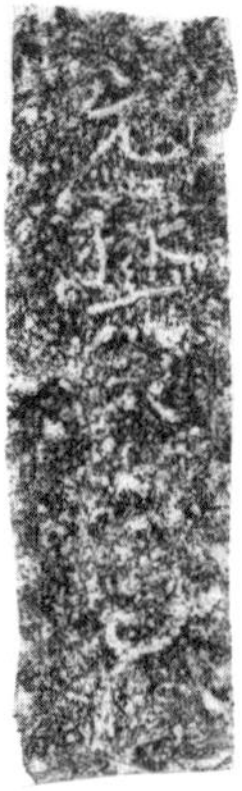
18b　拓本

21b　拓本

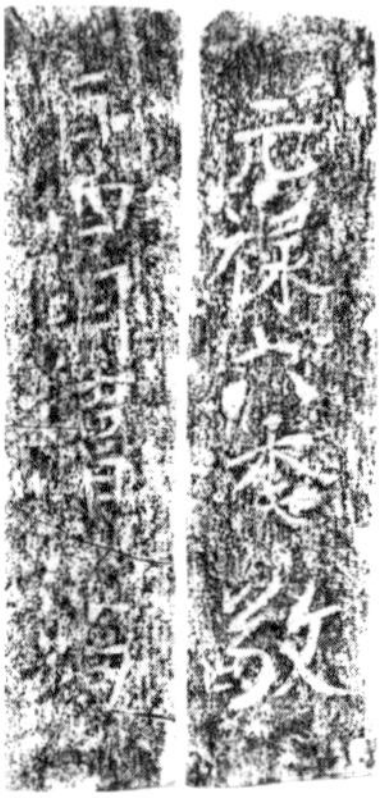
20c　拓本

19c　拓本

19　伊那市高遠藤沢松倉・元禄 6（1693）

22　佐久市望月天神・元禄 9（1696）

21　上田市武石鳥屋・元禄 8（1695）

20　上田市武石鳥屋・元禄 6（1693）

19a　正右

写真Ｅ　長野県（5）

24は小諸市諸にある双体道祖神塔である。武田久吉の文献②に「元禄十六年癸未六月吉日　諸村の銘あり」、また文献⑧にも銘が「元禄十六年癸未六月吉日　諸村」と紹介されている。実際の銘文は「元禄十六年／未六月吉日　諸□」で、「癸」はなく、かつ「諸村」の「村」はセメントに埋もれていた。

25は小諸市大里諸にあるとされる双体道祖神塔である。武田久吉は名著『路傍の石仏』（文献⑧）において、元禄期の古い道祖神塔を列挙するなかで次のように書いている。曰く「（略）第五は同（元禄　筆者注）十三年一月吉日のものが、秦野市山谷にあり（神奈川県37　筆者注）、僧形、僧衣、合掌である（略）。同年で六月吉日というのが長野県小諸市大里町、諸にあって、両神形を同じくし、共に合掌である。第六は、同十六年（月日なし）のが、静岡県田方郡韮山町北奈古谷、小野沢にあって（静岡県36　筆者注）、これも有冠の神像である（略）。同年六月造立の一基が、長野県小諸市の諸にもあるが、どうも神像とは認めがたい（略）。」と。つまり武田は小諸市大里諸に、「元禄一三年のもの」と「元禄一六年のもの」の二基の双体道祖神塔が存在するといっていることになる。そして武田は「どうも神像とは認めがたい」とした「元禄一六年のもの」を「同書写真61」として載せているのだが、それは本書で先にふれた24と同一のものである。武田は「元禄一三年のもの」の写真は特に載せていないが、月日は「六月吉日」だといっている。先にふれたように「元禄一六年のもの」の月日も「六月吉日」である。この一致は偶然なのだろうか。

武田の諸地区の道祖神塔に関する文章は混乱しているのではないか。なぜなら、諸の集落は上下の二地区に分かれており、それぞれに道祖神場が存在するのであるが、下地区の道祖神場には24でふれた「元禄一六年」のものが建っており、一方、上地区の道祖神場には無年銘の古い双体道祖神塔と新しい文字道祖神塔がセットになって建っている。武田のいう「元禄一三のもの」の可能性があるのはこの上地区の古い双体道祖神塔であるが、摩滅が著しく、年銘はおろか二神の姿態さえ不明瞭であるため確認することができなかった（写真参照）。この点は、この石塔を扱った文献㉙でも同様である。ちなみに、諸地区における「元禄一三年」の双体道祖神塔の存在を記載した記録もしくは報告は、武田の数行の文章以外まったく知られていない。存在そのものを不明とせざるを得ない。26は長野市芋井入

22a　裏

23a　右

24a　右

25　参考：小諸市諸
元禄 13?

22b　拓本

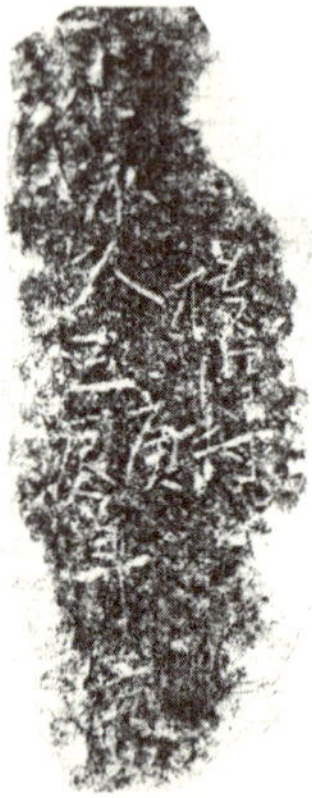

23b　拓本

24b　左

7　塩尻市南内田鍛冶屋・
元禄 17（実は元禄 7?）

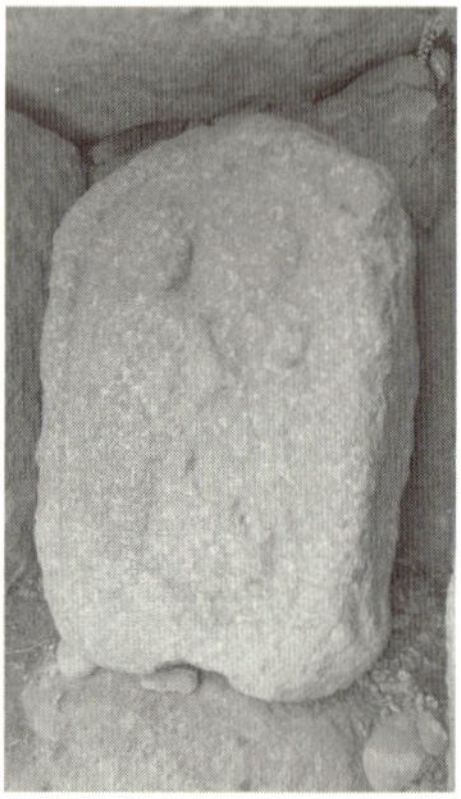

23　茅野市横内・
元禄 13（1700）

24　小室市諸・
元禄 16（1703）

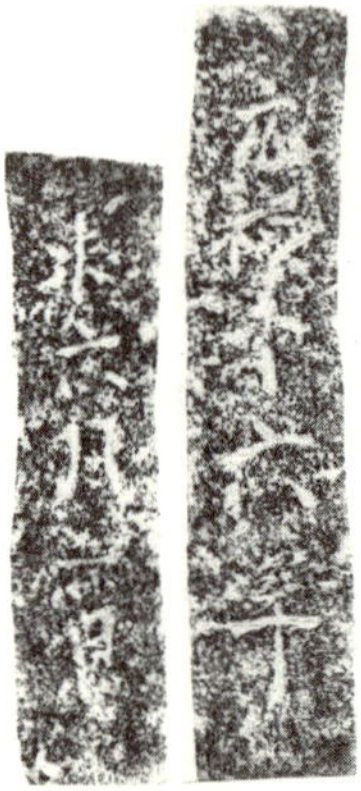

24c　拓本

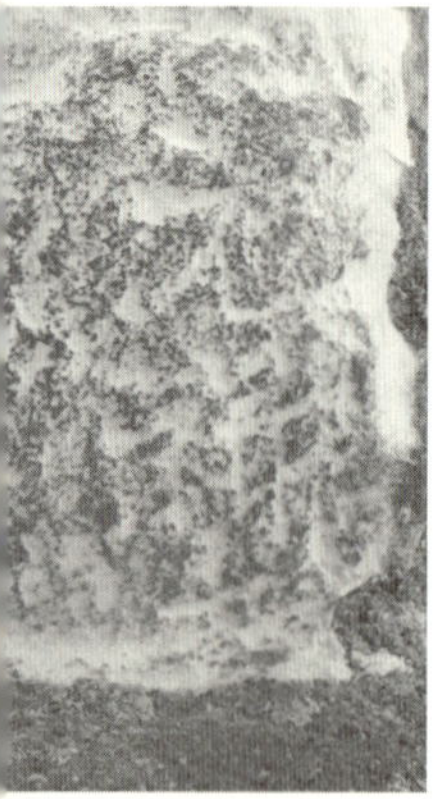

27a　右下

写真E　長野県（6）

山字上ノ平寮屋敷にある双体道祖神塔である。市の報告書である文献㉓に「紀年銘が最も古いのは、芋556（599の誤植である。筆者注）の元禄十六年（一七〇三）です。この双体型の存在は、その出現が中・南信地方に比較してさほど遅くないことを示唆します。」とある。文献㉓には位置図もあり、発見は容易と思われたのであるが、探索にもかかわらず、筆者はいまだにこの道祖神塔に出会っていない。

27は塩尻市南内田鍛冶屋にある双体道祖神塔である。文献⑲に銘「元禄十七　一月十日」、加えて「市内最古の記年銘であるが、残念ながら、頭部が欠けている。普通、この年代のものは左右同形、男女の区別なく、僧形、僧衣で合掌しているものが多いらしいが、これは明らかに握手形式であり、この形式としてはおそらく県下でも最も古いものと思われる。」との説明がある。文献㉒には「銘は左下にあるがセメントで固定され「元禄」以下は読み取れない。」とある。実際、拓本にあらわれた文字は「元禄七・・／三月・・」であるが、「七」は微妙である。28は飯島町飯島岩間北方にあるとされる単体道祖神塔である。文献㉕に「西山つきの岩間の単体像（略）は元禄十七年の銘をもつ合掌像であるが、地元では昔から道祖神として扱い、今でも厄投げの茶碗のかけらが落ちている。」との記録があり、かつ写真も掲載されているものの、町の最新の報告書である文献㊸には道祖神塔としてはもとより、石造物としても登録がない。探索するも発見には至っていない。

29も飯島町飯島田切中平にあるとされる単体座像道祖神塔である。やはり文献㉕に記録があり、元禄の銘をもつとされるが、町の最新の報告書である文献㊸には道祖神塔としてはもとより、石造物としても登録がない。本塔も未発見である。30は筑北村西条小仁熊にある双体道祖神塔である。文献㊶には写真入りで「元禄年代」とある。所在する位置が文献㉗㊶に図示されており、探索は容易と思われたのであるが、現状ではいまだに探し出せていない。地元の方からの聞き取りでもその所在は不明であった。移設したのであろうか。

31は山ノ内町横倉にある男女二体の単体道祖神塔である。町の報告書である文献㉛に「横倉道陸神　元禄時代?」の記載がある。しかし実際の観察では銘文は認められず、文献㊶㊽も無年銘として掲載している。「元禄時代?」と

34b　正左

33c　拓本

33　佐久穂町下川原・宝永 3（実は安永 3）

27b　拓本

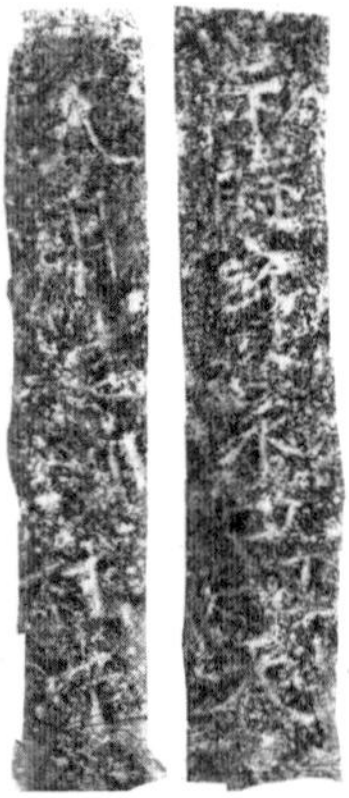
34c　拓本

34　小室市御影・宝永 4（1707）

33a　左上半

31　山ノ内町横倉・元禄？

35　小室市小原・宝永 4（実は宝永 5）

34a　正右

33b　左下半

32　松本市里山辺・元禄？

写真E　長野県（7）

いうのは伝承もしくは想定なのであろう。32は松本市里山辺湯の原にある双体道祖神塔である。市の報告書である文献㉝に「長野県では珍しい、男女神の合掌像。紀年銘はないが、様式からみて元禄年間（一六八八〜一七〇四）の作品と推定できよう。」と書かれている。しかし、文献⑮㊶には特に年銘に関する記載はない。実際の観察でも年銘は確認できなかった。「元禄年間」というのは、文字どおり推定であろう。

33は佐久穂町大日向下川原にある双体道祖神塔である。文献㊶㊹㊽ともに「宝永三年」の所産としているが、実際の銘文は拓本が示すように左側面に「安永三年／午十月吉日」とある。確かに「安」の字は状態が悪く「宝」と誤読しやすいが、「午」は確実なので「安永三年」が正解である。ちなみに、「宝永三年」は「戌」である。右側面に銘はない。集落の最西端の山裾、墓所の奥の洞窟状の祭祀場で落葉に埋もれていた。34は小諸市御影にある双体道祖神塔である。文献㉙に銘が「宝永4丁亥天8月吉日」との記載がある。しかし、実際の銘文は拓本に示したとおり「干時寶永四丁□天／八月吉日　村中」である。

35は小諸市小原にある双体道祖神塔である。文献㉙㊶に「宝永四年」との記載がある。しかし、実際の銘文は「寶永五子天／十月日」であった。確かに「寶永五の「五」の字は不明瞭であり「四」と誤読しやすいが、「子」は確実なので、宝永五年のもので間違いない。ちなみに、宝永四年は「亥」である。36は佐久市平林岩水にある双体道祖神塔である。文献㊶㊹㊽ともに年銘を「宝永六年」としているものの、しかし、実際の銘は拓本のとおり「安永六丁酉年六月吉日」であった。

37は東御市八重原にあるとされる双体道祖神塔である。文献㊶に「宝永七年」のものとして掲載されているが、実際に観察したところ、年銘はなく無銘であることが判明した。「宝永七年」の銘を有する石仏は、本塔の右隣りに建っている庚申塔で、銘文は「宝永七寅年／九月廿七日」であった。文献㊶の著者である小出久和の勘違いか、あるいは何らかの行き違いがあったものと推察される。38は辰野町伊那富宮木本町の湯舟団地入口にある石祠型道祖神塔である。銘文は正面に「所願成就□□□□／道陸神／宝永七庚寅年八月吉日」、右側面に「寄進主／宮木縣／宮原金

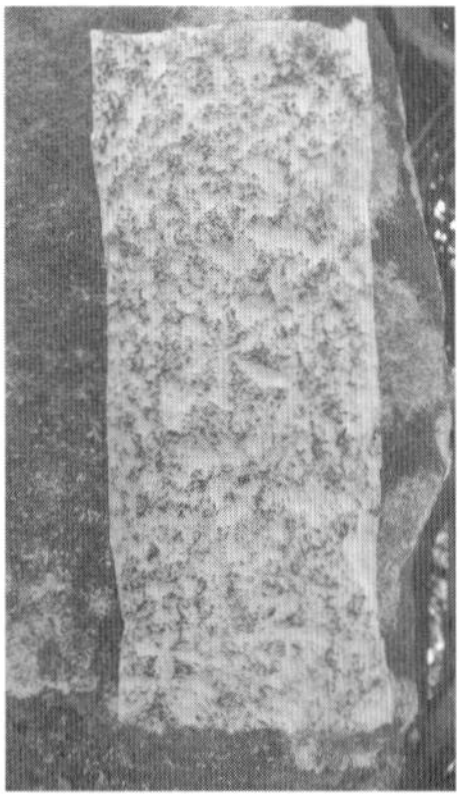

35a　正右

36　佐久市平林岩水・
宝永６（実は安永６）

37　東御市八重原鍋蓋・
宝永７？

38a　正面

35b　正左

36a　右

37a 隣の庚申塔・
宝永７（1710）

38b　右

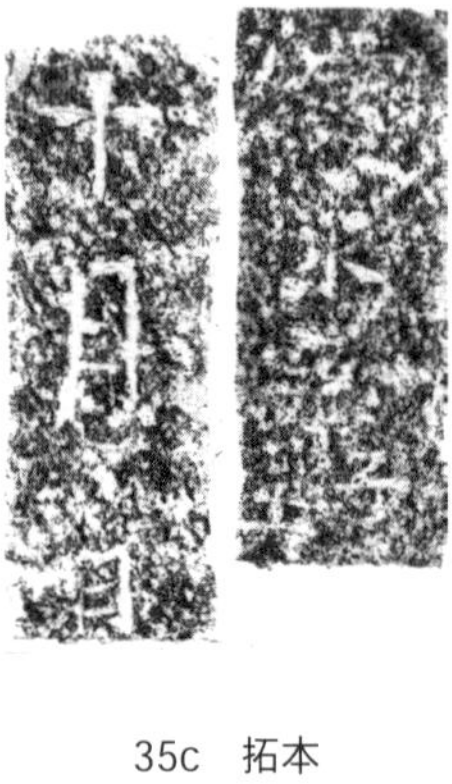

35c　拓本

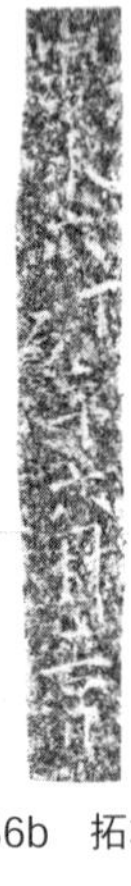

36b　拓本

37b　同拓本

3　辰野町伊那富宮木・湯
団地入口・宝永７（1710）

写真Ｅ　長野県（8）

六」、台石に「昭和三十三年九月／道路擴張記念　元町中」とある。「所願成就」の次の数語は読めそうで読めない。慣用句であろうか。

39は上田市下武石鳥居にある双体道祖神塔である。村の報告書である文献㊵では造立は「正徳一年十二月」とされ、文献㊶もこれを引いて「正徳元年」としているが、文献⑪の著者である小林大二はこれを「天保二年十二月」と読み、文献㊽もこれを引いて「天保二年十二月」としている。拓本ではかろうじて「天保五年十二月」を得た。40は南牧村海尻下殿岡にある双体道祖神塔である。文献㊷には室部左側面に「正徳三年／壬辰十一月吉日」の銘があるとの記載がある。しかし実際の銘は、写真のとおり「正徳二年／壬辰十月吉日」である。

41、42、43、44は、いわゆる「道祖神盗み」に関連して密接につながっているのでまとめて記す。まず44は、朝日村古見芦の窪（関連文献には蘆野窪、芦ノ窪、芦野窪、芦ノ久保、芦野久保などと出てくる）にある双体道祖神塔であるが、裏面に次のように彫られている。曰く「正徳五乙未年十月卯日建立／寛政七卯年八月六日夜／小坂村山口御縁想／同歳十二月十三日再建立／天保十三壬寅年二月七日夜／本洗馬村上町御縁想／天保十四癸卯年四月十五日／古見村蘆野窪講中」と。つまり本塔は「正徳五年十月卯日」造立の初建塔、「寛永七年十二月十三日」造立の再建塔がともに他村に御縁想（道祖神盗みされた）となったため、「天保十四年四月十五日」に三度目に造立した芦の窪集落における再々建の双体道祖神塔だということになる。

次に43は山形村小坂山口にある双体道祖神塔であるが、摩滅の著しい碑面の下部右にはかろうじて「正徳五／・未年／・・窪・・」との文字が読み取れる。文献⑤の武田久吉によれば、かつて銘は「正徳五乙未十月卯日蘆野窪講中」と読めたらしい。後に文献⑧で武田は「正徳五年乙未十月卯日　蘆野窪講中」と「年」を加えて読んでいるが、それはともかく、43は先に44でみた朝日村古見芦の窪に最初に建てられた「正徳五年乙未十月卯日」銘の道祖神塔そのものである。すなわち、この43の道祖神塔こそが朝日村古見蘆野窪（現在の芦の窪）から「寛政七卯年八月六日夜」に「小坂村山口」に「御縁想」（盗まれた）となった道祖神塔だったのである。

38c　同拓本

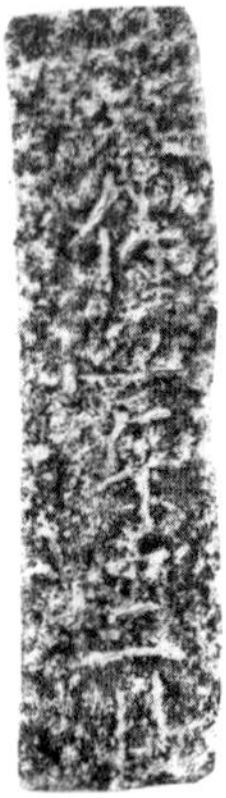

39b　拓本

41　塩尻市上組上町・
正徳 5（1715）

42　松本市今井古池・
正徳 5（1715）

39　上田市下武石鳥居・
正徳元（実は天保 5）

40　南牧村海尻・
正徳 3（実は正徳 2）

41a　裏

42a　正右

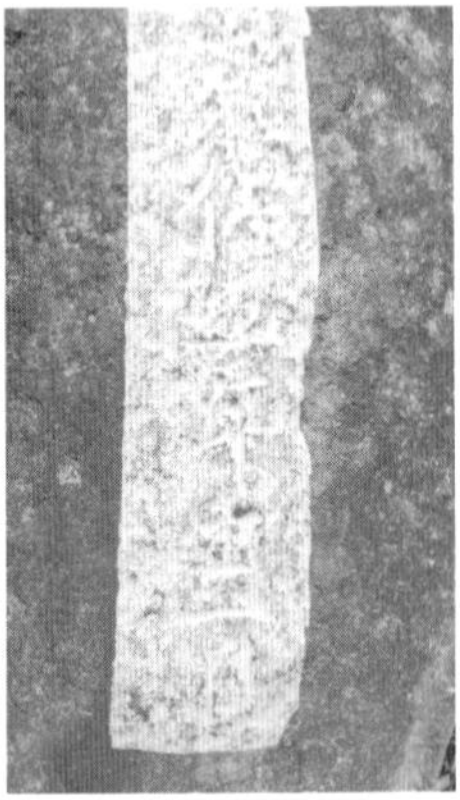

39a　正右

40a　左

41b　同拡大

42b　正左

写真E　長野県（9）

ちなみに文献㊽にはこの石塔について「正徳五乙未年十月卯日　古見村芦野窪講中拾四人」という銘文を掲載している。この場合の「拾四人」という記述は、次にふれる塩尻市洗馬上組上町のもの（41）に関する文献①に出てくる文言であり、本塔に関して確認された文言ではない。そもそも五五年前、武田によって記録された文献⑤による本塔の銘文は「正徳五乙未十月卯日蘆野窪講中」であり、「拾四人」という文言は記録されていない。ただし、塩尻市洗馬上組上町のもの（41）に刻まれた「正徳五乙未年十月卯日　古見村芦野窪講中拾四人」という銘文が、本塔に刻まれていた銘文を忠実に転写したものであり、五五年前に武田が調査した際、「拾四人」部分がすでに読み取れなくなっていたとしたら話は別である。しかし、現在読み取り可能な銘文がかろうじて「正徳五／・未年／・・窪・・」のみであるという点は先に紹介したとおりである。

41は塩尻市洗馬上組上町にある双体道祖神塔である。裏面に「□見村芦野久保講中拾・・／道祖神　正徳五乙未十月卯□」と明瞭に彫られている。「講中拾」以下は埋もれていて確認できない。文献①によれば、銘文は「古見村蘆野久保講中拾四人／正徳五乙未十月卯日」ということであるが、この銘文から著者である橋浦泰雄は、かつて本塔について「七十年前朝日村古見蘆野久保より盗んで来たと傳ふ。」と述べたことがある。しかし、この洗馬の道祖神塔は彫られている文字も、そして男女の姿態もみるからに新しい。先に引いた文献⑤の武田久吉も「彫刻の手法を見れば、正徳時代のでないことが看取出来るであろう。」と述べている。そして、武田は「それでは、本洗馬の上町にあるものに、何で「正徳五乙未十月卯日」の刻銘があるかという事が問題となるが、それは斯様な場合、往々見るように、最初建立の年月をそのまま踏襲したに外ならないので（略）この像は、幸にも芦ノ久保に現存する証拠があるため、寛政七年十一月（44の裏にある銘文にはやや不明瞭ながら「十二月」とある。「十一月」は武田の誤読である。筆者注）十三日再建の碑石であることが判然とする。」とも述べており、本塔を朝日村古見芦ノ窪において「寛政歳十二月十三日」に再建され、「天保十三年壬寅年二月七日夜」に「本洗馬村上町」に「御縁想」となった再建塔だとしたのである。確かに44とした芦ノ久保の再々建塔の裏面には「天保十三壬寅年二月七日夜／本洗馬村上町御縁想」と、

「寛政七歳十二月十三日」造立の再建塔が「天保十三年壬寅年二月七日夜」に「本洗馬村上町」へ「御縁想」したと書いてある。しかし、武田のこの判断は正しいのだろうか。仮にそうだとして、本塔に「寛政七歳十二月十三日」の銘が刻まれていない、もしくは削除した痕跡がまったく認められないのはどういうわけであろうか。42を検討してから筆者の見解を述べたい。

42は松本市今井古池にある双体道祖神塔である。裏面に「正徳五未十二月日」と鮮明に彫られている。一方、双像の左右には、拓本で示したように明らかに文字を削ったと思しき痕跡が残されている。不明瞭ながら、正右の出だしは「寛政」の痕跡の可能性もある。41に「寛政七歳十二月十三日」という文字の存在はおろか、これを消した痕跡さえまったく見つからなかったのに比べ、42にはその痕跡の存在の可能性がうかがえるのである。

ここからはあくまで筆者の想像なのであるが、寛政七年一二月一三日造立の芦ノ久保の再建塔は、いったんは天保一三年二月七日夜に本洗馬村上町に御縁想になったものの、その後つまり天保一三年二月七日以降のいずれかの日に、本洗馬村上町からさらに今井古池に御縁想となったのではないか。そして、今井古池ではこの寛政七年一二月一三日造立の芦ノ久保の再建塔の銘文を削り、新たに裏面に芦ノ久保の初塔の年銘を刻んだのではないか。

いったんは本洗馬村上町に御縁想になった芦ヶ久保の再建塔が、いつ、さらに今井古池に御縁想になったのか、その正確な日時は分からない。しかし、この再建塔の本来の年銘である「寛政七年十二月十三日」(もしくはこれに近い同意味の表現)を削り、新たに裏面に芦ヶ久保の初建塔の築造年である「正徳五未十二月日」なる年銘を刻んだ時期は、芦ヶ久保における初建塔および再建塔造立の経緯が刻まれた再々建塔の造立以降と推察される。なぜなら、芦ヶ久保における複数の道祖神塔造立の経緯を知らなければ、「正徳五未十二月日」などという年銘は刻めないからである。したがってその時期は、芦ヶ久保に再々塔が建てられた「天保十四年癸卯年四月十五日」以降ということになる。

ちなみに、今井古池は天保七年以降の新田開発の集落で、朝日村古見、山形村大池からその二字をとって古池原新

44a　裏

43a　右台

42c　裏

45b　左

45　富士見町高森・
正徳 6（1716）

43b　拓本

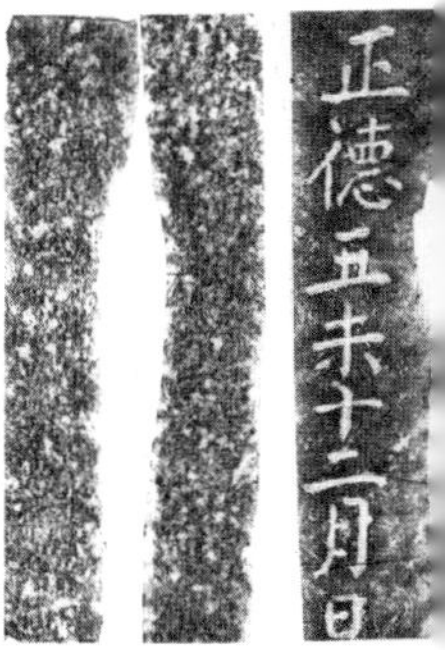

42d　拓本

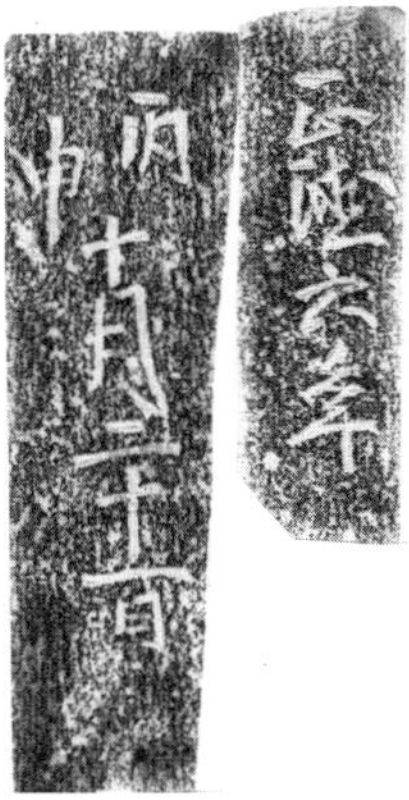

45c　拓本

45a　右

44　朝日村芦之窪・
正徳 5（天保 14 再々建）

43　山形村小坂山口・
正徳 5（1715）

写真Ｅ　長野県（10）

田と命名されたらしい（文献⑮）。天保七（一八三六）年以降に開発された集落に、正徳五（一七一五）年に道祖神塔が造立されるはずはなく、文献⑮の著者である今成隆良は「どこからきたのやら、解明はされていない」といい、この石仏を「道祖神盗み」の所産として扱っている。

そして、芦ノ久保の再建塔を盗まれた本洗馬村上町ではまったく新しい道祖神塔を建て、これに「□見村芦野久保講中拾・・／道祖神　正徳五乙未十月卯□」の銘文を刻んだのではないか。もちろん以上の想像は、現在芦ノ久保に建っている再々建塔に刻まれた道祖神盗みの経緯文が事実を反映しているという前提に立っての話である。

信州では一般にその村が栄えているのは道祖神のお恵みとされ、ほかの村はその御利益にあやかろうと道祖神を盗む（御縁想もしくは嫁入りという）のであるが、それにしても芦ノ久保（蘆野窪）の道祖神の人気はたいしたもので、二度にわたり盗まれている（筆者の想像が正しければ、三度である）。当時の芦の久保の様子は以下のようであったらしい。曰く「古見の芦ノ久保は小さい部落ながら、庄屋もあり、その分家は大きな酒造家であって、古見村上下を通じて最も繁栄していたのである。それ故隣村小坂では、それこその地の道祖神の御恵と認め、寛政七年八月六日夜陰に乗じて、石像を自村にお輿入れさせたのである。約百日の後に、再建した石像が、天保十三年二月七日に、本洗馬上町に運び去られた時には、若い衆達の酒興などからではなくて、本洗馬上町中、而もその地の大庄屋を含めての計画であったらしい。」（文献⑤）と。

ちなみに、この道祖神盗みに関係する四村は、距離的にはきわめて近い。小坂村山口は古見村芦の窪からは山を隔ててその北に位置する隣村であるし、今井村古池は小坂村山口の東、そして本洗馬村上町は古見村芦の窪の東で、それぞれが一晩で道祖神塔を運ぶには十分近い距離にある。文献㊲には小坂村山口の中川宇太郎の話として「道祖神は縁結びの神として崇拝していたが、山口には道祖神がなかったので、嘉永（寛政の聞き間違いか、もしくは祖母の覚え違いか。　文献㊲）年間にどこからか嫁入（盗）させようと話し合い、現在の朝日村古見より嫁入りさせることに話が決まり夜、力のある2・3人で背負い乗越（上大池豆沢より古見に通じる峠）を越え、峠の峰には山口中の人の出迎えを受けて嫁入りして来た。と祖母から聞かされています」との記録を掲載している。近いからこそ村々の評判も耳に入り、そして嫉妬心も生まれるのであって、はるか遠く離れた村どうしでは評判も聞こえてこないだろうし、このような現象は起きないだろう。それはともかく、「道祖神盗み」に関しては第四章第一節で筆者の見解を述べる。

45は富士見町高森にある石祠型道祖神塔である。文献⑨に「正徳六年丙申十月二十一日」の銘を有すると書かれている。実際にも室部両側面に「正徳六年／／丙申十月二十一日」の文字が明瞭に認められる。

表5　長野県

番号	和暦	西暦	所在地	種類	高さ	像高	横幅	厚さ	銘文（現状）	参照文献	備考
1	＊永正2	＊1505	辰野町沢底	双体	75	41	46	32	正右：永正二年 正左：入澤底中	⑯㉕㊶㊻㊼㊽	
2	（大永2）文化14	（1522）1817	松川村大泉寺	双体	70	36	63	32	正右：大泉寺中 裏：文化十四丑年	④⑥⑭㊱㊶㊽	
3	＊天文3	＊1534	長野市若穂保科宿（滝崎）	双体	（35）84		（29）55	（23）55	左：天文三年／甲午十一月	㉔㊶㊽	
4	＊弘治2	＊1556	池田町中島	双体	40		50	17	裏：弘治二丙辰年／正月／帯代／八円／二朱□	⑫⑭㉚㊶㊹	
5	永禄7	1564	辰野町上辰野	石祠	（20）55		（20）28	（20）42	裏：永禄七／甲子年／小林与太良	㉕㊻㊼	
6	＊天正5	＊1577	松本市五常西宮	双体	56	33	34	21	正右：天正五年　久保五左衛門	⑧⑯㉒㉜㊶㊽	
7	＊天和元	＊1681	大町市美麻新行・載神社	双体	76	37	131	47	正右：天和元辛酉天五月吉星 正左：上村氏子中	⑭㊳㊶㊽	
8	＊天和元	＊1681	大町市美麻村新行西村	双体	69	31	70	43	正右：天和元辛年六月日 正左：氏子西村中	⑭㊳㊶㊽	
9	＊天和2	＊1682	富士見町栗生	石祠	（40）129		（35）72	（34）95		⑨㊶	

10	寛永14	1637	富士見町落合机	石祠	(31)83		(30)46	(26)44	屋根正：寛永拾四歳／丁丑□月吉□	⑨㊶	
11	＊正保元	＊1644	松川村東部憫原	双体	76	38	62	25	正下：憫原中 裏：正保元甲申年安置／夫より三代之尊神／奉祭人者□葉氏子／帯代三十五両	⑭㊱㊶㊽	
12	＊正保元	＊1644	安曇野市穂高北青木新田	双体	114	34	52	42	隣碑：正保元年甲申天二月廿日建	⑦㉞㊽	年と天が重複している。
13	正保2	1645	中野市豊津硲・八王子神社上（現・集落内）	石祠	(31)81		(31)46	(27)44	枠右：正保二年 枠左：□井久右衛門	㉘	
14	（承応3）	(1654)	岡谷市新屋敷	双体	107	37	70	25	裏：甲午三月林五（又）右衛門	⑨⑰㊶	
15	寛文11	1671	飯島町新屋敷新界塚	文字	56		31	15	正右：寛文十一亥 正中：皈元道□神 正左：六月三日	㊸	
16	（寛文13）	(1673)	筑北村坂北別所	双体	57	37	32	21		㊴㊶㊽	
17	＊元禄3	＊1690	辰野町横川木曽沢	双体	68	34	60	32	裏：元禄三庚午歳十二月朔日	⑱㉕㊶㊼㊽	
18	元禄6	1693	塩尻市広丘吉田上手（わで）	双体	＊32	27	32	11	裏：元禄六天・・	⑲㉒㊶㊻㊽	
19	元禄6	1693	伊那市高遠町藤沢・松倉・原	双体	55	10	44	34	正右：元禄癸酉年 正左：二月八日	㉕㊶㊹㊽	
20	元禄6	1693	上田市武石鳥屋	石祠	(30)71	26	(26)37	(11)50	正右：元禄六季　敬 正左：酉四月吉日　白	⑪	
21	元禄8	1695	上田市武石鳥屋	双体	48	30	34	14	正上：元禄八天	⑪㊶㊽	
22	元禄9	1696	佐久市協和天神・管公社前	双体	62	42	37	23	裏：元禄九丙子天十一月吉日／施主／桜井次郎兵衛	②㊶㊽	
23	元禄13	1700	茅野市ちの横内	双体	49	35	35	15	右：構内村／元禄拾三庚辰年　六・・	⑨⑳㉖㊶㊽	
24	元禄16	1703	小諸市大里町諸	双体	46	33	37	22	右：元禄十六年 左：未六月吉日　諸□	②⑧㉙㊶㊽	
25	（元禄13）	1700)	小諸市大里町諸	双体						⑧⑫㉙㊶	存在不明

26	（元禄16）	（1703）	長野市芋井入山字上ノ平　寮屋敷	双体	66					㉓	探索中。丈量は㉓による
27	（元禄17）元禄7?	（1704）1694?	塩尻市南内田鍛冶屋	双体	*33	*33	31	14	正右下：元禄七・・／三月・・	⑲㉒㊶㊻㊽	
28	（元禄17）	1704	飯島町飯島岩間北方・小林由忠氏北辻	単体	50		27	17		㉕	探索中。丈量は㉕による
29	（元禄?）		飯島町飯島田切中平・南の坂口	単体	58		37	20		㉕	探索中。丈量は㉕による
30	（元禄期）		筑北村西条小仁熊	双体						㉗㉟㊶	所在不明
31	元禄期?		山ノ内町横倉・路傍	男女別体	44	30	21	17		㉛㊶㊽	
32	元禄期?		松本市里山辺辻堂・バス停	双体	85	(47)54	45	30		⑮㉝㊶	
33	（宝永3）安永3	（1706）1774	佐久穂町大日向下川原	双体	62	38	36	21	左：安永三年／午十月吉日	㊶㊹㊽	
34	宝永4	1707	小諸市御影	双体	66	32	54	35	正右：干時寶永四丁□天／正左：八月吉日　村中	㉙㊶㊽	
35	（宝永4）宝永5	（1707）1708	小諸市小原	双体	67	42	40	28	正右：寶永五子天／正左：十月日	㉙㊶㊽	
36	（宝永6）安永6	（1709）1777	佐久市平林岩水	双体	66	41	42	25	右：安永六丁酉年六月吉日	㉙㊶㊹㊽	
37	（宝永7）無年銘	（1710）	東御市八重原	双体	58	34	37	28	無年銘	㊶	
38	宝永7	1710	辰野町伊那富宮木・本町　湯舟団地入口辻	石祠	(30)63		(21)32	(18)44	正右：所願成就□□□□／正中：道陸神／正左：宝永七庚寅年八月吉日／右：寄進主／宮木縣／宮原金六／台正：昭和三十三年九月／道路擴張記念／元町中	⑱㉕㊺㊼	
39	（正徳元）天保5	（1711）1834	上田市下武石鳥居	双体	70	35	69	35	正右：天保五年十二月	⑪㊵㊶㊽	
40	（正徳3）正徳2	（1713）1712	南牧村海尻下殿岡	石祠	(30)60		(29)36	(29)64	左：正徳二年／壬辰十月吉日	㊷	

41	＊正徳5（寛政7以降？）	(1715) 1795以降？	塩尻市洗馬上組上町	双体	75	51	65		裏：□見村芦野久保講中拾・・／道祖神　正徳五乙未十月卯□	①②⑧⑩⑬⑲㊶㊽	
42	＊正徳5（寛政7）	(1715) 1795?	松本市今井古池	双体	56	35	34	19	裏：正徳五未十二月日	⑫㉝㊶㊽	
43	正徳5	1715	山形村小坂山口	双体	66	36	43	24	正右下：正徳五／・未年／・・窪・・	③⑤⑧⑯㊲㊶㊽	
44	＊正徳5（天保14再々建）	(1715) 1843	朝日村芦の窪	双体	108	51	104	55	裏：正徳五乙未年十月卯日建立／寛政七卯年八月六日夜／小坂村山口御縁想／同歳十二月十三日再建立／天保十三壬寅年二月七日夜／本洗馬村上町御縁想／天保十四癸卯年四月十五日／古見村蘆野窪講中	⑯㉑㊶㊽	
45	正徳6	1716	富士見町高森	石祠	(37)80		(33)48	(31)74	右：正徳六年　左：丙申十月二十一日	⑨㊶	

参照文献

①橋浦泰雄『東筑摩郡道神圖繪』郷土研究社　一九三一年
②武田久吉『道祖神』（アルス文化叢書・12）アルス　一九四一年
③武田久吉が「形態的に見た道祖神」（柳田国男先生古希記念文集『日本民俗学のために』第十輯（完結編）一九五一年）
④伊藤堅吉『性の石神　双体道祖神考』（山渓文庫34）山と渓谷社　一九六五年
⑤武田久吉「信州の道祖神盗み」（『民間伝承』第三三巻第三号　一九六九年）
⑥伊藤堅吉『綜集 日本全土性愛の石神 双体道祖神』緑星社（出版年不記載）
⑦酒井幸男『安曇野の道祖神』柳沢書店　一九六九年
⑧武田久吉『路傍の石仏』第一法規　一九七一年
⑨北原　昭『諏訪の道祖神』柳沢書店　一九七一年
⑩田中康弘『信濃の道祖神―愛のかたちと祭―』信濃路　一九七一年
⑪小林大二『小県郡依田窪の道祖神』一九七二年
⑫山田宗睦・井上青龍『道の神』淡交社　一九七二年
⑬伊藤堅吉・遠藤秀男『道祖神のふるさと　性の石神と民間習俗』大和書房　一九七二年

⑭牛越嘉人『北安曇の道祖神』柳沢書店　一九七三年
⑮今成隆良『松本平の道祖神』柳沢書店　一九七五年
⑯川口謙二『路傍の神様』（東京美術選書13）東京美術　一九七五年（旧版は一九六八年）
⑰岡谷市教育委員会『岡谷市の石造文化財』第一集〔道祖神塔・石祠・道標〕一九七五年
⑱有賀　実『辰野の道祖神』一九七六年
⑲塩尻市教育委員会『塩尻の道祖神』（石造文化財調査報告書―その1―）一九七七年
⑳矢嶋　斉『蓼科八ヶ岳山麓道祖神　茅野市編』一九七七年
㉑朝日村教育委員会『朝日村の石造文化財』一九七八年
㉒今成隆良『筑摩野の道祖神』柳沢書店　一九七九年
㉓長野市教育委員会『長野市の石造文化財』（第二集）一九七九年
㉔長野市教育委員会『長野市の石造文化財』（第三集）一九八〇年
㉕上伊那誌編算会『長野県上伊那誌5（上）民俗編』一九八〇年
㉖信州石造物研究会『石仏と道祖神』（信州の文化シリーズ）信濃毎日新聞社　一九八一年
㉗本城村教育委員会『本城村の石造文化財』一九八一年
㉘豊田村教育委員会『路傍の石神・石仏』一九八一年
㉙若林栄一『群馬・長野県境の双体道祖神』上毛新聞出版局　一九八三年
㉚池田町文化財保護委員会『池田町石造文化財』一九八六年
㉛山ノ内町文化財調査委員会『山ノ内町の石造文化財』一九九二年
㉜四賀村石造文化財誌刊行会『四賀村の石造文化財』一九九二年
㉝㈶松本市教育文化振興財団『松本の道祖神』（文化財の知識シリーズ　第2集）一九九三年
㉞穂高町石造文化財編さん委員会『穂高町の石造文化財　資料編』一九九四年
㉟本城村誌編纂委員会『本城村誌　民俗編』一九九八年
㊱松川村教育委員会『松川村石造文化財調査報告書』一九九九年
㊲山形村教育委員会『山形村文化財調査資料　第2輯　石造文化財その1（道祖神偏）』一九七二年
㊳美麻村誌編纂委員会『美麻村誌　民俗編』二〇〇〇年
㊴坂北村教育委員会『坂北村の石造文化』二〇〇一年
㊵武石村教育委員会『武石村の石造文化財』二〇〇一年

㊶小出久和『信濃路の双体道祖神』二〇〇三年
㊷南牧村教育委員会『南牧村の石造文化財』二〇〇四年
㊸飯島町教育委員会『飯島町の石造文化財』二〇〇六年
㊹椎橋幸夫『双体道祖神調査資料集成』名著出版　二〇〇七
㊺辰野町石造物調査会『辰野町道祖神塔マップ』二〇一五年
㊻長野県民俗の会編『長野県中・南部の石造物』岩田書院　二〇一五年
㊼辰野町教育委員会『辰野町の石造文化財』二〇一七年
㊽長野県民俗の会編『長野県道祖神碑一覧』二〇一八年

六　福島県・新潟県・東京都・福井県・岐阜県・愛知県

1は福島県南会津町滝原の鷲神社にある双体道祖神塔である。銘文は右面に「元禄七甲戌十月十日／星徳右門二男大願建立／星徳左衛門」、左面に「同五代孫再興造立之主／星源五郎／安永三甲午年／六月吉日」とある。すなわち本塔は元禄七（一六九四）年のものを安永三（一七七四）年に建て替えた再建塔ということになる。なお、「星徳右門」に「衛」はない。2は南会津町塩ノ原の鹿島神社境内にある双体道祖神塔である。銘は双像をはさんで「寛延三午年／／九月吉祥日」とあり、左側面には写真のように「施主當所／芳賀清右門」と彫られている。「芳賀清右門」に「衛」はない。

3は新潟県柏崎市南条下南条にある双体道祖神塔である。銘文は拓本に示したように双像をはさんで右に「元禄□□／□月六日／雲嶺清白禅定門」、左に「元禄十丑二月十九日／不室妙圓大姉」とあり、中央上部には「○」内に「爲」の字が刻まれている。新潟文献①には銘について「元禄以下は読めない」、「元禄年間」、「元禄三丑」の三通りの読みが記載されている。市の報告書である新潟文献③は双像の右を「天保六年四月八日　雲峰清白禅定門」、左を「天保十二年丑年　不室妙圓大姉」と読んでいる。何かの間違いかと思ったものの、この読みは新潟文献②に示された「天保六年四月八日雲嶺清白禅定門／天保十二丑二月十九日／不室妙圓大姉」を引用したことが分かる（やや省略はあるが）。しかし、実際の銘文とまったく異なる銘文を市の報告書に記載した理由は皆目見当がつかない。たんに「元禄」を「天保」と誤読したのではなく、何らかの行き違いがあったのであろうか。新潟文献⑥で著者である椎橋幸夫は「柏崎市南条下南条のものは、元禄十丁丑年に供養塔（墓）として建立されたが、後になって、道祖神にされたものである。」と述べている。4は新潟県魚沼市横根にある双体道祖神塔である。双像をはさんで左右に「宝暦二壬申□月吉日／／ひろせ邨　布澤氏」とある。「邨」はやや心もとない。新潟文献①⑤⑥では「宝暦三年」と誤読しているものの、新潟文献⑦はきちんと「宝暦二壬申□月吉日」と読んでいる。

5は東京都町田市つくし野二丁目にある単体道祖神である。単像をはさんで左右に「正徳四甲午正月吉日／／武劦

1　福島県南会津町滝沢・鷲神社・元禄7(安永3再建)

2　福島県南会津町塩ノ沢・鹿島神社・寛延3(1750)

3a　採拓

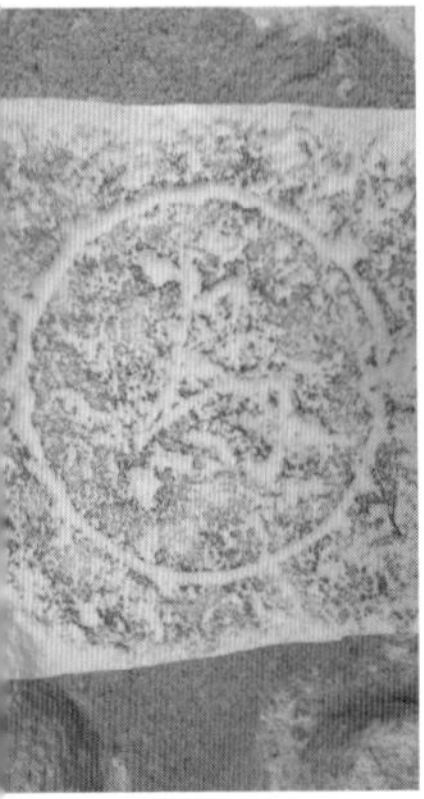

3d　正上

1a　右

2a　左

3b　正左上

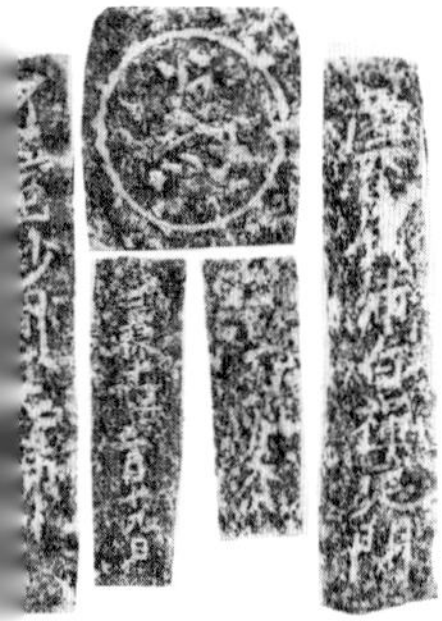

3e　拓本

1b　左

3　新潟県柏崎市南条・元禄10（1697）

3c　正右上

新潟県魚沼市横根・宝暦2（1752）

写真F　福島県・新潟県・東京都・福井県・岐阜県・愛知県（1）

6b　拓本

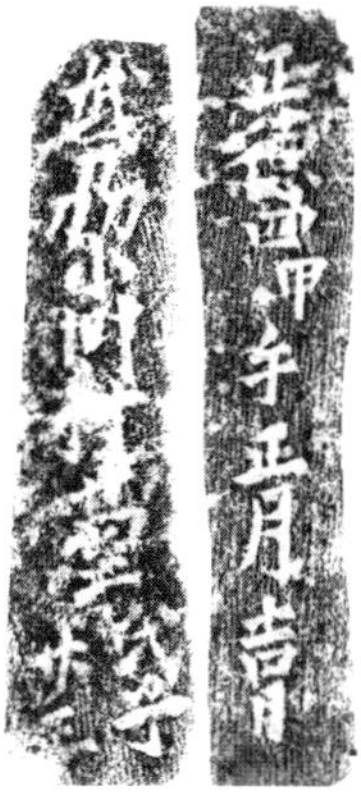

5c　拓本

5　東京都町田市つくし野・正徳 4（1714）

4a　正右

7　東京都町田市金井・正徳 6（1716）

6　東京都町田市つくし野・正徳 5（1715）

5a　正右

4b　正左

7a　正右

6a　正左

5b　正左

4c　拓本

写真Ｆ　福島県・新潟県・東京都・福井県・岐阜県・愛知県（2）

9　岐阜県白川町・中の瀬・享保８（1723）

8a　左

7e　台正

7b　正左

9a　採拓

8b　採拓

7f　拓本

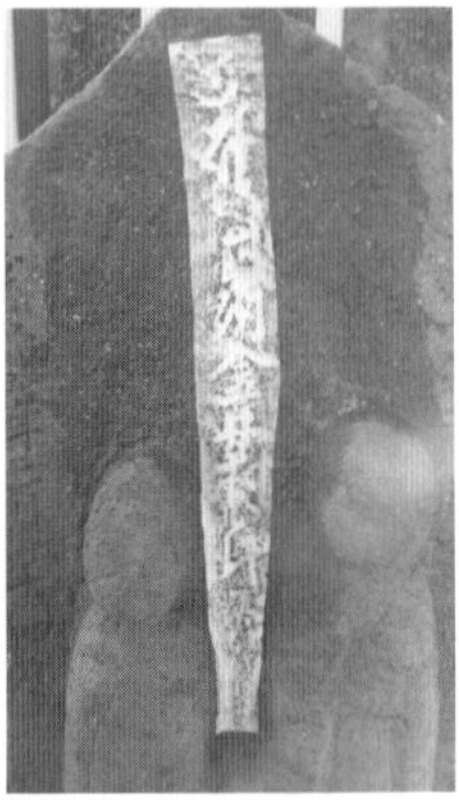

7c　正中

9b　拓本

8c　拓本

8　福井県おおい町野尻・六所神社前・正治元（1199）

7d　台正

写真Ｆ　福島県・新潟県・東京都・福井県・岐阜県・愛知県（3）

小川村　臺／氏子／廿三人」と彫られている。武田久吉の東京文献①②に紹介がある。詳細は東京文献⑤を参照して頂きたい。6は同じく東京都町田市つくし野三丁目の福寿院前にある単体道祖神塔である。摩滅や剝落が著しいものの、銘はかろうじて「武州小川村馬之瀬谷／施主／山下・・／／正徳五年未九月廿六日／氏子／廿五人」を得た。筆者は東京文献⑤では最後を「廿八人」とし、「廿五人」との誤読の可能性を指摘しておいたが、実は逆で、「廿五人」と読むのが正しいのであろう。本書にて訂正しておきたい。詳細は東京文献⑤を参照のこと。7は東京都町田市金井町の稲荷神社内にある双体道祖神塔である。銘は双像の左右に「奉造立祭神子□□□敬／／正徳六丙申年二月十四日」とあり、上部中央に「カーン」の種字と「武州金井村氏子」と彫られている。さらに台座には「植木・・／横山・・／同・・／同・・／田中平三」と人名が認められるものの、字体間が詰まっていて読めそうで読めない。詳細は東京文献⑤を参照されたい。

8は福井県おおい町野尻の六所神社前にある文字道祖神塔である。正面に「道祖神」、左側面に「正治元年／九月日／願主城谷孫左衛門／作人武永善太夫」と彫られている。正治元年はなんと一一九九年に相当する。石塔自体は新しいもので、福井文献②によれば、幕末頃に再建されたものらしい。

9は岐阜県白川町切井中の瀬にある文字道祖神塔である。正面中央に「さいのかみ」とあり、その左右に「癸　享保八年／／卯　五月吉日」と彫られている。地元の人の話によれば、この石塔が建っている場所を「さいのかみ」というらしい。

10は愛知県新城市杉山にある文字道祖神塔である（愛知文献①）。一度訪れ、杉山地区の中心で、かつ古い地域といわれる正養寺周辺を歩き回り、地元の人にも聞き込みを実施したものの、遭遇することは叶わなかった。探索不足は明らかであるが、愛知文献①に掲載された写真をみると、自然石の文字塔であり、銘文は「寛永三丙寅正月吉日」とされている。「道祖神」の文字も立派で、とても寛永三（一六二六）年のものとは思えない。再建塔であろうか。

表6　福島県・新潟県・東京都・福井県・岐阜県・愛知県

県	番号	和暦	西暦	所在地	種類	高さ	像高	横幅	厚さ	銘文（現状）	参照文献	備考
福島	1	＊元禄7（安永3再建）	＊1694（1774再建）	南会津町滝原・鷲神社	双体	75	38	64	48	右：元禄七甲戌十月十日／星徳 右門二男大願建立／星徳左衛門 左：同五代孫再興造立之主／星源五郎 ／安永三甲午年／六月吉日	福島①	
福島	2	寛延3	1750	南会津町塩ノ原・鹿島神社	双体	62	34	36	21	正右：寛延三午年 正左：九月吉祥日 左：施主當所／芳賀清右門	福島①②	
新潟	3	（元禄3）（天保6）（天保12）元禄10	（1690）（1835）（1841）1697	柏崎市南条下南条	双体	59	32	34	18	正右：元禄□□／□月 六日／雲嶺清白禅定門 正上：○内に爲 正左：元禄十丑二月十九日／不室妙圓 大姉	新潟①②③④⑤⑥	
新潟	4	宝暦2	1752	魚沼市横根	双体	58	35	37	19	正右：宝暦二壬申□月吉日 正左：ひろせ郁　布澤氏	新潟①⑤⑥⑦	
東京	5	正徳4	1714	町田市つくし野二丁目・路傍	単体	＊38	30	23	11	正右：正徳四甲午正月吉日 正左：武劦小川村　臺／氏子／廿三人	東京①②③④⑤	
東京	6	正徳5	1715	町田市つくし野三丁目・福寿院前	単体	＊49	40	25	15	正右：武州小川村馬之 瀬谷／施主／山下・・ 正左：正徳五年未九月廿六日／氏子／ 廿五人	東京③④⑤	
東京	7	正徳6	1716	町田市金井町・稲荷神社	双体	44	20	23	18	正右：奉造立祭神子□□□敬 正中：種字（カーン）武州金井村氏子 正左：正徳六丙申年二月十四日 台正：植木・・／横山・・／同・・／ 同・・／田中平三	東京⑤	
福井	8	＊正治元（幕末再建）	＊1199（幕末再建）	福井県おおい町・六所神社	文字	98		53	34	正：道祖神 左：正治元年／九月日／願主城谷孫左 衛門／作人武永善太夫	福井①②	
岐阜	9	享保8	1723	岐阜県白川町切井中の瀬	板状	50		24	18	正：癸　享保八年／さい のかみ／卯　五月吉日 正下：（蓮華文様）	岐阜①	
愛知	10	＊寛永3	＊1626	愛知県新城市杉山	文字	50		30		正：道祖神 裏：寛永三丙寅正月吉日	愛知①	探索中。銘文、丈量は愛知①による。

参照文献

福島県
①金井　晃「会津地方の道祖神について」(『日本の石仏』第一四号　一九八〇年)
②椎橋幸夫『双体道祖神調査資料集成』名著出版　二〇〇七年
新潟県
①横山旭三郎『新潟県の道祖神』野島出版　一九七七年
②柏崎市立博物館『柏崎の石仏—石が語るもう一つの歴史—』(第20回特別展(開館5周年記念))一九九一年
③柏崎市立博物館『柏崎の道祖神』(柏崎市石造文化財調査報告書　第一集)一九九三年
④柏崎市立博物館『石仏のまちを歩く—柏崎石仏探訪ガイド』(フィールド・ワーク叢書①)一九九四年
⑤石田哲弥編『道祖神信仰史の研究』名著出版　二〇〇一年
⑥椎橋幸夫『双体道祖神調査資料集成』名著出版　二〇〇七年
⑦新潟県立歴史博物館『石仏の力』二〇一三年
東京都
①武田久吉「形態的に見た道祖神」(柳田国男先生古希記念文集『日本民俗学のために』第十輯(完結編)一九五一年)
②武田久吉『路傍の石仏』第一法規　一九七一年
③町田市立博物館『町田の石仏　地神塔・庚申塔・道祖神』一九八二年
④町田市教育委員会『町田市の石造物　町田市文化財調査報告書』二〇二〇年
⑤福田敏一『東京の道祖神塔事典　その全記録と考察』雄山閣　二〇二二年
福井県
①松村雄介「道祖神(概説)どうそじん」(日本石仏協会編『日本石仏図典』一九八六年)
②ＨＰ丹後の地名(福井県大飯郡おおい町野尻・六社神社)
岐阜県
①脇田雅彦「県内サエのカミの形態と伝承(概報)」(『岐阜県郷土資料研究協議会会報』(第三〇号　一九八一年)
愛知県
①鈴木源一郎『—東三河—　百姓の神々　道祖神』一九七〇年

第二章　縦長形石祠型道祖神塔卓越地帯

一　千葉県

千葉県内における寛延期以前の道祖神塔の数は、筆者が集成したものに限定すれば、一〇九基にのぼる。県全体の道祖神塔の数を示す統計はないものの、手元にある資料（調査報告書や記録など）を参考にすれば、その数は約四二〇基ほどである。未調査・未報告の地域も多くあるから、それらを含めれば総数は約五〇〇基前後にのぼると推定できる。したがって、寛延期以前の道祖神塔が全体に占める割合は、約二二％となろう。そのほとんどはいわゆる縦長石祠型の文字道祖神塔であるが、元禄期以前のより古いもののなかには、わずかながら板碑状のものも認められる。

千葉県内における寛延期以前の道祖神塔は数も多く、これはとりもなおさず、この地域の道祖神信仰の深さを示すものなのだが、こと探索・確認に関していえば、報告書などに位置図が付いている場合はともかく、「〇〇市△△町所在」のみの情報での遭遇・確認は、よそ者の限られた回数での探訪では至難の業である。加えて、「はじめに」でも述べたように、千葉県（茨城県、埼玉県、群馬県などの縦長石祠型の卓越地域も含む）の道祖神塔は小正月の火祭りに代表される行事などとも非親和的、というかこの地域ではドンド焼きは稀で、これに類似した行事にも道祖神塔が関与することは少ないようである。したがって、日頃から道祖神塔の存在を意識することも稀である。

これに加えて地域の過疎化も進んでおり、所在地（道祖神塔の有無の認識や建っている場所）に関する地元民からの情報もあまり期待できない。以上の理由により、「所在不明」や「探索中」の道祖神塔の数も他県に比べ多いのであるが、この点は今後の精進を担保にして、読者諸兄にはご容赦をお願いしておきたい。以下、確認することのできた道祖神塔について、銘文を中心に説明を加えることにする。

1は香取市増田村山にある縦長石祠型道祖神塔である。碑面は荒くボソボソである。かろうじて右側面に不明瞭ながら「□□十九辛卯正月十五日」の銘を得た。年号が「十九年」で、干支が「辛卯」なのは天正一九（一五九一）年しかない。文献㉝では枠上に「道□神」の文字があるとされるが、観察の結果、その痕跡はまったく認められなかった。道祖神塔とされるものの、どうしてこのような古い年銘が刻まれているのか、不明といわざるを得ない。文献㉝にも「天正銘を刻むが形態、筆跡、彫法等から近世の作例と考える。意図、背景は不詳。」と書かれている。2は松戸市馬橋の王子神社境内にある縦長石祠型道祖神塔である。祠内は無銘である。文献㊳によれば、裏面に「寛文元年9月9日」の年銘があるとされ、傍らに建つ説明塔にも「寛文元年銘　道祖神」と表示されている。ただし文献㊳に「博物館調査では裏面に銘文あるが、建屋に入っているために読めず。」とあるとおり、石祠が固定されていて筆者も裏面を観察することができず、この年銘を確認していない。

3は流山市長崎一丁目にある縦長石祠型道祖神塔である。祠内は無銘である。台石正面に「寛文十一年／根本忠兵衛／亥三月吉日」と刻まれている。4は香取市寺内向井にある板碑状の道祖神塔である。文献㉘には年銘は「元禄1・1・吉」との記載がある。しかし実際の銘は正面に「元禄四歳／辛未四月吉日」で、中央上部には種字（不明）が認められ、下部には蓮華が陰刻されている。「寺内・向井道祖神」と呼ばれる。

5は東庄町大友内畑にある陽石状の道祖神塔である。肉眼観察は難しいものの、採拓により「元禄三庚午年　大友村／南無道六神為二世安禾也／七月吉日　三太郎」の銘を得た。文献㉟には年銘が「元禄3-6-吉」とあるが、「6」は誤読である。6は東金市滝沢にある板碑状の道祖神塔である。銘文は正面に「元禄六癸酉天三月吉日／奉像立道祖神守／願主瀧沢村六兵衛／敬白」と刻まれている。一般的には「奉造立」であるが、本塔では「奉像立」と刻まれている。上部には雲上日輪・月輪が描かれている。

7は我孫子市青山の八幡神社にある板状の道祖神塔である。銘文は正面に「元禄拾二己卯年閏九月吉日／種字（アーンク）奉建立道陸神立願成就所／施主　常清道心　敬白」と彫られている。8は神埼町神崎本宿にある縦長石

4a　正右

3a　台正

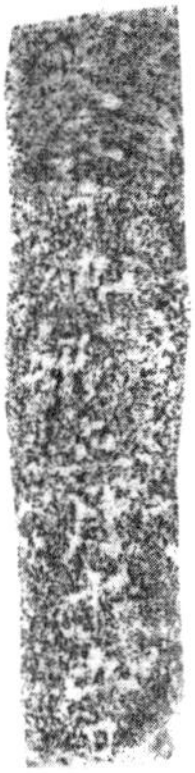
1c　拓本

1　香取市増田・
天正 19（1591）

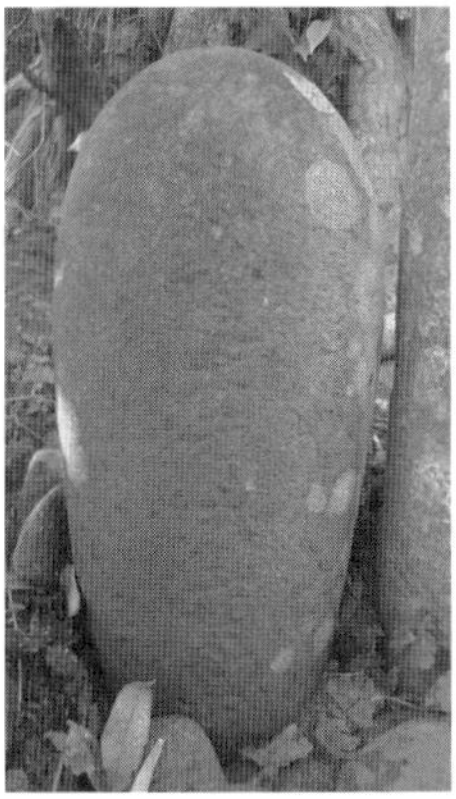
5　東庄町大友内畑・
元禄 3（1690）

3b　拓本

2　松戸市馬橋・
王子神社・寛文元（1661）

1a　右

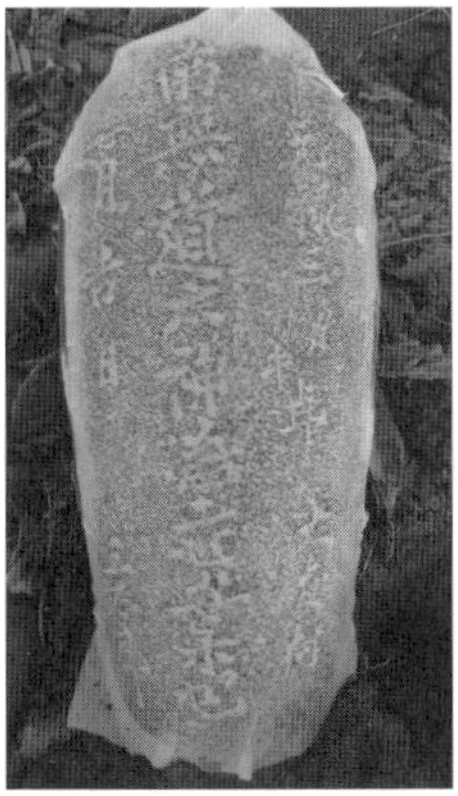
5a　採拓

4　香取市寺内向井・
元禄元（実は元禄 4）

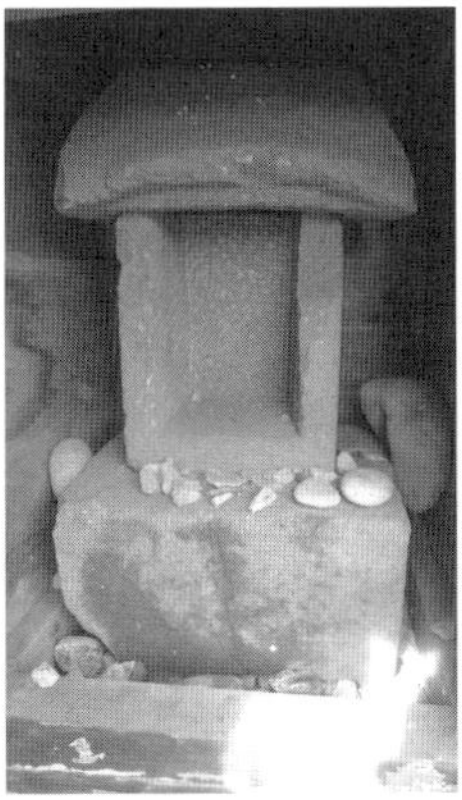
3　流山市長崎一丁目・
寛文 11（1671）

1b　採拓

写真Ｇ　千葉県（1）

5b　拓本

6b　拓本

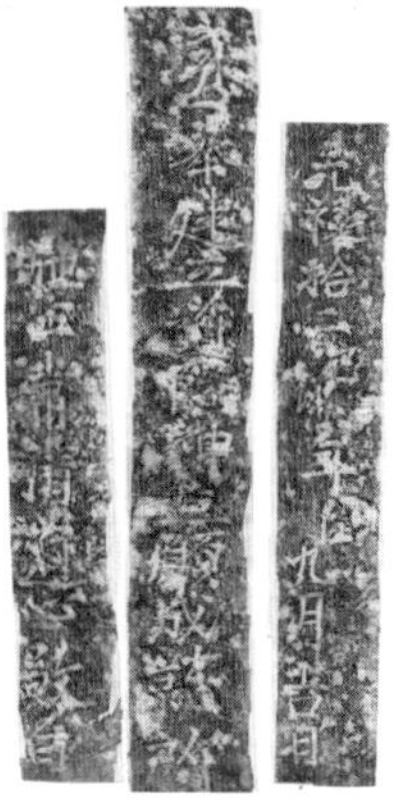
7b　拓本

8b　左

6　東金市滝沢・元禄 6（1693）

7　我孫子市青山・八幡神社・元禄 12（1699）

8　神崎町神崎本宿・元禄 14（1701）

9　印西市船尾町田・宝永 2（1705）

6a　正

7a　採拓

8a　右

9a　正左

写真Ｇ　千葉県（2）

祠型道祖神塔である。やや大きな石祠で、祠内は無銘である。右側面に「別當神宮寺」、左側面に「木内／元禄十四年巳正月吉日／清右門」とある。「清右門」に「衛」はない。

9は印西市船尾町田にある単体道祖神塔である。欠損がみられるものの、正左に「宝永二乙酉年三月三日　同・・」と刻まれている。10は松戸市小根本の神明神社にある縦長石祠型道祖神塔である。祠内は無銘である。枠の左右に「宝永五戊子天　同行・・／／十月吉日　小根本村」と彫られている。

11は我孫子市新木の太子堂墓地前にある縦長石祠型道祖神塔で、祠内は無銘である。枠左右に「導師芝原村龍泉寺／／別當新木村地蔵院／宝永五戊子天霜月吉日」とあり、枠上に「道祖神」、枠下に「村中想産子」と刻まれている。さらに右側面下部には「祭施主／戸邊七左衛門／同　伝兵衛／同　佐二兵衛／同　次兵衛」、左側面下部には「宮之願主　無緣了関」とある。12は市原市神崎にある石祠型道祖神塔である。枠上に「道祖神」とあり、室部左右側面に「宝永七庚寅／奉造立道祖神宮／三月大吉日／／上総国市原郡神崎村／氏子一繕／願主　根木小□衛門／井毎三□衛門」と刻まれている。

13は栄町安食の辺引青年館前にある板状の道祖神塔である。銘は正面に「宝暦寅九月拾四日／道祖神　村中」とある。文献㉑には銘は「宝永寅九月□□／道祖神　村中」と書かれているものの、実際は先にみたように「宝暦寅」年で、宝暦年間のうち「寅」は宝暦八（一七五八）年に限定される。14は文献①に「宝永　下八木」とのみ掲載のある道祖神塔である。筆者未調査。

15は山武市松尾町高富にある縦長石祠型道祖神塔で、祠内は無銘である。正面枠の左右に「施主藤崎氏源治・・／／正徳三癸巳三月吉日」と彫られている。16は山武市松尾町武野里一本松にある縦長石祠型道祖神塔である。埋もれているが、枠左右の年銘はかろうじて見て取れる。正面に「正徳四・・／／午十・・」とある。祠内の銘は埋もれていて不明。草鞋が供えられていた。

17は神崎町毛成にある「正徳四年」の縦長石祠型道祖神塔である。文献㉓には所在地番号まで記載があるので、発

10　松戸市小根本・神明神社・宝永 5（1708）

10a　枠右

10b　枠左

11　我孫子市新木太子堂前・宝永 5（1708）

11a　正

11b　右下

11c　左

12　市原市神崎・宝永 7（1710）

12a　右

12b　左

3　栄町安食辺引青年会館前・宝永 7（実は宝暦 8）

13a　採拓

写真G　千葉県（3）

18c　拓本

18　神埼町並木・
正徳 6（1716）

16　山武市松尾町武野里
一本松・正徳 4（1714）

13b　拓本

19　芝山町大台・NTT
鉄塔裏・享保元（1716）

18a　正

16a　枠右

15　山武市松尾町高富
正徳 3（1713）

19a　正

18b　左

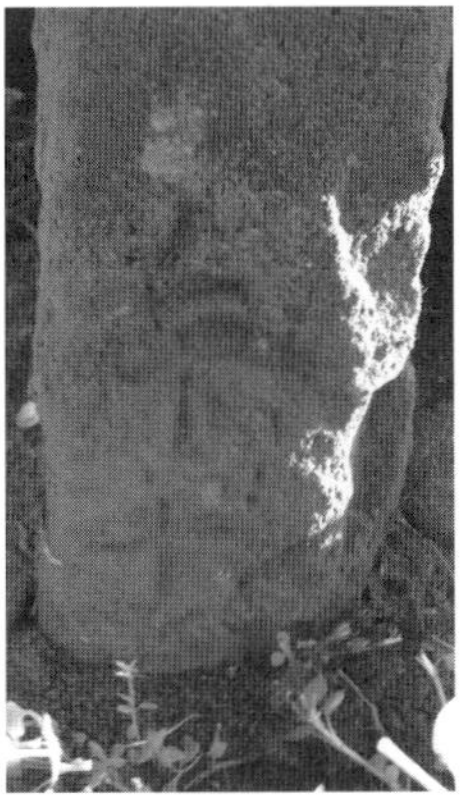

16b　枠左

15a　正

写真G　千葉県（4）

見は容易と思われたのであるが、当該番地およびその周辺では探し出すことは叶わなかった。文献㉓には「塔身部欠損」とあるので、あるいは湮滅したのかもしれない。18は神崎町並木にある角柱状の道祖神塔である。正面に「下かと里みち／道祖神／上なめかわみち」とあり、左側面には「□こうさきみち／正徳六丙申二月吉日／施主當村作右衛門」と刻まれている。

19は芝山町大台根切のNTT鉄塔裏にある縦長石祠型道祖神塔である。祠内は無銘である。正面の枠上には「造奉立」、左右枠には「道祖神／／古作半内」とあり、左側面には「享保元申十一月吉日」と彫られている。20は印西市亀成旧道にある縦長石祠型道祖神塔である。祠内には「道六神」とあり、左右側面には「享保元丙申九月吉日／亀成村／／施主岩崎八兵□」と刻まれている。

21は栄町須賀流の地蔵堂にある縦長石祠型道祖神塔で、祠内は無銘である。右側面に「享保元丙申天／奉造立道六神／九月吉日」と彫られている。22は山武市松尾町八田本村にあるとされる縦長石祠型道祖神塔である。文献⑥には「享保元・一二・吉」とあるものの松尾町内の道祖神塔を報告した文献⑰には記載がなく、二度の探索においても見つからなかった。所在は不明といわざるを得ない。

23は芝山町大台坂野宮にある「享保二年」の縦長石祠型道祖神塔である。文献⑧には記載があるものの、最新の文献㊱には記載がなく、文献⑧にある所在地でもその存在を確認することができなかった。24は山武市木戸二十三夜様にある縦長石祠型道祖神塔である。祠内に銘はない。枠左に「享保二丁酉」とあり、左側面に「庄兵衛」とある。

25は香取市下小川の墓地の向いにある角柱状の道祖神塔である。正面に「享保三戌／奉造立道祖神一躬攸／十一月吉日」とあり、左側面に「小河村同行廿一人」と彫られている。26は芝山町住母家の三叉路にある縦長石祠型道祖神塔である。祠内に銘はない。正面の枠左右に「江内諸願成就／／施主萩原九兵衛」とあり、左側面には「享保三戊戌九月・・」と刻まれている。

27は成田市久井崎の鈴木理容店付近にある道祖神塔で、文献㉖によれば「享保三年」のものとされる。筆者未調

25a　左

24　山武市木戸・二十三夜様・享保 2（1717）

20b　左

19b　右

25b　採拓

24a　左

21　栄町須賀流曲輪・地蔵堂・享保元（1716）

20　印西市亀成・享保元（1716）

25c　拓本

25　香取市下小川・墓地向い辻・享保 3（1718）

21a　右

20a　右

写真G　千葉県（5）

26　芝山町住母家・三差路・享保3（1718）

28　船橋市海神六丁目・三差路・享保5（1720）

28c　左

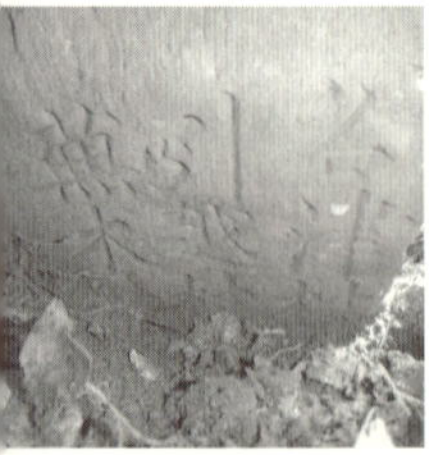

29b　左下

26a　正

28a　近景

29　山武市松尾町谷津・享保6（1721）

29c　枠下

26b　左

28b　右

29a　右

1　旭市清和甲・脇鷹神社・享保7（1722）

写真G　千葉県（6）

査。28は船橋市海神六丁目にある縦長石祠型道祖神塔である。祠内に銘はない。室部左右の側面に「享保五庚子／／九月三日」と彫られている。

29は山武市松尾町谷津にある縦長石祠型道祖神塔である。祠内は無銘である。正面枠上に「道祖神」、枠下に「小堀村」とあり、室部左右に「享保六辛丑十一月吉日／／谷津村／引越村／蕪木村」と彫られている。30は香取市新市場の天宮神社にあるとされる縦長石祠型道祖神塔である。「享保六年」のものとされるが、数回の探索にもかかわらず探し出すことはできなかった。所在不明とせざるを得ない。

31は旭市清和甲の脇鷹神社境内にある縦長石祠型道祖神塔である。祠内に銘はなく、正面枠上に「道祖神」とある。加えて、室部左右に「享保七寅正月吉日／／宮崎与兵右・・」と明瞭に刻まれている。32は芝山町下吹上の隣高神社の入口左にある縦長石祠型道祖神塔である。祠内は無銘である。枠上に「道祖神」とあり、枠の左右に「疱瘡祈願成就処／／享保七壬刁二月吉日」とある。さらに室部右側面には「別當満蔵寺」と彫られている。「刁」は「寅」の異字である。

33は習志野市鷺沼にある「享保七年」の道祖神塔とされるものの、文献④に掲載された写真をみる限り庚申塔のようにみえる。筆者未調査。34は香取市八元の諏訪神社にある縦長石祠型道祖神塔で、祠内に銘はない。正面枠の左右に「奉造立道祖神／／享保八卯六月吉日」とあり、室部左右側面には「八本村　角田吉兵衛／角田市郎兵衛／角田喜兵衛／角田久四郎／西国順礼道行八人／／道中安全諸願成就／諏訪清次郎／諏訪清吉郎／角田茂平次／諏訪傳十郎」と多くの人名が刻まれている。「西国順礼」は「西国巡礼」の意であろう。

35、36はともに千葉市星久喜町の三上神社にある自然石からなる文字道祖神塔である。二基ともに「享保八癸卯天／道祖大善神／二月十五日／森川／善次郎」と、まったく同じ銘文が刻まれている。

37は柏市柳戸523番地地先にある縦長石祠型道祖神塔である。祠内に銘はない。正面枠左右に「奉造立道六神之石宮諸願成就所／／享保九甲辰五月吉祥日」と刻まれ、室部左右にも「山崎六左衛門／／座間三郎□衛門」とある。文献

31a　右

32a　正

34a　右

36　船橋市星久喜町・
上神社・享保８（1723）

31b　左

32b　右

34b　左

7　柏市柳戸 523 地先・
享保９（1724）

32　芝山町下吹入・隣高
神社左・享保７（1722）

34　香取市八本・諏訪
神社・享保８（1723）

35　船橋市星久喜町・
三上神社・享保８（1723）

37a　正

写真Ｇ　千葉県（7）

㉔には「石工／山崎六左エ門」とあるものの、実際には「石工」の文字は確認できなかった。38は香取市野田の稲生神社にある縦長石祠型道祖神塔である。祠内に銘はなく、枠上に「道祖神」とある。左側面に「享保十一丙午十一月日／岡本氏」と彫られている。

39は芝山町朝倉の日吉神社の下にある縦長石祠型道祖神塔である。祠内に銘はなく、陽石が納められている。銘は右側面に「享保十七子六月・・」とある。「六月」以降は埋もれていて読めない。また文献㊱によれば、左側面には「武射郡朝倉村」とあるとされるものの、埋もれていて確認できなかった。なお、文献㊱では年銘は「享保十一年十月吉日」とされている。確かに「十七」は「十一」と間違えやすいが、これは明らかに誤読である。40は山武市松尾町八田押辺にある縦長石祠型道祖神塔である。祠内は無銘である。室部右側面に「享保十二丁未二月・・」とある。「二月」以下は埋もれていて確認できない。

41は富里市日吉台東台にある縦長石祠型道祖神塔である。祠内に銘はなく、右側面に「享保十三戊申十月吉日立之」とある。「戊」は痕跡で、後から付け加えたようにみえる。42は白井市復の鳥見神社にある縦長石祠型道祖神塔である。祠内は無銘で、枠上に「道祖神」とある。室部左右側面には「享保十五年戌十二月／／富ヶ谷村」と彫られている。

43は成田市一坪田の墓地の入口に建っている縦長石祠型道祖神塔で、正面枠左右に「奉掛道祖神／／享保十五戌正月吉日」とあり、左側面に「比崎／甚之丞」と彫られている。「奉掛」の文字は珍しい。44は成田市村田耕田寺にあるとされる「享保一六」年の道祖神塔である。筆者未調査。

45は成田市一坪田の墓地にあるとされる「享保一七年」の道祖神塔であるが、先にみた43は確認したものの、本塔は見つけ出すことができなかった。46は芝山町大台宮門神社東にある縦長石祠型道祖神塔である。祠内に銘はなく、正面枠上に「道祖神」とある。加えて、枠の左右には「享保十七壬子天／／十一□吉日　大田□内　吉た村」と彫られている。

47は松戸市千駄堀にある縦長石祠型道祖神塔である。文献㊳には「塔身がコンクリート造りであることから再建塔

1　富里市日吉倉東台・
享保 13（1728）

39a　右

38　香取市野田・稲生
神社・享保 11（1726）

37b　右

41a　右

40　山武市松尾町八田
押辺・享保 12（1727）

38a　左

37c　左

2　白井市復（富ヶ谷）・
見神社・享保 15（1730）

40a　右

39　芝山町朝倉・日吉神社
下・享保 11（実は享保 17）

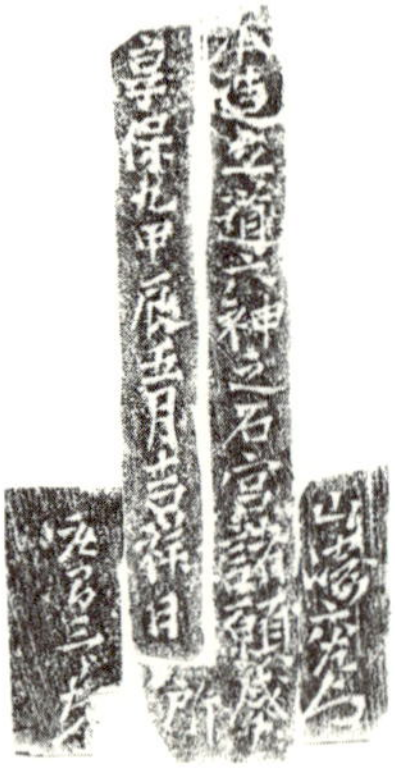

37d　拓本

写真G　千葉県（8）

48　我孫子市新木・葺不合神社・享保 18（1733）

46　芝山町大台・宮門神社東県道沿い・享保 17（1732）

43　成田市一坪田・墓地入口・享保 15（1730）

42a　右

48a　右

46a　正

43a　正

42b　左

48b　左

47　松戸市千駄堀・路傍・享保 17（再建）

43b　左

42c　枠上

写真G　千葉県（9）

身である。そのため「享保十七年四月吉日」の銘が見当たらない。」と書かれている。旧塔の年銘が「享保十七年四月吉日」だったのであろう。いつ再建されたのかは銘がなく分からない。屋根の破風に「道祖神」とある。48は我孫子市新木の葺不合神社にある縦長石祠型道祖神塔である。祠内に「道祖神」とある。室部左右側面には「享保十八癸丑天十一月吉日／／相馬郡沖田村　□主　高田□兵衛／田口五衛門／増田権・・／染谷・・／増田・・／高田・・」と刻まれている。

49は香取市新市場の天宮神社にある縦長石祠型道祖神塔である。祠内に銘はなく、枠上に「道祖神」とある。室部左右側面には「享保十八丑八月吉日／／施主／八兵衛」と刻まれている。50は山武市川崎にある縦長石祠型道祖神塔である。下半部が埋もれており、銘は室部左右側面に「川・・／／享保十八・・」と読めたに過ぎない。祠内も不明である。文献⑪によれば、銘は「川崎村／／享保十八五十月吉日」ということであるが、「五」は「丑」の誤読もしくは印刷上の誤植であろう。

51は印西市和泉にある縦長石祠型道祖神塔で、祠内は無銘である。左側面に「享保十九寅七月吉日」とある。52は柏市布施の日枝神社にある縦長石祠型道祖神塔である。祠内に銘はない。正面枠右には「享保十九丙寅」と刻まれている。しかし享保一九年の干支は「甲寅」であるから「丙寅」は誤刻である。枠左は欠損のため銘を確認することができない。ちなみに、文献㉕では銘が「享保十九甲寅」となっており、それは年銘と干支の組み合わせとしては正しいのであるが、誤刻されている実際の「丙寅」を観察していないものと思われる。「甲寅」は享保一九年に符合させた結果であろう。

53は酒々井町柏木の七社神社境内にある縦長石祠型道祖神塔で、祠内は無銘である。左右側面に「願主　久右衛門／／享保十九年寅正月吉□／施主　柏木村中」と刻まれている。「吉□」の「□」はセメントで固められているため読めない。54は旭市清和甲の脇鷹神社にある縦長石祠型道祖神塔である。祠内に銘はなく、枠上に「道祖神」と彫られている。枠左に「享保十九甲寅三月吉日」と年銘が刻まれている。室部左側面には「十兵衛／助左衛門／安左衛門／

49　香取市新市場・天宮神社・享保 18（1733）

49a　正面

49b　右

49c　左

50　山武市川崎・享保 18（1733）

50a　左

51　印西市和泉・享保 19（1734）

51a　右

52　柏市布施・日枝神社・享保 19（1734）

52a　枠右

53　酒々井町柏木・七社神社・享保 19（1734）

53a　右

写真G　千葉県（10）

五兵衛／清右門／勘兵衛／新右門」とある。「清右門」と「新右門」には「衛」がない。略したのであろうか。本塔は管見の限り所在記録がなく、今回がはじめての報告となる。

55は松戸市日暮の白髭神社にある縦長石祠型道祖神塔である。祠内に「道祖神」とある。左右の側面に「享保二十乙卯九月中旬／／西国／奉納秩父一百ヶ所巡礼成就所／坂東」、裏面に「下総国葛飾郡日暮村／日暮五兵衛／高橋良右衛門／同　益右衛門」と彫られており、屋根の破風には「卍」が陽刻されている。56は芝山町小池竜ヶ塚にある「享保二〇年」の縦長石祠型道祖神塔である。二度ほど訪れ、探索したがいまだに遭遇していない。

57は香取市一ノ分目の境宮神社にある縦長石祠型道祖神塔である。祠内に銘はなく、枠上に「道祖神」とある。室部左右の側面に「元文元辰十一月吉日／／當村高岡与左右門」と彫られている。「与左右門」に「衛」はない。58は香取市八日市場にある縦長石祠型道祖神塔である。祠内に銘はなく、枠上に「道祖神」と刻まれている。室部左右側面に「元文元年／／木内伊右門／辰ノ九月吉日」とある。「伊右門」に「衛」はない。

59は山武市松尾町本柏鈴木家裏にある縦長石祠型道祖神塔である。祠内は無銘である。室部左右の側面に「元文三午六月吉日／／鈴木氏」とある。60は柏市大室の香取神社にある縦長石祠型道祖神塔である。祠内に「奉納道六神」とあり、屋根には種字（キリーク?）が陰刻されている。室部左右側面には「願主　平野権兵衛／下総国小金領大室村／同　長三郎／／染谷権三郎／元文三年三月吉日／吉田嘉兵衛」と刻まれている。木小屋内にあるため左右側面の写真撮影は難しい。

61は香取市増田村山の1の隣にある縦長石祠型道祖神塔である。祠内に銘はなく、正面枠上に「道祖神」と彫られている。右側面に「元文三戊午年／九月九日」と年銘が刻まれている。62は白井市河原子阿弥陀堂にあるとされる「元文四年」の縦長石祠型道祖神塔である。境内では見つからず地元の人の話からでもこれを確認することはできなかった。所在は不明である。

63は富里市立沢の稲荷神社にある縦長石祠型道祖神塔で、祠内は無銘である。右側面に「元文三午ノ十月吉日／池

53b　左

54b　左

55b　左

57a　右

54　旭市清和甲・脇鷹
神社・享保 19（1734）

55　松戸市日暮・白髭
神社・享保 20（1735）

55c　裏

57b　左

54a　正

55a　右

57　香取一ノ分目・境
宮神社・元文元（1736）

58　香取市八日市場・
元文元（1736）

写真G　千葉県（11）

58a　右

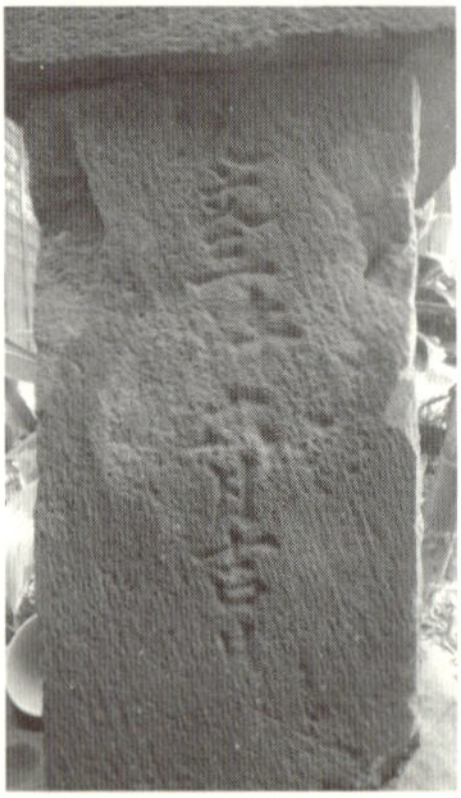

59a　右

60a　右

61a　右

58b　左

59b　左

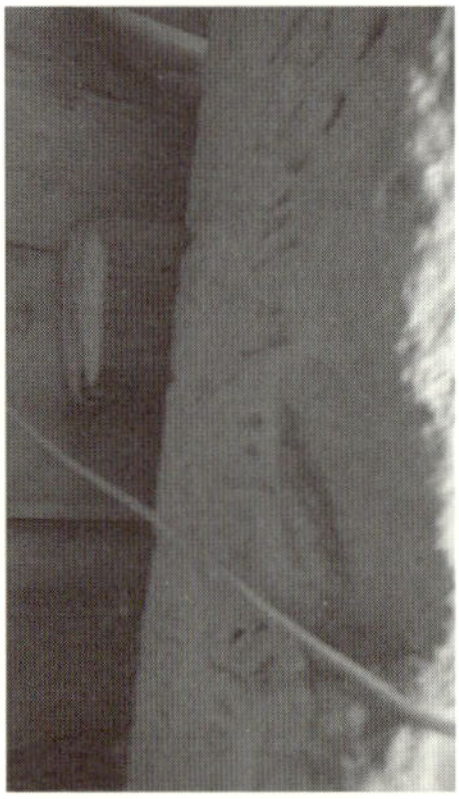

60b　左

3　富里市立沢・稲荷神
土・元文5（実は元文3）

59　山武市松尾町本柏・鈴木家裏・元文3（1738）

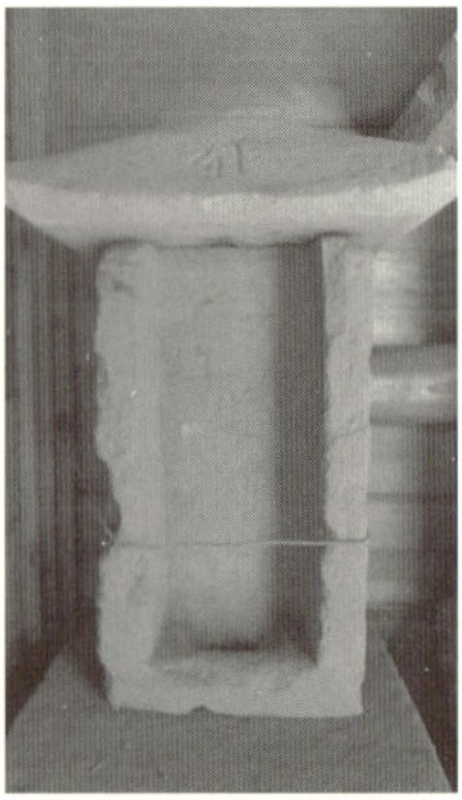

60　柏市大室・香取神社・元文3（1738）

61　香取市増田・路傍・元文3（1738）

63a　右

写真G　千葉県（12）

沢」とある。文献⑦では「元文五・一〇・吉」とされるが、「五」は「三」の誤読で、この点は「午」からも裏付けられる。64は松戸市新作の安房須神社にある縦長石祠型道祖神塔である。祠内は無銘で、右側面に「種字（ヴァン）道六神／新作村」、左側面に「元文六辛酉年三月吉日」と刻まれている。

65は八千代市高津六五五番地にある縦長石祠型道祖神塔である。道祖神塔前の鳥居に「道六神」と書かれている。小屋内に収められているため側面の写真は難しい。祠内は無銘で、左側面に「元文六辛酉三月吉日／下総国千葉郡高津村／願主　孫右衛門」と刻まれている。文献⑫では「藤右ェ門」と読んでいるが、「孫右衛門」が正しい。66は文献⑲に掲載されている「元文」銘の縦長石祠型道祖神塔であるが、筆者はいまだにその存在を確認していない。

67は山武市松尾町下之郷にある縦長石祠型道祖神塔で、祠内に銘はない。右側面に「寛保元酉九月吉日」と刻まれている。68は印西市白幡八幡宮向いの竹林にある縦長石祠型道祖神塔である。祠内に「大松道祖神」とあり、左右側面には「寛保元酉天六月吉日／／庚申講中／願主新左門」と彫られている。「新左門」に「衛」はない。

69は成田市伊能要害にあるとされる「寛保元年」の道祖神塔であるが、筆者はいまだにこの地を訪れていない。70は富里市立沢の稲荷神社にある縦長石祠型道祖神塔で、63の手前に建っている。祠内は無銘である。室部左右側面には「寛保二壬戌九月吉日／／池澤」とある。

71は香取市新部の三差路にある縦長石祠型道祖神塔である。祠内は無銘で、枠上に「□祖神」と彫られている。下半部が埋まっており、かろうじて右側面に「寛保二□戌・・」、左側面に「願主□・・」の銘を得た。72は松戸市八ヶ崎の子安神社にある縦長石祠型道祖神塔である。祠内に「道六神宮」とある。左右の側面には「女人／念佛講中／／寛保二壬戌十一月吉日」と刻まれている。

73は船橋市大穴町にあるとされる「寛保二年」の縦長石祠型道祖神塔である。町内をくまなく歩いたものの、筆者はいまだにこの石塔を探し出すに至っていない。74は山武市松尾町大堤の青年館前にある縦長石祠型道祖神塔である。祠内には銘はなく、枠上に「道祖神」と刻まれている。室部左右側面には「寛保二壬戌年／／九月二十五日／大

64　松戸市新作・安房須神社・元文6（1741）

65　八千代市高津655番地・元文6（1741）

65c　左

68　印西市白幡・八幡神社向い・寛保元（1741）

64a　右

65a　鳥居

67　松尾町下之郷・早川商店西・寛保元（1741）

68a　右

64b　左

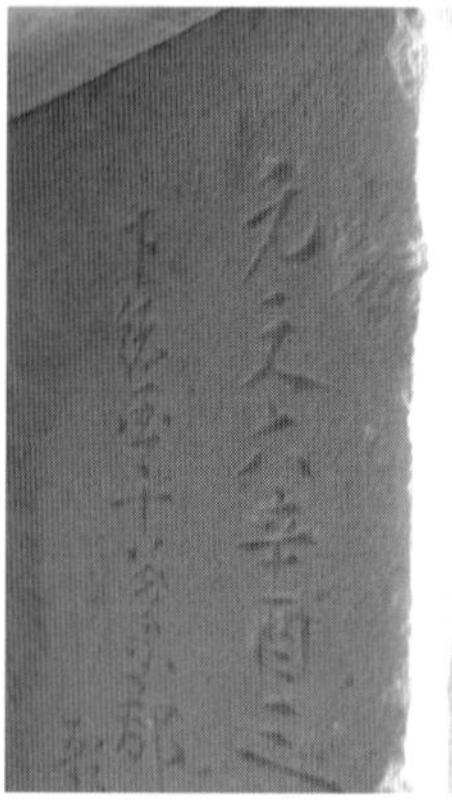

65b　左

67a　右

68b　左

写真G　千葉県（13）

74　山武市松尾町大堤・青年会館前・寛保 2(1742)

72　松戸市八ヶ崎・子安神社・寛保 2（1742）

71　香取市新部・三叉路・寛保 2（1742）

70　富里市立沢・稲荷神社・寛保 2（1742）

74a　右

72a　右

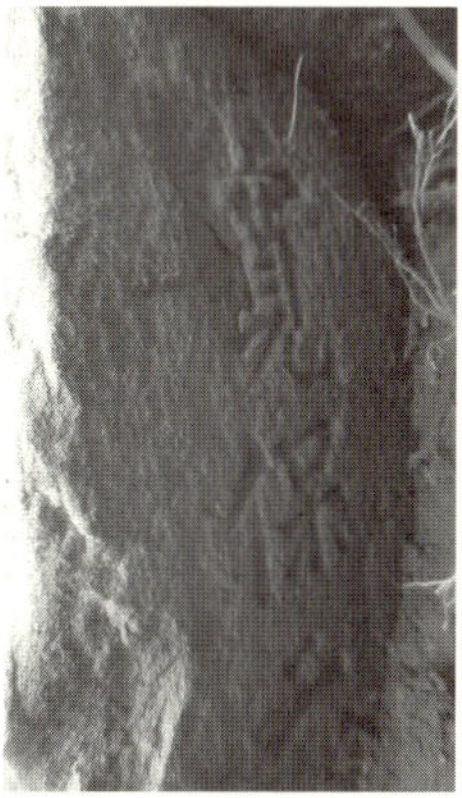

71a　右

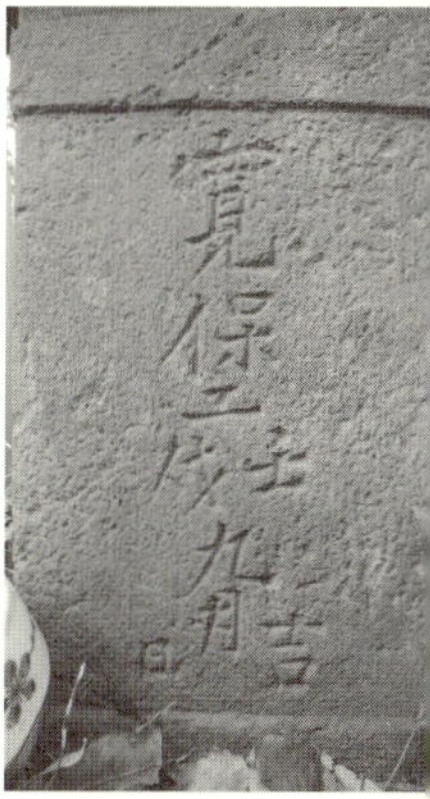

70a　右

74b　左

72b　左

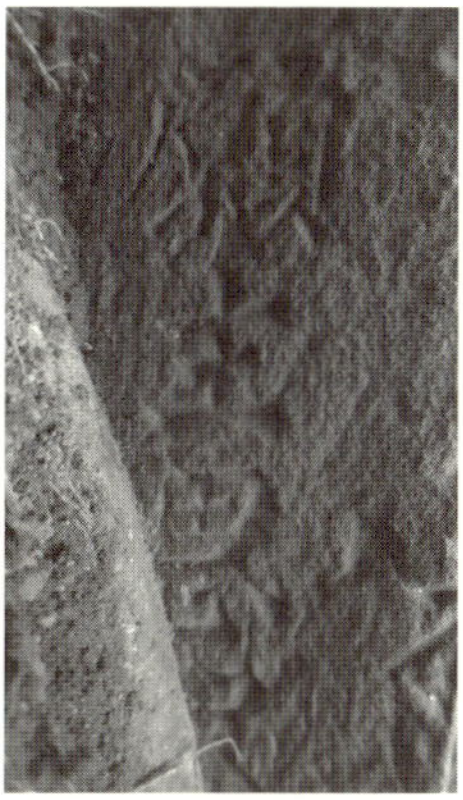

71b　左

70b　左

写真G　千葉県（14）

堤村中」とある。

75は印西町滝の瀧水寺手前の辻にある縦長石祠型道祖神塔である。祠内に銘はない。左右の側面には「寛保二壬戌四月吉□／／施主　利兵□」とある。埋まっていて読めないものの、「吉□」は「吉日」、「利兵□」は「利兵衛」であろう。屋根の破風に「卍」が陰刻されている。76は香取市分郷の諏訪神社脇にある縦長石祠型道祖神塔である。祠内に銘はなく枠上に「道祖神」とある。左右の側面には「寛保三亥九月吉日／／惣村中」と彫られている。

77は酒々井町高岡にある「寛保三年」の縦長石祠型道祖神塔である。筆者未調査。78は千葉市亥鼻一丁目公園内にある板状の文字道祖神塔である。正面中央楕円状の凹部内に「寛保四子年／種字（キリーク？）道祖神／正月吉日」とあり、左右の枠に「石屋八兵衛／／伊藤善八」と彫られている。

79は船橋市飯山満町一丁目にある「寛保四年」の縦長石祠型道祖神塔である。筆者未調査。80は芝山町小池頭香の三差路にある縦形石祠型道祖神塔である。祠内に銘はなく、左右側面に「道祖神／／延享元甲子九月吉日／施主伊藤吉右衛門」と彫られている。

81は船橋市坪井町にある「延享元年」の縦長石祠型道祖神塔である。筆者未調査。82は柏市酒井根の八坂神社前の縦長石祠型道祖神塔である。祠内に「道祖神」とあり、左右側面には「酒井根村／延享二乙丑天十一月吉日／／願主田中清左衛門／鈴木四郎右門／田中甚之丞／武藤伊右門／横尾市左衛門」と彫られている。「鈴木四郎右門」と「武藤伊右門」には「衛」がない。

83は成田市小浮の水神社にある縦長石祠型道祖神塔で、祠内に銘はない。正面の左右枠には「國家安全／／惣氏子小浮村」とあり、右側面には「延享二乙丑十二月吉日」と彫られている。84は山武市松尾町水深の本迹寺手前にある縦長石祠型道祖神塔である。祠内に銘はなく、正面枠左右に「延享二丑年／／五月朔日」、枠下に「施主豪俊」と彫られている。

85は芝山町境上郷の三差路のある縦長石祠型道祖神塔である。祠内に銘はなく、正面の左右枠に「奉造立道祖神／

75　印西市滝・瀧水寺
手前の辻・寛保２（174

76　香取市分郷・諏訪
神社・寛保３（1743）

78　千葉市亥鼻・神明
神社・寛保４（1744）

80a　右

75a　右

76a　右

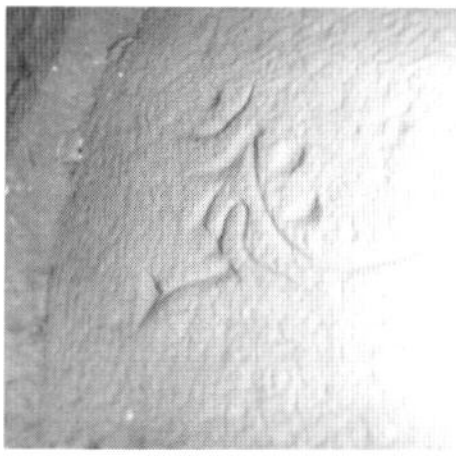

78a　正上

80b　左

75b　左

76b　左

80　芝山町小池・頭香・
延享元（1744）

82　柏市酒井根・八坂
大神・延享２（1745）

写真Ｇ　千葉県（15）

86a　正

85　芝山町境上郷・延享 2（1745）

83a　右

82a　右

86b　拓本

85a　左

84　山武市松尾町本水深・本迹寺地先・延享 2（1745）

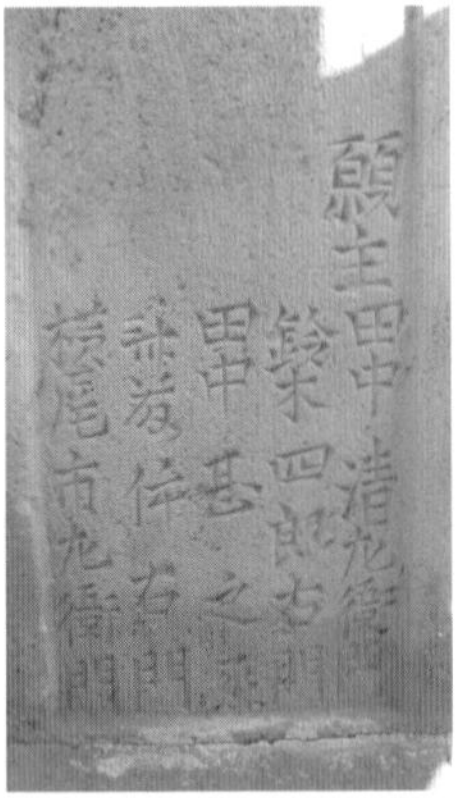
82b　左

8　山武市松尾町谷津・道沿い・延享 3（1746）

86　横芝光町栗山・延享 2（1745）

84a　枠下

83　成田市小浮・水神社・延享 2（1745）

写真G　千葉県（16）

／延享二丑十二月廿□」とある。さらに左側面に「上総國武射郡境村／伊藤新左衛門」と彫られている。86は横芝光町栗山にある縦長石祠型道祖神塔で、祠内に銘はない。正面の枠左右に「延享二乙丑年／／五月朔日造立之」とある。

87は文献㉖にいう成田市堀籠・白幡宅付近にある「延享二年」道祖神塔である。筆者未調査。88は山武市松尾谷津にある縦長石祠型道祖神塔で、祠内は無銘である。左右側面に「谷津村／講中／／延享三丙寅五月吉日」と刻まれている。

89は松戸市小金北小金駅南の綿貫家前にある縦長石祠型道祖神塔である。厳重に保管されており、詳細な観察はできない。祠内に「道六神」とある。右側面にかろうじて「延享三丙寅五月吉日」の銘文を得た。90は松戸市栄町五丁目の水天宮にあるとされる「延享三年」の縦長石祠型道祖神塔である。二度ほど町内をくまなく歩いたものの、この石塔の存在を確認することはできなかった。所在不明とする。

91は山武市野堀の金親家裏山にあるとされる「延享三年」の縦長石祠型道祖神塔である。地元の方に聞き取りをするも、確認するに至っていない。92は松戸市幸田の香取駒形神社境内にある縦長石祠型道祖神塔である。祠内に「道六神宮」とある。左右の側面からは「□主　・・衛門／／延享三丙寅九月吉日」の銘文を得た。右側面は摩滅が激しく読めない部分が多い。文献㊳によれば、「願主　勘左ヱ門」とあるらしい。

93は印西市松崎の松崎集会所前にある縦長石祠型道祖神塔である。祠内に銘はない。左右側面には「延享四丁卯九月吉日／／山江／願主　山嶋与□兵衛／講中三十人」と彫られている。94は柏市柏五丁目の諏訪神社にある縦長石祠型道祖神塔である。祠内に「道祖神」とある。左右の側面には「延享四丁卯天／／五月吉日」と刻まれている。

95は船橋市楠が山町の青蓮院裏にある縦長石祠型道祖神塔である。祠内に銘はない。左右の側面には「延享五辰年／／三月吉日／楠山村」とある。96は印西市の報告書（文献⑨）にいう第16地点もしくは第29地点にあるとされる「延享期」の道祖神塔である。両地点とも探索を実施したものの、見つけられなかった。

93b　左

92a　左

89a　正

88a　右

4　柏市柏五丁目・諏訪神社・延享 4（1747）

93　印西市松崎・松崎集会所向い・延享 4（1747）

89b　右

88b　左

94a　右

93a　右

92　松戸市幸田・香取駒形神社・延享 3（1746）

89　松戸市小金 440・綿貫家前・延享 3（1746）

写真G　千葉県（17）

97は芝山町山中備中作にある「延享五年」の縦長石祠型道祖神塔である。山中地区を二度ほど探索したものの、いまだにこれに遭遇していない。98は船橋市前貝塚町にあるとされる「延享五年」の縦長石祠型道祖神塔である。筆者未調査。

99は酒々井町本佐倉にあるとされる「延享五年」の道祖神塔である。筆者未調査。100は香取市鴇崎の共同館前にある板状の文字道祖神塔である。摩滅が著しいものの、かろうじて正面に「寛延元歳／奉納道祖神／□月朔日」の銘文を得た。

101は香取市多田新橋にある「寛延元年」の縦長石祠型道祖神塔である。当地を訪れ歩きまわり、地元の人に話を伺ったものの、見つからなかった。狭い地区なので所在不明としたい。102は芝山町新井田にある「寛延元年」の縦長石祠型道祖神塔である。文献⑧㊱には地番まで記載があるので遭遇は容易と思われたが、当該地点には存在していない。写真によれば、屋根部が欠損しており、あるいは廃棄された可能性も排除できない。所在不明とする。

103は香取市多田新田の多田公民館にある縦長石祠型道祖神塔である。祠内に銘はない。左右側面には「寛延元辰八月吉日／／多田村願主廿三人」と彫られている。104は銚子市富川の大杉神社内にある縦長石祠型道祖神塔である。祠内に銘はなく、正面枠上に「道祖神」、左右の枠に「寛延元年／／戊辰九月吉日」と刻まれている。

105は酒々井町山崎の仙元神社にある縦長石祠型道祖神塔である。小屋内にあり、その前に「道祖神」と書かれた鳥居が建っている。祠内に銘はない。左右の側面には「寛延二己巳年九月吉日／／庄田氏」と刻まれている。106は香取市西部田の八幡神社にある板碑状の文字道祖神塔である。正面に「奉納道祖神」とあり、右側面には「西部田村／寛延弐己巳九月吉日／米本氏」の銘文が認められる。

107は九十九里町西野にあるやや大きな石祠型道祖神塔である。祠内に「道祖神」とあり、さらに左右の側面には「寛延三庚午歳／／九月吉日／願主／貝塚村行木弥兵武」と彫られている。108は神崎町大貫の稲荷神社にある縦長石祠型道祖神塔である。祠内は無銘で、正面枠上に「道祖神」とある。さらに室部左右側面に「寛延四未二月吉日／／

94b　左

95b　左

100b　拓本

103b　左

95　船橋市楠が山町・青蓮院裏・延享5（1748）

100　香取市鴇崎・共同会館前・寛延元（1748）

103　香取市多田・多田公民館・寛延元（1748）

104　銚子市富川町・杉神社・寛延元（1748）

95a　右

100a　採拓

103a　右

05　佐倉市山崎・仙元社横・寛延2（1749）

写真G　千葉県（18）

108a　右

107b　左

106a　右

105a　右

108b　左

107c　拓本

107　九十九里町西野・寛延 3（1750）

105b　左

109　芝山町山田・谷保（現はにわ博）・寛延 4（1751）

108　神崎町大貫・稲荷神社・寛延 4（1751）

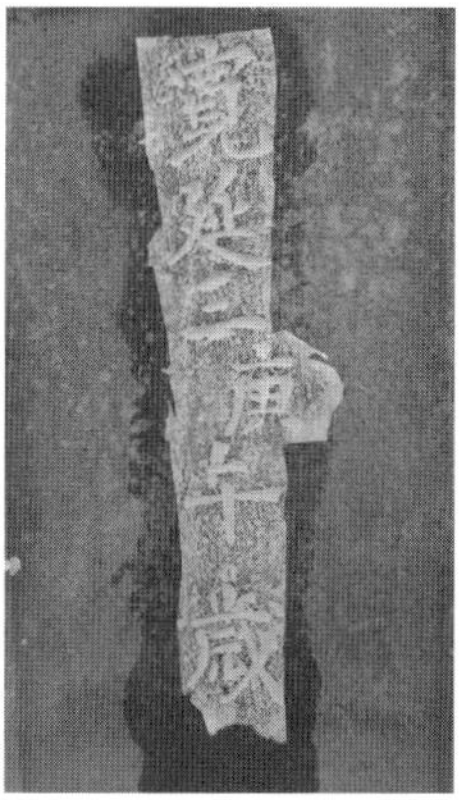

107a　右

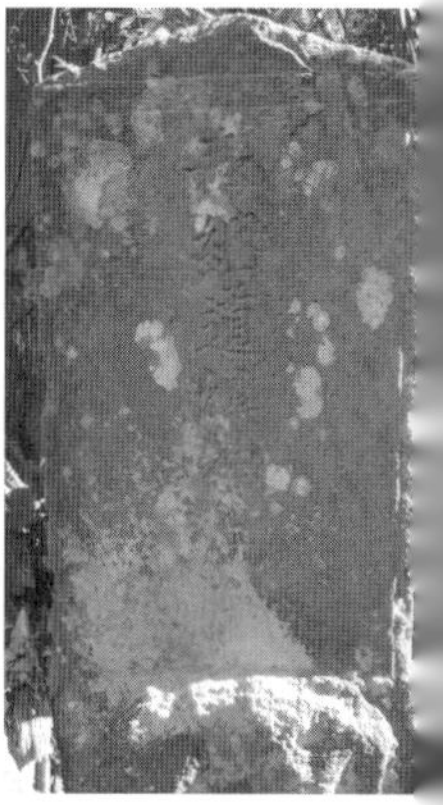

106　香取市西部田・八幡神社・寛延 2（174

写真G　千葉県（19）

後藤氏」と刻まれている。

109は芝山町山田谷俣にあった縦長石祠型道祖神塔である。ゴルフ場建設にともない移転を余儀なくされ、現在は芝山町立芝山古墳はにわ博物館に収蔵されている。祠内に銘はなく、正面の枠上に「道祖神」とある。同様に枠の左右には「寛延四辛未八月吉日／／施主　三宮庄右衛門」の銘が認められる。

表7　千葉県

番号	和暦	西暦	所在地	種類	高さ	像高	横幅	厚さ	銘文（現状）	参照文献	備考
1	天正19	1591	香取市増田村山	縦長石祠	(32)47		(23)33	(15)24	右：□□十九辛卯正月十五日	㉝	
2	寛文元	1661	松戸市馬橋・王子神社	縦長石祠	(48)73		(30)64	(31)65	祠内：無銘 裏：寛文元年9月9日	㊳	一石の数値。銘文は㊳による。
3	寛文11	1671	流山市長崎一丁目・路傍	縦長石祠	(20)58		(22)35	(16)28	祠内：無銘 台正：寛文十一年／根本忠兵衛／亥三月吉日	⑯	高さに台石含む
4	（元禄元）元禄4	(1688)1691	香取市寺内向井・路傍	文字	49		23	17	正上：種字（？） 正：元禄四歳／辛未四月吉日	㉘	
5	元禄3	1690	東庄町大友内畑・道祖神塚	文字	39		16	13	正：元禄三庚午年　大友村／南無道六神為二世安禾也／七月吉日　三太郎	㉟	
6	元禄6	1693	東金市滝沢地先	文字	63		26	16	正上：雲上日輪・月輪 正：元禄六癸酉天三月吉日／奉像立道祖神守／願主瀧沢村六兵衛／敬白	⑬	
7	元禄12	1699	我孫子市青山・八幡神社	文字	50		28	19	正：元禄拾二己卯年閏九月吉日／種字（アーンク）奉建立道陸神立願成就所／施主　常清道心　敬白	⑤ ㉗	
8	元禄14	1701	神崎町神崎本宿	縦長石祠	(54)80		(40)47	(39)50	祠内：無銘 右：別當神宮寺 左：木内／元禄十四年巳正月吉日／清右門	㉓	
9	宝永2	1705	印西市船尾町田路傍（第32地点）	単体	＊50		30	22	正左：宝永二乙酉年三月三日　同・・	⑮	
10	宝永5	1708	松戸市小根本・神明神社	縦長石祠	(50)71		(34)43	(31)47	祠内：無銘 枠右：宝永五戊子天　同行・・	㊳	

11	宝永5	1708	我孫子市新木・太子堂墓地前	縦長石祠	(42) 79		(29) 44	(26) 41	祠内：無銘 枠上：道祖神 枠右：導師芝原村龍泉寺 枠左：別當新木村地蔵院／宝永五戊子天霜月吉日 枠下部：村中想産子 右：祭施主／戸邊七左衛門／同　伝兵衛／同 佐二兵衛／同　次兵衛 左：宮之願主　無忝了関	⑤ ㉚	高さに台石含む
12	宝永7	1710	市原市神埼	石祠	(35) 61		(28) 44	(27) 45	枠上：道祖神 右：宝永七庚寅／奉造立道祖神宮／三月大吉日 左：上総国市原郡神崎村／氏子一繕／願主 根木小□衛門／井毎三□衛門	⑥	
13	宝暦8（宝永7）	(1710) 1758	栄町安食・辺引青年館前	文字	33		16	22	正：宝暦寅九月拾四日／道祖神　村中	㉑	
14	宝永		佐倉市八木（下八木）							①	筆者未調査
15	正徳3	1713	山武市松尾町高富・路傍	縦長石祠	(27) 45		(24) 27	(17) 36	祠内：無銘 枠右：施主藤崎氏源治・・ 枠左：正徳三癸巳三月吉日	⑰	
16	正徳4	1714	山武市松尾町武野里・一本松	縦長石祠	*(15) *28		(23) 38	*(10) *30	祠内：不明 枠右：正徳四・・ 枠左：午十・・	⑰	
17	正徳4	1714	神崎町毛成	縦長石祠	67				正徳甲午九月吉日 毛成村願主／村田五良兵衛	㉓	所在不明。銘文、丈量は㉓による。
18	正徳6	1716	神崎町並木	文字	* 44		28	19	正：下かと里みち／道祖神／上なめかわみち 左：□こうさきみち／正徳六丙申二月吉日／施主當村作右衛門	⑥ ㉓	
19	享保元	1716	芝山町大台根切 1955	縦長石祠	(36) 54		(25) 27	(16) 33	祠内：無銘 枠上：造奉立 枠右：道祖神 枠左：古作半内 左：享保元申十一月吉日	⑧ ㊱	
20	享保元	1716	印西市亀成旧道傍（第4地点）	縦長石祠	42		(19) 22	(14) 22	祠内：道六神 右：享保元丙申九月吉日／亀成村 左：施主岩埼八兵□	㉒	
21	享保元	1716	栄町須賀流曲輪・地蔵堂	縦長石祠	(30) 62		(21) 25	(15) 24	祠内：無銘 右：享保元丙申天／奉造立道六神／九月吉日	㉑	

22	享保元	1716	山武市松尾町八田本村	縦長石祠					享保元・一二・吉	⑥	所在不明。銘文は⑥による。
23	享保2	1717	芝山町大台・坂ノ宮2194三又路角	縦長石祠	45		24		正：道祖神 側：享保二丁酉年九月吉日	⑧	所在不明。銘文、丈量は⑧による。
24	享保2	1717	山武市（旧成東町）木戸・二十三夜様	縦長石祠	48（35）		31（25）	25（15）	祠内：無銘 左：享保二丁酉 左：庄兵衛	⑪	
25	享保3	1718	香取市下小川（北小川）墓地	文字	53		19	15	正：享保三戊／奉造立道祖神一躰攸／十一月吉日 左：小河村同行廿一人	㉞	
26	享保3	1718	山武市芝山町住母家547三又路角	縦長石祠	*53（*37）		35（27）	36（19）	祠内：無銘 枠右：江内諸願成就 枠左：施主萩原九兵衛 左：享保三戊戌九月・・	⑧㊱	
27	享保3	1718	成田市久井崎・鈴木理容店							㉖	筆者未調査
28	享保5	1720	船橋市海神六丁目・路傍	縦長石祠	60（43）		34（25）	26（16）	祠内：無銘 右：享保五庚子 左：九月三日	⑩	
29	享保6	1721	山武市松尾町谷津	縦長石祠	53（38）		30（25）	33（17）	祠内：無銘 枠上：道祖神 右：享保六辛丑十一月吉日 枠下：小堀村 左：谷津村／引越村／蕪木村	⑰	
30	享保6	1721	香取市新市場・天宮神社	縦長石祠	45				正：道祖神　側：享保6・8・吉	㉘	所在不明。銘文、丈量は㉘による。
31	享保7	1722	旭市清和甲・脇鷹神社	縦長石祠	57（39）		35（25）	*23（15）	枠上：道祖神 右：享保七寅正月吉日 左：宮崎与兵右・・	⑥	
32	享保7	1722	芝山町下吹入、隣高神社入口左側	縦長石祠	49（33）		27（24）	31（15）	枠上：道祖神 枠右：疱瘡祈願成就処 枠左：享保七壬刁二月吉日 右：別當満蔵寺	⑧㊱	
33	享保7	1722	習志野市鷺沼4-206							④	筆者未調査。④の写真によれば、庚申塔。

34	享保8	1723	香取市八元・諏訪神社	縦長石祠	(30)43		(25)30	(18)23	枠右：奉造立道祖神 枠左：享保八卯六月吉日 右：八本村　角田吉兵衛／角田市郎兵衛／角田喜兵衛／角田久四郎／西国順礼道行八人 左：道中安全諸願成就／諏訪清次郎／諏訪清吉郎／角田茂平次／諏訪傳十郎	㉜	
35	享保8	1723	千葉市星久喜町832　三上神社	文字	46		33	17	正：享保八癸卯天／道祖大善神／二月十五日／森川／善次郎	⑥ ㊲	
36	享保8	1723	千葉市星久喜町832　三上神社	文字	39		33	17	正：享保八癸卯天／道祖大善神／二月十五日／森川／善次郎	㊲	
37	享保9	1724	柏市（旧沼南町）柳戸523地先	縦長石祠	(33)47		(21)32	(14)27	枠右：奉造立道六神之石宮諸願成就所 枠左：享保九甲辰五月吉祥日 右：山崎六左衛門 左：座間三郎□衛門	㉔	
38	享保11	1726	香取市野田・稲生大神	縦長石祠	(33)46		(25)37	(16)28	枠上：道祖神 左：享保十一丙午十一月日／岡本氏	㉞	
39	（享保11） 享保17	(1726) 1732	山武市芝山町朝倉・日吉神社下	縦長石祠	＊ ＊ (26)37		(21)27	(13)23	右：享保十七子六月・・	㊱	
40	享保12	1727	山武市松尾町八田・押辺	縦長石祠	＊ ＊ (30)42		(25)31	(16)41	祠内：無銘 右：享保十二丁未二月・・	⑥ ⑰	
41	享保13	1728	富里市日吉倉・東台	縦長石祠	(38)48		(23)35	(13)27	祠内：無銘 右：享保十三戊申十月吉日立之	⑦	
42	享保15	1730	白井市復（富ヶ谷）・鳥見神社	縦長石祠	(43)58		(30)43	(18)30	祠内：無銘 枠上：道祖神 右：享保十五年戌十二月 左：富ヶ谷村	⑭	
43	享保15	1730	成田市一坪田・墓地	縦長石祠	(26)41		(22)25	(14)28	枠右：奉掛道祖神 枠左：享保十五戌正月吉日 左：比崎／甚之丞	㉖	
44	享保16	1731	成田市村田・耕田寺							㉖	筆者未調査
45	享保17	1732	成田市一坪田・墓地							㉖	探索中
46	享保17	1732	芝山町大台・宮門神社東	縦長石祠	(34)49		(20)31	(15)27	枠上：道祖神 枠右：享保十七壬子天 枠左：十一□吉日　大田□内　吉た村	⑧ ㊱	
47	享保17？ （再建塔）	1732?	松戸市千駄堀・路傍	縦長石祠	(60)85		(40)57	(30)55	屋根：道祖神	㊳	コンクリート製

48	享保18	1733	我孫子市新木・葺不合神社	縦長石祠	(48) 72		(33) 53	(27) 41	祠内：道祖神 右：享保十八癸丑天十一月吉日 左：相馬郡沖田村　□主　高田□兵衛／田口 五衛門／増田権・・／染谷・・／増田・・／ 高田・・	㉚	
49	享保18	1733	香取市新市場・天宮神社	縦長石祠	(25) 35		(20) 28	(16) 23	枠上部：道祖神 右：享保十八丑八月吉日 左：施主／八兵衛	㉘	
50	享保18	1733	山武市川崎	縦長石祠	＊(20) ＊36		(26) 38	(17) 30	右：川・・ 左：享保十八・・	⑪	
51	享保19	1734	印西市和泉路傍（第69地点）	縦長石祠	43		21	14	祠内：無銘 右：享保十九寅七月吉日	⑳	一石型
52	享保19	1734	柏市布施2338・日枝神社	縦長石祠	(39) 60		(25) 35	(22) 43	祠内：無銘 右枠：享保十九丙寅	㉕	
53	享保19	1734	酒々井町柏木・七社神社	縦長石祠	(34) 48		(19) 34	(14) 30	祠内：無銘 右：願主　久右衛門 左：享保十九年寅正月吉□／施主　柏木村中	① ②	
54	享保19	1734	旭市清和甲・脇鷹神社	縦長石祠	(40) 61		(30) 38	(20) 39	枠上：道祖神 枠左：享保十九甲寅三月吉日 左：十兵衛／助左衛門／安左衛門／五兵衛／ 清右門／勘兵衛／新右門	初報告	
55	享保20	1735	松戸市日暮・白髭神社	縦長石祠	(40) 57		(25) 38	(24) 42	祠内：道祖神 右：享保二十乙卯九月中旬 左：西国／奉納秩父一百ヶ所巡礼成就所／坂 東 裏：下総国葛飾郡日暮村／日暮五兵衛／高橋 良右衛門／同　益右衛門 屋根：卍（陽刻）	㊳	
56	享保20	1735	芝山町小池竜ケ塚岩澤家土手の上	縦長石祠	47				正：享保二十乙卯／□月吉日 右：施主□□□□	㊱	探索中。銘文、丈量は㊱による。
57	元文元	1736	香取市一ノ分目・境宮神社	縦長石祠	(30) 46		(22) 35	(17) 33	正上：道祖神 右：元文元辰十一月吉日 左：當村高岡与左右門	㉝	
58	元文元	1736	香取市八日市場・路傍	縦長石祠	(30) 49		(24) 35	(16) 28	正上：道祖神 右：元文元年 左：木内伊右門／辰ノ九月吉日	㉞	
59	元文3	1738	山武市松尾町本柏・鈴木家裏	縦長石祠	(30) 45		(24) 29	(16) 24	祠内：無銘 右：元文三午六月吉日 [illegible]	⑰	

60	元文3	1738	柏市大室961・香取神社	縦長石祠	42（30）		37（24）	30（15）	屋根：種字（キリーク？）／祠内：奉納道六神／右：願主　平野権兵衛／下総　国小金領大室村／同　長三郎／左：染谷権三郎／元文三年三月吉日／吉田嘉兵衛	㉕	
61	元文3	1738	香取市増田・村山路傍	縦長石祠	57（29）		27（22）	28（15）	枠上：道祖神／右：元文三戊午年／九月九日	㉝	
62	元文4	1739	白井市河原子阿弥陀堂（87地点）	縦長石祠						⑱	所在不明
63	（元文5）元文3	(1740) 1738	富里市立沢・稲荷神社	縦長石祠	45（32）		30（17）	27（15）	祠内：無銘／右：元文三午ノ十月吉日／池沢	⑦	
64	元文6	1741	松戸市新作・安房須神社	縦長石祠	51（38）		35（24）	23（13）	祠内：無銘／右：種字（ヴァン）道六神／新作村／左：元文六辛酉年三月吉日	㊳	
65	元文6	1741	八千代市高津655	縦長石祠	61（42）		44（24）	33（21）	祠内：無銘／左：元文六辛酉三月吉日／下総国千葉郡高津村／願主　孫右衛門	⑫	
66	元文		白井市No.143、158、171、177、180地点のどれか	縦長石祠						⑲	探索中
67	寛保元	1741	山武市松尾町下之郷・早川商店西の三差路	縦長石祠	＊42（＊27）		30（24）	29（19）	右：寛保元酉九月吉日	⑰	
68	寛保元	1741	印西市白幡・八幡宮向いの竹林（第24地点）	縦長石祠	64（44）		44（30）	38（19）	祠内：大松道祖神／右：寛保元酉天六月吉日／左：庚申講中／願主新左門	⑳	
69	寛保元	1741	成田市伊能要害							㉖	筆者未調査
70	寛保2	1742	富里市立沢・稲荷神社						祠内：無銘／右：寛保二壬戌九月吉日／左：池澤	⑦	
71	寛保2	1742	香取市新部・三差路	縦長石祠	＊40（＊28）		37（21）	＊20（11）	祠内：無銘／枠上：□祖神／右：寛保二□戌・・／左：願主□・・	㉘	
72	寛保2	1742	松戸市八ヶ崎・子安神社	縦長石祠	60（42）		38（23）	35（17）	祠内：道六神宮／右：女人／念佛講中／左：寛保二壬戌十一月吉日	㊳	
73	寛保2	1742	船橋市大穴町	縦長石祠					正：道祖神／右：大穴村施主斎藤安兵衛	⑩	探索中。銘文は⑩による。

74	寛保2	1742	山武市松尾町大堤・青年館前	縦長石祠	45（31）		*24（22）	*23（16）	正上：道祖神　右：寛保二壬戌年　左：九月二十五日／大堤村中	⑰	
75	寛保2	1742	印西市滝315番地・瀧水寺手前の辻	縦長石祠	*52（*22）		39（24）	33（19）	屋根：卍　祠内：無銘　右：寛保二壬戌四月吉□　左：施主 利兵□	㊴	
76	寛保3	1743	香取市分郷・諏訪神社脇路傍	縦長石祠	56（37）		32（25）	34（17）	正上：道祖神　右：寛保三亥九月吉日　左：惣村中	㉝	
77	寛保3	1743	酒々井町高岡	縦長石祠	35		16	12		①	筆者未調査。丈量は①による。
78	寛保4	1744	千葉市亥鼻一丁目5公園内神明神社（お茶の水）	文字	47		27	20	正：石屋八兵衛／寛保四子年／種字（キリーク？）道祖神／正月吉日／伊藤善八	㊲	
79	寛保4	1744	船橋市飯山満町一丁目	縦長石祠					正：道祖神　右：下飯山満邑　左：願主金子治兵衛	⑩	筆者未調査。銘文は⑩による。
80	延享元	1744	芝山町小池頭香1386三差路	縦長石祠	55（37）		37（26）	32（17）	祠内：無銘　右：道祖神　左：延享元甲子九月吉日／施主伊藤吉右衛門	⑧ ㊱	
81	延享元	1744	船橋市坪井町	縦長石祠					側：奉造立道禄神宮／下総国千葉郡二宮庄坪井村（人名21）	⑩	筆者未調査。銘文は⑩による。
82	延享2	1745	柏市酒井根226－1・八坂大神	縦長石祠	74（51）		54（37）	43（25）	祠内：道祖神　右：酒井根村／延享二乙丑天十一月吉日　左：願主 田中清左衛門／鈴木四郎右門／田中甚之丞／武藤伊右門／横尾市左衛門	③ ㉕	
83	延享2	1745	成田市小浮・水神社		43（28）		28（21）	24（16）	枠右：國家安全　枠左：惣氏子 小浮村　右：延享二乙丑十二月吉日	㉛	
84	延享2	1745	山武市松尾町本水深・本迹寺先四角	縦長石祠	45（30）		35（23）	27（17）	祠内：無銘　正下：施主豪俊　枠右：延享二丑年　枠左：五月朔日	⑰	
85	延享2	1745	芝山町境上郷211三差路	縦長石祠	50（33）		29（23）	33（17）	祠内：無銘　枠右：奉造立道祖神　枠左：延享二丑十二月廿□　左：上総國武射郡境村／伊藤新左衛門	⑧ ㊱	周囲に小型道祖神塔2基あり。
86	延享2	1745	横芝光町栗山地先	縦長石祠	58（40）		37（25）	31（18）	枠右：延享二乙丑年　枠左：五月朔日造立之	⑬	

87	延享2	1745	成田市堀籠・白幡宅付近							㉖	筆者未調査
88	延享3	1746	山武市松尾町谷津・県道沿い	縦長石祠	(31)47		(22)34	(13)27	祠内：無銘 右：谷津村／講中 左：延享三丙寅／五月吉日	⑰	
89	延享3	1746	松戸市小金北小金駅南綿貫家前	縦長石祠	(30)41		(20)27	(14)17	祠内：道六神 右：延享三丙寅五月吉日	㊳	
90	延享3	1746	松戸市栄町五丁目・水神宮	縦長石祠	63.5				正：道六神宮 右：伝兵衛新田村中 左：延享三丙寅九月吉日	㊳	所在不明。銘文、丈量は㊳による。
91	延享3	1746	山武市野堀・金親氏裏山	縦長石祠	52		33	24	正：道祖神 右：延享三寅九月 左：醍醐幾右門	⑪	探索中。銘文、丈量は⑪による。
92	延享3	1746	松戸市幸田・香取駒形神社	縦長石祠	(29)39		(18)*24	(12)*16	祠内：道六神宮 右：□主・・衛門 左：延享三丙寅九月吉日	㊳	
93	延享4	1747	印西町松崎・松崎集会所向い	縦長石祠	(43)59		(21)34	(14)27	祠内：無銘 右：延享四丁卯九月吉日 左：山江／願主　山嶋与□兵衛／講中三十人	⑮	
94	延享4	1747	柏市柏5-7-7・諏訪神社	縦長石祠	(39)67		(21)34	(13)28	祠内：道祖神 右：延享四丁卯天 左：五月吉日	③ ㉕	
95	延享5	1748	船橋市楠が山町・青蓮院裏	縦長石祠	(38)55		(19)30	(16)27	祠内：無銘 右：延享五辰年 左：三月吉日／楠山村	⑩	
96	延享		印西市第16or29地点							⑨	探索中
97	延享5	1748	芝山町山中備中作	縦長石祠	42				正：延享五戊辰四月吉日／施主　鈴木伊右門	㊱	探索中。銘文、丈量は㊱による。
98	延享5	1748	船橋市前貝塚町	縦長石祠					正：奉造立道祖神	⑩	筆者未調査。銘文は⑩による。
99	延享5	1748	酒々井町本佐倉							①	筆者未調査。
100	寛延元	1748	香取市鴇埼・共同館前三差路	文字	*33		23	15	正：寛延元歳／奉納道祖神／□月朔日	㉘	
101	寛延元	1748	香取市多田新橋	縦長石祠	53				道祖神 講中敬白	㉘	所在不明。銘文、丈量は㉘による。

102	寛延元	1748	芝山町新井田外海道674三差路	縦長石祠	30				正：道祖神 右：寛延元□十一月十五日 左：施主　岩澤岩□／同　市吉／戸井万□	⑧ ㊱	所在不明。銘文、丈量は㊱による。
103	寛延元	1748	香取市多田新田・多田公民館	縦長石祠	(56)78		(34)44	(20)37	祠内：無銘 右：寛延元辰八月吉日 左：多田村願主廿三人	㉘	
104	寛延元	1748	銚子市富川・大杉神社	縦長石祠	(35)48		(22)29	(16)29	枠上：道祖神 枠右：寛延元年 枠左：戊辰九月吉日	㉙	
105	寛延2	1749	酒々井町山埼・仙元神社	縦長石祠	(37)53		(22)34	(15)27	祠内：無銘 右：寛延二己巳年九月吉日 左：庄田氏	① ②	
106	寛延2	1749	香取市西部田・八幡社	文字	45		28	17	正：奉納道祖神 右：西部田村／寛延貳己巳九月吉日／米本氏	㉘	
107	寛延3	1750	九十九里町西野地先	石祠	(60)86		(61)74	(40)71	祠内：道祖神 右：寛延三庚午歳 左：九月吉日／願主／貝塚村行木弥兵武	⑬	
108	寛延4	1751	神崎町大貫・稲荷神社	縦長石祠	(28)44		(23)29	(14)28	枠上：道祖神 右：寛延四未二月吉日 左：後藤氏	㉓	
109	寛延4	1751	芝山町山田谷俣1310・旧道三差路	縦長石祠	(25)38		(19)29	(13)23	祠内：無銘 枠上：道祖神 枠右：；寛延四辛未八月吉日 枠左：施主：三宮庄右衛門	⑧ ㊱	

参照文献

①篠丸頼彦「北総の道祖神」（『印旛地方郷土研究』第貳号）一九五五年
②篠丸頼彦「北総の道祖神」（『房総民俗』第一号）一九五九年
③柏市教育委員会『柏市金石文調査一覧表（中間報告）』一九七四年
④習志野市教育委員会『習志野市文化財調査報告書Ⅲ』一九七七年
⑤我孫子市教育委員会『我孫子市史資料　金石文編Ⅰ』一九七九年
⑥千葉県教育委員会『千葉県石造文化財調査報告』一九八〇年
⑦富里村教育委員会『富里の石造文化財』一九八一年
⑧芝山町教育委員会『芝山町石造文化財調査報告』一九八二年

⑨印西町教育委員会『印西町石造物』（第三集）一九八三年
⑩船橋市史編さん委員会『船橋市の石造文化財』（船橋市史資料（一））一九八四年
⑪成東町教育委員会『成東の石造物』（成東の文化財　第四集）一九八五年
⑫佐野二郎『八千代市の石造物―江戸期―』一九八六年
⑬東京電力（株）千葉支店東金営業所『山武の道祖神―ふるさとの心を訪ねて―』一九八六年
⑭白井町教育委員会『白井町の石造物調査報告』（第一集）一九八六年
⑮印西町教育委員会『印西町石造物』（第五集）一九八七年
⑯流山市立博物館『流山の石仏』（流山市立博物館調査研究報告5）一九八七年
⑰松尾町役場総務課『くらしの中の歴史シリーズ　石造物　シリーズⅠ（道標・道祖神塔）』一九八八年
⑱白井町教育委員会『白井町の石造物調査報告』（第三集）一九八八年
⑲白井町教育委員会『白井町の石造物調査報告』（第四集）一九八九年
⑳印西町教育委員会『印西町石造物』（第六集）一九八九年
㉑栄町教育委員会『栄町の石造物―道祖神・馬頭観音・石祠他―』（文化財シリーズ第三集）一九八九年
㉒印西町教育委員会『印西町石造物』（第七集）一九九〇年
㉓神崎町『神崎町史　史料集　金石文等』一九九一年
㉔沼南町教育委員会『沼南町史　史料編　金石文（Ⅰ）』一九九二年
㉕柏市教育委員会『柏の金石文（Ⅰ）』一九九六年
㉖大栄町史編さん委員会『大栄町史　民俗編』一九九八年
㉗清水長明「双体道祖神のルーツをさぐる」（『日本の石仏』一〇三号　二〇〇二年）
㉘佐原市教育委員会『佐原市石造物目録』二〇〇二年
㉙銚子市教育委員会『銚子の石造物（西部地区）』（銚子市の石造物文化財資料集）二〇〇五年
㉚我孫子市史研究センター合同部会『我孫子の石造物』二〇〇五年
㉛下総町立歴史民俗資料館『下総町石造物目録』二〇〇六年
㉜小見川史談会『小見川の石造物（西地区編）』二〇〇九年
㉝小見川史談会『小見川の石造物（北地区編）』二〇一〇年
㉞小見川史談会『小見川の石造物（中央地区編）』二〇一一年
㉟房総石造文化財研究会『東庄町石造文化財調査報告』二〇一三年

㊱芝山町教育委員会『芝山町史　石造物編』二〇一三年
㊲沖本　博『千葉市石造文化財調査報告』二〇一五年
㊳松戸史跡マップ研究会『松戸市石造物遺産　ふるさと史跡を探訪』二〇一七年
㊴印西市教育委員会『印西相石造物調査報告書　本埜地区の石造物』二〇二二年

二　茨城県

茨城県内における寛延期以前の道祖神塔の数は、筆者が集成したものに限定すれば、三二基である。県全体の道祖神塔の数を示す統計はないものの、手元にある資料（調査報告書や記録など）を参考にすれば、その数は約八〇〇基ほどである。未調査・未報告の地域もあるから、それらを含めれば総数は一〇〇〇基前後と推定できる。したがって、寛延期以前の道祖神塔が全体に占める割合は、三％ほどである。そのほとんどはいわゆる縦長形石祠型の文字道祖神塔であるが、元禄期以前のより古いもののなかには、わずかながら板状や角柱状のものも認められる。

1は取手市稲五一六番地にある板状の道祖神塔である。正面に「貞享三天　願主／種字（ユ）道六神／丙刁三月吉日　敬白」と刻まれている。貞享三年は一六八六年にあたる。「刁」は「寅」の異字である。文献③では種字は「ア」となっているが、正確には弥勒菩薩をあらわす「ユ」であろう。2は取手市高須長田にある縦長石祠型道祖神塔である。小屋内に祀られている。文献⑧によれば銘は「延宝五□九月吉日」となっている。しかし、実際の銘は拓本で示したように「延享三□寅天九月吉日」である。「□」部分には「丙」が入るのであろう。

3は常総市大塚戸町の一言主神社内にある板碑状の道祖神塔である。正面に「元禄十二年　大塚戸村／奉造立道祖神／卯十月吉日開眼日傳」と書かれている。「日傳」の「傳」は「傅」かもしれない。僧侶の名前と思われるものの、やや心もとない。4は行方市宇崎の農村集落センター前にある角柱状の道祖神塔である。文献⑨によれば、正面に「道祖神」と銘のある文字道祖神塔ということになってはいるが、その銘が見当たらない。確かに本塔の正面は日陰になっており見辛いのだが、やはり銘はない。左右側面には文献⑨のとおり「元禄十五壬午天／今日吉日」と銘が刻まれている。ちなみに、本塔の右隣りには無年銘の文字道祖神塔が建っており、かなり目立つのだが、どうしたわけか文献⑨には登録されていない。あるいは、文献⑨の記載はこの文字道祖神塔の一部と本塔を混同した結果生じた掲載ミスの可能性がある。

5は利根町奥山の旧鎌倉街道に面して建っている縦長石祠型道祖神塔である。小屋内に祀られており、祠内に銘は

1　取手市稲・路傍・
貞享 3（1686）

2　取手市高須・路傍・
延宝 5（実は延享 3）

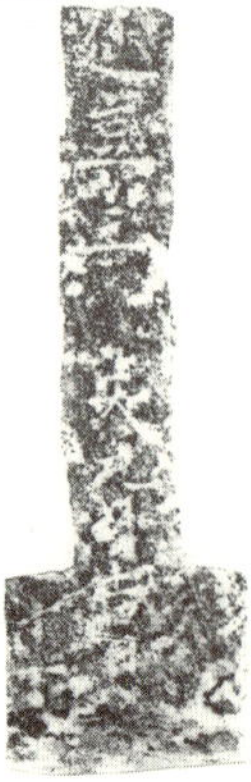

2c　拓本

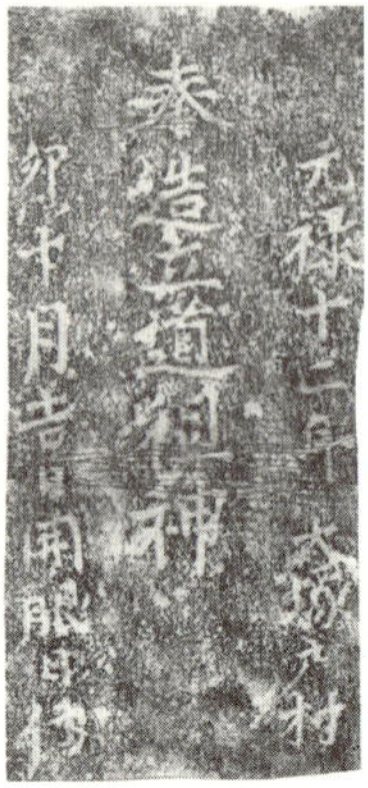

3b　拓本

1a　正

2a　右

3　常総市大塚戸町・
元禄 12（1699）

4　行方市宇崎・
元禄 15（1702）

1b　拓本

2b　採拓

3a　正

4a　裏

写真H　茨城県（1）

6a　右

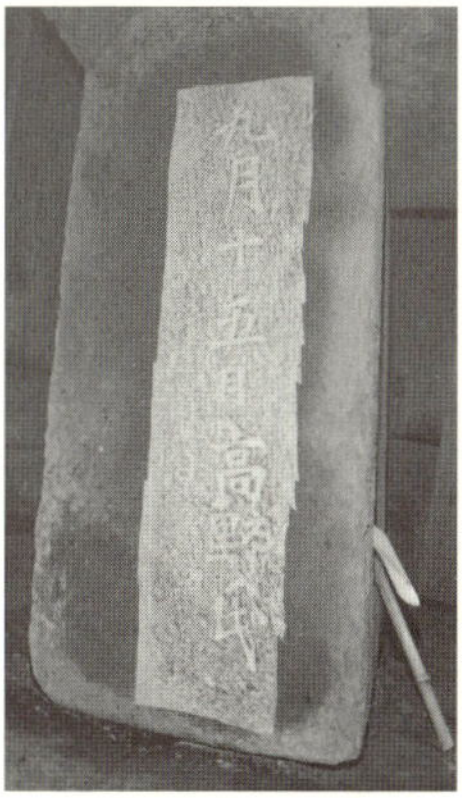

5b　左

4e　隣の道祖神塔

4b　　右

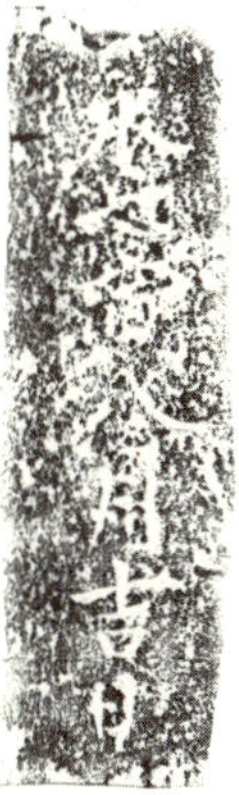

6b　拓本

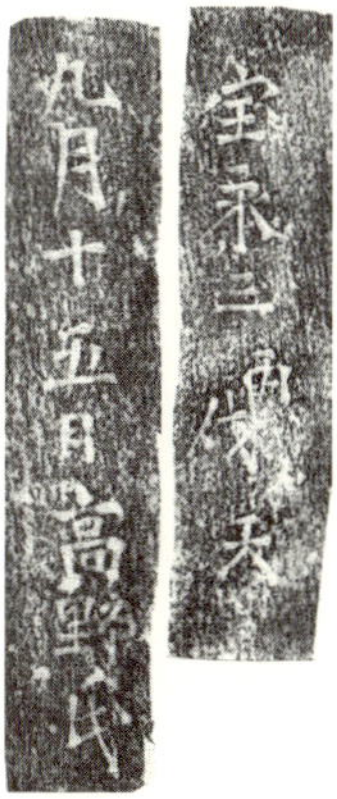

5c　拓本

5　利根町奥山・旧鎌倉街道・宝永 3（1706）

4c　　左

7　牛久市柏田・柏田神社入口・正徳元（1711）

6　行方市繁盛・叶神・宝永 7（1710）

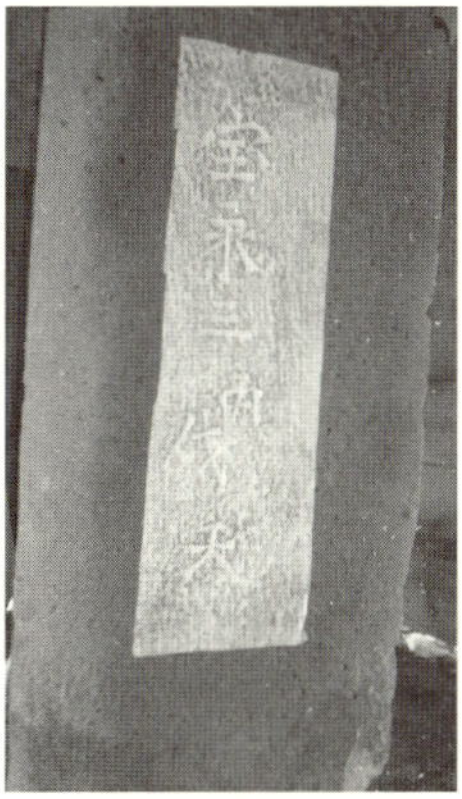

5a　右

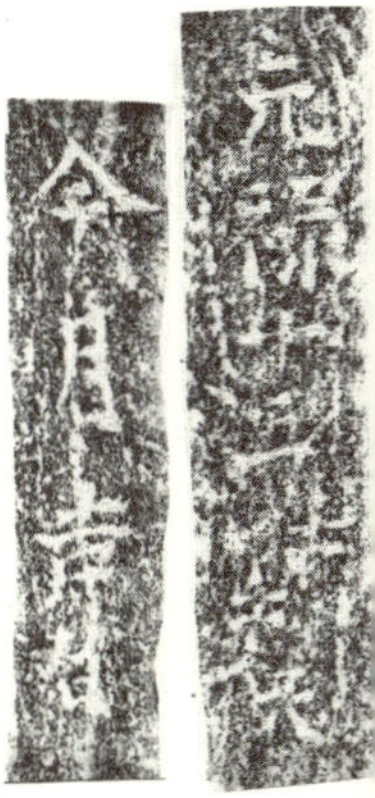

4d　拓本

写真Ｈ　茨城県（2）

ない。左右側面には「宝永三丙戌天／／九月十五日　高野氏」と刻まれている。6は行方市繁昌叶神にある縦長石祠型道祖神塔である。祠内は無銘である。銘は、室部右側面に「□永七寅八月吉日」とかろうじて読める。

7は牛久市柏田の柏田神社東参道入口にある双体道祖神塔である。双像をはさんで左右に「常刕河内郡河次庄柏田村／／正徳元卯十一月吉日　施主三十五人」と刻まれている。文献⑪では道祖神とされるものの、阿弥陀如来像と地蔵菩薩像の双像が浮き彫りにされており、判断は難しい。8は龍ヶ崎市大徳町深堀にある縦長石祠型道祖神塔である。祠内に「道六神」と彫られている。室部左右側面には「正徳六丙申天三月六日／／施主／深堀村中女中衆」とある。なお文献⑬の著者である塚本忠太郎は、祠内に刻まれた「道六神」を「道大神」と読んでその意味を問おうとしているが、これは単純に「六」を「大」とした誤読である。

9は龍ヶ崎市大徳町関にある縦長石祠型道祖神塔である。祠内は無銘である。銘は左右の側面に「享保二丁酉天二月六日／／同行廿六人」と彫られている。なお、文献④⑩には、所在地が大徳町関のものとして「享保三戌十月吉日」銘の道祖神塔を掲載しており、当初筆者はこの道祖神塔を本塔にあたるとして、単純に「享保三」は「享保二」の誤読とみなしていた。しかし考えてみれば、「享保二丁酉天二月六日」を「享保三戌十月吉日」と誤読する可能性はほぼないといえる。ここ関地区にはもう一基宝暦一三年銘の道祖神塔（38）があるのだが、筆者はまだ「享保三戌十月吉日」銘のものには遭遇していない。そうなると本塔は既存の記録に記載がなく、新発見ということになる。10は文献④⑩に出てくる龍ヶ崎市大徳町関の「享保三戌十月吉日」銘の道祖神塔であるが、先に述べたように、筆者はこの石塔にいまだに遭遇していない。

11は龍ヶ崎市泉町下泉にある縦長石祠型道祖神塔である。祠内に銘はないものの、二股大根が供えられているところをみると、道祖神に間違いはない。銘は右側面に「享保五天子九月吉日／願主権氏」とある。12は行方市吉川塚原山の山中にある板状の道祖神塔である。正面上部に「享保六年／道祖神／丑八月日」、同下部に「西国道行／吉川村／青沼村／十四人組」と刻まれている。平福寺背後に広がる塚原山の山中にある旧小神社の入口の辻に隠れるように

9a　右

8c　　左

8　龍ヶ崎市大徳町深堀・正徳 6（1716）

7a　正右

9b　左

8d　拓本

8a　祠内

7b　正左

9c　拓本

9　龍ヶ崎市大徳町関・享保 2（1717）

8b　右

7c　拓本

写真H　茨城県（3）

11　龍ヶ崎市泉町下泉・享保 5（1720）

11a　右

12　行方市吉川・塚原山・享保 6（1721）

13　行方市吉川・塚原山・享保 7（1722）

13a　右

13b　左

14　龍ヶ崎市大塚町・飯塚家裏・享保 11（1726）

14a　正

15　龍ヶ崎市大塚町・関口家前・享保 11（1726）

15a　正右

15b　正左

龍ヶ崎市高作町・神社
コ・享保 16（実は享保 14）

写真Ｈ　茨城県（4）

建っており、見つけるには困難をともなう。いく度この山中を探し回ったことか。

13は12と同じ場所に祀られている縦長石祠型道祖神塔である。祠内に銘はなく、左右側面に「享保七寅年／／十月大吉日」と刻まれている。14は龍ヶ崎市大塚町の飯塚家裏にある縦長石祠型道祖神塔である。祠内に「種字（ヴァン）奉建立道陸神一宇所」とあり、その左右の枠に「享保十一丙午年　大塚邑／／九月吉日　施主勘左衛門」と彫られている。二股大根が供えられている。

15は龍ヶ崎市大塚町の関口克人家の前にある単体座像の道祖神塔である。文献④によれば、「うば神様」と呼ばれているようである。銘は像をはさんで左右に「享保十一午正月吉日／／施主関口お母」と刻まれている。16は龍ヶ崎市高作の神社入口にある縦長石祠型道祖神塔である。祠内に銘はなく、枠上に「道祖神」と彫られている。さらに枠の左右には「享保十四己酉天／／高作村　寄進道涽大徳」とある。文献④⑩では「享保十六年」となっている。誤読であろう。

17は龍ヶ崎市佐沼町の鎮守両社にある縦長石祠型道祖神塔である。祠内に「道祖神」とある。摩滅が激しくやや読み辛いものの、右側面に「享保十八丑九月六日」と刻まれている。18は美浦村大字大谷字根小屋にある縦長石祠型道祖神塔である。前面に鳥居が建っている。祠内に銘はない。左右の側面に「享保十九年／寅四月吉祥日／／西根古屋／飯嶋氏」と刻まれている。

19は龍ヶ崎市須藤堀町の須間神社にある縦長石祠型道祖神塔で、祠内に銘はない。室部左右に「享保二十卯天／諸願成就／正月廿日／／願主渡辺太良左衛門」と彫られている。「良」は「郎」の意である。20は取手市高須の不動堂にある縦長石祠型道祖神塔で、小屋内に祀られている。祠内に「道祖神」とある。加えて左右側面には「元文三午天十一月吉日／／高崎新兵」と刻まれている。「新兵」に「衛」はない。

21は行方市繁昌道祖神にある板状の道祖神塔で、小屋内に祀られている。正面の上部に種字（アーンク？）があり、下部には「元文四己未臘月吉旦／願主　繁昌想村中」と刻まれている。「臘月」は「十二月」の別名である。22は利

16a　正

17a　右

18a　遠景

19　龍ヶ崎市須藤堀町・
須間神社・享保 20（1735）

16b　左下

17b　拓本

18b　右

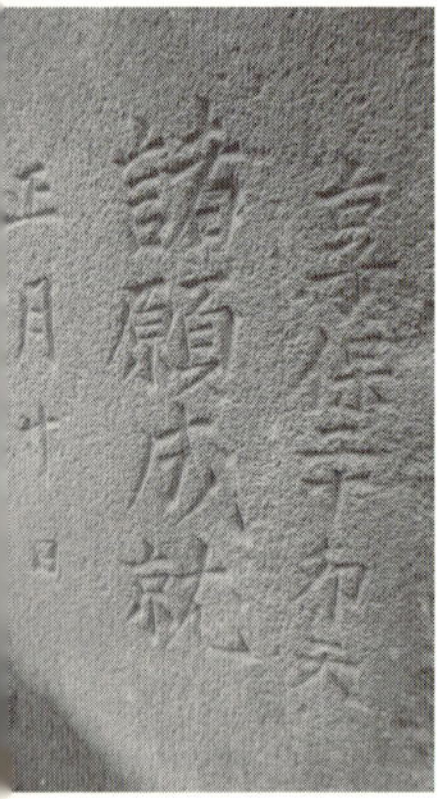

19a　右

17　龍ヶ崎市佐沼町・
鎮守両社・享保 18（1733）

18　美浦村大谷根小屋・
享保 19（1734）

18c　左

19b　左

写真H　茨城県（5）

20　取手市高須・
不動堂・元文 3（1738）

21　行方市繁昌・
元文 4（1739）

22　利根町押戸・
元文 5（1740）

23　龍ヶ崎市羽黒町・
寛保 2（1742）

20a　右

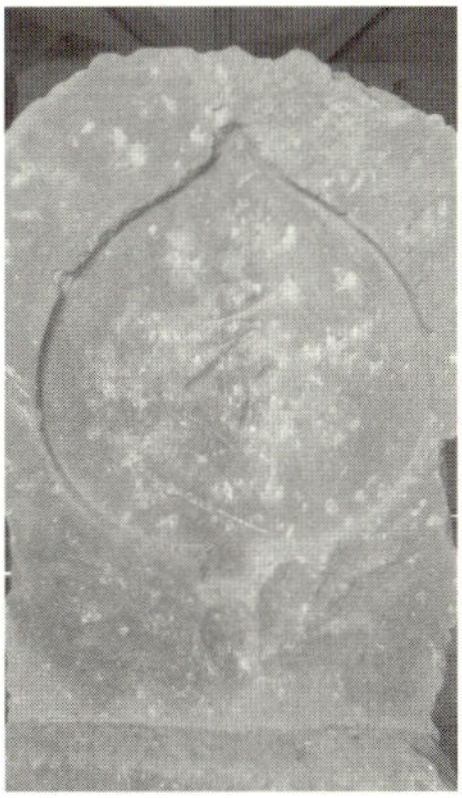

21a　正上

22a　枠右

23a　右

20b　左

21b　正下

22b　枠左

23b　左

写真H　茨城県（6）

根町押戸にある縦長石祠型道祖神塔である。新しい道祖神塔の後ろに隠すように置かれている道祖神塔である。小屋内にあり、かつ前にある石塔と近接しているため観察には困難をともなう。祠内に銘はなく、枠の左右に「元文五庚申天十月吉日／／堤根」と刻まれている。

23は龍ヶ崎市羽黒町にある縦長石祠型道祖神塔である。祠内にかろうじて「□祖□」と彫られているのが分かる。銘は室部左右側面に「寛保二戊二月吉日／／羽黒村物氏子／願主清右衛□」とある。屋根部、祠部が一石でできている。24は龍ヶ崎市大塚町関口宏宅前にある縦長石祠型道祖神塔である。祠内にはかろうじて「□祖神」とあるのが読み取れる。銘は室部左右側面に「寛保三癸亥二月吉日／／施主関口大隅」とある。なお文献④によれば、15同様本塔も「うば神様」と呼ばれているようである。

25は龍ヶ崎市藤堀町前新田にある縦長石祠型道祖神塔で、小屋内に祀られている。祠内に「道祖神」とあり、左右の側面に「寛保三亥九月吉日／／同行廿五人」と刻まれている。26は取手市高須の日天神社入口にある縦長石祠型道祖神塔である。祠内に「□祖神」とある。銘は右側面に「延享三丙寅九月吉日／長田村」と刻まれている。

27は龍ヶ崎市高砂の別雷神社にある縦長石祠型道祖神塔である。祠内に「道祖神」とあり、銘文は左右の側面に「延享四卯九月吉日／／女中念佛講」と刻まれている。28は龍ヶ崎市高須町の旧小貝川堤にある縦長石祠型道祖神塔である。かろうじて祠内に「□□神」とあるのが分かる。銘文は左右の側面に「延享三丙寅九月吉日／／同行十五人」と彫られている。文献④⑩では年銘が「延享□□九月吉日」となっているが、「延享三丙寅」であることが判明した。二股大根が供えられている。

29は土浦市穴塚町の鹿島神社にある縦長石祠型道祖神塔である。祠内に銘はない。銘は右側面に「延享三丙寅九月吉日／穴塚村中」と鮮明に彫ってある。30は潮来町古高の松崎製材所向いにある板碑状の道祖神塔である。銘は、正面上部に「寛延三庚午天／（文字の削平痕）／九月吉日」とあり、その下部に「西水戸□道／東かし満道／南いたく道／北水わら道」と彫られている。また右側面には「雪山閑貞行者／作右衛門　・・／与惣兵衛　・・／平次右門

24　龍ヶ崎市大塚町・関口家横・寛保 3（1743

24c　左

25a　右

26a　右

24a　祠内

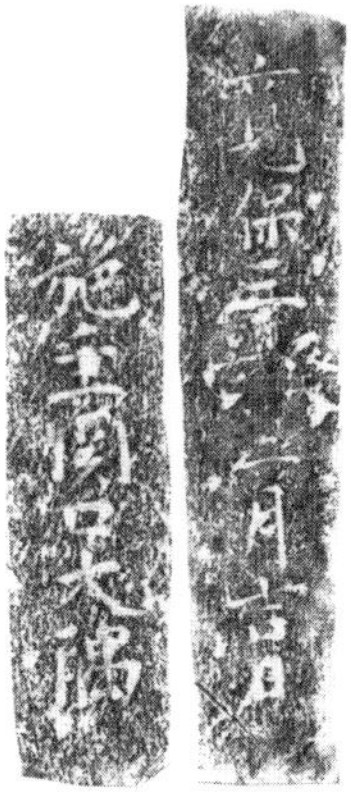

24d　拓本

25b　左

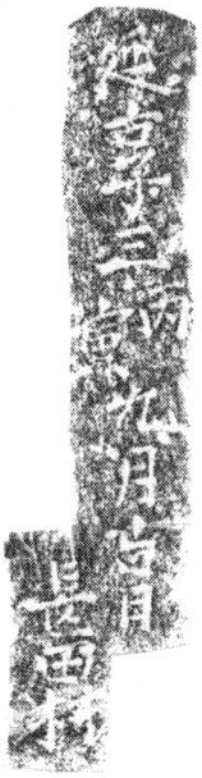

26b　拓本

24b　右

25　龍ヶ崎市須藤堀町前新田・寛保 3（1743）

26　高須長田・日天神社・延享 3（1746）

27　龍ヶ崎市高砂・延享 4（1747）

写真Ｈ　茨城県（7）

27a　右

28a　右

29a　右

30a　正上

27b　左

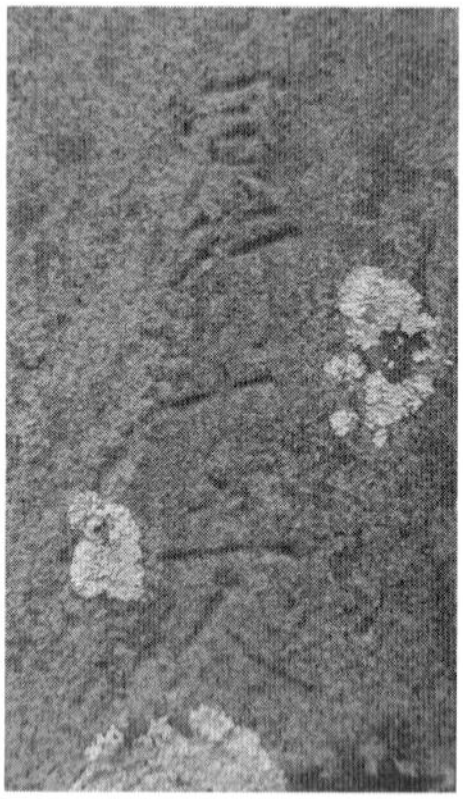
28b　左

29b　拓本

30b　正上拓本

28　龍ヶ崎市高須・延享□（実は延享 3）

29　土浦市穴塚町・鹿島神社・寛延元（1748）

30　潮来市古高・松崎製材所向い・寛延 3（1750）

30c　正下

写真H　茨城県（8）

38　牛久市小坂町・熊野神社・宝暦 11（1761）

35　龍ヶ崎市北方町・王子神社・宝暦 9（1759）

32　牛久市結束町・結束町集会所・宝暦 4（1754）

30d　右

39　竜ヶ崎市北方町・王子神社・宝暦 13（1763）

36　利根町中谷・稲荷神社・沖坪集会所・宝暦 9（1759）

33　利根町惣新田・集会所・宝暦 6（1756）

30e　左

40　龍ヶ崎市大徳町関・宝暦 13（1763）

37　牛久市牛久町・八坂神社・宝暦 9（1759）

34　龍ヶ崎市北方町・王子神社・宝暦 7（1757）

30f　左右拓本

写真Ｈ　茨城県（9）

41　牛久市小坂町・熊野神社・明和 2（1765）

42　取手市高須・旧高須橋先・明和 3（1766）

43　つくばみらい市神住新田・明和 4（1767）

44　つくばみらい市伊丹・水天宮・明和 7（1770）

45　利根町立木・門の宮・安永 2（1773）

46　つくばみらい市山王新田・日枝神社・安永 3（1774）

47　利根町羽根野・諏訪神社・安永 4（1775）

48　つくば市上萱丸・寛政 5（1793）

49　利根町惣新田・三峰神社・寛政 9（1797）

50　利根町奥山・八幡神社・寛政 10（1798）

1　牛久市牛久町・八坂神社・享和元（1801）

2　牛久市牛久町・八坂神社・享和 3（1803）

写真Ｈ　茨城県（10）

53　利根町立崎中坪・
道祖神社・文化5（180

54　龍ヶ崎市北方町
王子神社・文化6（180

55　利根町惣新田・惣新
惣新田集会所・文化7（18

56　牛久市牛久町・八坂
神社・文化10（1813）

57　取手市高須・飯岡
家前・文化11（1814）

58　龍ヶ崎市宮淵町千秋・
厳島神社脇・文化11（1814）

59　牛久市岡見町・宝積
寺信号脇・文化11（1814）

60　龍ヶ崎市北方町・
王子神社・文化12（1815）

61　大徳町小関・道祖
神社・文化12（1815）

62　利根町立木・円明寺
下・文政9（1826）

63　龍ヶ崎市大徳町深
堀・文政9（1826）

64　利根町中谷切戸・
三峰神社・文政11（1828）

写真Ｈ　茨城県（11）

牛久市牛久町・八坂
神社・昭和 12（1937）

71　牛久市小坂町・熊野
神社・明治 15（1882）

68　河内町生板鍋子新田・
道祖神社・安政 3（1856）

65　牛久市小坂町・熊野
神社・天保 5（1834）

利根町羽根野・諏訪
神社・昭和 46（1971）

72　つくばみらい市谷井
田・日枝神社・大正 8（1919）

69　つくばみらい市谷井
田・日枝神社・文久元（1861）

66　取手市高須・旧高須
橋前・天保 9（1838）

牛久市牛久町・八坂
神社・昭和 53（1978）

73　牛久市牛久町・八坂
神社・昭和 8（1933）

70　牛久市柏田・宝積寺
手前・慶応元（1865）

67　龍ヶ崎市北方町・
王子神社・天保 12（1841）

写真Ｈ　茨城県（12）

原・・」、左側面には「平右門　孫右門　仁・・／平兵衛　源左衛門・・／八右門　勢左衛・・」と多くの人名が刻まれている。「作右衛門」以外の「・・右門」では「衛」が省略されている。

31は土浦市虫掛町小山にあるとされる自然石の文字道祖神塔である。文献①には位置図もあり、探索は容易かと思われたものの、しかし二度ほどの探訪にもかかわらず、筆者はいまだにこの石仏を確認していない。廃棄された可能性が高く、所在不明とする。32以下は初期のものではないが、参考資料として写真のみ掲載しておく。

表8　茨城県

番号	和暦	西暦	所在地	種類	高さ	像高	横幅	厚さ	銘文（現状）	参照文献	備考
1	貞享3	1686	取手市稲516番地	文字	66		35	20	正：貞享三天　願主／種字（ユ）道六神／ 丙刁三月吉日　敬白	③	
2	（延宝5） 延享3	(1677) 1746	取手市高須長田	縦石長祠	(42)53		(21)27	(13)25	祠内：無銘 右：延享三□寅天九月吉日	⑧	
3	元禄12	1699	常総市大塚戸町・一言主神社	文字	＊ 84		36	25	正：元禄十二年　大塚戸村／奉造立道祖神 ／卯十月吉日開眼日傳	⑫	
4	元禄15	1702	行方市宇崎・農業集落センター前	文字	42		18	13	表：不明 右：元禄十五年壬午天 左：今月吉日	⑨	
5	宝永3	1706	利根町奥山・旧鎌倉街道	縦長石祠	(39)58		(25)41	(17)32	祠内：無銘 右：宝永三丙戌天 左：九月十五日　高野氏	⑭	
6	宝永7	1710	行方市繁昌叶神	縦長石祠	(24)34		(17)19	(9)28	祠内：無銘 右：□永七寅八月吉日	⑦	
7	正徳元	1711	牛久市柏田・柏田神社横入口向い	双体	＊ 75	44	54	35	右：常劦河内郡河次庄柏田村 左：正徳元卯十一月吉日　施主三十五人	⑪	
8	正徳6	1716	龍ヶ崎市大徳町深堀	縦長石祠	(43)59		(25)39	(16)27	祠内：道六神 右：正徳六丙申天三月六日 左：施主／深堀村中女中衆	④ ⑩ ⑬	
9	享保2	1717	龍ヶ崎市大徳町関	縦長石祠	(44)61		(26)39	(18)29	祠内：無銘 右：享保二丁酉天二月六日 左：同行廿六人	初報告	
10	享保3	1718	龍ヶ崎市大徳町関	縦長石祠					享保3年戌10月吉日	④ ⑩	探索中。銘文は④による。

11	享保5	1720	龍ヶ崎市泉町下泉	縦長石祠	(37)51		(20)29	(13)21	祠内：無銘 右：享保五天子九月吉日／願主権氏	④⑩	二股大根あり
12	享保6	1721	行方市吉川・塚原山	文字	47		21	15	正上：享保六午／道祖神／丑八月日 正下：西国道行／吉川村／青沼村／十四人 組	⑦	
13	享保7	1722	行方市吉川・塚原山	縦長石祠	(28)43		(21)31	(15)35	祠内：無銘 右：享保七寅年 左：十月大吉日	⑦	
14	享保11	1726	龍ヶ崎市大塚町・飯塚家裏	縦長石祠	(44)58		(23)35	(13)26	祠内：種字（ヴァン）奉建立道陸神一宇所 枠右：享保十一丙午年　大塚邑 枠左：九月吉日　施主勘左衛門	④⑩	二股大根あり
15	享保11	1726	龍ヶ崎市大塚町・関口家前	単体座像	87	39	39	13	正右：享保十一午正月吉日 正左：施主 関口お母	④	うば神様
16	享保14（享保16）	1729（1731）	龍ヶ崎市高作町・神社入口	縦長石祠	(39)50		(23)27	(14)28	祠内：無銘 枠上：道祖神 枠右：享保十四己酉天 枠左：高作村　寄進道浯大徳	④⑩	
17	享保18	1733	龍ヶ崎市佐沼町・鎮守両社	縦長石祠	(47)65		(26)35	(20)40	祠内：道祖神 右：享保十八丑九月六日	④⑩	
18	享保19	1734	美浦村大字大谷字根小屋	縦長石祠	(30)44		(21)29	(17)31	祠内：無銘 右：享保十九年／寅四月吉祥日 左：西根古屋／飯嶋氏	②	
19	享保20	1735	龍ヶ崎市須藤堀町・須間神社	縦長石祠	(＊35)＊54		(23)31	(18)37	祠内：無銘 右：享保二十卯天／諸願成就／正月廿日 左：願主渡辺太良左衛門	④⑩	
20	元文3	1738	取手市高須・不動堂	縦長石祠	53		20	13	祠内：道祖神 右：元文三午天十一月吉日 左：高崎新□	⑧	
21	元文4	1739	行方市繁昌道祖神	文字	87		34	20	正上：種字（アーンク？） 正下：元文四己未臘月吉旦／願主　繁昌想 村中	⑦	
22	元文5	1740	利根町押戸	縦長石祠	(36)47		(21)28	(16)22	祠内：無銘 枠右：元文五庚申天十月吉日 枠左：堤根	⑥⑭	
23	寛保2	1742	龍ヶ崎市羽黒町	縦長石祠	(39)55		(24)31	(18)18	祠内：□祖□ 右：寛保二戌二月吉日 左：羽黒村惣氏子／願主清右衛□	④⑩	一石型
24	寛保3	1743	龍ヶ崎市大塚町・関口一家横	縦長石祠	(36)49		(21)25	(15)25	祠内：□祖神 右：寛保三癸亥二月吉日 [illegible]	④	うば神様

25	寛保3	1743	龍ヶ崎市須藤堀町前新田	縦長石祠	(43)5		(24)3	(24)2	右：寛保三亥九月吉日 左：同行廿五人	④	
26	延享3	1746	取手市高須・日天神社	縦長石祠	(45)58		(23)29	(14)19	祠内：□祖神 右：延享三丙寅九月吉日／長田村	⑧	
27	延享4	1747	龍ヶ崎市高砂・別雷神社	縦長石祠	(40)53		(21)24	(14)23	祠内：道祖神 右：延享四卯九月吉日 左：女中念佛講	④⑩	
28	（延享□）延享3	1746	龍ヶ崎市高須町・旧小貝川堤	縦長石祠	(43)54		(21)30	(14)21	祠内：□□神 右：延享三丙寅九月吉日 左：同行十五人	④⑩	二股大根あり
29	寛延元	1748	土浦市穴塚町・鹿島神社	縦長石祠	(60)84		(35)40	(33)56	祠内：無銘 右：延享三丙寅九月吉日／穴塚村中	①	
30	寛延3	1750	潮来町古高・松崎製材所脇	文字	69		28	17	正上：寛延三庚午天／（文字の削平痕）／九月吉日 正下：西水戸□道／東かし満道／南いたく道／北水わら道 右：雪山閑貞行者／作右衛門・・／与惣兵・・／平次右門　原・・ 左：平右門　孫右門　仁・・／平兵衛　源左衛門・・／八右門　勢左衛・・	⑤	
31	寛延4	1751	土浦市虫掛町小山	文字	45		45	6	寛延四年／道祖神／辛未／十月卅日	①	所在不明。丈量、銘文は①による

参照文献

①土浦市教育委員会『土浦の石仏』一九八五年
②美浦村史編さん委員会『美浦村石造物資料集』一九八六年
③取手市史編さん委員会『取手市史　石造遺物編』一九八七年
④鈴木秀雄「道祖神の調査」（『竜ヶ崎市郷土史研究会』紀要』第二集　一九八七年）
⑤潮来町史編さん委員会『潮来の石仏石塔』一九九一年
⑥利根町教育委員会『利根町史　第五巻』（通史　社寺編）一九九三年
⑦北浦村教育委員会『北浦村の石仏・石塔―目でみる野仏―』一九九五年
⑧藤代町教育委員会『ふじしろの石仏』一九九七年
⑨麻生町史編さん委員会『あそうの石仏石塔』一九九八年
⑩塚本忠太郎「茨城県竜ヶ崎市の道祖神」（『日本の石仏』八六号　一九九八年）

⑪牛久市史編さん委員会『牛久市史料　石造物編』一九九九年
⑫清水長明「双体道祖神のルーツをさぐる」（『日本の石仏』一〇三号　二〇〇二年）
⑬塚本忠太郎「道祖神は石祠―茨城県竜ケ崎市の道祖神信仰―」（『日本の石仏』一〇三号　二〇〇二年）
⑭ＨＰタヌポンの利根ポンポ行

三　埼玉県

埼玉県の道祖神塔は、群馬県に近い北西部を中心として双体道祖神塔や文字道祖神塔の分布が認められ、その数は合計三一七基とされている（文献⑨）。一方、県の北東部には、群馬県南東端部も含めて利根川が形成した広大な平野（水田地帯）が広がっており、その周辺の村々では、双体道祖神塔は例外的な存在となっている。この地域で大半を占めるのは、文字道祖神塔やいわゆる「常総型道祖神祠」（縦長石祠型道祖神塔）であって、そのうち縦長石祠型道祖神塔の数は、限られた手元の資料からいえば、約三〇基ほどである。

さらにそのうち寛延期以前のものは筆者の集計によれば九基に過ぎない。ほかに古い板状の文字道祖神塔が五基あるものの、県内最古の双体道祖神塔は宝暦期のものであるから、検討対象となる寛延期以前の道祖神塔は一四基である。先に示した総数三一七基の道祖神塔なかには石祠型のものは含まれていないから、これに三〇基ほどを加えた約三五〇基が埼玉県の道祖神塔の総数ということになる。したがって、初期道祖神塔一四基の全体に占める割合は、四％である。ここではこれら初期の道祖神塔について説明を加えていくが、最後に県内の古い双体道祖神塔についても参考として取り上げる。

1は北本市石戸宿の東光寺跡にある板碑状の文字道祖神塔である。正面中央に「奉造立道六神」とあり、その左右に「元禄六酉天／／八月十五日」と刻まれている。2は加須市大越中内の寶幢寺墓地にある板状の文字道祖神塔である。摩滅が著しく読み辛いものの、正面に「種字（ア）道祖神天下泰平・・／享保二／正月吉日」とある。「吉日」は「十二日」かと思われたが、やはり「吉日」であろう。「吉日」と「十二日」は間違いやすい。

3は入間市豊岡一丁目にある文字道祖神塔である。文献⑧に「享保二」とあるものの、実際の銘文は正面に「道祖神」、右側面に「従是／入間川／かわこへ／道」、左側面に「従是／まつ山／日こう／道」とあり、そして裏には「武劦入間郡扇町屋宿／享和二壬戌歳　正月吉日／願主／是休」と年銘が刻まれている。文献⑧の「享保二」は「享和二」の誤読である。4は加須市新堀耕地にある縦長石祠型道祖神塔で、祠内は無銘である。室部左右側面に「享保廿

1　北本市石戸宿・
東光寺跡・元禄 6（1693）

2　加須市大越中内・
寶幢寺墓地・享保 2(1717)

3　入間市豊岡一丁目・
享保 2（実は享和 2）

3d　裏

1a　正

2a　正中

3b　右

3e　同拡大

1b　拓本

2b　拓本

3c　左

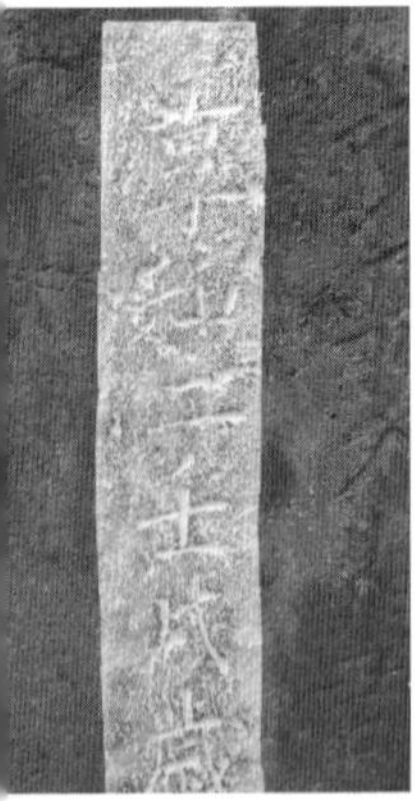

3f　同採拓

写真Ⅰ　埼玉県（1）

6a　正上

5a　右

4b　左

3g　拓本

6b　枠右

5b　左

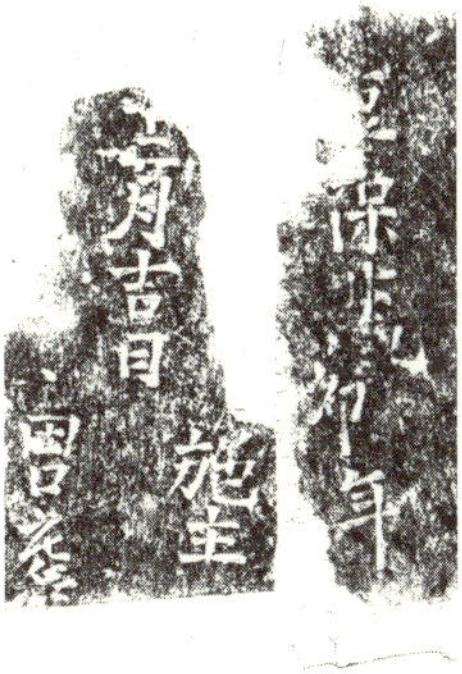

4c　拓本

4　加須市新堀耕地・享保 20（1735）

6c　枠左

6　行田市関根・関根神社・寛保元（1741）

5　羽生市上川俣南口・元文 5（1740）

4a　右

写真Ⅰ　埼玉県（2）

乙卯年／／施主／十二月吉日／田口庄兵□」と刻まれている。

5は羽生市上川俣南口にある縦長石祠型道祖神塔である。祠内には「道祖神宮」とある。左右の側面には「元文五庚申年／十一月朔日／西照寺　敬白／／上川俣村中　惣氏子共」と刻まれている。6は行田市関根の関根神社にある板状祠形の道祖神塔である。祠内に銘はなく、正面上部に「道祖神」と刻まれている。祠の左右には「寛保元辛酉年九月吉日／／武州忍領関根村」とあり、下部には「関根村中」と刻まれている。所在地に関して文献②④⑧には「行田市長野・久伊豆神社」とあるが、これは誤りである。

7は白岡市岡泉の鷲神社にある縦長石祠型道祖神塔である。祠内には「種字（サ？）奉建立道陸神宮」とあり、左右の側面には「寛保四子正月吉日　造立願主／／武州埼玉郡岩槻領岡泉村之・・」と彫られている。地元の人の話では「足神様」と呼ばれており、石祠の周りには多くのブリキ製の草履が納められていた。8は羽生市今泉の八幡神社にある縦長石祠型道祖神塔である。祠内には「道陸神」とある。摩滅が進んでおり、やや読み辛いものの、左右の側面には「今泉村中／願主／柿沼源兵衛／□□庄左衛門／／延享二年乙丑六月朔日」と刻まれている。

9は加須市岡古井の八幡宮前のあるとされる道祖神塔である。地元民からの聞き取り、数度の探索にもかかわらず、筆者はいまだにこの道祖神塔に出会っていない。なお、文献⑥では所在地は「岡古井中郷」となっており、こちらも数度の探索にもかかわらず、いまだに遭遇しいていない。移動したか廃棄されたか、それは不明である。10は加須市中の目の土手にある板碑形の文字道祖神塔である。正面に「延享三丙寅年／道祖神／四月吉祥日」と彫られている。

11は加須市鴻茎の久伊豆神社の向いにある縦長石祠型道祖神塔である。祠内に「道祖神」とあり、室部左右側面には「延享四丁卯九月・・／／鴻茎村／石橋惣・・／同名宇・・」と刻まれている。最下部はコンクリートに埋もれており、確認できない。12は加須市馬内の岩井家の東辻にある縦長石祠型道祖神塔である。祠内に銘はなく、左側面に「奉再興道陸神／寛延元戊辰／馬内村中／九月吉日」と刻まれている。

13は久喜市北中曽根にある文字道祖神塔である。正面に「道祖神」とあり、その下部に「寛延己巳年／武蔵國埼玉

6d　枠下

7b　左

8　羽生市今泉・八幡神社・延享 2（1745）

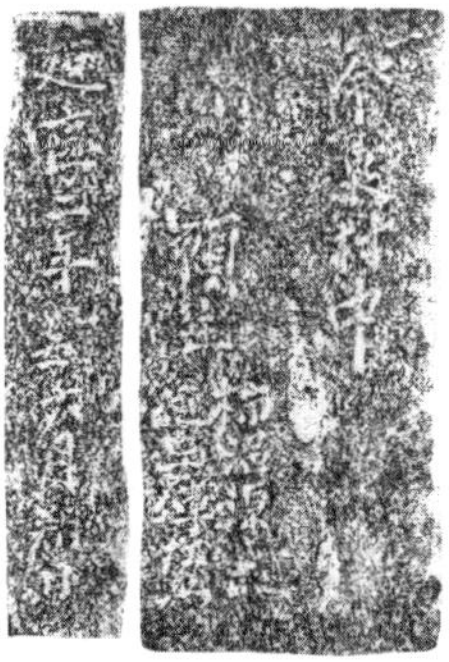

8c　拓本

7　白岡市岡泉・鷲神社寛保 4（1744）

7c　拓本

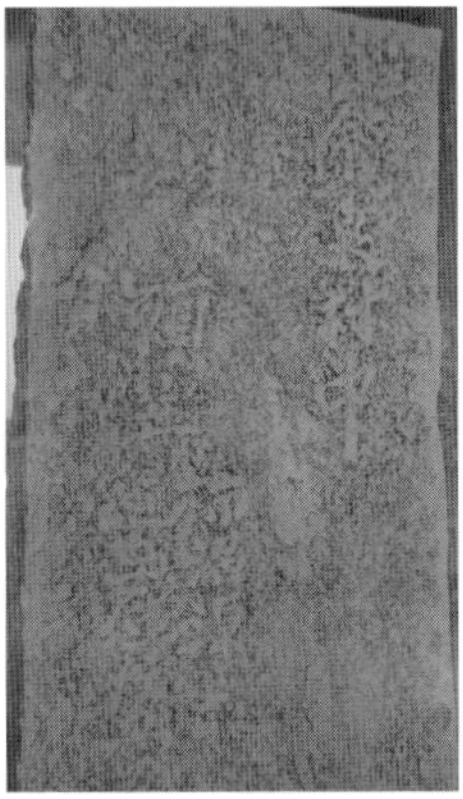

8a　右

10　加須市中の目・土手・延享 3（1746）

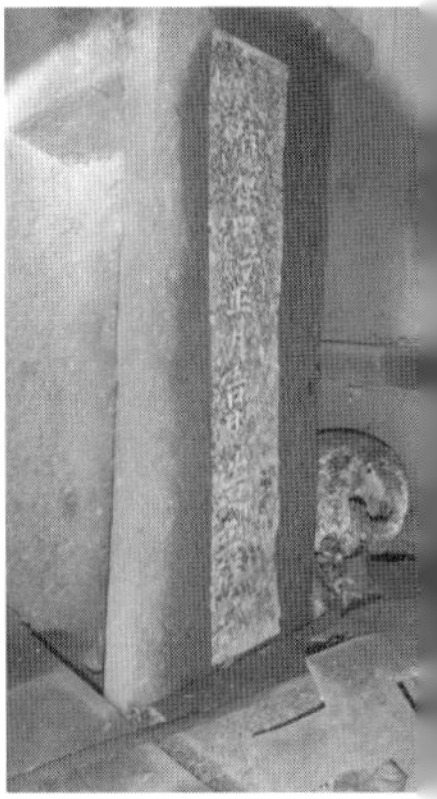

7a　右

7d　ブリキ製草鞋

8b　左

10a　正

写真Ⅰ　埼玉県（3）

4　加須市阿良川・天満宮・寛延４（1751）

13　久喜市北中曽根・カネマツ向い・寛延２(1749)

11b　左

10b　拓本

14a　右上

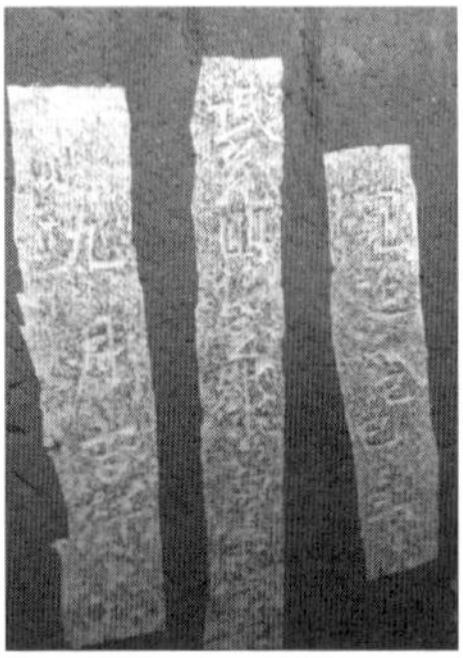
13a　正下

12　加須市馬内・岩井家東辻・寛延元（1748）

11　加須市鴻茎・久伊豆神社向い・延享４（1747）

14b　右下

13b　拓本

12a　左

11a　右

写真Ｉ　埼玉県（4）

14c　左上

14d　左下

14e　拓本

15　加須市串作・諏訪神社西方・宝暦 3（1753）

16　羽生市本川俣・長良神社・宝暦 5（1755）

17　加須市道地・稲荷神社裏・宝暦 6（1756）

18　羽生市本川俣・長良神社・宝暦 8（1758）

19　加須市下崎・道南路傍・宝暦 9（1759）

20　加須市道目・道祖神下・宝暦 10（1760）

21　滑川町羽尾糠谷戸・宝暦 10（1760）

22　久喜市青毛・鷲宮神社・宝暦 11（1761）

23　羽生市発戸・観乗院・宝暦 11（1761）

写真Ⅰ　埼玉県（5）

24　熊谷市東別府・香林寺・宝暦 12（1762）

25　寄居町牟礼・路傍・明和 2（1765）

26　久喜市上清久・八幡神社・明和 4（1767）

27　本庄市本庄一丁目・大正院・安永 9（1780）

28　蓮田市高虫・天照寺・安永 9（1780）

29　草加市青柳町・八坂神社・天明 5（1785）

30　加須市阿良川・天満宮・寛政 9（1797）

31　深谷市東方・熊野大神社・寛政 9（1797）

32　白岡市柴山・諏訪八幡神社・文化元（1804）

33　北本市高尾・須賀神社・文化 7（1810）

34　熊谷市上之・泰蔵院手前路上・文化 13（1816）

35　加須市日出安・駒形神社・文化 14（1817）

写真Ⅰ　埼玉県（6）

36　加須市諏訪一丁目・諏訪神社向い辻・文化 2（1805）

37　加須市内田ヶ谷・大福寺前・文政 7（1824

38　久喜市上清久・八幡神社・天保 10（1839）

39　加須市大越前田耕地・八幡神社・天保 11（1840）

40　上種足・川島家東・天保期

41　加須市大越中内・万延元（1860）

42　加須市大越中内・文久 2（1862）

43　上尾市今泉・氷川神社北・明治 13（1880）

44　加須市内田ヶ谷・大福寺前・昭和 6（1931）

45　加須市中の目・土手・昭和 12（1937）

46　加須市岡古井・真如院薬師堂前・□□ 5

47　加須市上種足・榎戸橋先・無年銘

写真Ⅰ　埼玉県（7）

郡騎西領中曽根村施主／九月吉祥日」と刻まれている。「寛延己巳年」は「寛延二年」に当たる。14は加須市阿良川の天満宮にある縦長石祠型道祖神塔である。祠内に「道祖神」とあり、左右の側面には「寛延四辛未七月吉日／関根重右衛門／木嶋幸八／萩原七右衛門／／羽生領阿良川村／赤坂安左衛門／武藤義左衛門／村松五左衛門」と刻まれている。

15以下は初期のものではないが、参考資料として写真のみ掲載しておく。この地域における縦長石祠型道祖神塔を含むほぼすべての道祖神塔を集めたつもりである。年銘を有する縦長石祠型道祖神塔でもっとも新しいものは38の久喜市上清久の八幡神社にある天保一〇（一八三九）年のものであり、その後は文字道祖神塔に替わっていくようである。

ちなみに、双体道祖神塔で県内最古のものは21にあげた滑川町羽尾鎌谷戸の宝暦一〇（一七六〇）年のもので、以下、24の熊谷市東別府の香林寺内の宝暦一二（一七六二）年のもの、25の寄居町牟礼にある明和二（一七六五）年のもの、27の本庄市本庄一丁目の大正院内の安永九（一七八〇）年のものと続く。したがって、埼玉県内最古の道祖神塔は、1とした北本市石戸宿の東光寺跡にある板碑状の文字道祖神塔で、元禄六（一六九三）年のものということになる。

表9　埼玉県

番号	和暦	西暦	所在地	種類	高さ	像高	横幅	厚さ	銘文（現状）	参照文献	備考
1	元禄6	1693	北本市石戸宿・東光寺跡	文字	53		28	23	正：元禄六酉天／奉造立道六神／八月十五日	⑧⑩	
2	享保2	1717	加須市大越中内・寶幡寺墓地	文字	40		30	17	正：種字（ア）道祖神天下泰平・・／享保二／正月吉日	⑥	
3	（享保2）享和2	（1717）1802	入間市豊岡一丁目	文字	101		32	24	正：道祖神 右：従是／入間川／かわこへ／道 左：従是／まつ山／日こう／道 裏：武刕入間郡扇町屋宿／享和二壬戌歳正月吉日／願主／是休	②④⑧	
4	享保20	1735	加須市新堀耕地・路傍	縦長石祠	（24）37		（20）27	（15）30	祠内：無銘 右：享保廿乙卯年 左：施主／十二月吉日／田口主兵□	⑤⑦	

5	元文5	1740	羽生市上川俣南口・路傍	縦長石祠	(46)65		(27)33	(22)43	祠内：道祖神宮 右：元文五庚申年／十一月朔日／西照寺　敬白 左：上川俣村中／惣氏子共	③	
6	寛保元	1741	行田市関根・関根神社	文字	95		38	25	枠右：寛保元辛酉年九月吉日 枠上：道祖神 枠下：関根村中 枠左：武州忍領関根村	①②④⑧	
7	寛保4	1744	白岡市岡泉・鷲神社	縦長石祠	(40)54		(24)30	(16)20	祠内：種字（サ？）奉建立道陸神宮 右：寛保四子正月吉日　造立願主 左：武州埼玉郡岩槻領岡泉村之・・	⑧	足神様。ブリキ製草鞋あり。
8	延享2	1745	羽生市今泉・八幡神社	縦長石祠	(37)54		(25)30	(18)38	祠内：道陸神 右：今泉村中／願主／柿沼源兵衛／□□庄左衛門 左：延享二年乙丑六月朔日	③	
9	延享2	1745	加須市岡古井・八幡宮前or中郷	文字					延享乙丑十二月／道祖神／岡古井村氏子中	②④⑥⑧	所在不明銘文は④による。
10	延享3	1746	加須市中の目・土手路傍	文字	88		37	26	正：延享三丙寅年／道祖神／四月吉祥日	⑤⑦	
11	延享4	1747	加須市鴻茎・久伊豆神社向い	縦長石祠	(37)51		(23)30	(15)22	祠内：道祖神 右：延享四丁卯九月・・ 左：鴻茎村／石橋惣・・・／同名字・・	②④⑤⑦	
12	寛延元	1748	加須市馬内・岩井家東辻	縦長石祠	(30)47		(22)33	(18)38	祠内：無銘 左：奉再興道陸神／寛延元戊辰／馬内村中／九月吉日	⑥	
13	寛延2	1749	久喜市北中曽根・カネマツ向い	文字	*85		33	18	正：寛延己巳年／道祖神　武蔵國埼玉郡騎西領中曽根村施主／九月吉祥日	⑧	
14	寛延4	1751	加須市阿良川・天満宮	縦長石祠	60室部		28室部	15室部	祠内：道祖神 右：寛延四辛未七月吉日／関根重右衛門／木嶋幸八／萩原七右衛門 左：羽生領阿良川村／赤坂安左衛門／武藤義左衛門／村松五左衛門	②④⑥	

参照文献

①秋山正香『庚申塔と塞神』第一集　一九六一年
②斉藤華巳「埼玉県道祖神年表」（『ともしび』第九号　一九六七年）
③羽生市史編集委員会『羽生市史　上巻』一九七一年
④県　敏夫「埼玉県の道祖神」（『野仏』第一〇集　一九七八年）
⑤騎西町教育委員会『路傍の石佛』（騎西町文化財資料）一九七九年
⑥加須市史編さん室『加須の石仏』（調査報告書　第二集）一九七九年
⑦騎西町教育委員会『騎西の石仏』（騎西町史調査資料　第2集）一九九一年
⑧中山正義「埼玉県の道祖神表」（『野仏』第二十五集）一九九四年
⑨石田哲也編『道祖神信仰史の研究』名著出版　二〇〇一年
⑩清水長明「双体道祖神のルーツをさぐる」（『日本の石仏』一〇三号　二〇〇二年）

四　群馬県（Ⅱ）

群馬県は長野県とともに双体道祖神塔の宝庫といわれ、全県域にわたってその分布がみられる。しかし、密集するのは県中央を流れる利根川をはさんだ西の西上州で、その東となると前橋市くらいが限界で、同市の最東を流れる粕川を境にその数は極端に少なくなる。そして県の南東端部に位置する館林市とその周辺域には、数は少ないながら縦長石祠型道祖神塔の分布が認められるのである。

1は館林市下早川田の神明宮にある縦長石祠型道祖神塔で、祠内は無銘である。左右の側面には「享保十六辛亥霜月吉日／／惣村中」と彫られている。2はやはり同神社内に並んで建っている縦長石祠型道祖神塔である。祠内に「道祖神」とあり、左右の側面には「享保十八癸丑九月吉日／／下早川田惣村中／別頭雲龍寺」と刻まれている。

3は館林市日向の長良神社にある縦長石祠型道祖神塔である。祠内には「上口の守護神　道祖神社／最の神／八衢彦命□姫命（ヤチマタヒコノミコト）」と書かれた木札が収められている。左右の側面には「寛保元辛酉天／種字（ウーン）奉造立道祖神一宇／四月大吉祥日／／日向村／惣氏子」と刻まれている。4は伊勢崎市小泉町の龍善寺の墓地内にある双体道祖神塔である。整理された墓石とともに並べられており、写真が撮り辛い。銘は双像の左右に「延享二乙丑天／／九月□□」とあるのがかろうじて読める。この地域（伊勢崎市から南東部の県内）で最古の双体道祖神塔である。文献⑤に写真が掲載されているものの、キャプションが隣の写真のものと入れ替わっている。年銘は「延享二九月吉日」と記録されている。所在地が「佐波郡東村東小保方」（当時）となっているが、正確には「伊勢崎市小泉町」（現在）である。

5は千代田町舞木の長良神社にある縦長石祠型道祖神塔である。祠内に「道祖神」とあり、左右の側面には「上野國邑楽郡／舞木村／／延享四卯年／十一月吉日」と刻まれている。6は板倉町大曲の浄蓮院にある双体道祖神塔である。双像の上部に「寛延二己巳歳／十二月廿八日／大曲村施主子供中」と彫られている。

7は館林市高根町の大山祇神社にある縦長石祠型道祖神塔で、祠内に銘はない。枠左下に「施□　高根村中」とあ

1　館林市下早川田・神明宮・享保 16（1731）

2　館林市下早川田・神明宮・享保 18（1733）

3　館林市日向・長良神社・寛保元（1741）

3c　左

1a　右

2a　右

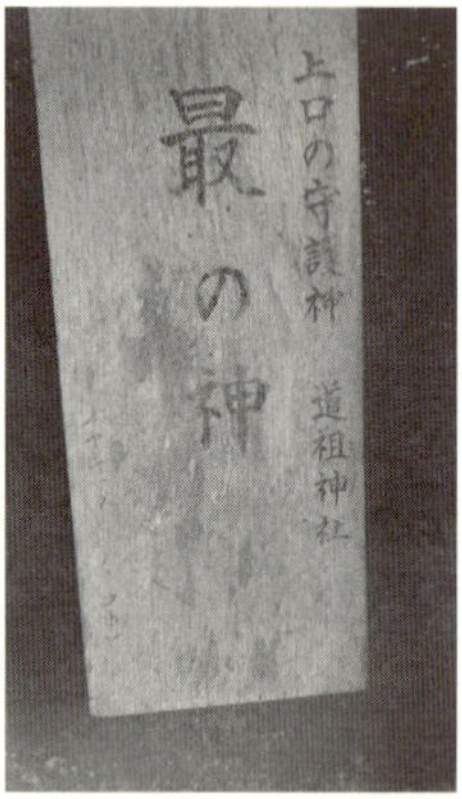

3a　祠内

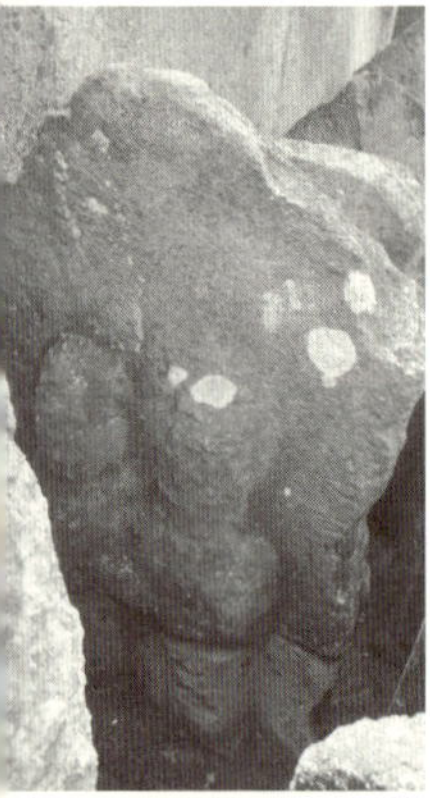

4　伊勢崎市小泉町・善寺墓地・延享 2（1745）

1b　左

2b　左

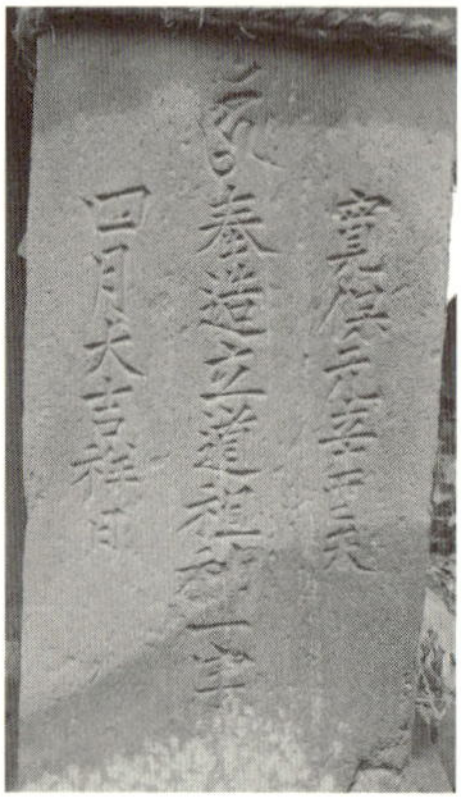

3b　右

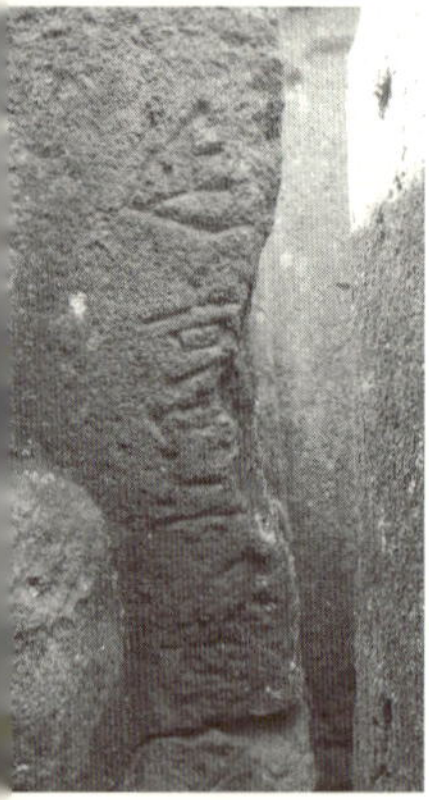

4a　正右

写真Ｊ　群馬県（Ⅱ）（1）

8　千代田町堂山古墳東・宝暦 9（1759）

7　館林市高根町・大山祇神社・寛延 4（1751）

5b　左

4b　正左

8a　右

7a　枠左

6　板倉町大曲・浄連院・寛延 2（1749）

5　千代田町舞木・長
神社・延享 4（1747）

8b　左

7b　左

6a　正上

5a　右

写真Ｊ　群馬県（Ⅱ）（2）

板倉町海老瀬・間田・文化 3（1806）

15　太田市山之神町・共同墓地・享和元（1801）

12　太田市大原町・七区公民館前・安永 8（1779）

9　大泉町坂田・長良神社角

9　大泉町東小泉・厳島神社・文化 8（1811）

16　太田市尾島町堀口・加茂神社・享和 2（1802）

13　明和町千津井・三島神社・享和元（1801）

10　館林市堀工町大原・神明宮・宝暦 10（1760）

20　大泉町東小泉・善院・文化 13（1816）

17　館林市四ツ谷・稲荷神社・享和 3（1803）

14　千代田町新福寺八坂神社・享和元（1801）

11　大泉町吉田・上の山霊園角・安永 3（1774）

写真Ｊ　群馬県（Ⅱ）(3)

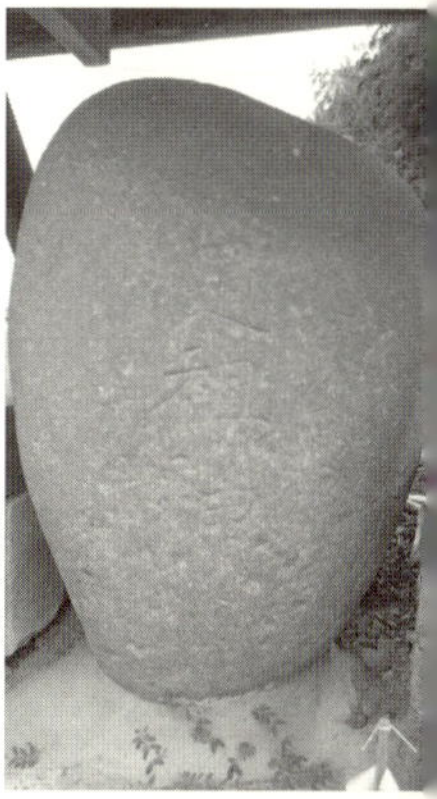

21　板倉町南光院の東
辻・文政 8（1825）

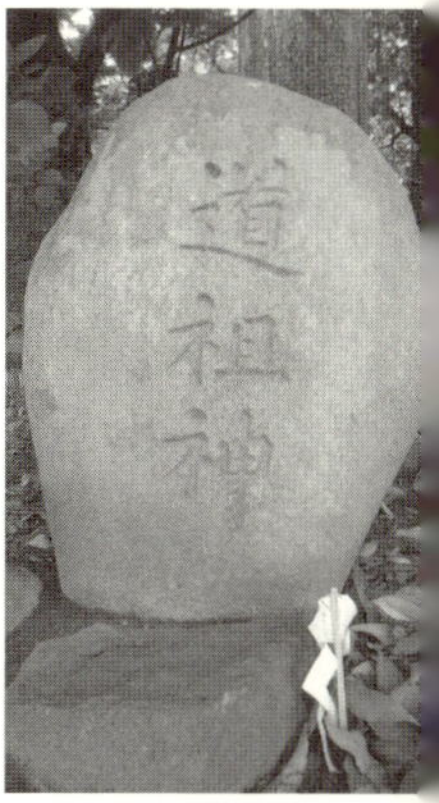

22　太田市藪塚町・三
神社・文政 9（1826）

23　板倉町須賀・菅原
神社・文政 13（1830

24　板倉町飯野・侍辺天神
様自治会館・天保 10（1839）

25　邑楽町篠塚・長柄
神社・嘉永 5（1852）

26　大泉町吉田本郷・
青麻三光宮・安政 2（1855）

27　明和町大佐貫・長良
神社・慶応元（1865）

28　太田市尾島町堀口・
加茂神社・慶応 2（1866）

29　明和町南大島・厳島
神社・天明 4?（1784?）

30　双体地蔵・太田市
総持寺・寛文 12（1672）

31　双体地蔵・太田市
永徳寺

32　双体地蔵・太田市
永徳寺

写真Ｊ　群馬県（Ⅱ）（4）

り、左側面には「寛延四辛未歳四月吉□」と彫られている。8～29は初期のものではないが、この地域の道祖神塔をできるだけ集めたもので、写真のみ掲載しておく。縦長石祠型道祖神塔でもっとも新しいものは明和町大佐貫の長良神社にある慶応元（一八六五）年のもの（27）で、この形式の道祖神塔が、文字道祖神塔に押されながらも、近代直前まで建てられていたことが分かる。なお参考として、当地域の双体地蔵尊（30～32）も掲載しておく。

表10　群馬県

番号	和暦	西暦	所在地	種類	高さ	像高	横幅	厚さ	銘文（現状）	参照文献	備考
1	享保16	1731	館林市下早川田・神明宮	縦長石祠	(49)70		(29)43	(18)39	祠内：無銘 右：享保十六辛亥霜月吉日 左：惣村中	①④	
2	享保18	1733	館林市下早川田・神明宮	縦長石祠	46		28	18	祠内：道祖神 右：享保十八癸丑九月吉日 左：下早川田惣村中／別頭雲龍寺	①④	
3	寛保元	1741	館林市日向・長良神社	石祠	(52)92		(31)44	(20)54	祠内：（木札）上口の守護神　道祖神社／最の神／八衢姫命（ヤチマタヒメノミコト） 右：寛保元辛酉天／種字（ウーン）奉造立道祖神一宇／四月大吉祥日 左：日向村／惣氏子	①④	
4	延享2	1745	伊勢崎市小泉町・龍善寺墓地	双体	57	35	36	20	正右：延享二乙丑天 正左：九月□□	⑤	
5	延享4	1747	千代田町舞木・長良神社	文字	(62)80		(31)50	(17)38	正：道祖神 右：上野國邑楽郡／舞木村 左：延享四卯年／十一月吉日	④	
6	寛延2	1749	板倉町大曲・浄蓮院	双体	54	35	30	19	表：寛延二己巳歳／十二月廿八日／大曲村施主子供中	②③④	
7	寛延4	1751	館林市高根町・大山祇神社	縦長石祠	(37)61		(27)37	(26)30	祠内：無銘 枠左：施□　高根村中 右：寛延四辛未歳四月吉□	①③④	

参照文献
①館林市教育委員会『館林市の石造文化財　多々良・渡瀬の石仏』一九七八年
②板倉町教育委員会『民間信仰としての板倉町の石造物と鋳造物』（板倉町史基礎資料第八一号）一九七九年
③大塚省吾『又々やぶにらみ道祖神考　上州の道祖神』一九八一年
④群馬県教育委員会『道祖神と道しるべ　上州の近世石造物（一）』一九八六年
⑤若林栄一『前橋・東毛地区・勢多郡の双体道祖神』上毛新聞社出版局　一九八九年

五　栃木県

栃木県は一応双体道祖神塔（それに続く文字道祖神塔）の分布域に含まれるものの、南端部にはわずかながら縦長石祠型道祖神塔が分布している。県内の道祖神塔の数は、文献④によれば一一一基である。その大半は一九世紀から近代にかけての文字道祖神塔であるが、そのうち双体道祖神塔は一五基を数える。最古の双体道祖神塔は、鹿沼市上粕尾田ノ端発光路の明和元（一七六四）年銘のもの（3）である。縦長石祠型道祖神塔も佐野市を中心に少数ながら存在し、最古のものは佐野市朝日町の星宮神社にある天明九（一七八九）年のもの（12）である。したがって、栃木県内での初期道祖神塔（寛延期以前）は那須塩原市にあるとされる元禄期および享保期の二基の文字道祖神塔のみである。ここでは初期のものではないが、主に栃木県南部で目にした道祖神塔と併せて縦長石祠型道祖神塔を紹介することにする。

1は那須塩原市東小屋にあるとされる文字道祖神塔である。文献④には建立年月日が「元禄2年」とされている。2は同じく那須塩原市下中野にあるとされる文字道祖神塔である。文献④によれば、建立年月日は「享保三年」となっている。二度ほど現地を訪れ、市の教育委員会に照会してはみたものの、筆者はいまだにこの二基の道祖神塔に出会っていない。文献③によれば、1は長さ一二三cm、幅六〇cm、2は長さ九〇cm、幅三五cmとされる。元禄期の文字道祖神塔がどんなものなのか知りたいところである。

3は鹿沼市上粕尾田ノ端発光路の双体道祖神塔である。双像をはさんで左右に「明和元甲申天／／十一月七日」とあり、台座に「發□路村中」と彫られている。□には「衜」の略画もしくは「魚」の略字が入る。4は佐野市戸奈良町西原にある双体道祖神塔である。双像をはさんで「明和五戊子年／／十一月吉日　山口又七」と彫られている。

5は真岡市久下田旧新石町にある双体道祖神塔である。文献④⑤によれば、「明和五年」ということであるが、木祠に収められており、これを確認することができない。6は足利市松田町の喜福寺にある双体道祖神塔である。双像の右に「明和九壬辰年」と刻まれている。

7は日光市足尾町神子内遠上にある双体道祖神塔である。文献④に「安永三年」とあるが、地元の人に尋ね、探索したにもかかわらず、いまだに出会っていない。8は鹿沼市上粕尾半縄にある双体道祖神塔である。双像の左に「安永八己亥十月吉日」と刻まれている。

9は鹿沼市中粕尾加戸笠丸鬼平にあった双体道祖神塔である。「寛政四年」のものとされるが、市の教育委員会の方の話によれば、土砂崩れのため現在所在不明とのことである。10は鹿沼市中粕尾遠木赤石河原にある双体道祖神塔である。双像の右に「寛政四壬子年」とある。文献④に掲載された写真によれば、正面上部に文字が認められるが、現状では確認できなかった。

11は鹿沼市入り粟野尾ざくの大日堂前にある自然石の文字道祖神塔である。「道祖神」と彫られた左に「寛政五癸丑歳三月吉日　大出村」と刻まれている。12は佐野市朝日町の星宮神社にある縦長石祠型道祖神塔である。祠内に「□祖神」と彫られており、左側面には「遷宮尊司／天明九年酉二月吉日／明宝院」とある。

13は鹿沼市中粕尾馬置にある双体道祖神塔である。文献⑦⑧によれば、「寛政一〇年」の銘を有するとされるものの、現状は碑面が苔に覆われており、銘文を確認することができない。14は鹿沼市上粕尾栃原上之内にある双体道祖神塔である。双像をはさんで「文化四丁卯年／／五月吉祥日」とあり、台石には「願主／□原／□原・・／母」と刻まれている。

15は佐野市久保町の蛭子神社にある縦長石祠型道祖神塔で、祠内に銘はない。右側面に「文化八辛未年／八月初五日」と彫られている。16は鹿沼市上粕尾半縄にある双体道祖神塔である。双像をはさんで「文化十四丁丑天／／十二月吉祥日」と刻まれている。

17は鹿沼市上粕尾栃原宿瀬木にある双体道祖神塔である。双像をはさんで「天保五午年／／八月吉日」と刻まれている。18は佐野市朝日町の星宮神社にある縦長石祠型道祖神塔である。欠損がみられるものの、祠内には「道祖神」とあり、裏面には「・・年　兵藤・・／安政四己年五□再興／飯塚氏」と彫られている。「安政四己」は「安政四巳」

8　鹿沼市上粕尾半縄・安永8（1779）

5　真岡市久下田・明和5（1768）

3c　正台

3　鹿沼市上粕尾田端・路傍・明和元（1764）

8a　正左

6　足利市松田町・喜福寺・明和9（1772）

4　佐野市戸奈良町西原・明和5（1768）

3a　正右

0　中粕尾・赤石河原・寛政4（1792）

6a　正右

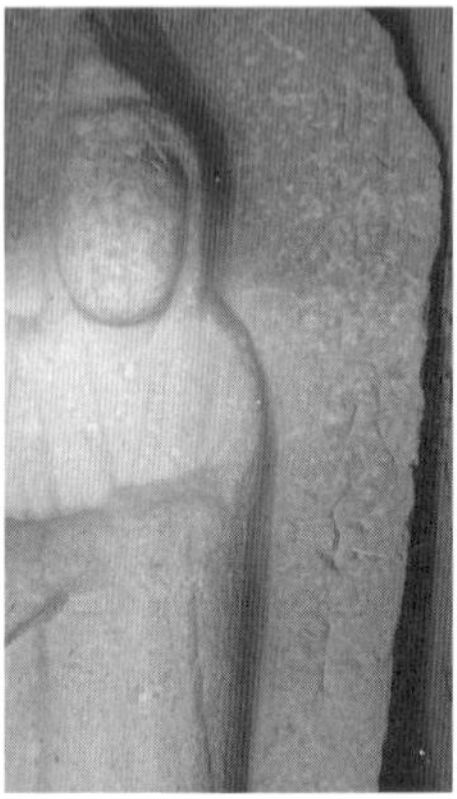

4a　正右

3b　正左

写真K　栃木県（1）

10a　正右

12a　左

14a　正右

15a　右

11　鹿沼市入り粟野尾ざく・寛政5（1793）

13　鹿沼市中粕尾馬置・寛政10（1798）

14b　台正

16　鹿沼市上粕尾半縄・文化14（1817）

12　佐野市朝日町・星宮神社・天明9（1789）

14　鹿沼市上粕尾栃原・文化4（1807）

15　佐野市久保町・蛭子神社・文化8（1811）

16a　正右

写真K　栃木県（2）

21　栃木市岩船町静・浅間神社・昭和 14（1939）

19a　右

18　佐野市朝日町・星宮神社・安政 4（1857）

16b　正左

21a　裏

19b　左

18a　裏

17　鹿沼市上粕尾細尾・天保 5（1834）

2　佐野市植野町・路傍（無銘）

20　佐野市植野町・弟之神社・明治 3（1870）

19　佐野市堀米町・雀宮神社・万延元（1860）

17a　正右

写真Ｋ　栃木県（3）

の彫り間違いであろう。19は佐野市堀米町の雀宮神社にある縦長石祠型道祖神塔である。祠内には「道祖神」とある。左右の側面には「萬延元庚申歳／□月吉日／／斎藤哲三／若田部松助／町田文之丞」と刻まれている。そして台石の右側面に一三名、左側面に一四名、裏面に一〇名の人名が刻まれている。20は佐野市植野町の弟之神社にある縦長石祠型道祖神塔である。祠内は無銘であり、右側面にはかろうじて「明治三・・」の文字が読み取れる。21は栃木市岩船町静の浅間神社にある石祠型の道祖神塔である。正面に「道祖神」、裏面に「昭和十四年／九月建設」と彫られている。22は無銘である。写真のみ掲載する。

表11　栃木県

番号	和暦	西暦	所在地	種類	高さ	像高	横幅	厚さ	銘文（現状）	参照文献	備考
1	元禄2	1689	那須塩原市東小屋	文字	123		60			③④⑥	所在不明。年銘、丈量は④③による。
2	享保3	1718	那須塩原市下中野	文字	90		35			③④⑥	所在不明。年銘、丈量は④③による。
3	明和元	1764	鹿沼市上粕尾発光路田ノ端	双体	63	40	40	23	正右：明和元甲申天 正左：十一月七日 台正：發□（衡の略画もしくは魚の略字） 路村中	①④⑦⑧	
4	明和5	1768	佐野市戸奈良町西原	双体	48	(35)37	33	20	正右：明和五戊子年 正左：十一月吉日　山口又七	④	
5	明和5	1768	真岡市久下田旧新石町	双体	71	45	30	25	確認不可	④⑤	
6	明和9	1772	足利市松田町・喜福寺	双体	59	36	28	19	正右：明和九壬辰年	④⑦⑧	
7	安永3	1774	日光市足尾町神子内遠上	双体						④	所在不明。年銘は④による。
8	安永8	1779	鹿沼市上粕尾半縄	双体	53	34	26	16	正左：安永八己亥十月吉日	④⑦⑧	
9	寛政4	1792	鹿沼市中粕尾加戸笠丸鬼平	双体	53					⑦⑧	所在不明。年銘、丈量は⑦による。
10	寛政4	1792	鹿沼市中粕尾遠木赤石河原	双体	56	39	34	16	正右：寛政四壬子年	④⑦⑧	

11	寛政5	1793	鹿沼市入粟野尾ざく・大日堂前	文字	133		85	24	正：道祖神／寛政五癸丑歳三月吉日　大出村	④⑦⑧	
12	天明9	1789	佐野市朝日町・星宮神社	縦長石祠	32		24	18	祠内：□祖神 左：遷宮尊司／天明九年酉二月吉日／明宝院	②	
13	寛政10	1798	鹿沼市中粕尾馬置・旧道山林中	双体	*42	*33	32	16	苔のため不明	⑦⑧	
14	文化4	1807	鹿沼市上粕尾栃原上之内	双体	49	35	31	17	正右：文化四丁卯年 正左：五月吉祥日 台正：願主／□原／□原・・／母	④⑦⑧	
15	文化8	1811	佐野市久保町・蛭子神社	縦長石祠	(23)41		(22)28	(20)*30	祠内：無銘 右：文化八辛未年／八月初五日	②	
16	文化14	1817	鹿沼市上粕尾半縄	双体	52	29	25	15	正右：文化十四丁丑天 正左：十二月吉祥日	④⑦⑧	
17	天保5	1834	鹿沼市上粕尾栃原宿瀬木	双体	50	31	31	9	正右：天保五午年 正左：八月吉日	⑦⑧	
18	安政4	1857	佐野市朝日町・星宮神社	縦長石祠	28		21	18	裏：・・年　兵藤・・／安政四己年五□再興／飯塚氏	②	
19	万延元	1860	佐野市堀米町・雀宮神社	縦長石祠	(29)45		20	17	祠内：道祖神 右：萬延元庚申歳／□月吉日 左：斎藤哲三／若田部松助／町田文之丞	②	
20	明治3	1870	佐野市植野町・弟之神社	縦長石祠	*32		(30)52	(30)51	祠内：無銘 右：明治三・・	②	
21	昭和14	1939	栃木市岩船町静・浅間神社	石祠	(25)47		(21)31	(17)38	正：道祖神 左：昭和十四年／九月建設		

参照文献

①時中庵主人『下野の道祖神』教育出版社　一九六七年
②佐野市史編さん委員会『佐野の石仏』（佐野市史資料　第一集）一九七二年
③黒磯市文化財保護委員会『黒磯市の碑塔類』一九七二年
④栃木県教育委員会『緊急碑塔類調査報告　下野の野仏』（栃木県民俗資料調査報告書　第9集）一九七三年
⑤海老沢雄蔵『二宮の野仏』一九八〇年
⑥黒磯市教育委員会『黒磯市の碑塔類考』一九八八年
⑦粟野町教育委員会『粟野の野佛』一九九二年
⑧粟野町役場商工観光課『双体道祖神の宝庫　粟野町道祖神塔めぐり』（出版年無記載）

第三章　無年銘ながら初期の可能性がある道祖神塔

本章では年銘はないものの、双像の姿態などの特徴から初期道祖神塔である可能性が考えられる道祖神塔を集めてみた（写真L）。分布は、明神ヶ岳を中心とした足柄山地の周囲を取り巻く静岡県御殿場市、小山町、神奈川県山北町、開成町、南足柄市、小田原市など、静岡県北東端および神奈川県南西端の地域に限定的である。ほかには東京都、山梨県、群馬県で数例が発見されている。初期の年銘を有する双体道祖神塔に類似したもの、あるいは山梨県の甲府盆地周辺地域に分布するいわゆる板碑系石塔（文献㉔）に類似したものなど、無年銘ながら初期のものの可能性が考えられる道祖神塔群である。

一　静岡県（写真Lの1～17）

静岡県内からは一七基を厳選した。1から4は像の上半身が強調され、座像を想起させる姿態の道祖神塔である。碑形は駒形に近い。座像の可能性を含ませつつ「上半身型」と呼ぼうと思う。これらの特徴は根拠資料（写真M）のeとしてあげた寛文一一年銘の神奈川県大井町篠窪の道祖神塔に類似している。

さらに6から9までの道祖神塔の姿態は、根拠資料（写真M）のb、c、dとしてあげた神奈川県中井町のそれに類似している。根拠資料としてあげた双像は、稚児とも呼ぶべき姿態で、筒袖かつ筒状の裾を有する着物をまとっている。無年銘のものも多いが、年銘を有する場合はすべて寛文期のものである。9はかつて武田久吉が文献①に「両神の立つ下に鋸歯の如き模様が見られるが、これは寛文期の庚申塔にも類似の彫刻がある。」と書いており、初期のものの可能性が考えられる。合掌した手の輪郭が比較的明瞭で、かつ下半身から素足がのぞくタイプの一群を根拠資料との関連から、「稚児型」と呼ぶ。10は文献③の著者である伊藤堅吉に「大きな顔、ずんぐりした体躯、低い背丈、

0　小山町菅沼・明倫小学校前

7　小山町菅沼・湯山家入口

4　御殿場市深沢向村

1　御殿場市蓮華寺

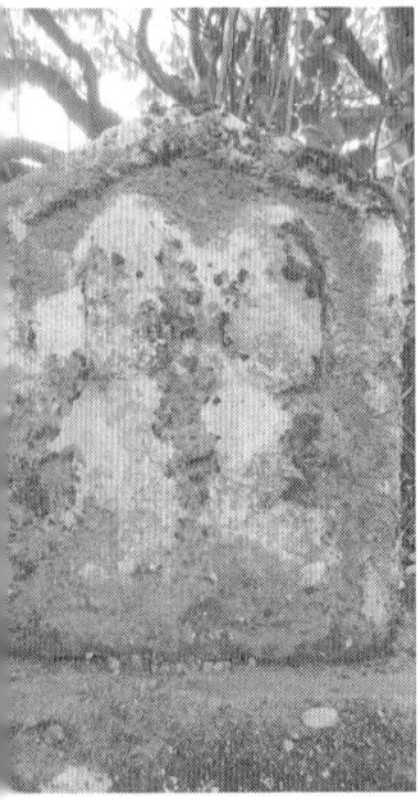

11　御殿場市中丸・美乃輪神社左奥

8　小山町用沢・コンビニ横

5　富士宮市元村山

2　御殿場市東田中

12　小山町桑木・新旧道三差路

9　小山町竹之下北市場

6　小山町宮の台・小山中学校横

3　御殿場市・御殿場団地際

写真Ｌ　無年銘の初期道祖神塔（1）

13　小山町大胡田芝倉

14　小山町大胡田立沢
庚申堂脇

15　小山町大胡田土平

16　小山町大胡田下
大胡田

17　小山町大胡田・
大胡田天神

18　山北町・尾崎家前

19　開成町延沢中庭

20　大井町金子中の町

21　大井町金子根岸

22　小田原市小台

23　南足柄市岩原

24　南足柄市沼田

写真Ｌ　無年銘の初期道祖神塔（2）

25 小田原市荻窪

26　南足柄市福泉下

27　南足柄市岩原谷戸

28　松田町松田惣領池田

29　南足柄市苅野御霊

30　南足柄市駒形新宿

31　南足柄市壗下

32　南足柄市塚原

33　山北町萩原・地蔵堂

34　山北町内山

35　小田原市新屋

36　大井町西大井国竹

写真Ｌ　無年銘の初期道祖神塔（3）

37　松田町松田惣領町

38　松田町松田惣領茶

39　山北町・天社神社

40　山北町山北

41　小田原市小舟

42　秦野市八沢

43　山北町川西嵐

44　町田市上小山田町・
養樹院

45　山梨市牧丘町牧平
膝立・道祖神場

46　韮崎市藤井町坂井・
道祖神場

47　高崎市倉渕町川浦・
十二社神社

48　東吾妻町本宿日向道
泉谷戸・熊野神社

写真L　無年銘の初期道祖神塔（4）

とんきょうな瞳。原始人の記憶だろうか」と書かしめた石仏で、のちに紹介する「記号人形型」に属するものである。

いわゆる板碑系石塔との関連が想定される根拠資料（写真M）aおよびfは、11、12、14、15、16、17との類似が想定可能である。碑形は例外なく駒形で、周囲が額縁のように盛り上がっている。特に17は文献③で伊藤堅吉が「野人塑像」と呼んだ石仏である。「額縁型」とする。これらのうちほぼ同一のモチーフのものが14、15、16、17で、あるいは同じ人物（石工）の作の可能性も考えられる。これらの四基はすべて同じ小山町大胡田地区内に建っている。なお13は上部に庇状の突起があるものの、像の姿態は次に紹介する神奈川県内に特徴的な「蝶ネクタイ型」に近い。

10は次に紹介する神奈川県の41、42、43などと同系統のものであろうか。平板な浮彫りで、まるで人形をデフォル

a　静岡県裾野市茶畑・延宝2（1674）

d　神奈川県中井町雑色下ノ庭・寛文9（1669）

b　神奈川県中井町松本中ノ窪・寛文9（1669）

e　神奈川県大井町篠窪・寛文11（1671）

c　神奈川県中井町松本寺際・寛文10（1670）

f　山梨県韮崎市藤井町駒井・当麻戸神社・天和2（1682）

写真M　根拠となる有年銘の道祖神塔

メして記号化したような素朴な姿態を特徴としている。後に述べる「人形型」に対して「記号人形型」と呼ぼうと思う。なお、5は特異なものであるが、上部の突起から、次に示す「庇突起型」に含まれようか。

二　神奈川県（写真Lの18〜43）

神奈川県内では主に最西端地区から二六基を抽出した。この地区に特徴的な道祖神塔の形は「稚児型」に類似するものの、合掌した組手の輪郭が消滅もしくは不鮮明となり、あたかも蝶ネクタイ形の肩マントを羽織っているかの如き形状を呈し、かつ下半部が三角状に開く点にある。そしてその三角形底辺の間から二本の脛足が露出するタイプのものである。「蝶ネクタイ型」とする。典型的なのは20や23で、19、21、25、32など多くのものが含まれる。

このモチーフのさらなる派生形態と思われるものに30に示した道祖神塔がある。下半部のスカート部分が筒状もしくは省略され、長い脚全体が露出している。やや開いた口や三角の鼻も特徴的で、組んだ腕によって逆ハート形の窪みが胸の上に形成されている。どこかユーモラスであり、人物というより人形に近い。「人形型」と呼ぶ。三角形のモチーフはみられず、やや長身ではあるが、27、29や34もこの範疇であろうか。ちなみに、27については文献⑩の著者である吉川静雄が「昭和四九年一月一二日に、神奈川県南足柄市岩原谷戸をたずねた。ここのサイの神は由緒ある旧家と思われる、鈴木末久家で祀っているとのことである。はっきりはわからないが、鈴木家の先祖が五〇〇年程前にこの地に移った頃のものと言い伝えられている。その伝えが事実だとすれば、文明年間になり、年号の分かる最も古いといわれている、永正よりも更に遡るものである。但、碑石には年月日は全くない。両脛を出している図柄は古拙の感がする。田んぼの荒地の一角にポツネンとして立っていた。」と書いている。もちろん永正年間（一五〇四年〜一五二〇年）までさかのぼることは考えられないが、古いものである可能性は捨て切れない。なお、上半身が強調された18や33は先に静岡県のところでふれた「上半身型」と同系であろう。

南足柄市よりやや東もしくは北の地域に分布するのが、31、36、37、38、39、40に示した上部に庇状の突起をもつタイプの道祖神塔である。いずれも身体上半が強調され、一見座像を思わせる姿態である。しかし何より特徴的なのは上部の庇状突起で、類似資料は次章でふれる板碑系石塔のなかに含まれている。「庇突起型」と呼びたい。いわゆる板碑系石塔に関しては次章で詳細にふれる。なお22や35は庇状の突起はあるものの、姿態は稚児型を思わせる。両者の折衷形態であろうか。28も稚児型であろう。さらに、41、42、43は、先にみた静岡県の10同様平板な浮彫りで、人形を記号化したような素朴な姿態を特徴としている。「記号人形型」と呼ぼうと思うが、ただしこの類型の一群に関してだけは、現時点においても、一七世紀代のものとする確信がもてない。仮設定としておきたい。

今回紹介した無年銘の道祖神塔のなかには、すでに武田久吉が言及しているものがいくつか含まれている（22、25、26、28、29、30）。武田の記述（文献①）は、これらの道祖神塔の年代的な位置づけについて武田自身悩んでいたことを示している。たとえば、22について武田は、長野県の道祖神塔と併せて紹介しつつ「双立像の初期に属するものと思はれるものを爰に示すが、共に年號その他の刻銘なく、唯その彫刻の稚拙なると、石材の風化その他から推すのみであるから、正確なことは判明しない。江戸中期以前のものは、概ね兩神共大差なく、服装その他も亦明瞭を缺く場合が少くない。上圖（22を指す　筆者補）に於いては、手は合掌でもしているものか、それさへ明らかでない。」と22を初期のものとして扱っている。

しかしその一方、26については「初期に属する道祖神像は、一般に合掌のものが多い。上圖（26を指す　筆者補）に示すもの亦合掌であり、且又彫刻の手法が稚拙であるが、或は単に合掌の形式に遵ったのみで、意外にも新しく、ただ彫刻が拙劣であるため、初期のものらしく思われるのかと疑へなくもない。」と、初期のものか新しいものか悩んでいる。

武田のこのような迷いは、先に示した静岡県小山町市場の道祖神塔（9）に関する記述の前後に「爰に示す一基は、稚拙な作であると共に、近代のものでないことに異論はあるまいと思われる。兩神の立つ下に鋸歯の如き模様が見られるが、これは寛文期の庚申塔にも類似の彫刻がある。甚だ粗末ながら蓮辨を意図するものと見るべく、向かって右は明らかに合掌、左は何か持つらしくもあるが矢張り合掌なのであろう。然しその服装は左右相異なり、左のは宛も袈裟を掛けたかとも思はれる。中央上部に巴の紋を刻む點も甚だ奇抜で、道祖神に附けられた紋の中で、唯一無二の例である。而もこの巴は三百年以前の形式であることを見逃せない處である。又両神共に頭上には何も戴かぬかに見える」と書いていることからも分かる。なお、26は武田が先の文章に続けて「頭部が異様で、幾分トコベイ人形を偲ばせる。」と書いているように確かに独特な像容であり、どの類型にも含まれない。

三　その他（写真Lの44～48）

東京都のものは町田市上小山田町の養樹院にある道祖神塔である（44）。文献㉙で、筆者に「この石塔に遭遇したさいの筆者の感想を正直に述べておけば、それは、なぜこのタイプの道祖神塔が都内のこの地にあるのか、という非常な驚きと、併せて湧き上がる大いなる疑問であった。」と書かしめた問題の道祖神塔である。特徴は神像の扁平な浮彫りと稚拙な表現で、かつ組手は蝶ネクタイ形を呈する点にある。先に神奈川県のところで提唱した「蝶ネクタイ型」に近いモチーフの道祖神塔であるが、ここではその表情から派生形の「人形型」としておきたい。

なお文献㉙でも述べておいたが、この石仏の由来についてその後の探索の結果、この道祖神塔は神奈川県南足柄市上怒田の若宮神社境内に一九七〇年頃まで祀られていたことが判明した。それは一九七〇年に刊行された『南足柄町文化財調査報告書―道祖神特集―』（文献④）にこの道祖神塔が写真入りで掲載されていたからである。現在同神社境内には「昭和四十六年一月吉日再建／若宮講中」と書かれた新しい文字再建塔が建っているが、神社に隣接するお宅のご主人からの聞き取りでも、「もう何十年も前に、いつの間にかなくなっていた」との証言を得ることができた。どのような経緯でこの道祖神塔が町田の地にやって来たのかは不明である。

山梨県で初期のものと推定される道祖神塔は、山梨市牧丘町牧丘膝立のもの（45）と韮崎市藤井町坂井の延命寺横にある道祖神塔（46）の二基である。45は、駒形の碑形および龕の存在から、板碑系石塔そのものであるといえる。

46も駒形の碑形から、「額縁型」の流れのなかで考えられる道祖神塔であるが、双像の姿態は稚児を思わせる。折衷型であろうか。なお、同じ神社境内には根拠資料（写真Mのｆ）として載せた天和二年銘の道祖神塔があり、これも碑形が額縁型に近く、あるいは板碑形石塔そのものである可能性も考えられる。

群馬県内からは二基をあげることができる（47・48）。47は高崎市倉渕町川浦の十二社神社にあるもので、道祖神の宝庫とされる倉渕町内に百基近くある双体道祖神塔とはまったく異なったモチーフをもつ唯一の道祖神塔である。金井晃の『倉渕村の道祖神』（群馬文献⑰）や旧『倉渕村の道祖神』（群馬文献㊱）など従来のほかの文献には記載がなく、改訂版である『倉渕の道祖神』（群馬文献㊷）ではじめてその存在が明らかとなった。合掌手の描写に特徴があり、それにより胸に逆ハート形の窪みが形成されている。かつ下半部は三角形となっていて幾何学的なモチーフである。「人形型」に含まれるだろう。

もう一基（48）は、倉渕町から草津街道を北上し、分水嶺を隔てた東吾妻町本宿日向の熊野神社の入口にある双体道祖神塔である（群馬文献㉛）。合掌手の表現が47と同じで、やはり胸に逆ハート形の窪みが作られている。しかし、47とは異なって下半部は逆三角形となっている。やはり「人形型」の範疇に収まるものである。

以上、主に静岡県東部および神奈川県北西部に位置する足柄山地を取り囲むように分布している、無年銘ながら古い様相を含む道祖神塔を紹介してきた。筆者の私見によれば、これらの道祖神塔は、道祖神塔発生の問題に関してきわめて重要な位置を占めていると考えられる。詳細は次章の三節でふれる。

表12　初期無年銘双体道祖神塔

県		所在地	高さ	像高	横幅	厚さ	参照文献	類型	備考
静岡	1	御殿場市蓮華寺	46	39	33	21	②⑩㉕	上半身型	根拠e
	2	御殿場市東田中	41	21	28	17	⑩㉕	上半身型	根拠e
	3	御殿場市・御殿場団地	＊38	29	30	21	⑩㉕	上半身型	根拠e
	4	御殿場市深沢向村	52	26	34	17	⑧⑩㉕	上半身型	根拠e

	7	小山町菅沼・湯山家入口	58	41	41	28	⑩㉜	稚児型	根拠b、c、d
	8	小山町用沢・コンビニ横	48	38	31	25	⑩㉞	稚児型	根拠b、c、d
	9	小山町竹之下北市場	52	37	43	21	①③㉙㉝㉟	稚児型	根拠b、c、d
	10	小山町菅沼・明倫小学校前	42	33	36	16	③⑤⑧⑩㉜㉟	記号人形型	
	11	御殿場市中丸・三乃輪神社奥	50	37	41	20	②⑩㉕	額縁型	根拠a、f
	12	小山町桑木新旧道三差路	56	37	41	23	⑩㉝	額縁型	根拠a、f
	13	小山町大胡田芝倉	45	32	37	25	⑩㉞	蝶ネクタイ型	
	14	小山町大胡田立沢・庚申堂前	44	27	40	18	⑧⑩㉞	額縁型	根拠a、f
	15	小山町大胡田土平地	54	37	46	18	⑩㉞	額縁型	根拠a、f
	16	小山町大胡田下大胡田	53	37	40	24	⑩㉞	額縁型	根拠a、f
	17	小山町大胡田・大胡田天神	54	36	43	22	③㉞	額縁型	根拠a、f
神奈川	18	山北町尾崎家前	61	48	42	37	㉚	上半身型	根拠e
	19	開成町延沢中庭	＊42	30	31	18	⑬㉙	蝶ネクタイ型	
	20	大井町金子中の町	45	38	39	19	⑪㉙	蝶ネクタイ型	
	21	大井町金子根岸	56	36	37	20	⑪	蝶ネクタイ型	
	22	小田原市小台	49	29	36	19	①⑰㉙	稚児型	根拠b、c、d
	23	南足柄市岩原	60	37	38	25	⑮㉙	蝶ネクタイ型	
	24	南足柄市沼田	58	34	39	25	④⑮	蝶ネクタイ型	
	25	小田原市荻窪	64	44	40	24	①⑫⑰㉙	蝶ネクタイ型	
	26	南足柄市福泉下	53	29	32	22	①⑮㉙		
	27	南足柄市岩原谷戸	67	41	39	20	⑨⑫⑮㉙	人形型	
	28	松田町惣領池田	58	32	32	18	①⑧⑫⑯㉙㉟	稚児型	根拠b、c、d

	29	南足柄市苅野御霊	49	32	29	16	①⑮㉙	人形型	
	30	南足柄市駒形新宿	57	38	38	24	①⑫⑮㉙	人形型	
	31	南足柄市壗下	55	27	38	16	⑮	庇突起型	
	32	南足柄市塚原	56	38	41	22	⑮	蝶ネクタイ型	
	33	山北町萩原・地蔵堂	＊41	34	34	20	㉚	上半身型	根拠e
	34	山北町内山	49	32	33	30	㉙㉚	人形型	
	35	小田原市新屋	60	34	34	24	⑰㉙	稚児型	根拠b、c、d
	36	大井町西大井国竹	49	36	45	29	⑪㉙	庇突起型	
	37	松田町松田惣領町屋	44	26	34	16	⑯㉙	庇突起型	
	38	松田町松田惣領茶屋	50	32	33	20	⑯㉙	庇突起型	
	39	山北町・天社神社前の路傍	34	19	31	19	㉚	庇突起型	
	40	山北町山北・梶山道祖神	41	27	28	19	㉚	庇突起型	
	41	小田原市小舟	52	32	38	20	⑰	記号人形型	
	42	秦野市八沢	50	24	25	17	⑫⑳㉙	記号人形型	
	43	山北町川西嵐	40	28	30	12	⑫㉙㉚	記号人形型	
その他	44	東京都町田市上小山田町・養樹院	62	36	35	19	④㉘㉙	人形型	
	45	山梨県山梨市牧丘町牧平膝立	47	24	31	17	⑥⑦㉟		板碑系石塔
	46	山梨県韮崎市藤井町坂井・延命寺横	34	20	40	15	⑥⑱㉓	額縁型	根拠a、f
	47	群馬県高崎市倉渕町川浦・十二社神社	60	34	40	20	㉖	人形型	
	48	群馬県東吾妻町本宿日向道和泉谷戸・熊野神社	49	33	30	21	⑲	人形型	

参照文献

①武田久吉『道祖神』（アルス文化叢書・12）アルス　一九四一年
②御殿場市文化財調査委員会『御殿場の道祖神』（文化財のしおり　第二集）一九六〇年
③伊藤堅吉『性の石神　双体道祖神考』（山渓文庫34）山と渓谷社　一九六五年
④南足柄町教育委員会『南足柄町文化財調査報告書―道祖神特集―』第三集（昭和四十五年三月）一九七〇年
⑤伊藤堅吉・遠藤秀男『道祖神のふるさと　性の石神と民間習俗』大和書房　一九七二年
⑥中沢　厚『山梨県の道祖神』有峰書店　一九七三年
⑦吉川静雄『私の中の道祖神』（第一部）文盛堂　一九七四年
⑧降旗勝次編・榑沼光長撮影『道祖神』鹿島出版会　一九七五年
⑨吉川静雄『伊豆のサイの神』前編（私の中の道祖神　第二部）幸原書店　一九七六年
⑩吉川静雄『富士山麓の道祖神』駿東編（私の中の道祖神　第四部）幸原書店　一九七八年
⑪大井町教育委員会『大井町の道祖神』一九七九年
⑫京谷秀夫・宮崎利厚『神奈川の道祖神（上）』神奈川新聞社　一九七九年
⑬開成町教育委員会『開成町の民間信仰』一九八〇年
⑭遠藤秀男『富士宮の道祖神』緑星社出版部　一九八一年
⑮神奈川県教育庁文化財保護課『神奈川県の道祖神調査報告書』一九八一年
⑯松田町教育委員会『松田町の道祖神』一九八一年
⑰小田原市教育委員会『小田原の道祖神』（小田原市文化財調査報告書第十八集）一九八五年
⑱韮崎市教育委員会『韮崎の石造物』一九八八年
⑲吾妻町教育委員会『吾妻町道祖神録』一九八九年
⑳秦野市教育委員会『秦野の道祖神・庚申塔・地神塔』（秦野の文化財　第二五集）一九八九年
㉑持田友宏『甲斐国の板碑2』（国仲地方の基礎調査）クオリ　一九九二年
㉒細谷幸男・戸川浩『富士山　双体道祖神マップ』緑星社　一九九六年
㉓山寺　勉『甲斐の道祖神考』一九九八年
㉔龍王町史編さん委員会『龍王町史　文化歴史編』二〇〇四年
㉕御殿場市教育委員会『御殿場の石仏（中）』（文化財のしおり第31集）二〇〇五年

㉖高崎市教育委員会『倉渕の道祖神』（倉渕村発行の一九八三年初版および一九九三年改訂版の改訂版）二〇〇七年
㉗富士宮市教育委員会『富士宮市の道祖神　改訂版』（市制施行七〇周年記念事業　富士宮市石造物調査報告書（三））二〇一三年
㉘町田市教育委員会『町田市の石造物　町田市文化財調査報告書』二〇二〇年
㉙福田敏一『東京の道祖神塔事典―その全記録と考察―』雄山閣　二〇二二年
㉚山北町教育委員会『山北の石造物』（山北町文化財長報告書）出版年不記載
㉛小山町教育委員会『史跡いろいろみちしるべ』その2（成美地区編）出版年不記載
㉜小山町教育委員会『史跡いろいろみちしるべ』その3（明倫地区編）出版年不記載
㉝小山町教育委員会『史跡いろいろみちしるべ』その4（足柄地区編）出版年不記載
㉞小山町教育委員会『史跡いろいろみちしるべ』その5（北郷地区編）出版年不記載
㉟伊藤堅吉『綜集　日本全土性愛の石神　双体道祖神』緑星社（出版年不記載）

第四章　整理と若干の考察

一　双・単体像型道祖神塔卓越地帯

表13は第一章で紹介した道祖神塔を年代別に集計したものである。集計対象は、偽年銘を有するもの、誤読されたもの、存在が不確かなものなどを除いた数値で、再建塔の場合はもとの年銘をカウントした。また、丸彫り観音像などを「道祖神」として祀るいわゆる後祭祀のものはカウント対象から除外した。一方、双仏像のもの、石祠のもので本来の機能が不明な場合は一応カウントに入れておいた。検討は本文中で行いたい。

表13　初期道祖神塔実質数量比較表

	静岡	神奈川	山梨	群馬	長野	福島	新潟	東京
元和以前					1			
寛永				1	1			
正保					1			
慶安								
承応								
明暦								
万治			1					
寛文	2	15	2	1	1			
延宝	3	2						
天和		1	1					
貞享	12	4	1					
元禄	16	11	14	24	8	1	1	
宝永	3	3	2	13	3			
正徳	6	9	4	9	3			3
計	42	45	25	48	18	1	1	3
実質%	2.3	1.6	1.1	1.4	0.3		0.2	2.5
総数	1865	2841	2224	3536	6544		526	121

静岡県（写真A、以下引用は写真Aから）には寛文期のものが二基ある。最古のものは1とした寛文七（一六六七）年の単体座像のものである。台座が蓮台状を呈しており、供養塔である可能性があるものの、姿態は静岡県内におけるその後の単体座像道祖神塔の先駆ともいえる。供養塔なら後祭祀ということになるが、しかしここでは道祖神塔として扱っておきたい。さらに、従来から県内最古のものとされる寛文一二（一六七二）年銘の双体像のもの（3）も、「□□妙法蓮華経」の銘文が気になるところではある。しかし形態からいえば、これも初期の道祖神塔でよいであろう。

延宝期に三基（4・5・7）、貞享期に一二基、そして元禄期に一六基と、これらの時期に集中して多くの道祖神塔が造られるのが静岡県の大きな特徴である。特に貞享期は二基（10・11）を除いてそのすべてが単体もので、立像と座像が半々を占める。四年間しかない貞享期に一二基という数は突出しており、ほかの地域では類をみない。続く元禄期にも安定して一六基もの造立をみるが、その内訳は双体六基、単体七基、丸彫り三基とバラエテーに富んでいる。この元禄期に一六基という数も群馬県の二四基に次ぐ多さなのである。

神奈川県（写真B、以下引用は写真Bから）の特徴は、何といっても寛文期における双体道祖神塔の多さであろう。内訳は、寛文三（一六六三）年のものが一基（3）、寛文九（一六六九）年のものが三基（6・7・8）、寛文一〇（一六七〇）年のものが三基（9・10・11）、寛文一一（一六七一）年のものが六基（13・14・15・16・17・18）、寛文一二（一六七二）年のものが二基（19・20）である（20は改建）。県西部の中井町を中心として南北約七km、東西約四kmの範囲内に一四基もの寛文期の道祖神塔が現存する光景は、いってみれば、特異以外の何ものでもない。延宝期のものも二基（21・22）カウントされてはいるものの、そのうちの一基は現存しない。そしてこの地の道祖神塔は、貞享期、元禄期と時代が下るに従い、寛文期の分布域の周辺へとその分布を広げていくのである。

山梨県（写真C、以下引用は写真Cから）で最古とされる山梨市堀内の万治三（一六六〇）年の石祠（2）については、文献⑫の著者である山寺勉が「堀之内の石祠は、現在二段石積の基壇の上に祀られている。これは丸石型の基壇で、（石祠は　筆者追補）後年再建されたものであろう。この地方には石祠型は殆どない。」と書いており、さらに二番目に古いとされる韮崎市穂坂町三ツ沢御堂跡の寛文六（一六六六）年の双体像（3）に関しても山寺は「御堂跡の双体像は、多宝如来と釈迦如来を一石に彫した珍しいもので、法華経の多宝品に云う「双仏並座」で他に例を見ない。現在は、安永二年に造立された道祖神を寛政十二年に改修した立派な石祠型道祖神が祀られているが、これは御堂跡が道祖神場になったとき此処に御堂本来の仏像（寛文六年の双体道祖神を指す　筆者注）があったものを明治になって、道祖神として祀るようになったものであろう。」と後祭祀の可能性を指摘している。

したがって、実質的に最古のものは笛吹市御坂町竹居室部の寛文一一(一六七一)年の石祠型道祖神塔(4)ということになる。そして天和期に双体像一基(5)、貞享期に石祠型一基(7)と続き、この双体および石祠という両者の伝統は、元禄期に至って現在の北杜市周辺を中心に、双体像八基、石祠型六基の造立としてその系統を保持しつつ、計一四基の道祖神塔の造立として開花するのである。

群馬県(Ⅰ)(写真D、以下引用は写真Dから)における最大の懸案は、寛永二(一六二五)年造立とされる高崎市倉渕町権田熊久保の双体道祖神塔(1)をどのように理解するのかという点にある。この点は従来六基もノミネートされていた延宝期・貞享期の道祖神塔の年銘が、ことごとく誤読の所産であったことが判明した現在、確実に寛文期である一基(9)をはさんで、次に多くの造立が開始される元禄期との約七〇年近い空白をどのように理解するのかという設問と同義である。

元禄期における二四基の道祖神塔の造立はほかの地ではみられない特異な現象である。そして二四基のうち実に八基が同じ倉渕町内のものであり、ほかのものもその分布は、ほとんどが同町に隣接する同じ高崎市内、中之条町、東吾妻町、松井田町などに限定されるのである。元禄期における道祖神塔造立の開始・流行の中心が現在の倉渕町地域にあった点は疑いがない。続く宝永期の一三基も他県にはみられない多さで、その数は正徳期の九基も含めて、この時期以降群馬県内で道祖神塔が増加していく傾向の初現を示している。

倉渕町における最古の元禄期の道祖神塔は、元禄五(一六九二)年の権田長井の双体座像(20)や隣接する権田塚越上の元禄六(一六九三)年の双体座像(21)、それに同年の権田花輪上の双体立像(22)である。元禄期最古の道祖神塔が座像である点は気になるところではあるが、それはさておき、寛永二(一六二五)年にはじめて道祖神塔が造立されたのち、六七年の間、同じ地域において道祖神塔が建てられなかったというこの長い空白の存在は、いかにも不自然である。文献④の著者である池田秀夫は本塔について「これは双体道祖神ではないという見方もある。(略)ここで一つ不可解なのは、本県で二番目に古いとみられる寛文十一年銘(甘楽郡南牧村所在)の像との間に四十六年約半世紀の期間のあることである。逆にいうと古い時期の像が一つだけとび離れて存在することである。寛文以後は各年代毎に少なくも一基は存在し昭和に至っている。この四十六年間に引続いて造像されていたならば、一基位は残っているであろうと極く常識的に考えるのである。（略）この寛永二年銘の像が三本辻にではなく、もし墓地にあったとしたならば、おそらく供養碑とみられるであろう。」と。

事例紹介の際にも述べたように、この寛永二年の銘文は肉眼観察にも耐えられる鮮明なものであり、かつ銘文の内容そのものにも疑問の余地はない。ただし熊久保の集落は、山を隔てた亀沢集落から出た矢野一族による開墾移住村といわれており、当初一一軒あった家も一九七七年当時は四軒に減っていたらしい（文献⑤）。本村である亀沢集落には現在「大正十三年一月建立／／亀沢村中」銘の双体祖神塔が建っているが、比較的新しい建立（倉渕地区では最新　筆者注）の理由を土地の老人は「亀沢村の碑が新しいのは、古い碑がドンド焼の時、火の中に入れたので毀れてしまった。このような習慣は亀沢だけである。だから、その後の再建である。」と述べたという（文献③）。

開拓移住地である熊久保の地に寛永二（一六二五）年の道祖神塔があるのだから、本村である亀沢の「古い碑」は、さらに古い年代であった可能性があるが、果たしてそのようなことが想定できるだろうか。以上述べた二・三の理由により、筆者はこの寛永二年銘の道祖神塔は、後祭祀もしくは年銘部分の後刻の可能性を考えておきたいと思う。本塔の左隣りにいくつかの供養塔が並んで建っている（写真Dの1f）点も気になるところである。

長野県の道祖神塔（写真E、以下引用は写真Eから）について語る際、偽年銘の問題は避けて通れない。第一章でふれたように長野県における一六世紀代および一七世紀半ばまでの年銘を有する古い双体道祖神塔は、一部を除きその多くが双像の姿態の特徴や「帯代」などの銘文から、おおよそ一八世紀後半以降の所産であることがほぼ確定している。すなわち一八世紀後半以降の造碑・造立にもかかわらず、年銘にはかなり古い年代を刻むという行為が、中信州を中心として少なからざる件数で確認できるのである。再建塔の場合なら、古い石碑の古い年銘を、新しい道祖神塔に刻むという事例は複数あるけれども、その場合は再建塔であることを明示するのが一般的である。

しかしたとえば、辰野町沢底の双体道祖神塔（１）のように何らの説明もなくいきなり永正二（一五〇五）年などという古い年代を刻む事例は、長野県以外では確認されていない。福井県おおい町の六所神社の前にも正治元（一一九九）年などという途方もなく古い年代を刻んだ文字道祖神塔（写真Ｆの８）が建っているけれども、言い伝えが残っていて、幕末頃の再建塔であることが分かっている（福井文献②）。

刻まれている古い年銘は出鱈目なものではなく、たぶん何らかの開始年（村や家の起源など）や区切り年（家の再興や分家）、などの意味をもつのだろうが、それではなぜ長野県の中信地域でだけなのか。そこで思い浮かぶのが、長野県の中信地域の道祖神塔に関連して、「道祖神盗み」と呼ばれる有名な行為が認められる点である。具体例は第一章の長野県の41、42、43、44の項で述べたので繰り返さないが、要は繁栄している村の原因をその村に建っている道祖神様のご利益と考え、そのご利益にあやかろうと、その道祖神塔を自分の村にもってきてしまう行為（御縁想、嫁入り）のことである。

盗んだ方は後日その道祖神盗みの返礼もするのだが、盗まれる方の村も、自分たちの道祖神塔にあらかじめ値段（帯代）を刻んでおくというように発展していく。いわば双方了解済みの行為なのであるが、（以下はなんの根拠もない筆者の勝手な妄想に過ぎないが）あるいはこれらの行為が繰り返されるなか、一部で「古い道祖神様には相応の価値がある」という皮相的な考え方が生まれてきたのではないか。

そしてその根底にあるのは、人々の道祖神塔の出自や年銘に対する無関心さなのではないか。つまり道祖神塔においては、出自や年銘はそれほどの価値をもたないのではないか。庚申待ちの成就塔である庚申塔に正確な年銘刻記は必然である。庚申塔を建てる人（講中）にとっては建立の年月日が決定的に重要で、百庚申塔などは除くとして、一般的にいっても年銘を欠く庚申塔の存在は例外的であろう。

これに対して、無年銘の道祖神塔などどこにでもある。たぶん道祖神塔の半数くらいは無年銘なのではあるまいか。村もしくは小地域（組、坪、庭、曲輪など）に欠かせないとはいうものの、一基さえあれば十分その機能を果たす道祖神塔と、自分たちの信仰の結実でもある多数の庚申塔。「庚申塔盗み」や庚申塔に偽年銘を刻んだ事例があるのか否か、筆者はその知識をもたないが、おそらくほとんどみられないのではあるまいか。

すなわち道祖神塔は、仮にそれが他村から盗んで来たものであっても、村（小地域）内のそこに建っていればよいのであって、どこのものか、いつ建立したかなどはたいした意味をもたないのである。道祖神塔とは本来そういう原理に基づいて建てられる石造物なのではないか。道祖神塔に偽年銘を刻む地域の根底には、そしてこの点は実はそれ以外のすべての地域にも当てはまるのであるが、道祖神塔という特殊な石仏の出自や年銘に関しては、それほど重要でないという軽視（身近）の気持ちがある。

表面的には、繁栄している村から来たもの、あるいは古い年銘に価値があるから自分の村に建てたり、刻んだりすると思われがちであるが、そうではなく、その根底には逆に出自や年銘になど意味がないと思っている。だから盗んだり、偽年銘を刻んだりするのである。そして、偽年銘と罪悪感は無縁である。この点は「道祖神盗み」やあるいは道祖神塔を火中に投じたり、道祖神に罵詈雑言を投げつけて道祖神を軽んずる（身近に感じる）行為に、根底的な部分で罪悪感がともなわないのと同じである。

つまらない脱線がつづいたので本題に戻ろう。そうすると年代的に最古のものは、辰野町上辰野の永禄七（一五六四）年の石祠（5）ということになるが、これは道祖神と呼ばれてはいるものの、どう考えても後祭祀の所産であろう。富士見町落合机の寛永一四（一六三七）年の石祠（10）も碑面の四九院文様の存在から元来は墓石であり、四九院文様はないものの、中野市豊津硲の正保二（一六四五）年の石祠ともども後祭祀の所産の可能性が高い。飯島町新屋敷新界塚の寛文一一（一六七一）年の文字道祖神塔（15）については、事例報告にも述べたように「皈元　道□神」という銘はやはり仏教系の匂いが強い。加えて辰野町横川木曽沢の元禄三（一六九〇）年の双体像（17）も、両神の姿態は一八世紀後半以降一般化するいわゆる祝言型であり、少なくとも元禄期にこの姿態は存在しない。したがって、長野県最古の道祖神塔は実質的に塩尻市広丘吉田上手および伊那市高藤町藤沢松倉の元禄六（一六九三）年の双体道祖神塔（18・19）ということになる。

表13をみても分かるとおり、長野県内の元禄期の道祖神塔の数は八基に過ぎない。宝永・正徳期の数も決して多いとはいえない。総数六五四四基にものぼるという（文献㉘）県内の膨大な道祖神塔は、文献⑮によれば、そのほとんどが一八世紀後半以降の造立で、特に一九世紀がその半数以上を占める。長野県は群馬県、神奈川県、静岡県などにおける造立が激減する一九世紀にいたっても、盛んに道祖神塔を建立しており、これが、県内全域にわたって膨大な数の道祖神塔を残し、かつ道祖神信仰の痕跡がいまなお色濃く残る長野県が、「道祖神のふるさと」と呼ばれる所以である。なお、道祖神塔は長野県で誕生し他県に波及した、などとする言説がまことしやかに語られることもあるが、しかし数の多さと信仰の濃密さが、そのまま同県内における道祖神塔の誕生を意味するものでないことはいうまでもない。

文献⑮によれば、新潟県（写真F、以下引用は写真Fから）には五二六基の道祖神塔が存在するという。そのうち双・単体道祖神塔は四〇四基で、文字塔は九六基を数える。新潟県内の道祖神塔は無年銘のものが多くを占めるが、第一章の六節で紹介したとおり、最古とされるもの（3）には銘が「元禄□□／□月六日／雲嶺清白禅定門」、左に「元禄十丑二月十九日／不室妙圓大姉」と併記されており、これは元来夫婦の墓石もしくは供養塔として建立された可能性が高い。道祖神として祀られたのは後世になってからであろう。そうすると、いまのところ、県内で最古の年銘を有する道祖神塔は、魚沼市横根にある宝暦二年（一七五二）銘の双体道祖神塔（4）ということになる。

新潟県の道祖神塔は主に群馬からの影響で誕生・発展したと想定されるものの、名称（キンカ様など）や習俗などに独自の発展が認められる。同様に福島県のもの（1・2）は群馬県もしくは新潟県から、そして東京都のものは神奈川県からの影響で成立した可能性が高い。なお東京都の道祖神塔（5～7）については、拙著（文献㉛）で詳述した。

二　縦長形石祠型道祖神塔卓越地帯

千葉県における最古の年銘をもつ道祖神塔は、香取市増田村山の縦長形石祠型のもの（写真Gの1、以下引用は写真Gから）であるが、如何せん天正一九（一五九一）年という年銘は、にわかには信じ難い。石祠の形状に照らしてみても、後刻の可能性が高い。次に寛文期のものとされる二基の道祖神塔であるが、寛文元（一六六一）年のもの（2）はやや大型で、年銘が裏面にあるとされる。また寛文一一（一六七一）年のほう（3）は銘文が台石に刻まれており、前者ともども一般的（後世の）な縦長形石祠型道祖神塔における銘文の刻み方とは異なっている。これを先駆的とみるか否か、あるいは、そもそも両者ともに道祖神塔として建てられたか否かは微妙であるが、一応道祖神塔として扱っておきたい。

元禄期のものは年代順に、陽石状（5）、板碑状（4・6）、板状（7）、縦長石祠型（8）と出現しており、このバラエテーは初現期として定型化（縦長石祠型）する以前の様相を呈していると考えられる。そしてこの不定型な様相は、次の宝永期に至っても続くようで、縦長石祠型（10・11）以外にも単体立像のもの（9）、大型の石祠型のもの（12）などが認められる。もっとも板碑状とした4は、形状からして本来は供養塔もしくは墓石であって、道祖神とされてはいるものの、後祭祀の可能性が高い。その一方、5とした元禄三（一六九〇）年銘の陽物には「南無道六神」の銘、6とした板碑状の元禄六（一六九三）年銘のものには「奉像（ママ）立道祖神守」とあり、道祖神塔として建立されたことは確実である。宝永二（一七〇五）年銘の単体立像のもの（9）も後祭祀の可能性が捨て切れないが、宝永五（一七〇八）年銘のもの（11）や宝永七（一七一〇）年銘のもの（12）には「道祖神」と彫られているので、その後も角柱状や板状のものなどの例外はあるものの、この頃から道祖神塔として縦長石祠型の形態が定型化していくのであろう。

話は前後するが、事例報告にみられるように、千葉県内における初期道祖神塔（寛延期以前）の数は百基を超える。しかもこの数は県内の総道祖神数が五〇〇基前後と想定されるなか、その比率は約二一%となっている。これは総数では倍の約一〇〇〇基の縦長石祠型道祖神塔が存在すると想定される茨城県の三〇基に対する比率（三％）と比べて異常に高い数値である。この数値は、千葉県内（特に旧下総国地域）の道祖神塔が、初期において爆発的な勢いで建てられたことを示している。茨城県内の享保期以前の道祖神塔の数は一七基であるが、千葉県内のそれはなんと五三基にも及ぶのである。

初期道祖神塔の特徴のひとつとして指摘可能な別の観点は、仏教もしくは寺院との関係である。後祭祀が疑われるもの（4）の種字はともかく、元禄三年銘のもの（5）には「南無道六神為二世安禾也」の銘が、元禄六年銘のもの（6）には雲上日輪・月輪の陰刻が、元禄一二年銘のもの（7）には種字（アーンク）と僧侶らしき「常清道心」の名が、元禄十四年銘のもの（8）には「別當神宮寺」の銘が、そして宝永五年銘のもの（11）には「導師芝原村龍泉寺」および「別當新木村地蔵院」の銘が刻まれている。その後もたとえば、享保七年銘のもの（32）の「別當満蔵寺」銘、享保二〇年銘のもの（55）の「卍」の陽刻、それに種字が認められる60（元文三年）、64（元文六年）、78（寛保四年）、さらに84（延享二年）にみえる「施主豪俊」などに仏教の要素が見て取れる。

裏付ける文献史料をもたない現在、あくまで想像にとどまらざるを得ないが、このような点を考慮に入れると、県内（特に下総国内）における初期の道祖神信仰（道祖神塔）の導入、そしてその後の流布に仏教関係者が関与していた可能性がみえてくる。実はこの点は次に紹介するように、ほかの縦長石祠型道祖神卓越地域においてもみられる特徴で、この地域（利根川流域下流部一帯）の道祖神塔の建立および流布に僧侶もしくは寺院関係者が一役買っていた可能性が考えられる。もちろん、双・単体道祖神塔卓越地帯においても、種字の陰刻など仏教の影響が認められる道祖神塔は少なからず存在する。しかし、江戸後期の宮司や神官名ならまだしも、寺院名や僧侶名を刻んだ初期の双・単体道祖神塔に、かつて筆者は出会ったことがない。

茨城県最古の道祖神塔は、貞享三（一六八六）年銘の取手市稲のもの（写真Hの1、以下引用は写真Hから）である。種字（ユ）の下に「道六神」とあり、道祖神塔として建立されたことは間違いない。千葉県の初期道祖神塔について指摘したように、種字の存在が仏教の影響を示しており、この点は次に古い「元禄一二（一六九九）年」銘の常総市の一言神社のもの（3）にも指摘可能である。3の銘文には「奉造立道祖神」のほかに「日傳」なる僧侶と思しき名前も認められる。ともに道祖神塔として建立されてはいるものの、形状が縦長石祠型ではなく、板状もしくは板碑状である点も、初現期の道祖神塔の様相を示している。

これに続く年代のものとしては、元禄期のものが一基、宝永期のものが二基、正徳期のものが二基あげられるものの、千葉県に比べると多くはない。そして縦長石祠型の道祖神塔は、利根町奥山の旧鎌倉街道脇のもの（5）が初現である。以降、板状のものなど例外もあるけれども、県内の道祖神塔はおおむね縦長石祠型のそれとして建立されていく。その数、推定でなんと一〇〇〇基である。1とした貞享期の道祖神塔をどう評価するかにもよるが、茨城県内の道祖神塔は千葉県（下総地域）からの影響、それも仏教系の色彩の濃い影響によって成立・流布した可能性が考えられる。14（享保一一年）、16（享保一四年）、21（元文四年）などの道祖神塔にも種字もしくは僧侶らしき銘が刻まれている。

数は少ないながら、埼玉県内の初期道祖神塔（写真I、以下引用は写真Iから）も興味深い。県内でもっとも古い年銘を有するのは北本市石戸宿の東光寺跡にある元禄六（一六九三）年の文字塔である（1）。境内にあったと思われる地蔵尊や庚申塔、供養塔などと並んで建っており、一見墓石を思わせる。しかし「奉造立道六神」との銘があり、道祖神塔として建立されたことは間違いない。「道祖神」銘をもつ元禄期の確実な文字道祖神塔としては、群馬県富岡市一の宮柳沢の「元禄九年」のもの（写真Dの30）、それに先にみた茨城県常総市大塚戸町一言神社の「元禄一二年」のもの（写真Hの3）よりも古く、最古である。そして、これに続く加須市大越中内の寶幡寺の墓地にある「享保二（一七一七）年」のもの（2）も板状の文字塔であり、種字（ア）を有している。このようにみてくると、埼玉県内における最初期の道祖神塔も縦長石祠型のそれではなく、板碑状（もしくは自然石）の文字塔で、かつ寺院跡もしくは墓地内に所在するという、かなり仏教色の強い背景をもっているといえる。

県内最初の縦長石祠型道祖神塔は加須市新堀耕地のもの（4）で、享保二〇（一七三五）年の造立である。以後、この地域（県南東部）では数は少ないながら、縦長石祠型道祖神塔が文字道祖神塔と並行して建てられることになる。それはともかく、埼玉県の道祖神塔を調査していて感じる点は、先に指摘した仏教との密接な関係で、たとえば、羽生市上川俣南口にある「元文五（一七四〇）年」のもの（5）には「西照寺　敬白」の銘がみられ、白岡市岡泉の鷲神社の「寛保四（一七四四）年」もの（7）には種字（サ？）が刻まれている。加えて、写真のみ掲載した羽生市発戸のもの（23）は観乗院の墓地に、蓮田市高虫のもの（28）は天照寺の門前に、加須市内田ヶ谷の二基（37、44）は大福寺の前に、そして加須市岡古井のもの（46）は真如院薬師堂に建っている。

もちろん誤解のないように付け加えておけば、縦長石祠型道祖神塔が見つかる場所としてもっとも多いのは神社境内およびその近辺である。この点は千葉県や茨城県、群馬県（Ⅱ）地域でも同様で、道祖神塔が神社に集められているひとつの原因として、幕末における国学思想および明治初期における廃仏毀釈運動の関与を指摘することができるかもしれない（文献㉛）。しかしそれにもかかわらず、埼玉県内においては、たとえば県内で二番目に古い双体道祖神塔である宝暦一二（一七六二）年の熊谷市東別府のそれ（24）が同地の香林寺の庭に、同様に四番目に古い安永九（一七八〇）年の本庄市本庄一丁目のそれ（27）も同地の大正院の庭に存在しているのである。

正確な数値が出せないので恐縮であるが、双・単体像型道祖神塔卓越地帯においても、もちろん神社境内およびその近辺は、道祖神塔の有力な発見地のひとつである。そしてその一方、筆者の感覚では双・単体道祖神が寺院内やその周辺に建っているという風景はあまり浮かんでこない。やはり、縦長形石祠型道祖神塔卓越地帯（千葉県、茨城県、埼玉県の一部、群馬県（Ⅱ）地域）における道祖神塔の出現およびその後の流布・拡散には仏教（寺院や僧侶）が関与していた可能性が高い。

群馬県（Ⅱ）地域における寛延期以前の道祖神塔は七基に過ぎない（写真J、以下引用は写真Jから）。最古のものは享保期の二基（1・2）で、ともに館林市下早川田の神明宮の境内に所在している。享保一八（一七三三）年のもの（２）には「別頭雲龍寺」の銘がみられ、次の寛保元（一七四一）年のもの（３）には種字（ウーン）が刻まれているから、あるいはこの地への道祖神塔の導入にも、先に指摘した仏教関係者が関与した可能性が考えられる。

1　成田市中里

1c　大きな草鞋

4　神崎町神崎本宿

1a　近景

2　神崎町大貫

1b　裏側

3　富里市立沢

写真N　千葉県における小形道祖神塔の奉納

群馬県（Ⅱ）地域とした県南東端部は正徳期までは道祖神塔の空白地帯で、享保期に至ってようやくそこに、埼玉県側からの影響で縦長石祠型道祖神塔が建てられたと考えられる。ただし、この地での最初の縦長石祠型道祖神塔が享保一六（一七三一）年であるのに対して、埼玉のそれは享保二〇（一七三五）年となっているから、現在の埼玉県も含めたこの地域全体に道祖神塔建立の機運が到来したということなのだろう。そしてやや遅れて、この地域にも双・単体像型道祖神塔卓越地帯（群馬県（Ⅰ））から双体道祖神塔（4・6）が伝播してくることになる。それ以降本地域は、数は少ないながらも、縦長石祠型道祖神塔、自然石文字道祖神塔そしてわずかに双体道祖神塔の三者が並行して建てられる状況が続き、幕末に至るのである。

栃木県（写真K、以下引用は写真Kから）は先にも述べたように、数は少ないながら基本的に双・単体像型道祖神塔分布地帯に含まれる。那須塩原市内における二基の初期道祖神塔、すなわち元禄二（一六八九）年の文字塔（1）および享保三（一七一八）年の文字塔（2）がどのような形態のものなのか気になるところではあるが、事例報告でも述べたように、如何せん筆者はその存在を確認していない。これらを除けば、栃木県内では県南西部に当たる鹿沼市、佐野市、足利市などが双体道祖神塔の初現地となっている。最古のものは、先にも述べたように鹿沼市上粕尾発光路田ノ畑の明和元（一七六四）年の双体道祖神塔（3）である。さらにこの明和期に三基の双体道祖神塔（4、5、6）が建てられ、その後も数は少ないながら双体道祖神および文字道祖神塔の造立が続く。

一方、縦長石祠型道祖神塔の初現は佐野市朝日町の星宮神社のもの（12）で、天明九（一七八九）年のことである。埼玉県あるいはその影響を受けた群馬県地方からの影響で、時を経て出現したと考えられる。県内における縦長石祠型道祖神塔の分布は、筆者の管見によれば、現状ではほぼ現在の佐野市内に限定される。しかし周辺地域のデータを欠いており、今後この想定も変更されるだろう。いずれにせよ栃木県南部においては、今回本書で検討しようとしているいわゆる初期道祖神塔に該当する事例は見当たらない（1・2は保留）。

以上みてきたこの地域の道祖神塔の性格であるが、一般的には旅の安全、足の病気、イボ取り、耳の病気、歯の痛み、安産、妊娠、乳の出、風邪、火事、盗難、雨乞い、商売繁盛などに霊験あらたかといわれている（文献②）。筆者の聞き取りでも足神様と呼ばれ、石塔の周囲に多くのブリキ製の草鞋が奉納されていた例（写真Iの7）がある。また、その意味は忘れられているものの、二股大根（人参）を供えるという聞き取りも多く、実際その痕跡も確認している（写真Hの11、14、28）。二股大根には性的な意味（妊娠や出産）がありそうであるが、二股ということで足神様の要素も含まれているのかもしれない。以上、縦長石祠型道祖神塔に総じて指摘できることは、双・単像道祖神塔卓越地帯のそれと異なって、現世利益的な要素が強く感じられる点で、集落全体の安寧というよりは村人個々の身体や生活により密着している信仰という印象を受ける。

なお、「はじめに」でも少しふれたように、主神塔の周囲に多くの小形の道祖神塔を奉納するという習慣（写真N）も、祈願の成就前か成就後かは別にして、このことを如実に物語っているように思う。この小形の一石道祖神塔は主に千葉県内でみられるものの、一部茨城県にも及んでいる。年銘が彫られているものは稀であるが、成田市中里にある小神社に納められた無数の小形道祖神塔のなかには「文化六年」の銘が認められるものがあり、主に一九世に入ってから流行した習俗の可能性が考えられる。石塔の大きさは大別すると、大（高さ二五cm前後）、中（同二〇cm前後）、小（同一五cm前後）、極小（同一〇cm前後）に分けられるものの、すべて既製品で、分布の粗密から現在の成田市周辺に小形一石道祖神塔の製造センターが存在した可能性が高い。

ちなみに、成田市中里の主神塔の脇には大きな草鞋が下げられている。足の病気に関連した奉納なのであろう。今後は、なぜ、そして如何なる経緯でこれまでみてきた縦長形石祠型道祖神塔が当該地域に広がり、そして双・単道祖神塔卓越地帯とは異なった信仰や文化を生み出していったのかを、見定めていかねばならない。

三　双体道祖神塔の出現

＊各地域の初期道祖神塔の整理

1　松田町松田惣領・寛文3（1663）

2　小山町吉久保・寛文7（1667）

3　秦野市戸川・寛文9（1669）

4　中井町松本中ノ窪・寛文9（1669）

5　中井町雑色下ノ庭・寛文9（1669）

6　小田原市沼代・寛文10（1670）

7　小田原市高田・寛文10（1670）

8　中井町松本寺脇・寛文10（1670）

9　中井町境別所宮ノ前・寛文10（1670）？

10　大井町篠窪・寛文11（1671）

11　中井町半分形谷戸庭・寛文11（1671）

12　中井町半分形・沖ノ庭・寛文11（1671）

写真○　静岡県・神奈川県の寛文～貞享期の道祖神塔（1）

13　小田原市曽我原・
寛文 11（1671）

14　小田原市曽我原・
寛文 11（1671）

15　南牧村小沢日向・
寛文 11（1671）

16 中井町田中入ノ庭・
寛文 12（1672）

17　中井町鴨沢中庭・
寛文 12（1672）

18　小山町湯船・
寛文 12（1672）

19　裾野市茶畑・
延宝 2（1674）

20　韮崎市藤井町駒井・
天和 2（1682）

21　秦野市平沢・
天和 3（1683）

22　沼津市下香貫塩満・
貞享元（1684）

23　秦野市菩提・
貞享元（1684）

24　裾野市深良・
貞享 2（1685）

写真〇　静岡県・神奈川県の寛文～貞享期の道祖神塔（2）

25　沼津市東熊堂・
貞享２年（1685）

26　小田原市千代・
貞享３（1686）

27　小田原市別堀・
貞享３（1686）

28　小田原市国府津・
貞享３（1686）

29　沼津市岡宮・
貞享３（1686）

30　沼津市我入道・
貞享３（1686）

31　三島市一丁田・
貞享３（実は貞享４）

32　沼津市下香貫楊原・
貞享３（1686）

33　沼津市下香貫・
貞享３（1686）

34　三島市下沢地・
貞享４（1687）

35　清水町八幡・
貞享４（1687）

36　沼津市下香貫塩満・
貞享５（1688）

写真〇　静岡県・神奈川県の寛文～貞享期の道祖神塔（3）

10　大井町山田・墓所・寛文 2（1662）

7　小田原市山西・路傍・明暦元（1655）

4　小田原市曽我谷津・墓所・寛永 10（1633）

1　中井町北窪・墓地・元和 3（1617）

1　小田原市小竹・墓所・寛文 5（1665）

8　大井町山田・墓所・明暦 3（1657）

5　小田原市千代・墓所・寛永 16（1639）

2　小田原市鬼柳・墓所・元和 9（1623）

2　大井町山田・墓所・寛文 10（1670）

9　大井町篠窪・墓所・万治 2（1659）

6　大井町金子・墓所・寛永 20（1643）

3　小田原市別堀・墓所・寛永 2（1625）

写真Ｐ　神奈川県における唐破風をもつ石塔

双・単体像型道祖神塔に関して、前章および本章第一節での検討を踏まえて、年銘が寛文期から貞享期までのものを集めてみた（写真O）。年銘を尊重する限り、双体道祖神塔の出現地として神奈川県西部、すなわち現在の中井町を中心としたその周辺の小田原市、大井町、松田町、秦野市一体が最有力候補である点は動かない。最古の年銘を有する石塔は、松田町松田惣領の寛文三（一六六三）年のものである（写真Oの1）。

この道祖神塔については、その唐破風付きの形状がほかの寛文期のものと異なるため、同期のものとすることに異論が生じる可能性がある。「寛文三癸卯歳」の年銘は拓本で確認したから確実であるが、傍証として江戸時代前期における神奈川県西部地域のほかの唐破風付きの石仏をいくつか紹介しておく（写真P）。これらの例によって、唐破風付きという形態が一七世紀前・中期の当地域の石仏において一定程度普及していた形態であったことが分かる。なお、この点についてはすでに松村雄介が指摘している（文献⑧）。

それはともかく、次の延宝期から貞享期にかけての双体道祖神塔の分布域も神奈川県西部という傾向は変わらない。単体道祖神塔に関しては、静岡県東部の延宝期丸彫り座像にその兆しはみられるものの、貞享期に至って静岡県沼津市、三島市、清水町などで突如多出する傾向が認められる。この単体道祖神塔の動向について今回は十分に追及できなかったが、それも含めて双・単体像型道祖神塔出現の背景について、以後若干の検討作業を行いたい。

作業に先立って、最初期の道祖神塔群から除外した年銘の古い道祖神塔（写真Q、以下引用は写真Qから）についてその除外理由を説明しておこう。まず、寛永二（一六二五）年の群馬県高崎市倉渕町権田熊久保のもの（1）であるが、本章第一節でもふれたとおり、あまりにも古く、同地域において多くの道祖神塔が造立される元禄期まで約七〇年の開きがある。刻まれている文字も鮮明で後刻の可能性（文献㉖）も含めて、本書では後祭祀、すなわち本来墓碑もしくは供養塔として造立された石仏をのちに道祖神として祀ったものと解釈しておきたい。この点は寛文六（一六六六）年の山梨県韮崎市穂坂町三ツ沢のもの（3）も同様で、現在道祖神として祀られてはいるものの、双像が如意輪観音？と地蔵尊からなっており、本来は仏像もしくは供養塔であった可能性が高い（文献⑫）。長野県岡谷市

10　中野市豊津硲・
正保 2（1645）

7　韮崎市藤井町駒井・
天和 2（1682）

4　飯島町新屋敷・
寛文 11（1671）

1　高崎市倉渕町権田・
熊久保・寛永 2（1625）

1　山梨市堀内・万治 3
（1660）

8　辰野町上辰野堀
上荒井・永禄 7（1564）

5　長泉町上長窪山下・
延宝元（1673）

2　岡谷市新屋敷会・
承応 3（1654）

2　笛吹市御坂町竹居・
寛文 11（1671）

9　富士見町落合机・
寛永 14（1637）

6　長泉町上長窪向田・
延宝元（1673）

3　韮崎市穂坂町三ツ沢・
寛文 6（1666）

写真Q　検討から除外した初期道祖神塔

13　御殿場市高根・貞享２（1685）

14　北杜市長坂町中丸下中丸・貞享２（1685）

新屋敷の承応三（一六五四）年とされるもの（２）は、山形の庇をもつ形状はともかく、年銘が推測の域を出ないばかりか、男女双像の姿態が後世の所産である可能性が大である。

長野県飯島町新屋敷の寛文一一（一六七一）年の「道□神」銘の文字塔（４）は、先にもふれたように、仏教色が強い上に道祖神塔としてはほかに類をみないものであり、現時点での判断を保留せざるを得ない。一方、静岡県長泉町上長窪に所在する二基の丸彫り単体座像のもの（５・６）は、ともに延宝元（一六七三）年のものであり、丸彫り単体座像のものとしては、現時点では最古の道祖神塔である。しかし、その出現の背景やその後の発展の経緯が、いわゆる浮彫りの双・単体道祖神塔と異なっていることが想定され、かつその分布域も伊豆半島を含めた静岡県東部に限定されている（一部神奈川県最西南端部も含む）。よって、今回の双・単体道祖神塔出現背景の問題からは除外することにした。韮崎市藤井町駒井のもの（７）は、道祖神塔とされるものの、後述するようにいわゆる板碑系石塔（文献㉔）である可能性が高く、双体道祖神塔の出現に際して重要な位置を占めてはいるが、道祖神塔それ自体の検討からは除外した。

いわゆる石祠型の道祖神塔も、出現期の道祖神塔としては認めがたいものがある。たとえば、長野県富士見町落合机の寛永一四（一六三七）年の石祠（９）には、室部四面に四九院文様が認められ、この石祠が本来墓石であったことを示している。この点は長野県中野市硲の石祠（10）も同様で、四九院文様こそないものの本来は墓石であって、ともに道祖神塔としては後祭祀の所産と考えられる。室部内の小双体仏は、両者ともに先祖の姿をあらわす供養仏であろう。長野県辰野町上辰野堀上荒井の石祠（８）が本来何であったかは不明であるが、永禄七（一五六四）年という年銘はいかにも古すぎる。やはり後祭祀の所産であろう。

問題は、万治三（一六六六）年以降のもの（11〜14）の系譜である。静岡県御殿場市高根のもの（13）の内部には小双体仏がみられるので、本来は墓石である可能性がないでもない。年銘が屋根の側面に刻まれているのも変則的である。12や14には向拝部分に柱が付いており、石祠型道祖神塔として初現の姿をあらわしているのかもしれない。そして、山梨県山梨市堀内のもの（11）の万治三年という年銘が後刻でないとしたら、石祠型道祖神塔の出現はさらに一〇年ほどさかのぼることになる。石祠内に収められているものが現状の丸石ではなく小双体仏であるなら、本来は墓石である可能性が大きくなるが、元から丸石であるとすれば、それは小丸石道祖神の祖型ともいえる。しかし、小丸石型道祖神塔は比較的新しい形態で、最古のものでも甲府市和戸町甲運小学校入口バス停隣にある延享四（一七四七）年のものとされており（文献⑫　現在は新しいものが設置され残っていない）、その祖型にしては年代的に隔たりが大きすぎる。やはりこの丸石は後に収められた可能性が高い。ちなみに、文献⑫には「この石祠に借祀の疑義あり」との記載がある。

以上検討してきたように、筆者は石祠型道祖神塔は基本的に出現期の主流道祖神塔になり得ないと考えているが、地域（特に山梨県や長野県の一部）によっては傍流として、たとえば石祠型墓石から石祠型道祖神塔への系譜がたどれる場合があるかもしれない。しかし、後述するように石祠型墓石（特に小型のそれ）がほとんどみられない神奈川県の地において、西部に限定されるとはいえ、石祠型道祖神塔（写真R）が少数ながら分布している点を考慮に入れるなら、その系譜はそれほど単純ではないと思われる。神川県西部におけるこの無年銘の石祠型道祖神塔に関しては、今回は紹介にとどめるものの、最終的には続いてふれる石祠型墓石、板碑系石塔、双体地蔵などとの関連も視野に入れてその評価を下さなければならないだろう。

それはともかく、その一方、双・単体道祖神塔の誕生に関して、石祠型墓石内部の小双体仏もしくは小単体仏をその祖型と考える研究者がいる（文献⑦⑩㉓㉗）。次にこの点について検討していこうと思うが、墓地・墓石の調査は一部許可を得て実施したものも含めてナイーブな問題を孕んでおり、個人での調査には限界がある。群馬県高崎市内に

1　松田町松田惣領

2a　同胎内仏

4　平塚市出縄

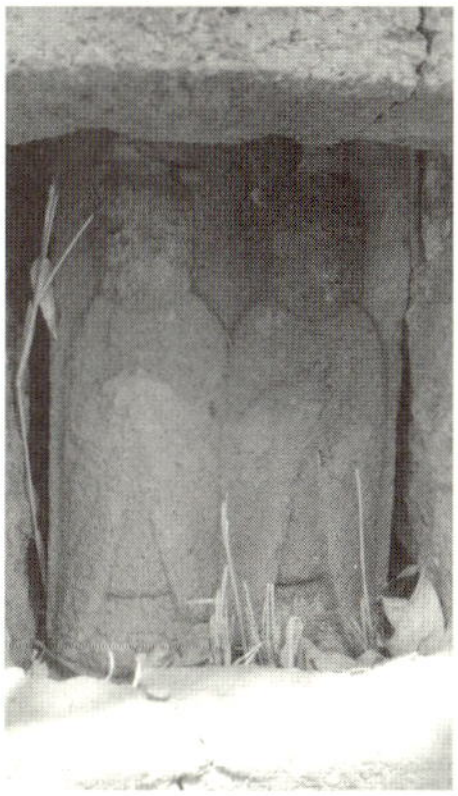

5a　同胎内仏

1a　同胎内仏

3　開成町吉田島

4a　同胎内仏

6　平塚市豊田

2　開成町吉田島

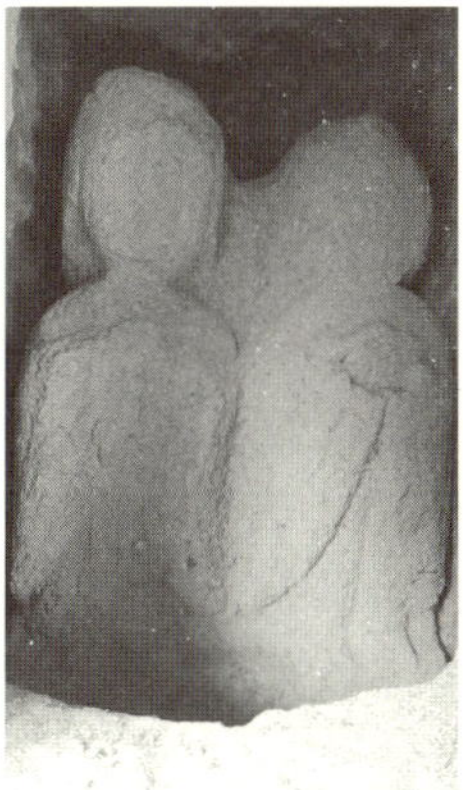

3a　同胎内仏

5　平塚市河内

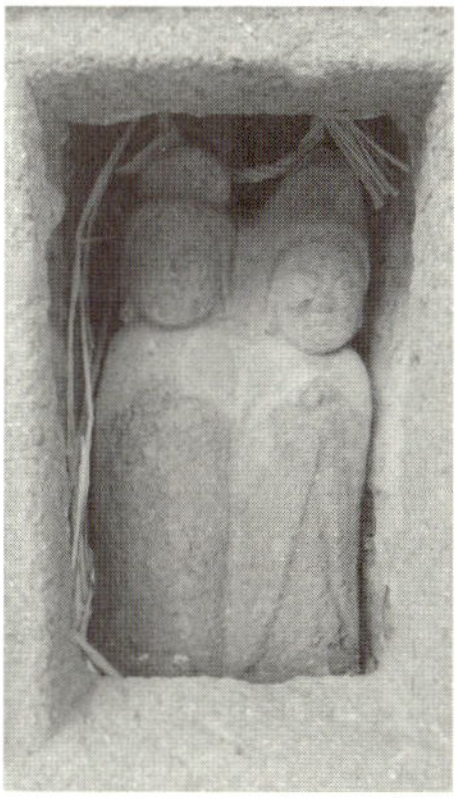

6a　同胎内仏

写真Ｒ　神奈川県の石祠型道祖神（1）

7　平塚市豊田

7a　同胎内仏（文化期）

8　二宮町二宮

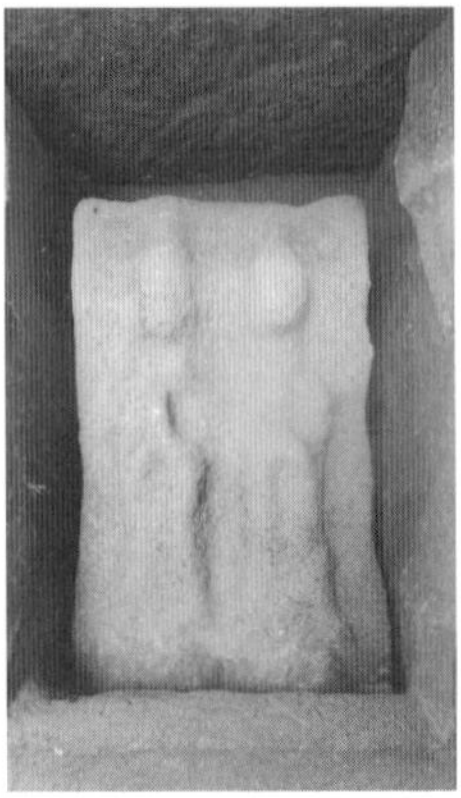

8a　同胎内仏

9　小田原市飯泉

9a　同胎内仏

10　小田原市蓮正寺

10a　同胎内仏

11　横浜市戸塚区
（歌舞伎道祖神）

11a　同胎内仏

12　南足柄市和田河原

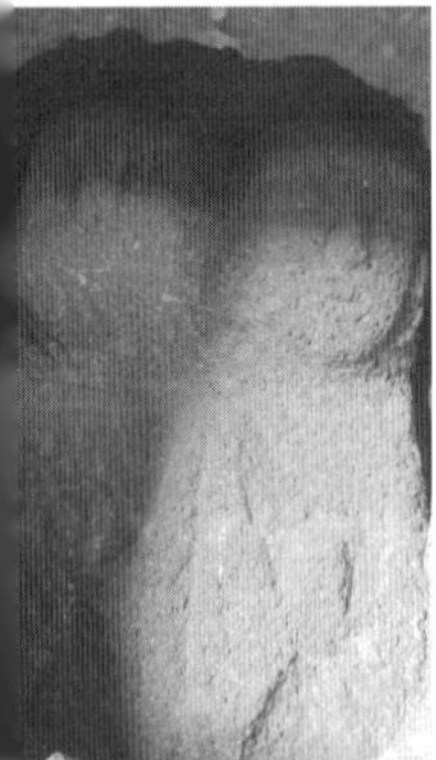

12a　同胎内仏

写真R　神奈川県の石祠型道祖神（2）

おける近世石堂調査（文献⑳㉑）のような行政主導による悉皆調査が是非とも必要である。

筆者の調査は、神奈川県松田町松田惣領の寛文三（一六六三）年のもの（写真Oの1）を年銘を有する双体道祖神塔の嚆矢と考える立場から神奈川県を中心に行ったが、群馬県においても、高崎市倉渕町熊久保の寛永二（一六二五）年のもの（写真Dの1）を最古と考える研究者もおり（筆者は先に述べたように、この道祖神塔は後祭祀の所産と考える）、群馬県内においても実施した。一方、長野県及び山梨県においては不十分な調査しかしておらず、一七世紀代の年銘を有するものにはほとんど出会えなかった。群馬県および神奈川県のそれも含めて、筆者の調査は年代的にも地域的にも不定量、不定性で、いってみればアトランダムかつ闇雲的なものである。その限界を承知の上で、以下主に墓石室部内収納遺物を紹介する。これらの遺物が双・単体道祖神塔の出現とどのように関係するのか、あるいはしないのか見定めることにする。

＊石祠型墓石内収納遺物の検討

まず群馬県内の石祠型墓石（写真S）であるが、年銘が判読可能でかつ胎内仏が確認できたもののみを掲載する。これら一七世紀以前の古い石祠は、江戸後期以降の石祠型墓石と比べて規模もやや大きく、四十九院文様を有するものも複数ある。一方、江戸時代後期のものと思われる石祠型墓石は県内各地の墓地を中心として無数に存在しているが、小規模でかつ無年銘のものがほとんどである。祠内に胎内仏がある場合は小双体仏が多いものの、空である割合も高い。なお、先にふれた高崎市内の近世石堂（石祠型墓石）の悉皆調査（文献⑳㉑）によれば、胎内仏を内包した最古の石堂は寛永二（一六二五）年のもので、入っていたのは「船形陽刻五輪塔二基」であったようである。なお、「双体石仏」を内包していたものは残念ながら年銘が不明であったらしいが、屋根の形状が入母屋造りであったことを考えると、少なくとも寛永期以降のものであろう。

今回確認した群馬県内の石祠型墓石の室部内に収められていたのは、浮彫り三体仏（一例）、丸彫り単体仏（二例）、浮彫り単体仏（三例）、浮彫り五輪塔（二例）、浮彫り双体仏（四例）などである。浮彫りの双体仏（小双体仏）が四例

1　渋川市赤城町津久田・薬師堂・天文 11（1542）

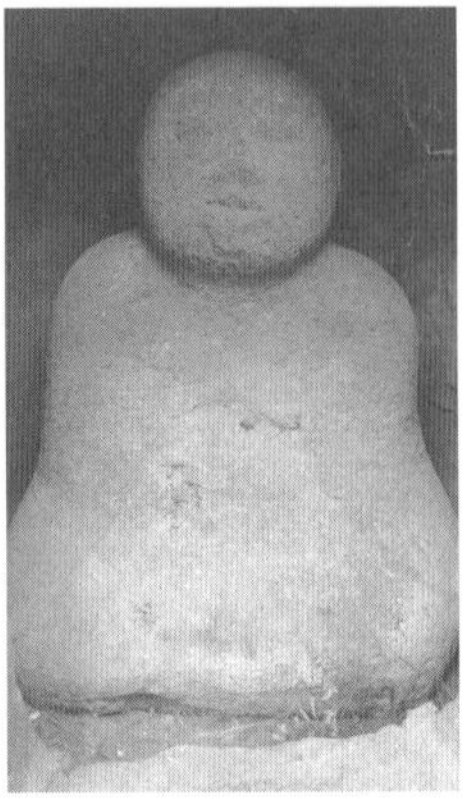

2a　同胎内仏

4　桐生市黒保根町宿廻・墓所・寛永 13（1636）

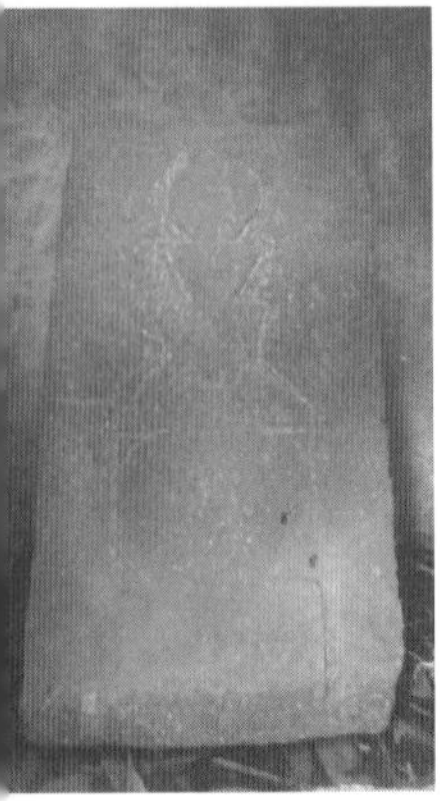

5a　同胎内仏

1a　同胎内仏

3　高崎市倉渕町・墓所・寛永 6（1629）

4a　同胎内仏

高崎市倉渕町・墓所・寛文 3（1663）

2　桐生市黒保根町宿廻・墓所・寛永 3（1626）

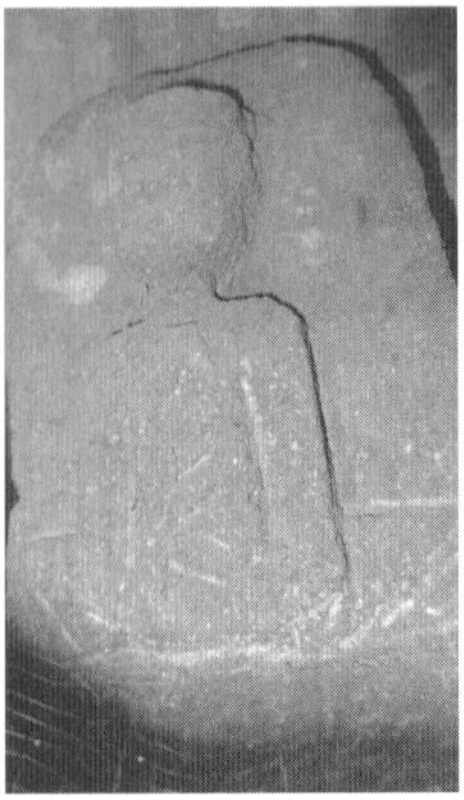

3a　同胎内仏

5　高崎市倉渕町・墓所・寛永 17（1640）

6a　同胎内仏

写真Ｓ　群馬県の石祠型墓石（1）

11a　同胎内仏

10　桐生市黒保根町上田沢・墓所・貞享 2（1685）

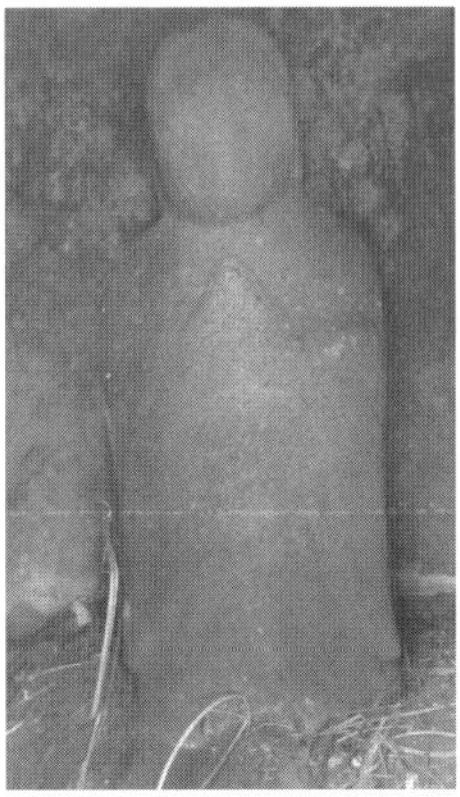

8a　同胎内仏

7　前橋市西大室町・路傍・寛文 9（1669）

12　前橋市西大室墓所・元禄 2（1689）

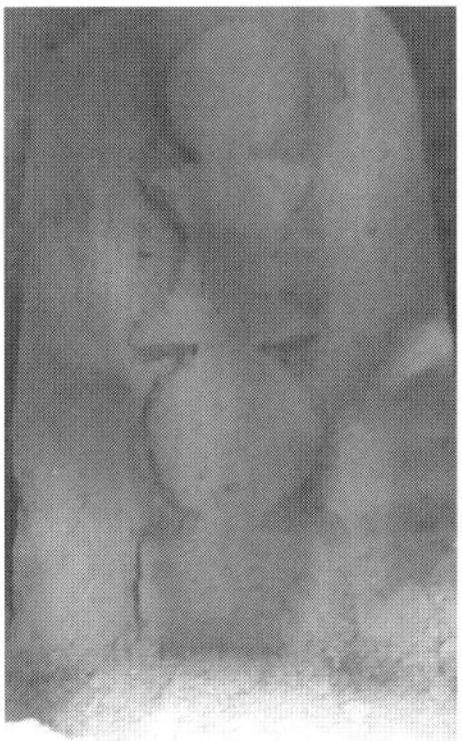

10a　同胎内仏

9　前橋市西大室・墓所・延宝 6（1678）

7a　同胎内仏

12a　同胎内仏

11　前橋市西大室町・墓所・□享？

9a　同胎内仏

8　桐生市黒保根町宿廻墓所・延宝 3（1675）

写真Ｓ　群馬県の石祠型墓石（2）

1　大井町山田・墓所・正保 4（1647）

2a　同胎内仏

4　南足柄市関本・墓所・万治 3・寛文 2（1662）

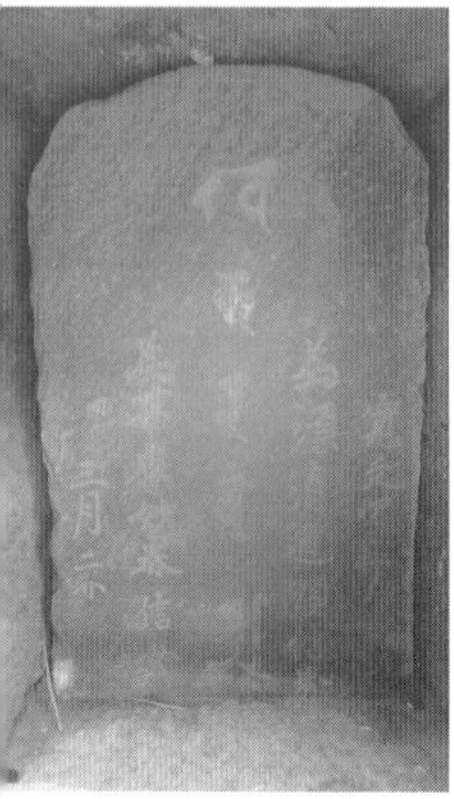

5a　同胎内仏

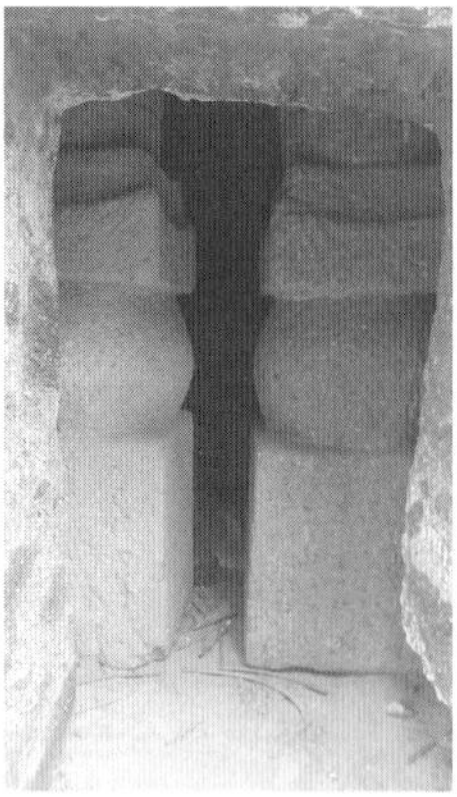

1a　同胎内仏

3　大井町山田・墓所・慶安 3（1650）

4a　同胎内仏

6　大井町篠窪・墓所・寛文 10（1670）

2　平塚市土屋・墓所・正保 4（1647）

3a　同胎内仏

5　小田原市下大井・墓所・寛文 4（1664）

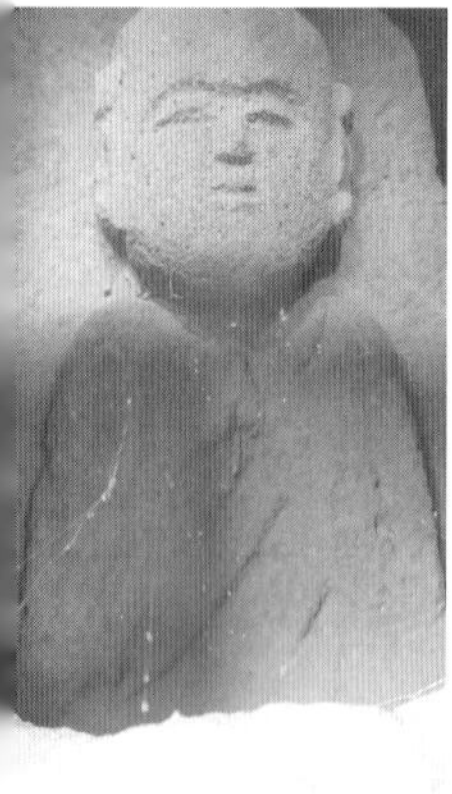

6a　同胎内仏

写真Ｔ　神奈川県の石祠型墓石（1）

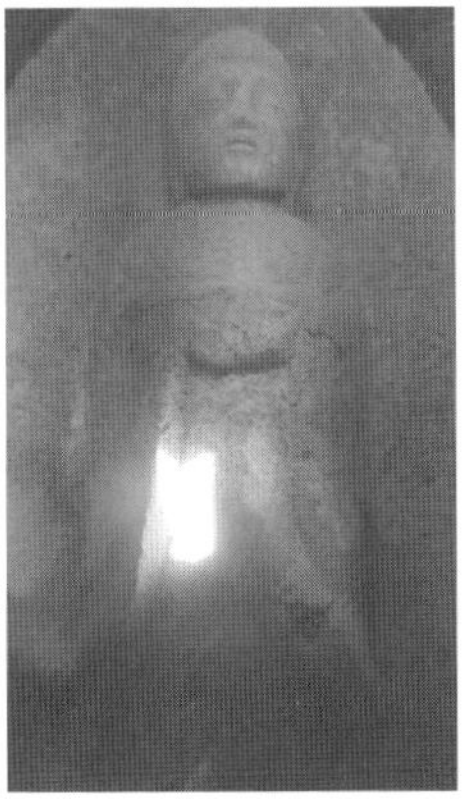
11a　同胎内仏

10　厚木市王子・墓所・享保 4（1719）

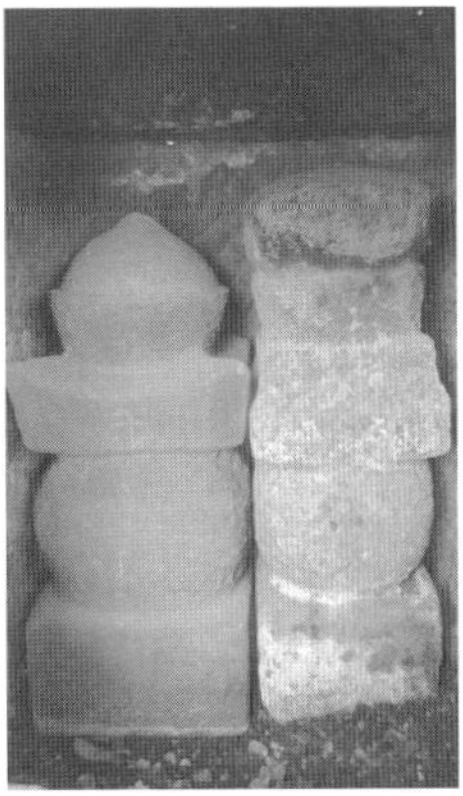
8a　同胎内仏

7　南足柄市沼田・墓所　寛文 12（1672）

12　平塚市土屋・墓所・享保 18（1733）

10a　同胎内仏

9　平塚市土屋・墓所・貞享 4（1687）

7a　同胎内仏

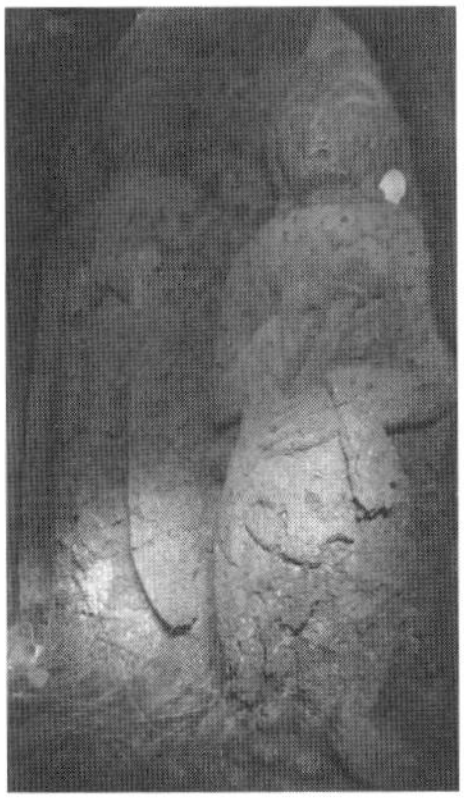
12a　同胎内仏

11　平塚市土屋・墓所・享保 6（1721）

9a　同胎内仏

8　南足柄市塚原・墓所　延宝 5（1677）

写真T　神奈川県の石祠型墓石（2）

1　大磯町国府新宿・墓所

2a　同胎内仏

4　小田原市南町・墓所

5a　同胎内仏

1a　同胎内仏

3　小田原市栢山・墓所

4a　同胎内仏

6　小田原市東町・墓所

2　小田原市栢山・墓所

3a　同胎内仏

5　小田原市南町・墓所

6a　同胎内仏

写真U　神奈川県における五輪塔内包の石祠型墓石（1）

11a　同胎内仏

10　小田原市鬼柳・墓所

8a　同胎内仏

7　小田原市城山・墓所

12　秦野市鶴巻・墓所

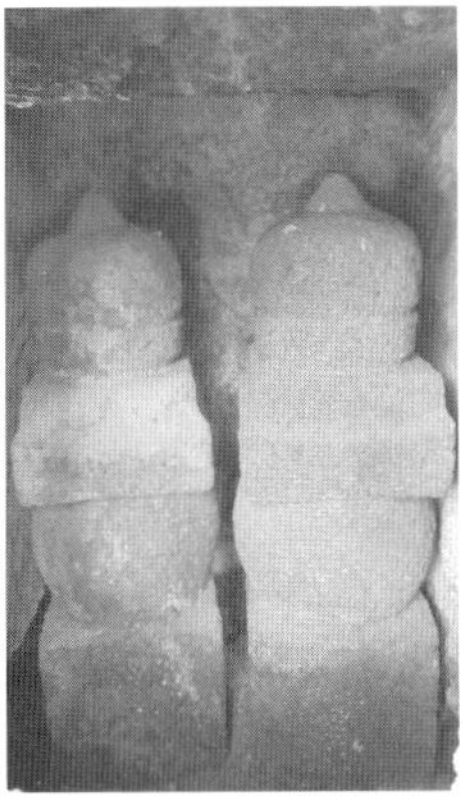
10a　同胎内仏

9　小田原市鬼柳・墓所

7a　同胎内仏

12a　同胎内仏

11　南足柄市板屋窪・墓所

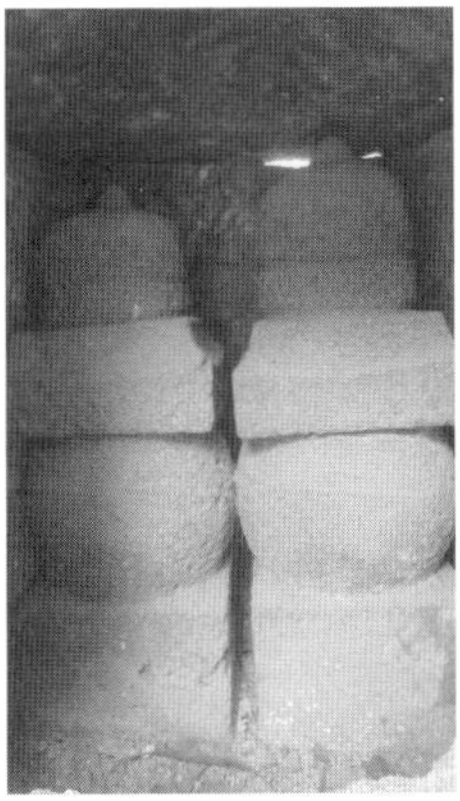
9a　同胎内仏

8　二宮町山西・墓所

写真U　神奈川県における五輪塔内包の石祠型墓石（2）

と多いが、初現は寛永一三（一六三六）年の石祠（写真Sの4）である。これでは寛永二（一六二五）年の高崎市倉渕町熊久保の双体道祖神塔（写真Dの1）に影響を与えようがない。

神奈川県の石祠型墓石（写真T）は、群馬県でみたような小・中規模な石祠と重厚な板石を組んだ石室もしくは石堂とも呼ぶべき規模の大きなものの二種類に分けられる。後者の方は、造る材料も異なり規模が大きく、同じ石祠型墓石といってもかなり趣を異にしている。造営年代については、無年銘のものも多く確実なことはいえないが、年銘を有するものは一七世紀代のもの（正保、慶安、万治、寛文、延宝、貞享）で、江戸中期以降のものは確認されていない。

一方、小規模な石祠の数は、群馬県や山梨県に比してきわめて少数で、存在しても中身が空の場合がほとんどである。例外は平塚市土屋の寺院開山一家の墓所（写真Tの9～12）で、ここには石祠型墓石が正保四年、貞享四年、享保六年、享保一八年、享保二〇年、宝暦三年、明和二年、寛政二年、文政三年と連続して建てられている。胎内仏が残っているものを掲載した。ただし、墓石の正面に仏像が陽刻されるなどの装飾が施されており、仏教意識の高いものとなっている。

先に県西部（主に松田町周辺）の無年銘の石祠型道祖神塔（写真R）を紹介したが、県内において石祠型墓石の存在がきわめて稀である点を考えると、この石祠型道祖神塔のルーツを他所に求めなければならなくなる。距離的に一番近いのは山梨県ということになるが、この点は後にふれる甲府盆地周辺地域の板碑系石塔や双体地蔵尊塔との関連で微妙な問題を提起することとなろう（後述）。

石祠（石室）内に収められているのは、五輪塔二基（三例）、五輪塔一基（二例）、墓碑銘板（二例）、浮彫り単体仏（二例）、浮彫り五輪塔、丸彫り単体仏、浮彫り双体仏などである。浮彫り双体仏（小双体仏）を内包した石祠が一基みられるものの、初現は享保一八（一七三三）年である（写真Tの12）。神奈川県の石祠型墓地の特徴は、内部に五輪塔を収めるケースが圧倒的に多いという点である。年銘が確認できないものの同年代と思われる石室はほかにも多数あり、その多くは五輪塔を内包している（写真U）。

長野県は双・単体道祖神塔の後発地帯であるため、出現期の道祖神塔と石祠型墓石内の小双・単体仏との関連について、その系譜をたどることにあまり意味がないと考え、ほとんど調査していない。古い事例は富士見町落合机の寛永一四（一六三七）年の、本来は墓石であったものの現在道祖神塔として祀られている石祠である。祠内には浮き彫

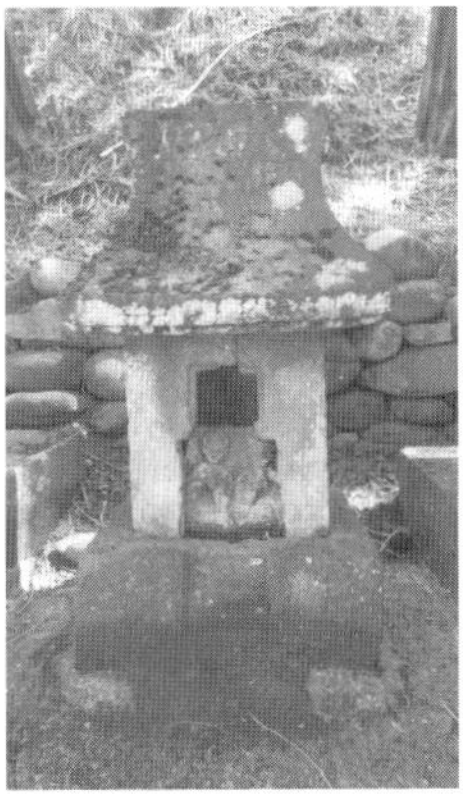
1　富士見町落合机・道祖神場・寛永 14（1637）

2a　同胎内仏

4　北杜市白洲町花水・墓所・文化 3（1806）

1a　同胎内仏

3　山梨市堀内・墓所・寛文 8（1668）

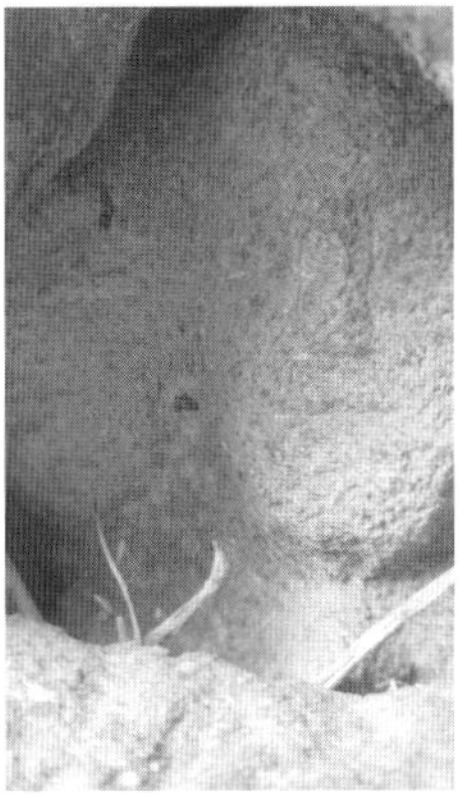
4a　同胎内仏

2　北杜市白洲町花水・墓所・寛文 3（1663）

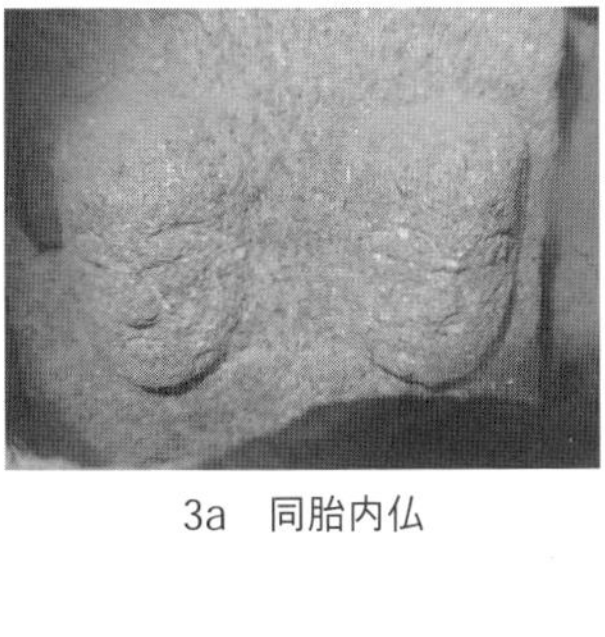
3a　同胎内仏

写真Ⅴ　長野県・山梨県の石祠型墓石

り双体座像が収められている（写真Ⅴの1a）。先祖仏であろう。

山梨県内の調査は、甲府盆地周辺および県北西部のものに限定された。それでも石祠型墓石がおびただしい数残されており、そのほとんどに小双体仏が収められている。石祠の規模は小規模のものがほとんどで、かろうじて北杜市白洲町花水の墓所でやや大きめの寛文期のものを見出した（写真Ⅴの2～4）。しかし、江戸後期には石祠も小規模になるようである。胎内仏はいずれも浮彫りの小双体仏である。

さて、一七世紀中頃、石祠型墓石内に小双体仏を収める事例が多い山梨県や群馬県で双体道祖神塔が出現せず、逆に墓石に小双体仏を収める事例、というか石祠型墓石自体がほとんどみられない神奈川県において双体道祖神塔が誕生したのはどういうわけであろうか。まず、確認しておきたいことは、石祠型墓石内の小双体仏と双体道祖神塔誕生は直接的な関係はないという点である。従来主張されてきた、双体道祖神塔の祖型を石祠型墓石内の小双体仏に求める意見（文献⑦⑩㉓㉗）は、いってみればたんに「双体」という形状のみの類似に基づいた感覚的な主張であり、もちろん出だしの着眼点としてはそれでよいのであるが、しかしこの点に関して従来、その詳細な系譜を具体的に論証した研究者はいない。小双体仏を内包した石祠型の墓石は、今回検討した群馬県、山梨県、長野県以外にも奥三河（愛知県、静岡県）や伊那地方（長野県）で一七世紀代のものが見つかっている（文献㉒）。そうすると、神奈川県以外の多くの地域でも双体道祖神塔が誕生する可能性があることになるが、実際にはそうはなっていない。それどころか、年銘を有する双体道祖神塔は、石祠（石室）型墓石内にほとんど小双体仏を内包することのない神奈川県西部地域で生まれるのである。

文献⑦において著者である松村雄介は神奈川県の寛文期の道祖神塔に関して、「初期の道祖神塔の像容が、一石二体でしかもこの二体が同形の僧形であるのは、この石造物が夫婦墓とか比翼塚と呼ばれる供養仏を、直接の祖型として造像されたからである。山梨県を中心として、長野、群馬などに分布するこの供養仏は、近世前期には主として石殿のなかに納められているが、中期になると露仏としても単独で造立されるようになる。この祠内仏は、ときに一尊あるいは三尊型式をとるものもあるが、大部分は二尊を刻み、合掌した僧形像は一組の夫婦、仏道に帰依した故人の姿を表現するものであろう。（略）しかし甲斐や上野で夫婦塚として造立された供養仏は、原則として一石二体の様式をとり、しかしその寸法はきわめて小さく、造形は素朴とも稚拙ともいうべきものであった。石殿の中尊としての性格が、寸法や造形を制約したのかもしれない。そしてこのような夫婦塚（以下双体供養仏と呼ぶ）の特長は、その像容とともに、相模の双体道祖神塔に対して、図像学的なあるいは造形手法のうえで、顕著な影響を及ぼすこととなった。」と述べ、加えて松村は神奈川県内に石殿に収められた双体供養仏が少ないことを認めた上で、「筆者の調査は不十分であるが、相模の中西部、伊勢原市、南足柄市、秦野市、山北町などには、墓地に石殿をおくところがあり、造立年代は近世前期から中期に及んでいる。現在では見当らないが、あるいはこの石殿の中に双体供養仏が安置してある例が、見出せるかもしれない。」と、神奈川県の双体道祖神塔が石殿（石祠型暮石）内の双体供養仏から誕生した可能性について述べている。

松村の記述には具体例が提示されておらず多分に抽象的・概念的であるが、文献㉗の著者である田中英雄も「神奈川県も、江戸時代初期の双体道祖神があることで知られている。その多くは寛文年間（一六六一〜七二）のもので、像容は僧形合掌立像（写真26）がほとんどである。ところでこの地方にも、石祠型墓石があり、祠内仏が納められている土地柄なのである。しかしその数は山梨・長野・群馬に比べるとはるかに少ない。だからといってこの地域での、祠内仏から二尊仏、そして道祖神の移行の可能性を否定するものではない。くしくも、僧形の道祖神が同時期に立てられた群馬・神奈川のそれぞれの地域は、いずれも祠内仏がある石祠型墓石が先行して造立されていた所でもある。」と、やはり抽象的・概念的に松村と同様の内容を記している。

筆者は松村や田中の著書に導かれて神奈川県内における道祖神塔の祖型を探すため、何年にもわたって県内の石祠型墓石を歩き回った。しかし、祠内小双体仏に遭遇したのは先に示した平塚市土屋の連続して建てられている墓石群というやや特殊なもののみであった。しかもその内包小双体仏は先祖仏というより、観音菩薩と地蔵菩薩の組み合わせというかなり仏教意識の強いものであった。仮にその内包小双体仏を双体道祖神の祖型と仮定したとしても、当所における小双体仏を内包する最古の石祠型墓石は享保一八（一七三三）年のもの（写真Tの12）であり、これでは神奈川県最古の双体道祖神塔である寛文三（一六九三）年のもの（写真○の1）に影響を与えようがない。つまり、神奈川県内の石祠型墓石は「祠内仏が納められている土地柄」ではなかったし、「祠内仏がある石祠型墓石が先行して造立されていた所」でもなかったのである。

先にもふれたように、「祠内仏がある石祠型墓石が先行」するとは、神奈川県における最古の双体道祖神塔である松田町松田惣領のものよりも前、すなわち寛文三（一六六三）年以前の石祠型墓石（かつ小双体仏を内包する）を探さなくてはならないが、そのような石祠型墓石は、筆者の管見の限り知られていないし、群馬県倉渕町熊久保の（田中は最古とするが筆者は後祭祀とみる）道祖神塔に関しても、寛永二（一六二五）年のものより以前でしかも小双体仏を内包した石祠型墓石が倉渕地域周辺に存在しなくてはならない。はたして、そのような墓石は見つかっているのだろうか。加えて、仮にそのような石祠型墓石が見つかったとしても、それは双体道祖神塔誕生のひとつの必要条件を満たしたに過ぎず、十分条件を満たすにはさらにいくつかの論点を証明しなければならない。

先に筆者は、「石祠型墓石内の双体仏と双体道祖神塔誕生は直接的な関係はない」との私見を述べた。しかしここで誤解して欲しくないことは、双・単体道祖神塔が石祠型墓石内の小双・単体仏とまったくかかわりがない、と主張しているわけではないという点である。後述するように、道祖神塔の本来の性格は祖霊であったと筆者は考えているし、そういった意味では道祖神塔が石祠型墓石内における先祖仏とも間接的にではあるが、つながりがあると思っている。ただし、双・単体道祖神塔が直接的に石祠型墓石内の小双・単体仏から誕生したのではない、というのが筆者の見解である。

では、中井町、小田原市、大井町、秦野市を中心とした神奈川県西部における寛文期の双体道祖神塔（写真○の1、3〜14、16、17）は如何にして誕生したのであろうか。この点を確認するためには、もう一・二の作業が必要となる。

それは、先に第三章で紹介した無年銘の双体道祖神塔群（写真L）をどのように解釈するのかという点と、墓地で目にするいわゆる双体地蔵の系譜をどう考えるのかという点である。先に引いた文献㉗において田中は「祠内仏から二尊仏、そして道祖神の移行の可能性」を述べているが、二尊仏を双体地蔵と読み替えるとして、しかしそうなると、最古の道祖神塔よりも年代的に古い双体地蔵塔、そしてさらにその双体地蔵塔よりも古い石祠型墓石（小双体仏を内包する）の存在を確認しなければならなくなる。筆者はこの田中の意見に「祠内仏」が双体地蔵もしくは道祖神塔に何らかの影響を与えたという程度なら、条件付きではあるがその可能性を否定するものではない。

ただし、田中の言い方はあまりに概括的かつ抽象的で、この言説を具体的に双体道祖神塔の誕生地である神奈川県西部に当てはめた場合、話はそれほど単純ではないように思う。先にふれたように、この地域には寛文三年（年銘を有する最古の道祖神塔）以前にさかのぼる、より古い二尊仏（双体地蔵）および、小双体仏入りの石祠型墓石はいまだに見つかっていないし、そもそも神奈川県内の墓地において二尊仏（双体地蔵）を目にするケースはきわめて稀である。それなのに、なぜ当地域において双体道祖神塔（この場合は寛文期のという意）が誕生し得たのか。以下、二つの検討作業を経たのちに筆者の仮説を述べようと思う。

＊無年銘初期道祖神塔の検討

第三章において筆者は、主に神奈川県西部および静岡県東部にまたがって位置する足柄山地周辺の無年銘の双体道祖神塔を紹介し（写真L）、七類型に分類した。分類の視点が形態（額縁型、庇突起型）と双像の姿態（上半身型、稚児型、蝶ネクタイ型、人形型、記号人形型）という異なる基準となっており、今後さらに統一した分類を目指さねばならない。今回はとりあえず初動の分類として受け取っていただきたい。特に上半身型や人形型に分類されるもののなかには像の顔部分が異常に大きいいわば顔巨大型とでもいうべき種類のものが含まれており。今後、類例が増えれば分離される可能性がある。

それはさておき、これらの双体道祖神塔は初期（一七世紀代）の可能性を含みつつ、古くは武田久吉が悩んだようにその年代的な位置づけがいまひとつ曖昧であった（文献①）。今回、年代の根拠となる年銘を有する双体道祖神塔（写真M）との比較から、その一部（上半身型、稚児型、額縁型、庇突起型）については、おおむね一七世紀中・後半頃との予測を立てることができたものの、ほかの型については特に年代に関する根拠を示すことができなかった。しかし額縁型や庇突起型が、従来筆者の管見の範囲内にあった山梨県の甲府盆地周辺地域に存在する特徴的な石仏であるいわゆる板碑系石塔（文献㉔）に類似している点を踏まえると、ほかの型のものについても板碑系石塔との比較検討作業が必要ではないかとの結論に至った。

筆者は山梨県国中地方にみられる中世在地型板碑（中世板碑の本場である武蔵型板碑に含まれないそれぞれの在地の板碑を指す）の一種である地蔵菩薩陽刻板碑（文献⑪　陽刻地蔵菩薩板碑、陽刻地蔵板碑、地蔵陽刻板碑ともいう。以下地蔵陽刻板碑と呼ぶ）に関する知識をもたないが、この石塔については比較的多くの研究がある（文献⑪⑭⑯⑰⑱）。一方、先にふれたように、中世在地型板碑の系譜につながるとされる一七世紀代の小型の石塔のことを板碑系石塔と呼ぶ場合がある（文献㉔）。しかし、この小形の石塔も地蔵陽刻板碑として扱っている場合（文献㉕）もあり、在地型板碑、地蔵陽刻板碑、板碑系石塔の範疇の違いは必ずしも明確ではない。しかし本稿では文献㉔に従って、頭部が三角状で二条線がなく、正面の龕に一尊もしくは二尊の像を陽刻する場合の多い近世初期の小型の石塔のことを「板碑系石塔」と呼ぶことにする。

板碑系石塔は甲府盆地周辺地域（甲府市や甲斐市を中心として、韮崎市・北杜市・中央市・南アルプス市などの一部を含む　以下同）の墓地などに数多く残されており、その一部についてはすでに報告がある（文献㉕）。この石塔には本来墨書による銘文が施されたようであるが、その残存はほとんどの場合望めない。さいわい年銘部分がかろうじて読み取れる事例がいくつか知られているが、それは年銘部分が、たっぷりと墨を含んだ筆による最初の書き出部分に相当するからであろう。年銘部分以下は読めない場合がほとんどである。それはともかく、これらの事例により、無年銘の板碑系石塔についても寛永期を中心とした近世前期の所産であることが指摘可能となる。そして、さらにこれらの

10　甲斐市竜王・墓所・
慶安 2（1649）

7　甲斐市宇津谷・墓所・
寛永期

4　南アルプス市下今諏訪・
墓所・寛永 18（1641）

1　北杜市須玉町上津金
墓所・寛永 4（1627）

11　北杜市白洲町大武川・
諏訪神社・延宝 4（1676）

8　中央市下河東・墓所・
寛永期

5　甲府市上積翠寺町・
墓所・寛永 10 年代

2　甲府市貢川本町・
墓所・寛永 6（1629）

12　小田原市鴨宮・
路傍・元禄 15（1702）

9　甲斐市岩森・諏訪
神社横・正保 5（1648）

6　甲斐市亀沢・墓所・
寛永期

3　甲府市上石田二丁目
墓所・寛永 9（1632）

写真 W　年銘を有する板碑系石塔

0　甲斐市宇津谷・墓所

7　甲斐市亀沢・墓所

4　甲斐市亀沢・墓所

1　甲斐市亀沢・墓所

11　韮崎市旭町上条中割・墓所

8　甲府市平瀬町・墓所

5　甲斐市亀沢・墓所

2　甲府市平瀬町・墓所

12　韮崎市旭町上条中割・墓所

9　甲府市平瀬町・墓所

6　甲府市貢川本町・墓所

3　甲斐市亀沢・墓所

写真Ｘ　二尊碑の板碑系石塔（1）

13　中央市大鳥居・墓所

14　甲府市国母・墓所

15　中央市大鳥居・墓所

16　中央市大鳥居・墓所

17　甲府市平瀬町・墓所

18　甲斐市亀沢・墓所

19　甲斐市宇津谷・墓所

20　甲斐市吉沢・墓所

21　甲斐市亀沢・墓所

22　甲斐市亀沢・墓所

23　中央市大鳥居・墓所

24　甲斐市亀沢・墓所

写真Ｘ　二尊碑の板碑系石塔（2）

0　甲斐市宇津谷・墓所

7　甲府市平瀬町・墓所

4　甲府市下帯那町・墓所

1 甲斐市亀沢・墓所

11　韮崎市岩下・墓所

8　甲斐市竜王・墓所

5　甲府市下帯那町・墓所

2　甲斐市亀沢・墓所

12　韮崎市岩下・墓所

9　甲斐市岩松・諏訪神社横

6　甲府市下帯那町・墓所

3　甲斐市亀沢・墓所

写真Ｙ　一尊碑の板碑系石塔

板碑系石塔を仲立ちとして、第三章で扱った無年銘の双体道祖神塔（写真L）の年代的な位置づけもある程度特定可能となるのである。

年銘を有する板碑系石塔（写真W）は、既存の報告（文献㉕）に従って調査・確認したものである。年銘は先にふれたように像の左右などに墨書されているとされるが、実際に判読できたのは、甲府市上積翠寺町のもの（5）の「寛永・・」、甲斐市宇津谷のもの（7）の「寛・・」、甲斐市岩森の諏訪神社のもの（9）の「正保・・」くらいで、ほかは墨書痕は確認できるものの、読み取ることはできなかった。なお、北杜市須玉町上津金のもの（1）および北杜市白洲町大武川の諏訪神社のもの（11）の年銘は陰刻されている。

参考として載せた神奈川県小田原市鴨宮の単体道祖神塔（12）は、筆者が文献㉛において都内のほかの単体道祖神塔と比べるなかで「なお、小田原市鴨宮の道祖神塔（写真137-2）は形態が特徴的であり、その系譜は技術的な面も含めて町田市内のそれとは異なるものと判断される。」と書いた石仏である。当初筆者にはこの道祖神塔の系譜が判断できなかったが、山梨県の板碑系石塔の存在を知って以来、龕に一尊を刻んだ9や10と同種の板碑系石塔ではないかと思うようになった。ただしこの道祖神塔には元禄一五（一七〇二）年の銘があり、後刻の可能性は捨て切られないものの、もしそうでないとしたら、彼此の差は五〇年を超える。神奈川県西部において、甲府盆地周辺の板碑系石塔そのものが見つかったことはないが、もしこの石塔が板碑系石塔ならば、この後述べるように甲府盆地周辺地域と神川県西端部を結ぶ直接的な物証となろう。

さて、これら板碑系石塔（写真X・Y）の共通の特徴は碑形が駒形であるという点で、この観点から、無銘道祖神塔の額縁型（写真Lの11、12、14～17、46）および庇突起型（写真Lの5、31、36～40）が板碑系石塔の系譜に連なるという点は、特に額縁型や庇突起型そのものが写真Wのなかに存在するだけに、かなり確率が高い。同様に稚児型の一部（写真Lの6～9）や記号人形型の一部（写真Lの10）も碑形は駒形である。上半身型（写真Lの1～4、18、33）についても、やはり写真Wのなかに座像のもの（6）があり、その双像の表情は写真Lの1の双像の表情とかなり類似している。

この表情をもつ板碑系石塔はほかにもある。写真Xは、確認した数多くの無年銘の二尊板碑系石塔のなかから典型的なものを集めたものであるが、そのうちの2、4、8、20などはそれに近い。のちほどふれるように、このやや吊り上がった目が、顔の尖った中央の左右に付くタイプの表情は、古い石祠型墓石に内包されている双体仏のそれに時々みられるもので（写真Vの1a、3a）、この点は文献㉗の著者である田中英雄も指摘している。ちなみに、庇突起型ではあるが、写真Lの39に示したものにもこの目が描かれている。なお、上半身型の写真Lの3や33は、龕こそないものの、写真Xの2に像の姿態がきわめて類似している。この特徴的な目は、石祠型墓石内双体仏と板碑系石塔との関連（大きな意味で系譜）を示唆する一要素となり得るのだろうか。

それはともかく問題は、碑形が駒形を呈さない人形型、記号人形型、蝶ネクタイ型の無銘道祖神塔をどう位置付けるかである。まず、数の多い蝶ネクタイ型（写真Lの13、19〜21、23、25、32）の特徴である蝶ネクタイのモチーフであるが、これは両手で合掌した際に生まれる腕と袖からなる形状である。このモチーフは、実は写真Xのなかに複数認められる（3、5、7）。典型的なのは写真Xの7であるが、これらは碑形が駒形である点を除外すれば、その両手は蝶ネクタイの形状を呈している。なお、このモチーフをもったものは一尊板碑系石塔のなかにも存在しており（写真Yの3）、板碑系石塔における蝶ネクタイを思わせるこの両手の組み方は、二尊碑、一尊碑ともに共通したモチーフであったのだろう。

一方、人形をイメージして命名した人形型（写真Lの27、29、30、34、44、47、48）および記号人形型（写真Lの10、41、42、43）に関しては、類似のものを直接的に板碑系石塔のなかから見出すことができない。しかし、先にも指摘したように写真Lの10だけは例外的に碑形が駒形を呈しており、板碑系石塔の系譜の一部を引き継いでいる。加えて、合掌の腕が、省略されて正三角形の線で描かれている点は、写真Xの2や20と同じである。仮にこの写真Lの10が記号人形型のプロトタイプなら、ほかのもの（写真Lの41、42、43）も板碑系石塔の系譜につながることになるが、

1b　御殿場市蓮華寺

1a　御殿場市・御殿場
団地際

←

1　甲府市平瀬町・
墓所

1　甲斐市亀沢・
墓所・寛永期

2c　大井町西大井国竹

2b　松田町松田
物領町屋

2a　松田町松田
物領茶屋

←

2　甲府市上積翠寺町
墓所・寛永 10 年代

3c　山北町山北

3b　小山町大胡田
芝倉

3a　南足柄市壗下

←

3　甲府市上石田二丁
墓所・寛永 9（1632）

写真Ｚ　板碑系石塔・無銘初期道祖神塔の系統関係（1）

c　小山町大胡田土平地

4b　小山町大胡田・大胡田天神

4a　小山町大胡田下大胡田

4　北杜市須玉町上津金・墓所・寛永4（1627）

c　大井町金子中の町

5b　南足柄市岩原

5a　開成町延沢中庭

5　甲斐市亀沢・墓所

6b　群馬県高崎市倉渕町川浦・十二社神社

6a　群馬県東吾妻町本宿日向道泉谷戸・熊野神社

6　甲斐市漆戸・墓所

6　甲斐市亀沢・墓所

写真Z　板碑系石塔・無銘初期道祖神塔の系統関係（2）

すでに述べたように、このタイプの道祖神塔については、筆者自身これを一七世紀代のものとする確信をもつに至っていない。仮に設定してはみたものの、今後の課題としておきたい。

人形型の典型としたもの（写真Lの30、47、48）の姿態は、先にも述べたように、腕組みによって形成された逆ハート型の窪みと三角形のモチーフからなる下半身をその特徴とするが、その三角形は、板碑系石塔（写真Xの5、7、22、24や写真Yの3）の最下部にみられる蓮台がもとの形ではあるまいか。特に写真Xの24のものは蓮台の状態を顕著に残している。この蓮台の形から、一見、真逆にみえる人形型下部の三角形と逆三角形の二様のモチーフが生まれたのであろう。そして写真Lの48の最下部の逆三角形などは、明らかに板碑系石塔にみられる蓮台そのものである。こういう点が人形型の無銘道祖神塔が板碑系石塔の系譜の延長上にあること示している。

人形型および記号人形型に共通していえる点は、双像の顔がデフォルメされて丸みを帯びている点で、この特徴はかろうじて、写真Xの6、9、12などに看取できる。そしてこの特徴は、次項でふれるように過渡期の板碑系石塔や双体道祖神塔の祖型の一要素である双体地蔵のプロトタイプのものに見出すことができるのである。

以上の検証から、神奈川県西端部および静岡県北東端部、すなわち足柄山地を取り囲むように分布している無年銘の道祖神塔（写真L）が、山梨県の甲府分地周辺地域に濃厚に残されているいわゆる板碑系石塔（写真W、X、Y）のうち、特に二尊碑からなるそれ（写真X）の影響（一つの要素）を受けて出現したことが明らかとなった。しかし、無年銘の道祖神塔は板碑系石塔そのものではないから、一七世紀前半すなわち寛永年間を中心とした所産とされる板碑系石塔より後出で、年代的には一七世紀の中葉（慶安期～万治期）頃とするのが妥当であろう。あるいは一部は寛文期に入るかもしれない。以上の関係を典型的なもの使って図式化すれば、次のようになる（写真Z）。

すなわち具体的にいえば、1（二基ある）の影響を受けて1a、1bが生まれ、2の影響下で2a、2b、2cが生まれ、3の影響で3a、3b、3cが生まれ、4の影響下で4a、4b、4cが生まれ、5の影響のもと5a、5b、5cが生まれ、6（二基ある）の影響を受けて6a、6bが生まれたということになる。

0　北杜市白洲町大武川・
諏訪神社・延宝 4（1676）

7　山梨市牧丘町西保下・
小田野道祖神場・17c

4 甲府市下帯那町・
道祖神場・16c 前半

1　甲斐市下福沢・
道祖神場・16c 前半

1　韮崎市藤井町駒井・
麻戸神社・天和 2（1682）

8　甲府市黒平町上黒平・
集落中央道祖神場

5　甲府市小松町・
道祖神場・16c 中頃

2　甲斐市亀沢久保・
道祖神場・永正 6（1509）

2　韮崎市藤井町坂井・
道祖神場

9　山梨市牧丘町牧平
膝立・道祖神場

6　甲府市黒平町上黒平・
入口道祖神場・17c 前半

3　甲府市下帯那町・
道祖神場・16c 前半

写真 ZA　道祖神場の地蔵板碑・板碑系石塔

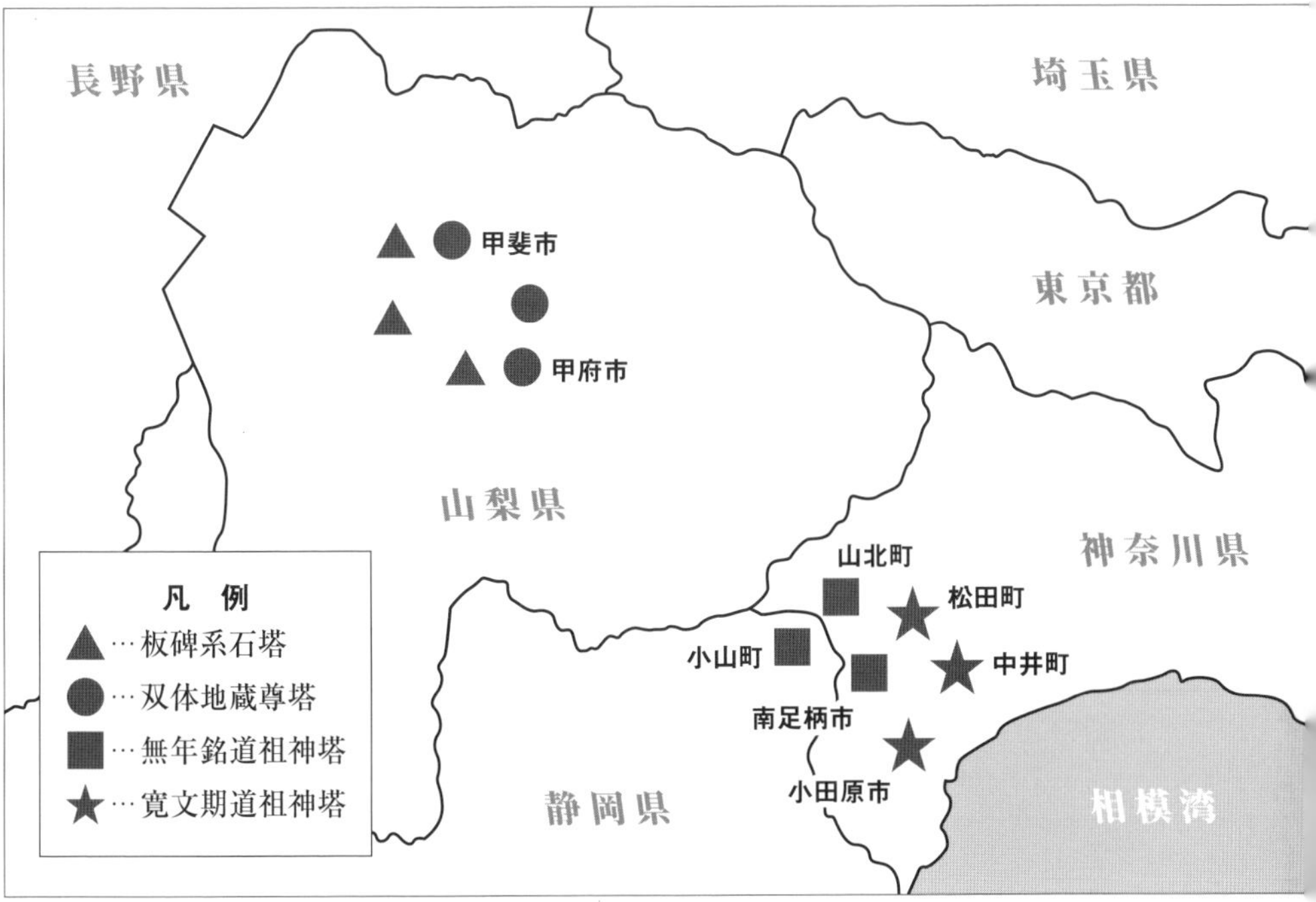

図１　関連石仏分布概念図

そしてこれらの無年銘道祖神塔群（写真Ｌ）は、地域において文字通り道祖神として扱われているがゆえに、無年銘ではあるものの、我が国における最古の道祖神塔群である可能性が出てくる。いま強いてこれらを出現順に並べるなら、板碑系石塔（写真Ｗ、Ｘ、Ｙ）との類似度から、額縁型、庇突起型、上半身型の三者が先行して誕生し、やや遅れて稚児型が、続いて蝶ネクタイ型が生まれ、最後に人形型と記号人形型が生み出された、といえるかもしれない。

なお、無年銘道祖神塔の祖型の一要素とした板碑系石塔については、山梨県内において、本来墓所にあるべき地蔵板碑や板碑系石塔が道祖神場に建てられるか、もしくは道祖神そのものとして扱われている例が複数あり（写真ZA）、これはとりもなおさず、これらの供養塔が道祖神に変異しやすい資質をもっていたからに他ならない。その資質とは端的にいえば、道祖神というカミのもつ先祖仏もしくは祖霊的な要素なのであるが、その手の抽象論については、ここではこれ以上踏み込まないでおこう。

以上みてきたように、板碑系石塔（写真Ｗ、Ｘ、Ｙ）と無年銘の道祖神塔（写真Ｌ）の関係から、甲府盆地周辺地域と足柄山地周辺地域に共通した何らかの文化的な要素があったことが明らかとなった。しかし甲府盆地周辺地域の板碑系石塔の影響がいかなる理由や経緯によって、そしてどのようなルートを通って当地にもたらされたのか、現在の筆者にはまったく分かっていないことも吐露しておかねばなるまい。ただしルートに関して予想の範囲で述べておけば、あるいは唯一足柄山地から離れた富士宮市の事例（写真Lの5）がヒントになるかもしれないし、この存在に加えて、無年銘の道祖神塔の分布範囲が小山町の東部および南足柄市南東部に集中している点を考慮に入れれば、両地域を結ぶ足柄峠を仲立ちとした矢倉沢往還によって駿河側から相模側にもたらされた可能性が高い。

しかし、それにもかかわらず事実として、次の寛文期には、この無年銘の道祖神塔分布地域の東側（足柄平野をはさんでその北東端部およびそれに続く丘陵部）の限定エリア（中井町、大井町、松田町、小田原市、秦野市）において、最古の年銘を有する双体道祖神塔群（写真Oの1、3〜14、16、17）が誕生することになるのである（この最古の年銘をもつ道祖神塔群を、以下、寛文期の道祖神塔群と呼ぶことがある）。図1にこれらの関連石仏分布概念図を示した。

第三章において筆者は、無年銘の道祖神塔群（写真L）の年代的な位相を推定する根拠として最古の道祖神塔群の一部（写真M）を用いたが、実は順序が逆で、寛文期の道祖神塔群の方が、無年銘の道祖神群の申し子なのである。子（寛文期の道祖神塔群）が親（無年銘の道祖神塔群）に似るのは当然なのに、筆者は、いわば親の年齢を子の容姿から類推するということをしていたわけである。しかしもちろん、本書によって有年銘のものとしては最古とされた寛文期の道祖神塔群（写真Oの1、3〜14、16〜18）が、すべての要素において無年銘の道祖神塔群（写真L）から誕生したわけではない。誕生には重要なもうひとつの要素が不可欠であった。それを次項で述べよう。

なお、単体道祖神塔についても、最古とした静岡県小山町吉久保の寛文七（一六六七）年のもの（写真Oの2）が、無年銘の双体道祖神塔分布地帯の一角に位置する点からみると、甲府盆地周辺からの影響が想定可能である。それは板碑系石塔のなかに一尊座像のもの（写真Yの6）がみられるからであるが、しかし小山町地区ではほかに単体の道祖神塔は、無年銘のものも含めて見つかっておらず、いってみれば双体道祖神塔のそれに比してかなり単発的な出現という印象を受ける。

そして、貞享期に至って突如多くの単体道祖神塔が出現するのは、足柄山地からみれば箱根山地をはさんでいるとはいえ陸続きの沼津市周辺である。この地域の貞享期の単体道祖神塔には立像、座像ともにあり（写真Oの22、25、29～36）、その出現の遠因として甲府盆地周辺の板碑系石塔の影響が想定可能とはいえ、やや飛躍の感は否めない。筆者は沼津市周辺のほかの石造物（たとえば双体地蔵とか）に関してまったく調査しておらず、その出現の経緯について明確に答えることができない。単体道祖神塔出現の経緯については、次著でふれることにしたい。

＊仮説の提示

双体道祖神塔と形態上酷似した石仏にいわゆる双体地蔵（二尊仏）がある。特に男女の区別のない初期のものや、時代が下っても双僧像が刻み続けられる神奈川県西部の道祖神塔を、目の前に置かれた一個の双体地蔵と区別することは容易ではない。通常、双体地蔵は寺院や墓所にあるので、これを道祖神塔として認識する研究者はいないと思われるが、一方、この双体地蔵に焦点を合わせた研究も、筆者の管見の限り知られていないように思う。研究どころか、墓所に存在するゆえか、あるいは筆者の管見のゆえか、そもそも双体地蔵に特化した記録やこれを報告した文献はみたことがない。

東京都、神奈川県、群馬県など従来筆者が研究対象としてきた地域の墓地にあっては、単体地蔵はそれなりの数をみかけるものの、双体地蔵はたまにみかける程度の数でしかなかった。筆者にとって普段あまり意識することのない石造物であったが、しかし甲府盆地周辺地域の寺院や墓所にあっては、その様相が一変する（写真ZB）。写真には無縁仏として集められた双体地蔵をあげておいたが、この石仏は同地域の多くの寺院内の個別墓地や共同墓地内にも多数存在している。筆者はいままでこのように多数の双体地蔵をみたことがなく、その数の多さにこの石仏に対する見方（意識）を変えざるを得なくなった。年銘が確認できれば申し分ないのであるが（一部の地蔵尊に墨書痕が認められるものの、判読するまでには至っていない。貞享三年銘のものは写真ZEの9に掲載した）、しかしこれだけの数の研究対象

1　甲斐市宇津谷・金剛寺・
無縁仏

2　甲斐市宇津谷・金剛寺・
無縁仏

3　甲斐市宇津谷・金剛寺・
無縁仏

4　甲斐市宇津谷・金剛寺・
無縁仏

5　甲府市平瀬町・香積寺・
無縁仏

6　甲府市平瀬町・香積寺・
無縁仏

写真 ZB　甲府盆地周辺の双体地蔵群（1）

があれば、型式学的な分析に十分耐えられる。

脱線するが、型式学とは、年代不詳の研究対象、たとえば縄文式土器に対して、主に形態や文様に着目してその年代的な新古を定める仮説設定方法のひとつで、考古学においてはきわめてオーソドックスな研究手法である。ただし、地蔵尊塔に限らず近世という貨幣経済社会内における各種石造物の造立行為には、それを求める民衆（需要者）とこれに応じる石材供給者や専門の石工などの存在（供給者）を考慮に入れねばならず、そこには多分に比較的せまい地域的な商業圏の存在や技術的な個性が介在したことが想定されるから、先に例示した先史時代の縄文式土器などとは異なって、必ずしも、同一集団による同一技術の継承すなわち時間的な系統性や、同時代における同一形態の分布すなわち空間的な類似性が担保されるわけではない。

しかし、それでもいわゆる「かたち」の親和性に着目する研究者の直観には、研究対象の時代的特性を超えて通用するものがあり、そういう点で尊重されてきた歴史がある。土器や円筒埴輪など年銘をもたない物質文化を研究対象

7　甲斐市岩松・諏訪神社横・無縁仏

8　甲斐市岩松・諏訪神社横・無縁仏

9　甲斐市岩松・諏訪神社横・無縁仏

写真 ZB　甲府盆地周辺の双体地蔵群（2）

としてきた考古学は、この型式学的な分析なくしては成り立たない一面がある。それはともかく、本項では双体地蔵尊の形態や双像の姿態に着目して分析を進めたが、ここでは細かな分析過程は省略して結論のみを説明する。

1　甲斐市岩森・諏訪神社横

2　甲斐市岩森・諏訪神社横

3　甲斐市岩森・諏訪神社

4　甲斐市岩森・墓所

5　甲斐市亀沢・墓所

6　甲府市平瀬町・墓所

7　韮崎市町上條南割・墓所

8　甲府市国母7丁目・墓所

写真ZC　末期の板碑系石塔

前項で筆者は第三章で紹介した初期無年銘道祖神塔（写真L）の一部に関して「人形型および記号人形型に共通していえる点は、双像の顔がデフォルメされて丸みを帯びている点で、この特徴はかろうじて、写真Xの6、9、12などに看取できる。そしてこの特徴は、次項でふれるように過渡期の板碑系石塔や双体道祖神塔の祖型の一要素である双体地蔵のプロトタイプのものに見出すことができるのである。」と書いた。まず、写真ZCには末期の板碑系石塔

1　甲斐市亀沢・墓所

2　甲斐市亀沢・墓所

3　甲斐市亀沢・墓所

4　甲斐市亀沢・墓所

5　甲斐市亀沢・墓所

6　甲斐市亀沢・墓所

7　甲斐市亀沢・墓所

8　甲斐市岩森・諏訪神社横・墓所

9　甲斐市吉沢・墓所

10　甲斐市吉沢・墓所

11　甲斐市吉沢・墓所

12　甲府市国母7丁目・墓所

写真ZD　甲府盆地周辺の過渡期の石仏

1　甲斐市亀沢・墓所

2　甲斐市亀沢・墓所

3　甲斐市亀沢・墓所

4 甲斐市亀沢・墓所

5　甲府市下積翠寺町・墓所

6　甲府市貢川本町・墓所

7　甲斐市岩松・諏訪神社横

8　甲斐市吉沢・墓所

9　甲府市美咲町・墓所・貞享 3

写真 ZE　甲府盆地周辺の初期の双体地蔵

と思われるものを集めてみた。突起状の庇は残っているものの、双像の表情はおおむね柔和となっている。さらに、写真ZDには碑形がかろうじて駒形を呈している石仏を掲載した。すでに庇や龕は消滅し地蔵尊が直接碑面に陽刻されている。地蔵尊の顔は、板碑系石塔のそれ（写真Wの6、写真Xの2、20）に比べおおむね丸みを帯び柔和になっており、碑面中央上部に起（むくり）が生じつつあるものも含まれる。

1　甲府市平瀬町・墓所

2　甲府市下帯那町・墓所

3　甲斐市吉沢・墓所

写真 ZF　階段をもつ板碑系

このような石仏は、板碑系石塔と双体地蔵塔の過渡期の所産かと思われる。一方、写真ZEには初期のものと思われる双体地蔵塔を集めてみた。碑形は船形光背に近づいているが、意外な点は、顔の表情が後世の典型的な地蔵尊のそれと異なり、やや野性味を帯びていることである。過渡期のものまで柔和になりつつあった双像の顔つきが、この段階にきてまたやや板碑系石塔のそれに逆戻りしたような感じを受ける。ここにひとつのギャップがあるのかもしれない。碑形は確実に船形光背型を目指しているのに、双像の表情は単線的に進化していない。あるいはこの段階において、先に検討した足柄山地周辺でみられる初期無銘道祖神塔（写真L）と接触したことによる揺り戻しが生じたのかもしれない。そうした可能性をも含めつつ、ここでは碑形を重視して初期双体地蔵の誕生を過渡期石造物からの流れで理解しておきたい。

つまり、板碑系石塔（写真X）→末期板碑系石塔（写真ZC）→過渡期石塔（写真ZD）→初期双体地蔵塔（写真ZE）という経過を経て、現在の甲府盆地周辺に無数にみられる双体地蔵が生み出されたのではないか、というのが筆者の一番目の仮説である。そして、もし先に検討した石祠型墓石内小双体仏が影響を与えたとしたら、それは板碑系石塔もしくは初期双体地蔵尊塔の段階であろう。ただし、板碑系石塔の一部には基壇部正面に階段をもつものがあり（写真ZF）、この階段は先に紹介した北杜市白洲町花水のもの（写真Vの2）をはじめとして一般的に各地の寛文期以前の石祠型墓石に認められるから（写真Sの3、5や写真Vの1）、影響を与えたとしたらそれは板碑系石塔に対してであろうと考えられる。

しかし、いくら甲府盆地周辺地域の板碑系石塔から双体地蔵への変遷を指摘したところで、直接神奈川県西部地域で起こった双体道祖神塔（寛文期のそれ）の誕生を説明することにはならない。先にもふれたように、筆者は神奈川県西部における寛文期の双体道祖神塔の要素の一部は、双体地蔵からもたらされたと考えているが、なにしろ当地には、現状でも双体地蔵はきわめて稀にしかみられず（中井町、大井町、秦野市、小田原市などの寛文期双体道祖神塔所在地周辺約二〇ヵ所の寺院墓所・共同墓地のすべてを調査した結果、単体地蔵はそれなりの数がみられたものの、双体地蔵は一基のみであった）、この状況は一七世紀においても同様であったと考えられる。

そこで重要な役割を果たしたのが、やはり第三章で紹介した足柄山地周辺に分布する初期の無年銘道祖神塔群（写真L）である。これらの石仏群は、先に不完全ながら証明したように甲府盆地周辺地域の板碑系石塔の影響で生まれたものである。そしてこれも先にふれたように、甲府盆地周辺地域の寺院や墓所に所在し、かつ基本的に供養塔であるべき板碑系石塔が、その後継とはいえなぜ道祖神塔として足柄山地周辺の村々に出現したのか、その経緯やルートなどは現状では分からない、と述べた。しかし結果的に、両地域に何らかのつながりが、もしくは文化的な共通性が存在したことは明らかで、そうでなければこのような現象は起こり得ない。すなわち、一七世紀中葉において両地域（甲府盆地周辺と足柄山地周辺）には石造物に関して、一定程度の文化的な一体性が醸成されていたと考えられるのである。

ついでに述べておけば、先に紹介した神奈川県西部の無年銘石祠型道祖神（写真R）の存在に関しても、神奈川県内に石祠型石墓がきわめて稀にしかみられない点を顧慮に入れれば、その一見突然ともみえる出現のルーツを、この文化的一体性の文脈のなかで理解する可能性が出てくるかもしれない。

しかし、この点は次の機会に検討することにする。初期無年銘双体道祖神塔（L）、寛文期双体道祖神塔（写真Oの1、3〜14、16、17）そしてこの無年銘石祠型道祖神塔の存在など、神奈川県西部はきわめて学術的に魅力ある石造物文化醸成地帯なのである。

なお、補足としてふれておけば、文化的一体性のひとつの傍証となり得ると筆者が考えているのが、山北町世附地区に伝わる百万遍念仏である（文献⑥⑨⑬）。筆者は百万遍念仏に関する知識をもたないが、全国の百万遍念仏の多くが大型の数珠を人が輪になって廻し送りしながら念仏を唱えるいわゆる知恩院型であるのに対して、世附地区のそれは巨大な滑車に通した大数珠をガラガラと回転させるという類例のないもの（文献⑨では世附型と呼んでいる）である。この念仏は、同地区内の集落が三保ダムの建設によって丹沢湖に沈んでしまった後も移転先である同町向原の能安寺において継続して行われている。

昭和三三（一九五八）年に神奈川県の無形文化財民俗資料に指定されたこの行事の詳細は省略に従うとして、念仏（百万遍念仏・融通念仏）を唱えるという宗教面とこれに付随して行われる獅子舞（神楽）などの芸能面という両側面を有するこの祭礼には「悪魔払い」もともなっていて、かつ、これは世附地区内の多くの集落では小正月に実施される行事でもあった。なお、世附地区の獅子舞には「鳥刺し」が付くが、これについては文献⑨の著者である永田衡吉が「この形式の獅子舞は、代神楽のうちでも特に〝鳥刺しの附く獅子舞〟と呼ばれるもので、本県では他にはなく、東京都西多摩地方に僅かにあり、甲州・伊豆には頗る多い。」と述べている。

また文献⑬の著者である久保田裕道は、同系の念仏として静岡県御殿場市、富士宮市、富士市などに伝承されている「六斎念仏」をあげており、芸能面に関しては御殿場市新橋の小正月の獅子舞を紹介している。さらに山梨県内の例としては、甲府市和田町の「お神楽舞」や同市上積翠寺・竹日向の獅子舞などにも言及し、小正月の子供の行事として「悪魔払いの獅子舞」が山北町に隣接する秦野市で実施されていることにもふれている。一方、肝心の百万遍念仏（六斎念仏・融通念仏）に関しては、富士宮市内野の「火伏念仏」、山梨県上九一色村本栖の「大念仏」が小正月に行われることを指摘しており、類似の念仏は、有名な同県秋山村無生野の「大念仏」のほか、一宮町国分下組、御坂町栗合、中道町宿、早川町黒桂などにもみられるという。

そして久保田は、世附地区の念仏の性格について文献⑬で次のように述べている。「すなわち、形態的には大数珠を繰る（回しかたは異なるが）ことで百万遍念仏ということができる。また大数珠回しとは別に唱和される念仏行事としては、詠昌系の六斎念仏である。そして、念仏の最後におこなわれる融通念仏、これが「融通念仏南無阿弥…」と唱えるもので、駿河東部や甲斐にも伝わる念仏の中の一種の演目であると考えたら判りやすいだろう。つまり百万遍念仏と六斎念仏の複合した行事に、さらに融通念仏が加わって現在の行事構成を為したものと考えられる。」と。

文献⑨によれば、世附地区の獅子舞（神楽）は一八世紀末頃に甲州または伊豆方面からもたらされ百万遍念仏と習合したとしているが、いずれにせよ、足柄山地周辺の神奈川県最西端部、静岡県最北東部、山梨県南東部が百万遍念仏および獅子舞に関して一定程度共通した民俗圏を有していたことは確かであろう。文献⑬で久保田は次のように結論的に述べている。「結局、（世附の百万遍念仏は　筆者追補）念仏にせよ、神楽にせよ、駿河東部と甲斐にまたがった地域における、小正月行事の一環として考え得るのである。」と。

そして、近世初頭にまでさかのぼるとされる世附地区への百万遍念仏の伝来は、上九色村本栖→富士宮市→御殿場市→世附の西ルート、富士吉田市→山中湖→世附のコース、秋山村→道志村→中川→世附などのルートが想定されるとして、「世附は現在でこそ、山北の町へ出るのが最も早く手軽になったが、交通手段が徒歩しかなかった頃には西南に峠を越えて南足柄・御殿場方面に出るか、西に越えて山中湖の平野に出るか、北へ超えて道志に出るかしかなかった。したがって、文化の流入もこの三方面から考えた方がよいことになろう。」と述べている。

それはともかく本来の課題に戻れば、神奈川県西部に誕生した最古の年銘（寛文期）を有する道祖神塔群（写真Oの1、3～14、16、17）は、この文化的一体性のなかで、地元の無年銘道祖神塔（写真L）と甲府分地周辺に多数存在する初期双体地蔵（写真ZE）双方の影響を受けて誕生したのではないか、というのが筆者の二番目の仮説である。双体地蔵の存在がほぼ皆無の神奈川県西部地域において、無年銘道祖神塔（写真L）がそのまま寛文期道祖神塔群に発展したとは到底考えられない。なぜなら、先に検討したように甲府盆地周辺においても、板碑系石塔が双体地蔵に発

10　大井町山田勝利・
無年銘

7　秦野市平沢・
□□ 10

4　秦野市渋沢・
明和 9（1772）

1　小田原市中曽根・
元文 3（1738）

11　中井町岩倉宮ノ窪・
無年銘

8　開成町延沢・無年銘

5　山北町山北・
安永 7（1778）

2　開成町牛島・
寛保期（1741~3）

12　中井町鴨沢池田・
無年銘

9　中井町舟面・無年銘

6　松田町籠場・
天保 2（1831）

3　小田原市鴨宮・
宝暦 12（1762）

写真 ZG　神奈川県西部の双僧像道祖神塔（1）

22　小田原市上曽我・無年銘

19　小田原市田島・無年銘

16　小田原市小竹・無年銘

13　中井町藤沢久所・無年銘

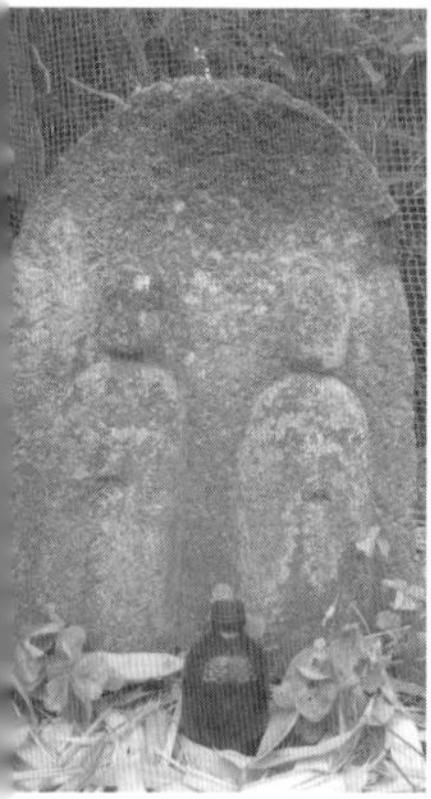

3　小田原市曽我大沢・無年銘

20　小田原市曽我別所・無年銘

17　小田原市羽根尾・無年銘

14　中井町松本湯下・無年銘

24　小田原市東大友・無念銘

21　小田原市曽我別所・無年銘

18　小田原市田島・無年銘

15　中井町上井ノ口・無年銘

写真 ZG　神奈川県西部の双僧像道祖神塔（2）

25　小田原市栢山・無年銘

26　小田原市蓮正寺・無年銘

27　小田原市荻窪・無年銘

28　小田原市久野・無年銘

29　小田原市久野・無年銘

30　小田原市久野・無年銘

31　小田原市久野・無年銘

32　小田原市荻窪・無年銘

33　小田原市小竹・無年銘

34　小田原上曽我・無年銘

35　山北町山北・無年銘

36　山北町平山・無年銘

写真 ZG　神奈川県西部の双僧像道祖神塔（3）

展するためには、数段階のプロセス（板碑系石塔→末期板碑系石塔→過渡期石塔→初期双体地蔵）を必要としたが、神奈川県西部地域内においてはこれに匹敵する発展過程（初期無銘道祖神塔→?→?→寛文期道祖神塔）を見出すことが困難だからである。

つまり、神奈川県西部の寛文期の双体道祖神塔群には両者の要素がともに含まれており、いわばハイブリッドな所産と考えるものであるが、しかし甲府盆地周辺地域の板碑系石塔の影響で出現した初期無年銘道祖神塔が寛文期双体道祖神塔分布地域の西側（足柄山地周辺）に存在しているのに対して、初期双体地蔵の方は神奈川県内にはほとんどみることができない。つまり、初期双体地蔵の影響については、実物の到来ではなく、その双体地蔵という要素のみが当地にもたらされたことになるが、仮説とはいえ、はたしてそのようなことが起こり得るだろうか。

神奈川県西部の寛文・延宝期の道祖神塔（写真O参照）には初期無年銘道祖神塔（写真L）の影響を色濃く残した碑形が駒形のもの（10）や稚児型もしくは蝶ネクタイ型の影響が看取できるもの（4、5、8）が含まれている。しかしその一方で、双体地蔵の影響としか考えられないもの（3、6、7、9、11～14、16、17）も多く含まれている。そしてこれらは地元（神奈川県西部）に双体地蔵の要素が存在しない以上、その要素は他地域に求めざるを得ない。この状況は筆者を、一七世紀中葉に板碑系石塔の伝播という形で石造物に関する文化的な一体性が構築されていた甲府盆地周辺地域から、一七世紀後葉に双体地蔵の要素が、すでに前代に整備されていた文化的もしくは宗教的な産道を通って当地にもたらされ、双体道祖神塔が生まれたのではあるまいかという考えに導く。これが筆者の三番目の仮説である。

ダメ押しとして付け加えるなら、第三の仮説に関連して筆者のなかに沸き起こるひとつの大きな疑問がある。それは、甲府盆地周辺地域には先にみたように無年銘の双体道祖神塔のルーツである板碑系石塔（写真W、X、Y）が多数存在する。加えて、この地域にはいま検討したばかりの双体地蔵塔（写真ZB）も密に分布している。そしてこれはあくまで筆者の仮説が正しいとしての話ではあるが、このように双方が多数存在するという必要条件は満たされているのに、なぜ、道祖神塔は甲府盆地周辺の地域で誕生しなかったのか、という疑問である。

この点に関する筆者なりの解答は、やはりそのポイントは足柄山地周辺の初期無年銘道祖神塔（写真L）にあるように思う。具体的にいえば、甲府盆地周辺の板碑系石塔や双体地蔵があくまで墓所における墓碑もしくは供養塔であるのに対して、足柄山地周辺の無年銘初期道祖神塔は、無年銘とはいえ、否、無年銘であるがゆえに個々の家族の先祖を供養する石仏ではなく、より高次元のそれらを越えた存在すなわち道祖神であって、供養塔とは一線を画する石仏である。そして、この供養塔から昇華した道祖神塔（初期無年銘道祖神塔）という石仏が存在するのが、甲府盆地周辺地域ではなく、静岡県北東端部から神奈川県北西端にかけての足柄山地周辺地域なのである。この初期無年銘道祖神塔の存在は、この点からして決定的に重要であり、神奈川県西部地域における初期（寛文期）双体道祖神塔群は、このような条件のなかで誕生することになる。

それはさておき、初期無年銘道祖神塔と甲府盆地周辺の双体地蔵尊塔とのハイブリッド塔として誕生した神川県西部の初期（寛文期）双体道祖神塔群からは、以後次第に前者（初期無年銘道祖神塔ひいては板碑系石塔）の要素は薄れ、後者（初期双体地蔵）の要素が卓越していく。この双体地蔵尊的な要素は、従来この地（主に神奈川県西部）ではほとんど知られていなかったがゆえにかなり強烈であったようで、神奈川県内の双体道祖神塔は、一八世紀初頭に男女神のそれが出現するなか、少なくとも一八世紀後半頃まで双僧像のそれが残ることとなる（文献㉛の写真141、143参照のこと）。

ついでに述べておけば、神奈川県内の男女道祖神塔は、全期間を通してごく稀に握手型や祝言型がみられるものの、基本的には両神並立の合掌もしくは拱手型で、ときに群馬県や長野県でみられるような過激な男女道祖神塔とは異なって、セックス（性もしくは生）の気配はまったく感じられない。そして初期のもの（写真Oの3、6、7、9、11〜14、16、17）に代表されるように、西部を中心として神奈川県内には甲府盆地周辺地域の墓所にある双体地蔵と見間違えるほどによく似た双体道祖神塔が多数存在しているのである（写真ZG）。

これまで筆者は、年銘を有する初期の双体道祖神塔として寛文・延宝期の道祖神塔（写真O参照）についてふれてきたが、しかし、実は写真ZGをみれば分かるように、神奈川県西部の双体道祖神塔には無年銘のものが圧倒的に多いのである。これら無年銘の道祖神塔は文字通り無年銘なので年代は不明ではあるものの、双像の姿態などから一七世紀にさかのぼるものが含まれている可能性がある。特に写真ZGの14の姿態は写真Oの4や8など寛文期のものと酷似しており、同年代の所産の可能性が非常に高い。

この古い無年銘の双体道祖神塔のルーツには、これまでの文脈でいえば甲府盆地周辺地域の双体地蔵（写真ZE）、さらには足柄山地周辺地域の無年銘の双体道祖神塔（写真L）、そしてさらにさかのぼって甲府盆地周辺地域の板碑系石塔（写真X）の要素が含まれているということになろう。もっとも、甲府盆地周辺地域の双体地蔵（写真ZE）の淵源も先に検討したように甲府盆地周辺地域の板碑系石塔（写真X）に行き着くから、結局、最古の双体道祖神塔（足柄山地周辺の無年銘のものおよび神奈川県西部の有年銘のものの両者）はともに甲府盆地周辺地域の墓碑もしくは供養塔である板碑系石塔（写真X）にルーツがある、ということになる。この点は「おわりに」でもふれたいと思うが、いってみれば、昇華されているとはいえ足柄山地周辺および神奈川県西部の双体道祖神塔群（写真Lおよび写真Oの1、3～14、16、17）には先祖（死）の匂いがかなり強いのである。

四　今後の課題と展望

前節第三項において筆者は、足柄山地を取り囲む地域に分布する無年銘双体道祖神塔群（写真L）を、無年銘ながら寛文期をさかのぼる我が国最古の道祖神塔群と認定し、年代は甲府盆地周辺に多数存在するいわゆる板碑系石塔（写真X）との対比から、一七世紀の中葉（慶安期～万治期）頃と推定した。この事実を踏まえて前節第四項において筆者は、寛文期の双体道祖神塔（写真Oの1、3～14、16～18）の誕生に関していくつかの仮説を提示するに至った。すなわち、神奈川県西部の初期有年銘の双体道祖神塔は、すでに前代（慶安期～万治期頃）において誕生していた無年銘の双体道祖神塔に、甲府盆地周辺地域の双体地蔵のモチーフが影響を与えることによって、寛文期に誕生したハイブリッドな石仏である、とする仮説である。

これら一連の仮説を証明するためには江戸時代前期における甲府盆地周辺地域および神奈川県西部地域の政治状況や経済・文化的な状況、とりわけ仏教寺院にかかわる宗教的な動向の把握が不可欠な前提となる。

しかし、石造物などの個別物質文化は、ときの政治や経済状況とは別個の動きをみせることも多く、これらはあくまで前提にとどまる可能性が高い。さらに先に筆者は、神奈川県山北町世附の百万遍念仏について、静岡県東部および山梨県南部との文化的共通性を一瞥したが、今後はほかの宗教民俗についても調べる必要があろう。また甲府盆地周辺地域の文献資料に関しては、柳沢吉保甲府入府以前の徳川家旗本による政治・文化政策、あるいは場合によっては中世にまでさかのぼる武田家による宗教政策への理解が必要となるかもしれない。甲府市周辺は天領であるため、記録文書も多く残っているであろう。

一方、神奈川県西部においては寛文期における初期双体道祖神塔の分布がほぼ旧曽我氏の支配地域と重なっており何らかの関連がうかがわれるが、あまりに時代が異なるのでどうであろうか。いま問題としている一七世紀前葉から後葉までの政治的・経済的・文化的な状況については、寛永九（一六三二）年に下野国真岡藩から入府した稲葉正勝以下稲葉家三代が貞享二（一六八五）年まで小田原藩主を務めており、これに関連した小田原藩の記録文書なども精査・精読することが必須となる。もちろん、基本文献として『新編相模風土記稿』を精読しなければならない点はいうまでもないが（文献㉙）、さらに庶民信仰の導入者として、時代的には後世の人物ではあるが、たとえば「小田原木食観正上人」のような民間宗教者に関する文献などにも目を通す必要があろう（文献㉚）。

古文書史料は漫然と読んでいたのでは意味がなく、当然着眼点が必要となる。今回の文脈では、甲府地域において本来供養塔であるはずの板碑系石塔（写真W、X、Y）が、なぜ足柄山地および小田原周辺の地において無年銘の道祖神塔（写真L）として受け入れられ、その後、双体地蔵の影響もあって寛文期に至って双体道祖神塔（写真Oの1、3〜14、16〜18）として誕生したのか、そのきっかけとなった政策なり事件なりが、ひいては文化的もしくは宗教的な出来事があったのか否かを確認することが重要となる。

それにしても、本来墓地にあるはずの供養塔が、いくら形態が類似しているとはいえ、道祖神塔に変化するには次元の異なる大きな一線を越えねばならない。そして、そこには宗教関係者はもとよりそれにも増して一般民衆の意識の変化が重要な要素として浮上せざるを得ない。しかし、この点を見定めることは容易ではなく、成果は楽観視できないものの、史料の読み込みは実施するしかない。何も出てこなければ、筆者の仮説は仮説のままで終わるか、あるいはまたほかの方法を考え出さねばなるまい。如何なるきっかけもしくは動機によって、供養塔が道祖神塔へと変質していったのか、これが最大にして最後の難問である。

第二章で紹介し、第四章第二節で若干の検討を加えた縦長形石祠型道祖神塔については、不十分な取り扱いしかできなかった。かろうじてこれらの道祖神塔の造立や伝播に関して、寺院や僧侶など仏教関係者の関与をうかがわせる事例に言及してはみたものの、論をその先まで進めることができなかった。さらにこれらをめぐる信仰に関しても、かろうじて現世利益的な性格を指摘してはみたが、やはり深く追求することはできなかった。先にも述べたが、双・単像型道祖神塔と発生もその性格も著しく異なると予想される縦長形石祠型道祖神塔が、どのような経緯をもって誕生し、そして拡散していったのか現状ではまったく分かっていない。この道祖神塔に関しては、次著で改めてふれることにしたい。

本書はもともと全国の初期道祖神塔（全国といってもそれがみられるのは関東・中部地方周辺に限定されるが）を記録することに主眼をおいて執筆を開始したものである。したがって、冒頭述べたように、何をもって道祖神塔とするか、あるいはもっと踏み込んで、そもそも道祖神とは如何なるカミなのかなどの点に関しては、基本的に詳細な検討はしていない。加えて、各地にみられる道祖神を取り巻くさまざまな祭祀や祭りについてもまったくふれていない。

初期道祖神塔群を記録する作業を踏まえた本書の主眼は、最古の道祖神塔を個別に決定することにあるのではなく、道祖神塔（無年銘の双体道祖神塔および寛文期の双体道祖神塔）の誕生地を確定すること、そしてそこに至るまでの経緯を明らかにすることにあった。検討の結果は前節の各項でふれたとおりであるが、課題は山積し、その解決はますます先延ばしになった、というのが筆者の正直な認識である。誕生地における道祖神塔にかかわる祭祀組織や祭祀内容などの把握も今後の研究課題である。

参照文献

①武田久吉『道祖神』アルス　一九四一年
②篠丸頼彦「北総の道祖神」（『印旛地方郷土研究』第貳号）一九五五年
③小板橋靖正『榛名山麓の性神風土記』あさを社　一九九七年
④池田秀夫「双体道祖神考」（『群馬県史研究』第九号　一九七九年）
⑤金井晃『倉渕村の道祖神』一九八〇年
⑥山北町世附部落「神奈川県指定重要文化財・民俗資料　西丹沢世附の百万遍念仏」（『足柄乃文化』第一二号　一九八〇年）
⑦松村雄介『相模の石仏―近世庶民信仰の幻想―』木耳社　一九八一年
⑧松村雄介「造塔を伴う道祖神信仰―その発生と展開Ⅰ」（『日本の石仏』第二六号　一九八三年）
⑨永田衡吉『神奈川県民俗芸能誌　増補改訂版』錦正社　一九八七年
⑩都丸十九一「双体道祖神像の祖型について」（『群馬文化』第二〇一号　一九八五年）
⑪持田友宏『甲斐の板碑2　国中地方の基礎調査』クリオ　一九九二年
⑫山寺勉『甲斐の道祖神』一九九八年
⑬久保田裕道「世附の百万遍念仏にみる地域性―甲駿文化との関わり―」（『足柄乃文化』第二五号　一九九八年）
⑭坂本美夫「〈資料紹介〉高根町箕輪横森前墓地所在の地蔵陽刻板碑」（山梨県立考古博物館・山梨県埋蔵文化財センター『研究紀要』15　一九九九年）
⑮石田哲弥編『道祖神信仰の研究』名著出版　二〇〇一年
⑯坂本美夫「山梨県における中・近世石塔資料」（山梨県立考古博物館・山梨県埋蔵文化財センター『研究紀要』17　二〇〇一年）
⑰坂本美夫「山梨県の中世石仏―三日市場陽刻地蔵板碑をめぐって―」（『甲斐路―一〇〇号記念特別号―』第一〇〇号　二〇〇二年）
⑱坂本美夫「山梨県の中世石仏―陽刻地蔵菩薩板碑を中心として―」（羽中田壯雄先生喜寿記念論文刊行会『甲斐の美術・建造

物・樹格』二〇〇二年）
⑲清水長明「双体道祖神塔のルーツをさぐる」（『日本の石仏』第一〇三号　二〇〇二年）
⑳高崎市史編さん委員会『新編高崎市史　資料編13　近世石造物　信仰編』二〇〇三年
㉑金子智一「近世石堂・四十九院塔について―形態上の特徴を中心に―」（高崎市史編さん委員会『新編高崎市史　資料編13
近世石造物　信仰編』　二〇〇三年）
㉒伊折俊夫「奥三河の双体像入りの祠―幻の石工を求めて②―」（『日本の石仏』第一一一号　二〇〇四年）
㉓田中英雄「石祠型墓石と祠内仏」（『日本の石仏』第一一一号　二〇〇四年）
㉔竜王町史編さん委員会『竜王町史　文化歴史編』二〇〇四年
㉕山梨県『山梨県史　資料編7』（中世4　考古資料）二〇〇四年
㉖椎橋幸夫『双体道祖神調査資料大成』名著出版　二〇〇七年
㉗田中英雄「祠内仏は道祖神の原型か」（『東国里山の石神・石仏系譜』）青蛾書房　二〇〇四年
㉘長野県民俗の会『長野県道祖神碑一覧』二〇一八年
㉙久保田昌希「『新編相模風土記稿』と丹沢山麓の世界」（『山岳修験』第六二号　二〇一八年）
㉚西海賢二「旅する民間宗教者―小田原木食上人―」（『山岳修験』第六二号　二〇一八年）
㉛福田敏一『東京の道祖神塔事典―その全記録と考察―』雄山閣　二〇二一年

確証が得られないので本文中で述べることは控えたのであるが、最後に寛文期の双体道祖神塔（写真Oの1、3〜14、16〜18）について一言付け加えておきたい。第一章でも少しふれたが、神奈川県西部の寛文期の道祖神塔の銘文は非常に読み辛い。その理由は、もちろん古いものだからという点は否めないが、その主な原因は文字が細く浅い線引きで書かれており、かつその書き方も走り書き（メモ書き）のような状態だという点にある。それはお世辞にも銘文をしっかり刻み込んだとはいえない体のもので、その線書きで彫りの浅い文字が双像の左右両脇のせまい空間に充填されている。後世の道祖神塔は、銘文を書き入れるために双像の左右に相応の空間を用意するのが通例かと思われるが、寛文期の双体道祖神塔にはその配慮が施されていないものが稀に見出される。

双像の左右の空間はせまく、銘文（特に年銘）など書く必要はないかの如くにみえる。そのせまい空間、もしくは空いている場所に、あたかも急遽あわてて文字を書き入れた、というように書かれている（写真Bの14c、15d、16c、17c、18b、19cなど）。もちろん以上は筆者の受けた印象に過ぎないけれども、写真Bの13などは、双像の左右にまったく空間がないため、左右のせまい側面を削って無理やり文字を書き込んだようにみえる。双像を陽刻する際、その左右に年銘を刻むことなど念頭になかったのであろう。静岡県裾野市の延宝期のもの（写真Aの7）なども同じようにみえる。

一部の寛文期の道祖神塔が有するこの銘文（年銘）に関する特徴は、おそらくこれらの道祖神塔のルーツのひとつに初期無年銘道祖神塔（写真L）の存在があるからである。駒形を呈する写真Bの13が、初期無年銘道祖神塔の、ひいては板碑系石塔（写真W、X、Y）の伝統を引き継いでいる点は間違いがなく、よって銘文も本来は書く必要がなかったのかもしれない。第三章で紹介したように初期無年銘道祖神塔には、文字通り銘文（年銘）はまったく彫られていない。

しかし、甲府盆地周辺地域の板碑系石塔には墨書による銘文（年銘）が認められるものがある（写真W）。筆者は初期無年銘道祖神塔（写真L）について墨書の有無を調べてみたものの、これを確認するには至らなかった。あるいは、墨書による銘文をもつ甲府盆地周辺地域の板碑系石塔の影響が足柄山地周辺地域に伝播し、その性格も供養塔から道祖神塔に変質した際、銘文を記すという要素は脱色されたのではあるまいか。そしてもう一歩進めて、次の点は第四章第一節の長野県の項で「道祖神盗み」や「偽年銘道祖神塔」に関連してふれたのであるが、本来道祖神塔には銘文（特に年銘）は書かれないのが通例だったのではあるまいか、というよりその必要はなかった、と感じられる。

なぜなら道祖神塔は記念碑でも成就塔でもなく、村人にとっては村内もしくは地域内のそこに建っていればいいのであって、その道祖神塔がいつ建てられたかということに特に意味はなく、したがって村人も建立年には執着しない。もしその石塔が破損したりなくなったりしたら、その時は新しいものに変えればいい。村（地域）にとって欠かせない重要なものであるにもかかわらず、その重要性は年銘を刻むという行為によっては担保されない。道祖神塔とは本来そういう性格の石造物（カミ）だったのではないか。

ここからはやや飛躍した筆者の乱暴な想像であるが、筆者は誕生期の道祖神塔（足柄山地周辺の無年銘双体道祖神塔群）には先祖仏（祖霊）の要素が含まれていたのではないかと考えている。祖霊に年銘はそぐわない。いつ、村（地域）を見守る祖霊になったかなどは誰にも分らないし、それを問うてみても意味がない。それが次世代（寛文期の双体道祖神塔群）に至って一部のものに年銘を刻むようになった。その理由はよく分からない。年銘を有する寛文期道祖神塔の建立月日は一月から一二月までバラバラで、後世に至ってよく目にする「正月十四日」や「正月吉日」などの年銘は一基みられるだけである。最初は建立月日にこだわりがなかったのであろうか。

しかしその後、顕著に彫られるようになる「正月十四日」や「正月吉日」などの年銘は、それが実際の建立月日をあらわしているか否かは別として、明らかに小正月の火祭り（ドンド焼きなど）を意識して道祖神塔が建立されたことを示している。小正月の一月一五日が本来の元旦（新年）にあたるから、一四日は大晦日となる。大晦日については、『徒然草』（一三四九年頃成立）の第一九段に「晦日（つごもり）の夜」のこととして「亡き人のくる夜とて魂（たま）祀るわざは、この比（ごろ）都にはなきを、東のかたには、なほする事にてありしこそ、あはれなりしか」とある。すなわち、大晦日の夜には先祖が返ってくるのであるが、これを祀ることはすでに京都では行われなくなってしまった。しかし関東ではまだこの風習が残っているらしい、何と興味深いことか、と六七〇年以上前に兼好が書いているように、一月一四日は魂祭り（先祖祀り）の日で、この日に実施するドンド焼きの火は盆でいう迎え火に相当する可能性がある。

柳田國男の『新たなる太陽』（文献⑨）に「歳棚に祭る神」という文章があって、次のように書かれている。「盆と正月には今でも一対の儀式がいろいろある。（略）そういう中にもことによく似ているのは盆の精霊棚と正月の年神棚との飾り方で、家の者がこれに仕える手続きから、特定の植物を採って来て結び付ける点まで一致している。（略）何か必ず隠れた理由があることと思うのは、盆でも正月でもその臨時の棚の一隅に、ミタマサマへの供物として三角に結んだ十二の飯を上げることである。ミタマは精霊のことでなければならぬのだが盆の方はすでに主賓を家の仏様としているから、これを餓鬼だの三界万霊だのと名づけて、招かざる御相伴の食客のごとくいう地方が多い。それでは年神棚のミタマの方が一段と説明が付かなくなる。そこで全体に一年に二度ずつ、昔から家々を訪ねて来た神様は、たれかという問題が起こって来る。（略）古風な東北の田舎などで、正月様と称して迎えたのは、高砂の能に出るような老男と老女で、左義長（ドンド焼きのこと　筆者注）の煙に乗って還って行く姿が見えるなどともいった。暮れの寒い風がぼうぼうと吹くころに、正月様どこまで　何とか山の下まで　などと待ちかねて子供たちが歌っていたのは、やはり家々の元祖の神霊であって、それが無数のミタマサマを引率して、著しい季節のかわり目には我々の家庭に新たなる精力を運びこむものと、昔の人たちは考えていたらしいのである。」と。

もちろん急いで付け加えねばならないが、筆者が調べた限りでも、特に道祖神や道祖神塔と関係なく実施されるドンド焼きが存在することが分かっている（文献⑪の八王子市307の例）。類例はほかにも一定程度存在する可能性があり、ドンド焼き＝道祖神という図式は、時代や地域性などによる違い、あるいはほかの文化的事象との相関性も含めて、必ずしも普遍的なものとはいえず、いったん立ち止まってから次の検証に進む必要があろう。

その一方で、日本の民俗学は今日までに、正月が盆とともに先祖の霊を迎える祖霊迎えの行事であるとする数多くの事例を収集してきた。そして双・単道祖神塔卓越地域における道祖神というカミは、一般的に小正月以外に出番はなく、普段は放っておかれるのだが、もし仮に、道祖神塔が小正月限定の先祖霊の依り代としての機能をもっているとしたら、筆者が道祖神塔のルーツを墓所における墓碑もしくは供養塔に求めたのも、あながち的外れとはいえまい。しかし、この点については次著でもう少し詳しく検討してから結論付けたいと思う。我が国において道祖神というカミがいつから存在したのか、そしてその性格は不変だったのか、あるいは変遷があったのか、さらに、いつから道祖神とドンド焼きに代表される火祭りが結び付いたのか、もっといえば、盆の迎え火や送り火はいつごろからの風習なのかなどなど、現時点の筆者はこの点についてまったく検討していない。しかし古代もしくは中世の道祖神の形や性格がどうあれ、近世の中頃、道祖神というカミを石塔として顕現化した際の道祖神塔とは何か、という問いの答えには目途を付けたいと考えている。

なお、先に神奈川県山北町世附の宗教民俗としてふれた百万遍念仏および獅子舞に関連して述べておけば、盆や法事の際、亡き人の墓前で念仏を唱え、あるいは踊る（念仏踊り、獅子舞、盆踊り、バンバ踊りなど）行為は先祖の霊を迎え、供養する墓前祭祀であり、かつては全国各地でみられた習俗であった（文献④⑩など）。また葬式時にも、岩手県田野畑村では出棺の際「剣舞」を舞い、棺には百万遍念仏の数珠を懸けるといい（文献①）、山形県白鷹町では忌中明けに大数珠を回して念仏を唱え（文献②）、佐賀県鳥栖市や大分県杵築市納屋でも大数珠を回して念仏を唱えたという（文献⑤⑥）。さらに庄内地方では埋葬後に（文献②）、福島県田島町では通夜の晩に百万遍を唱えるという（文献③）。そのほか、愛知県でも浄土宗や禅宗では、死者をなかにして百万遍の数珠を用いて念仏を唱えるといい（文献⑦）、島根県江津市浅利でも通夜に数珠を繰ったという（文献⑧）。ほかにも葬式における通夜や出棺の際、あるいは終了時に念仏（六斎念仏、カド念仏、追い出し念仏、送り念仏、釘念仏、オッタテ念仏、野念仏など）を唱えるという事例は全国各地において数多く知られている（文献略〈日本の葬送・墓制〉明玄書房　全十巻参照のこと）。

しかし山北町世附地区の百万遍念仏や獅子舞が特異なのは、これが月遅れの小正月（二月一五日前後）に行われているという点である。一般的に正月における道祖神塔に関しては興味深いさまざまな行事が知られているが、特に神奈川県西部地域においては、これに念仏や踊りが絡んでくる可能性も想定される。しかし、この点についてもここではこれ以上深入りできない。次著でふれたいと思う。

足柄山地周辺にその分布が限定される無年銘道祖神塔の件はひとまず置くとして、神奈川県西部地域で誕生した寛文期の道祖神塔が、一七世紀後半以降どのような背景のもと、如何なる経緯やルートをたどって、さらには誰によって各地に伝播していったのか、その詳細はほとんど分かっていない。双体道祖神塔に関して大まかにいえば、神奈川県→山梨県→群馬県→長野県→新潟県と伝播していったと考えられるものの、並行して神奈川県から静岡県への伝播も想定される（足柄山地周辺の無年銘双体道祖神塔の存在を前提とすれば、あるいはほぼ同時期かもしれない）。もっとも静岡県への伝播は初期だけで、貞享期以降は静岡県独自に単体道祖神塔が発達して主に県内東部（伊豆半島を含めた富士川以東）に浸透していく。丸彫り座像道祖神塔の出現およびその後の展開も静岡県東部の独自性を示しており、単体道祖神塔ともども今後の検討が必要である。加えて山梨県内にみられる丸石道祖神塔についても課題は残るし、元禄期の道祖神塔の存在を考慮に入れれば、群馬県への伝播についても神奈川県から山梨県へのそれとほぼ同時、もしくは神奈川県から直接群馬県へ伝播した可能性も想定される。

一八世紀以降になると、道祖神塔は関東・中部地方各地の多くの集落に姿をあらわし、さまざまな祭祀や習俗と結合するようになる。そして道祖神塔に象徴される道祖神というカミには、境界神、歳神、性神、旅の神、身体安全、村内安寧、子供の神などさまざまな性格が付与されることになる。このような多様な面をもった道祖神もしくは道祖神塔と祭祀の因果関係（祭祀が道祖神塔を必要としたのか、あるいは逆に道祖神塔が祭祀を生み出したのか）は、これまた多様性に富んだ地域ごとに異なることが予想されるものの、その各々の要素の掛け算（多様な性格×多様な地域性）によって導かれるそれこそ無限の組み合わせの事例を詳細に検討することは到底筆者の手の及ぶところではない。筆者に可能だったのは、本書で示したように各地の初期の道祖神塔の詳細（主に銘文）を記録し、そのデータを多くの道祖神研究者に提供することであった。これらのデータを利用した研究者が、今回筆者が提示した仮説とは別な仮説を提起するとしたら、それは筆者にとって望外の喜びである。

本書は前著である『東京の道祖神塔事典―その全記録と考察―』（雄山閣　二〇二二年）の姉妹編（第二作）として執筆したものである。今後、道祖神塔研究三部作の第三作にあたる『道祖神塔とは何か　個別地域における実態』（仮称）を刊行する予定であるが、その前にこの場を借りて前著『東京の道祖神塔事典―その全記録と考察―』の誤植を訂正しておきたい。

重要な訂正部分は二ヵ所ある。まず二四五頁～二四九頁内において、正しいのは「天保一四年銘のもの（奥多摩町01写真75）」および「天保一二年銘のもの（奥多摩町02　写真76）」であるが、これが「天保一四年銘のもの（奥多摩町02写真76）」あるいは「天保一二年銘のもの（奥多摩町01　写真75）」となっており、いわば相互に間違っている箇所がこのページ内に多々ある。その場合は「02」と「01」を相互に入れ替え、かつ連動している「写真76」と「写真75」を相互に入れ替えて訂正して頂きたい。もう一点は、三五九頁6・7行目の「天明」を「天保」に訂正するという計二ヵ所である。ほかには表1の表題が「道祖伸塔」となっている点、三四三頁の15行目の「一瞥しておこう」が「一瞥してこう」に、四一九頁一〇行目の「木造の祠」が「木像の祠」になっている点などがあげられる。読者諸兄の御寛容を賜りたく切に願う次第である。

なお本書の編集には、前著同様、雄山閣の児玉有平さんのお手を煩わせた。数度にわたる語句や文章の変更、複数の写真の差し替えなど、大変なご迷惑をおかけした。末文でまことに恐縮ではあるが、この場を借りて児玉さんには御礼の言葉を述べておきたい。

二〇二五年　二月八日

福田敏一

参照文献

①小林文夫「岩手県の葬送・墓制」（『東北の葬送・墓制』明玄書房　一九七八年）
②武田　正「山形県の葬送・墓制」（『東北の葬送・墓制』明玄書房　一九七八年）
③山本　明「福島県の葬送・墓制」（『東北の葬送・墓制』明玄書房　一九七八年）
④安田宗生「熊本県の葬送・墓制」（『九州の葬送・墓制』明玄書房　一九七九年）
⑤市場直次郎「佐賀県の葬送・墓制」（『九州の葬送・墓制』明玄書房　一九七九年）
⑥小泊立夫「大分県の葬送・墓制」（『九州の葬送・墓制』明玄書房　一九七九年）
⑦伊東　宏「愛知県の葬送・墓制」（『南中部の葬送・墓制』明玄書房　一九七九年）
⑧白石昭臣「島根県の葬送・墓制」（『中国の葬送・墓制』明玄書房　一九七九年）
⑨柳田國男『新たなる太陽』（『柳田國男全集』16　ちくま文庫）筑摩書房　一九九〇年
⑩水谷　類『墓前祭祀と聖所のトポロジー―モガリから祀り墓へ―』雄山閣　二〇〇九年
⑪福田敏一『東京の道祖神塔事典―その全記録と考察―』雄山閣　二〇二二年

■著者紹介

福田　敏一（ふくだ　としかず）

1953年群馬県前橋市生まれ。法政大学大学院修士課程（考古学）修了。

単　書『新橋駅の考古学』2004年
『新橋駅発掘―考古学からみた近代―』2004年
『方法としての考古学―近代における認識―』2005年
『東京の道祖神塔事典―その全記録と考察―』2022年

編　著『考古学という現代史―戦後考古学のエポック―』2007年
『考古学という可能性―足場としての近現代―』2008年（以上雄山閣）

論　文「民俗の変容と地域形成の問題」（東京都埋蔵文化財センター『研究論集』Ⅲ）
「江戸大名屋敷の船入場」（『考古学ジャーナル』474）
「近世小野路村小島家における炭焼き」（『多摩のあゆみ』第152号）
「雇い外国人たちの新橋駅―文明開化期における日本の鉄道・点描―」
（東京都埋蔵文化財センター『研究論集』XXIX）ほか

2025年3月25日　初版発行　《検印省略》

初期道祖神塔事典《しょきどうそじんとうじてん》―道祖神塔《どうそじんとう》の誕生《たんじょう》とその経緯《けいい》―

著　者　福田敏一

発行者　宮田哲男

発行所　株式会社 雄山閣
〒102-0071　東京都千代田区富士見２－６－９
TEL 03-3262-3231㈹ FAX 03-3262-6938
振 替 00130-5-1685
https://www.yuzankaku.co.jp

印刷・製本　株式会社 ティーケー出版印刷

ISBN978-4-639-03035-5　C0021
N.D.C.210　368p　21㎝